R 29150

Paris
1845

Blanc de Saint-Bonnet, Antoine

De l'unité spirituelle...

Tome 1

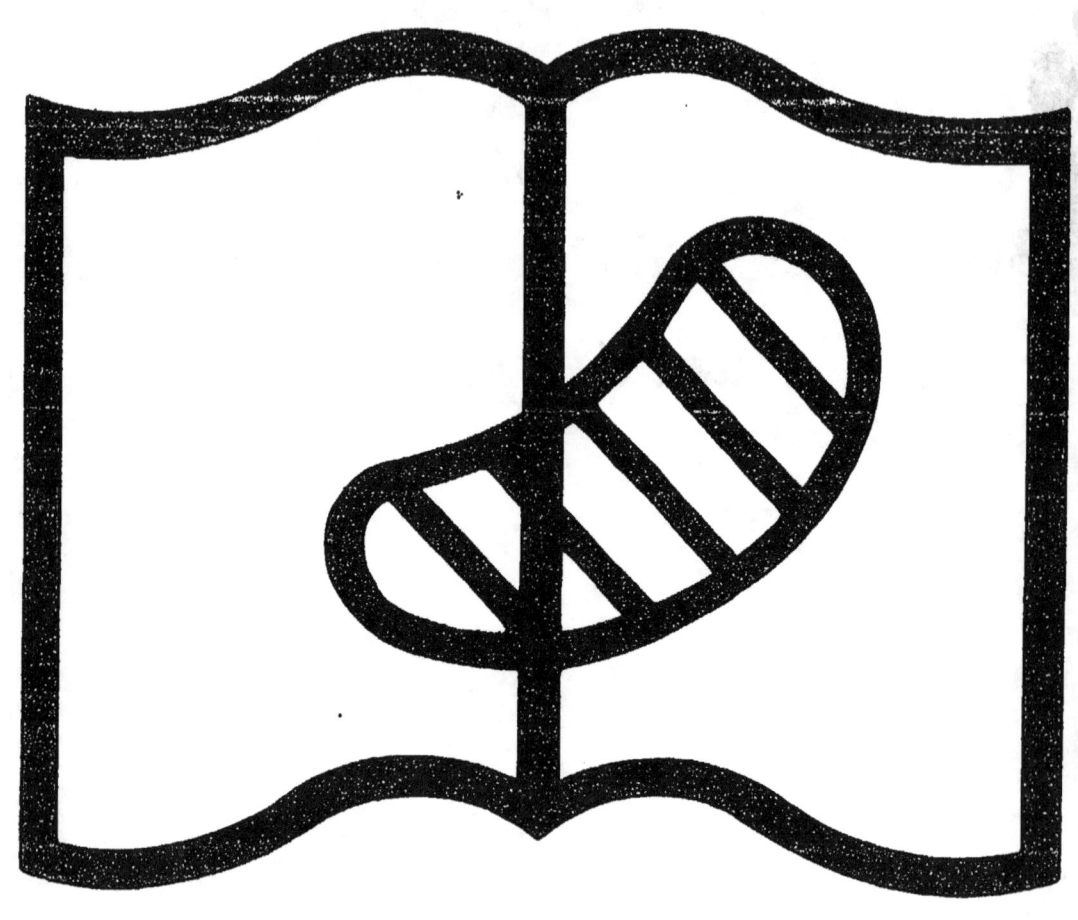

Symbole applicable
pour tout, ou partie
des documents microfilmés

Original illisible

NF Z 43-120-10

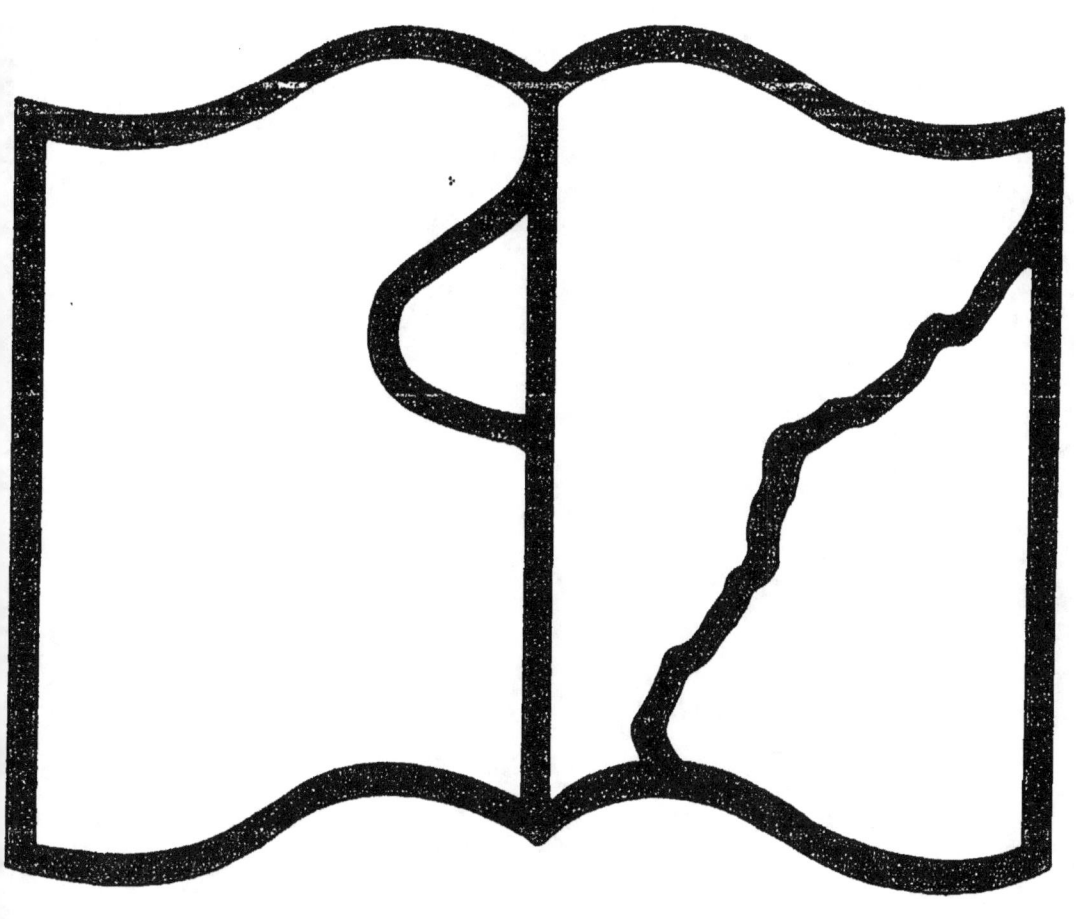

**Symbole applicable
pour tout, ou partie
des documents microfilmés**

Texte détérioré — reliure défectueuse

NF Z 43-120-11

DE
L'UNITÉ SPIRITUELLE.

DE L'UNITÉ SPIRITUELLE,

OU

DE LA SOCIÉTÉ

ET DE SON BUT

AU DELA DU TEMPS.

Sint unum sicut et nos.

PAR

ANT. BLANC St-BONNET.

DEUXIÈME ÉDITION.

I.

PARIS.
LANGLOIS ET LECLERCQ, RUE DE LA HARPE,

ALGER.	LEIPZIC.
DUBOS FRÈRES.	LÉOPOLD MICHELSEN.

M DCCC XLV.

A

LA MÉMOIRE

DE MON PÈRE.

A

MA MÈRE.

NOTE DES ÉDITEURS

SUR LA DEUXIÈME ÉDITION.

M. Saint-Bonnet avait commencé une révision générale de son Ouvrage, mais sans prévoir que le besoin d'une seconde édition se serait fait aussi promptement sentir. La rapidité avec laquelle nous nous sommes occupés de celle-ci, n'a pas permis à l'Auteur d'achever ce travail, qui du reste ne portait que sur la contexture extérieure du livre.

L'édition que nous offrons aujourd'hui est donc exactement semblable à la première, quant aux deux derniers volumes; les corrections qu'a voulu faire l'Auteur ne dépassent pas le premier volume. Au reste, M. Saint-Bonnet nous avertit que ces modifications n'ont rapport qu'à la rédaction, et que, loin de changer quelque chose au fond des idées, elles n'ont été faites que pour assurer, en plusieurs endroits, à ses formules, une fermeté qui rendît ces mêmes idées encore plus précises et plus aisées à saisir.

L'Auteur nous promet de s'occuper dès à présent de l'achèvement de la seconde partie, dont les deux tiers déjà étaient faits, lorsqu'en 1841 il publia la première; ce qui nous donne lieu d'espérer qu'avant peu de temps, nous pourrons offrir au public le complément de cet Ouvrage.

DES OBJECTIONS

QUI ONT ÉTÉ FAITES A LA DOCTRINE DE CE LIVRE.

En reconnaissant, avec le genre humain, la raison et la révélation, nous avons soulevé contre nous les fauteurs de la raison et ceux de la révélation. On nous a jugé coupable ; coupable de ce que la doctrine de ce livre se fonde sur l'accord des deux moyens que Dieu nous a donné pour connaître la vérité !

Les rationalistes, effrayés de ce qu'une semblable philosophie les oblige d'offrir la main à leurs ennemis, ont voulu nous faire peur du catholicisme. Les traditionalistes, courroucés de ce qu'il faut consentir à regarder la raison comme amie, ont pensé bien dire en nous accusant d'abandonner même l'orthodoxie philosophique.

Ne sont pas pour la vérité tous ceux qui la cherchent. Souvent les systèmes l'abandonnent plutôt que de s'abandonner eux-mêmes. Entre les écoles la bonne foi n'est pas toujours permise ; c'est comme entre deux armées, il faut se battre.

Nous l'avions pensé ; le moyen d'avoir contre soi les écoles, c'est de les réconcilier. L'unique expédient pour être défendu c'est d'entrer dans un parti. Mais je cherche le vrai qui s'est manifesté dans ma pensée, et ne m'occupe de plaire à personne, qu'à moi-même si je le trouve...

Que ces hommes moins habitués à consulter le bon sens que leur propre esprit continuent leurs réclamations. Et je ne serais point rationaliste, parce que je ne suis point d'avis de voir l'homme privé de la lumière divine : et je ne serais point traditionaliste, parce que je ne suis point d'avis de voir abolir la nature humaine.

Vous qui séparez la raison et la religion, sachez que vous détruisez l'une et l'autre. La religion est la santé de la raison ; la raison est la force de la religion.

La religion sans la raison devient de la superstition. La raison sans la religion devient de l'incrédulité. Vous avez eu un exemple de ce dernier fait dans les lettrés du XVIIIe siècle ; vous trouverez un exemple du premier dans les tendances d'esprit des peuples d'Espagne et d'Italie.

I. Voici les objections. Des esprits zélés ont craint que, en voulant partir de la raison, j'arrivasse à ce qu'ils appellent les vérités de la révélation, et que, par là, je donnasse à entendre que ces vérités étaient du ressort de la raison.

Je l'avoue, je croirais qu'en ce monde une grande gloire serait assurée à mon nom, et que, dans l'autre, une plus grande serait réservée à mon cœur si je parvenais, au moyen de la raison, à toutes les vérités que nous tenons de la révélation ; si je parvenais, en un mot, à réussir dans la grande entreprise de saint Augustin, de Pascal, de Malebranche, de Bossuet, et de ce Leibnitz qui disait : « Si j'étudie la philosophie, si je cherche à me rendre célèbre dans les sciences, c'est pour me donner le droit de parler de religion aux hommes, et d'en être cru ! »

Il est donc peu probable que je mérite le reproche d'avoir si bien réussi dans une pareille entreprise ! Quant au reproche de l'avoir tenté, je continuerai de le mériter. J'ai toujours pensé que la suprême et même l'unique affaire de la connaissance humaine était de prouver la vérité de la religion ; et j'ai toujours cru que prouver, c'était démontrer au moyen de la raison.

Puisqu'il faut qu'on vous le dise, c'est par religion que je tiens à la raison ! Et de cette manière, je suis assurément très rationaliste. Je suis rationaliste à la manière du christianisme qui sait que sans la raison la lumière révélée brillerait dans les ténèbres, et que les ténèbres ne la comprendraient point. Je suis rationaliste à la manière des Pères de l'Eglise qui exigeaient que notre foi soit rationelle : *rationabile obsequium vestrum*. Je suis rationaliste aussi à la manière de Dieu, qui veut être adoré *en esprit* et *en vérité*. Or, quand j'ai reçu de la révélation le moyen de l'adorer *en vérité*, je demande à la raison le moyen de l'adorer *en esprit*.

De là, les efforts de ce livre ont été pour rétablir dans la pensée de ceux qui le liront l'union des deux lumières. Pour que ceux qui admettent la raison exclusivement veuillent reconnaître la révélation, il faut bien qu'ils s'aperçoivent que toutes les vérités de la révélation sont aussi des vérités de la raison.

Les traditionalistes, jaloux, auraient desiré qu'on ne prouvât ces vérités que par la révélation. Ils oublient tout à fait dans quel siècle nous sommes. Il aurait fallu d'abord que ceux à qui on s'adresse crussent à la révélation ! Ne me faites pas un crime des erreurs de ceux que je combats.

Il ne fallait pas, disent-ils encore, donner à entendre que l'on peut arriver à ces vérités par la raison ! C'est tout le contraire : il fallait enseigner que la raison, toutes les fois qu'elle n'est pas détachée de son origine, peut et doit nous conduire à ces vérités.

La raison est une lumière venue de Dieu tout aussi bien que la révélation ; et il est beau de montrer que ces deux rayons de la lumière divine se rencontrent, s'impliquent et se corroborent. Pour laisser prendre à la révélation tout son empire, il faut assurer à la raison tout le sien.

Après tout, la lumière de la révélation ne pénètre dans l'esprit qu'en proportion de la capacité que la raison y a ouverte. C'est en cela que consiste toute la différence de la foi de Bossuet et de la foi du petit enfant, tous deux ayant également reçu la révélation.

J'irai aussi jusqu'à dire que la révélation est à son tour le plus grand secours que possède la raison. Pour moi, lorsque je partais de l'absolu, par le moyen de la raison, j'ai pu trouver des démonstrations, mais non pas les vérités que ces démonstrations confirmaient, puisque déjà ces vérités m'étaient connues de nom. La révélation m'indiquait où il fallait aller ; c'est ensuite la raison qui faisait le chemin.

Remarquez les expressions dont nous nous servons ici pour établir notre pensée : la philosophie consiste à *retrouver* par la raison les vérités qui nous ont été *annoncées* par la révélation.

Il est certain que si la raison avait été livrée à l'homme,

privée de tout criterium, elle n'eût pu le conduire aux vérités que nous devons au christianisme. Nous savons ce que l'expérience nous a appris sur ce point. Mais l'homme étant élevé dans le sein du christianisme, comme il a le bonheur de l'être aujourd'hui, sa raison, avertie par la lumière révélée, peut le conduire à l'intelligence de ces vérités.

En ce fait, nous sommes d'accord, d'abord avec l'histoire, qui montre que l'homme privé de la révélation fit un si mauvais usage de la raison, qu'il finit par la perdre; ensuite avec la science, qui montre que dans les Pères de l'Eglise et dans ces ouvrages qu'on regarde comme les chefs-d'œuvre de l'esprit humain, nous sommes parvenus au moyen de la raison à prouver un grand nombre de vérités qui nous ont été données par la révélation.

On m'a dit avec beaucoup de naïveté : « Vous vous êtes servi exclusivement de la raison. » Oui, parce que j'ai voulu faire exclusivement de la science. « Et pourquoi avez-vous voulu ne partir que de la raison ? » Parce que j'ai voulu n'arriver qu'à des démonstrations.

On ne démontre pas avec la révélation, puisque ce sont au contraire les vérités de la révélation qu'il s'agit de démontrer. Avec la révélation, on montre; mais pour ceux qui ne veulent pas voir, il faut faire ce que fait la religion dans ses livres, dans ses chaires, il faut démontrer, ou, en d'autres termes, montrer par la raison.

Personne ne se félicite de ce qu'il en soit ainsi; nous voudrions tous que la foi n'eut besoin d'aucun secours. Malheureusement il ne suffit pas toujours que la vérité nous soit annoncée. Il est besoin que cette vérité nous soit prouvée; car ce qui est une fois entré par notre raison a pénétré dans notre nature; alors il ne nous est plus possible de perdre une telle vérité, à moins de perdre la raison. Il faut placer l'homme dans cette alternative, il faut qu'il ne puisse perdre sa religion qu'en devenant fou.

II. D'un autre côté on a dit : qu'en partant de la raison je m'exposais à nier l'ordre surnaturel, parce qu'avec la raison on ne peut connaître que l'existence de l'ordre de la nature.

Ceux qui m'adressent cette observation ne s'aperçoivent pas que c'est en partant exclusivement de la révélation qu'ils exposent tant d'esprits à nier l'ordre surnaturel! Ils oublient que c'est le défaut de leur méthode qui oblige aujourd'hui de recourir à la nôtre! On ne peut pas partir de la révélation, et l'on ne doit pas partir de l'expérience.

D'abord, comment partir de la révélation, puisque le but de la philosophie est de s'adresser à ceux qui ne veulent pas l'admettre; on ne peut conséquemment pas leur prouver avec le fait qu'il faut précisément leur prouver!

Ensuite, comment partir de l'expérience, puisque les données de l'expérience, recueillies dans le temps et au milieu du mal qu'y dépose incessamment la liberté humaine, ne peuvent nous fournir les lois qui sont au dessus du temps, et encore moins la notion d'un bien absolu, qui n'y a jamais été réalisé et qui doit être cependant l'objet de toutes les actions humaines.

Du reste, je sais que l'on n'a point encore compris la portée de la méthode que j'ai établie dans mes *Prolégomènes*; méthode que j'ai opposée à celle qui, employée par tout le XVIII⁰ siècle, explique complètement les erreurs dans lesquelles les philosophes de ce temps se sont constamment tenus soit en psychologie, soit en morale, et, à plus forte raison, en religion.

Cependant, si l'on veut sortir du XVIII⁰ siècle, il ne suffit pas de le dire ; il faut en prendre le moyen. Une foi sincère ne suffit pas pour servir de base à une philosophie ; c'est à cette foi qu'il faut procurer le moyen de fonder une philosophie d'où naîtront les nouvelles sciences dont elle veut s'escorter.

Pour aborder et mesurer toutes choses, le siècle dernier partait d'une faculté relative et personnelle, conséquemment d'une faculté toute temporelle et toute humaine dans ses résultats ; quelles idées absolues et universelles pouvait-il en ressortir ?

Comme toujours l'indispensable condition de la science est d'être le fruit de l'homme, que de fait, elle ne peut partir que de l'homme, si on ne veut pas abdiquer la science, il faut se résoudre à chercher dans l'homme une faculté absolue et impersonnelle, conséquemment une faculté toute divine et toute éternelle dans ses résultats, avec laquelle on puisse désormais aborder scientifiquement les vérités de l'ordre naturel et de l'ordre surnaturel.

Il faut se servir de la raison comme méthode, il ne faut pas s'en servir comme système.

Ce n'est pas encore de quelque temps que l'on comprendra ce que mon époque m'a dit de faire. Aujourd'hui que, par éducation et par habitude, les esprits sont encore à moitié plongés dans le monde du XVIIIe siècle, il paraît inouï que l'on dise de partir de l'absolu. J'entendrai en silence toutes les méprises et toutes les accusations que soulèvera cette méthode, jusqu'à ce que pour elle le moment soit venu.... Je sais que mon pied a touché le solide.

Ce sont des esprits plus empressés que judicieux qui se plaignent de ce que je me place par la raison dans l'ordre naturel avant d'aborder l'ordre surnaturel. A moins de renverser la série logique et même la série historique, il faut étudier l'ordre naturel, c'est à dire l'ordre selon lequel Dieu a établi d'abord la création, avant d'étudier l'ordre surnaturel, c'est-à-dire l'ordre selon lequel Dieu a réparé ensuite le mal survenu dans la création.

Il faut étudier la nature humaine d'après son origine et dans ce qu'elle possède, avant de l'étudier d'après ce qui lui manque et dans ce qu'elle a besoin de recevoir de Dieu par un moyen *surnaturel*, c'est-à-dire donné par *dessus la nature*, ou par grâce.

On doit poser en commençant l'ordre naturel, l'ordre des choses que nous tenons de la création, auquel l'ordre surnaturel vient s'ajouter comme système de réparation. Ils me disent : « l'ordre de la nature a été créé pour celui de la grâce. » Je crois que c'est l'ordre de la grâce qui a été créé pour celui de la nature ; c'est-à-dire, pour le réparer et l'accomplir.

L'ordre surnaturel n'a pas de sens par lui-même. Il faut qu'un être reçoive la grâce de la création avant de recevoir la grâce de la sanctification. Dieu a créé l'homme avant de le réparer : c'est Jésus-Christ qui s'est appelé le Réparateur. La marche que la science doit suivre se trouve ainsi toute indiquée.

III. On m'accuse aussi de prétendre que l'homme est appelé par la loi naturelle de son développement à la vie absolue, et que, dans tous les cas, ce ne peut pas être là un dogme de la raison.

Prétendre que l'homme est appelé selon la loi de sa nature à la vie absolue ! mais Dieu ne l'a pas créé pour un autre but ! Et je prétends en effet que l'homme a été créé pour arriver à la vie absolue de l'éternité, par opposition aux autres créatures du globe qui n'ont été créées que pour une vie relative au temps. En cela je n'ai fait que répéter ce que le catéchisme m'a enseigné. « Pourquoi, selon ses ex-« pressions, Dieu nous a-t-il créé ? Dieu nous a créé pour « le connaître, l'aimer et le servir, et par ce moyen arri-« ver à la vie éternelle. »

C'est pourquoi il a été montré, par des considérations tirées des lois mêmes de l'être, comment en connaissant, en aimant et en servant véritablement Dieu, c'est-à-dire en accomplissant sa loi, l'homme se formait réellement à cette grande vie. Je ne sais ce que signifie dans la bouche des critiques ces paroles, *un dogme de la raison ;* je sais seulement que lorsqu'on consulte la raison, qui est la loi de l'homme, elle nous indique le but où doit arriver l'homme.

Il serait bien malheureux qu'il en fût autrement. La loi d'un être n'est-elle pas la connaissance du but de cet être, et du moyen par lequel il peut l'atteindre ? Or la loi de l'homme n'est-elle pas la justice et l'amour, qu'il doit réaliser en lui-même afin de s'élever à celui qui est toute justice et tout amour ? Si donc la raison ne donnait pas à l'homme l'idée du vrai et l'idée du bien, elle ne serait point la loi de l'homme. Si la raison ne déposait point en nous, comme fait de conscience, la notion psychologique du vrai et du bien ; et si elle ne posait point en dehors de nous, comme le fait même de l'absolu, l'être qui est la réalité objective du vrai et du bien, la raison ne serait point la raison.

Ceux qui produisent de ces sortes d'objections étant moins dépourvus de philosophie, auraient compris que la gloire de saint Anthelme et de Descartes est d'avoir donné la démonstration de l'existence de Dieu par les notions de l'absolu qu'ils ont retrouvées dans la raison humaine. Parce que l'existence de Dieu nous avait été annoncée par la révélation, a-t-on fait un reproche à saint Anthelme et à Descartes de ce que cette notion fut devenue ainsi une vérité de la raison!

On oublie que les saintes Écritures nous enseignent que les hommes nés pendant les quatre mille ans qui ont précédé le christianisme, *en suivant les lumières de la droite raison* arrivaient aux destinées promises par le christianisme! Pour qu'ils suivissent cette lumière de la droite raison, il fallait bien qu'ils l'eussent, et qu'elle leur indiquât le but auquel ils étaient appelés? Faudrait-il penser que la nature humaine fut plus pauvre et moins éclairée, depuis que le christianisme est venu la réparer? Eh! bien, c'est cette même lumière de la droite raison, que la pensée humaine veut ici et voudra toujours consulter.

Si l'on retrouve dans l'homme cette loi de sa nature qui l'appelle à jouir de la vie absolue avec Dieu, il ne faut pas croire que l'homme trouve également dans sa nature le pouvoir de s'élever ainsi jusqu'à Dieu. L'homme ne saurait pas plus prétendre qu'il ait le pouvoir de se donner lui-même la vie absolue, qu'il ne peut prétendre s'être lui-même donné la vie.

Continuons de demander à la lumière qui brille dans le sein de la nature humaine la vie à laquelle elle est appelée, mais ne demandons point à cette nature le pouvoir de s'y élever d'elle-même. Déjà notre existence n'est soutenue que par une volonté incessante qui nous donne l'être, en un mot que par une grâce continuelle de création; comment notre béatification, c'est-à-dire rien moins que le passage de cette vie finie à l'existence infinie, pourrait-elle s'opérer sans une nouvelle grâce ajoutée à la création?

C'est sans doute ce que les critiques ont voulu dire. Mais pourquoi se servir de ces expressions: « L'homme n'est point appelé selon la loi de son développement naturel à jouir un jour de la vie éternelle. »

L'homme n'est rien, nous le savons, il n'est que ce que Dieu veut qu'il soit; mais aussi il est bien tout ce que Dieu veut qu'il soit. L'homme ne peut rien, il n'a aucun pouvoir par lui-même ; mais aussi il a bien tout celui que Dieu daigne lui conférer. Or, par la création, Dieu a voulu lui donner une nature et une loi qui l'appelassent à la vie absolue, et, continuant ses grâces, lui conférer, par la réparation, le pouvoir d'arriver à cette glorieuse vie.

Je n'ai jamais compris qu'on détruisit le christianisme pour le mieux reconstruire. Voici les propres expressions avec lesquelles on s'élève contre moi : « Le christianisme est venu conférer à l'humanité une fin qui ne résultait en aucune façon de ses lois et de sa nature. » Cela veut dire qu'avant le christianisme, avant que la grâce vint réparer l'homme, la vie éternelle n'était pas le but de sa loi et de sa nature ?

Si les droits de l'homme à la vie éternelle ne dataient que des faveurs du christianisme, quel eût été primitivement le résultat de la création, lorsque le mal n'avait pas encore nécessité de secours surnaturels ?

Lorsque Dieu eut achevé la création, lorsqu'il eut mis Adam dans un état de justice et d'innocence, et que lui-même se fut reposé le septième jour parce que *tout était bien*, tout n'était donc pas encore bien, la création était donc incomplète et sans but ?

Dieu, à cette époque, n'avait donc pas encore su mettre l'homme sur la voie de la vie éternelle pour laquelle il venait de le créer ? ou bien, attendait-il, pour lui conférer un si grand bien, que l'homme eût fait le mal ?

Il était donc dans le plan de la création que l'homme se

révoltât contre la loi de Dieu, pour que Dieu se décidât à lui conférer en récompense des secours surnaturels qui le conduisissent à une fin qui n'aurait jamais pu résulter de sa nature et de sa loi ?

Mais si Dieu avait disposé d'avance la création pour que l'homme ne recueillît le bien qu'après avoir planté le mal, l'homme ne serait point coupable, il n'aurait fait qu'entrer dans les volontés de Dieu; et s'il n'était point coupable, il n'aurait pas eu besoin d'être racheté.

D'où il résulte, en dernière analyse, que, sans la chute, l'homme ne pourrait point arriver à la vie éternelle. Car, sans la chute, point de rédemption, et sans la rédemption, point de ces grâces surnaturelles qui confèrent à l'humanité cette fin qui ne résultait en aucune façon de sa nature et de sa loi.

En un mot, ce serait à la chute que l'homme devrait d'arriver à ses destinées éternelles. Moi, je considérai que c'était à la chute que l'homme devait de s'en être éloigné !...

Les conséquences précédentes doivent plaire beaucoup à ceux qui ne veulent pas qu'on se serve de la raison, car il est impossible qu'elles en soient plus complètement privées ! Que ceux donc qui entreprennent de juger en philosophie, et, ce qui est trop grave, de prononcer en religion, ne s'avancent plus ainsi abandonnés de sa lumière.

Ne faites jamais de la science la plus sublime la science des sots. C'est avoir bien peu de respect pour la religion que de craindre pour elle la raison !

IV. Enfin, on me blâme de ne pas enseigner que nous touchons à la fin du monde, et de penser aux progrès futurs que la religion réserve à la civilisation humaine; on m'accuse d'annoncer l'accomplissement de la Société pure, d'attendre le règne du Saint-Esprit, en un mot de croire au succès de l'œuvre de Dieu !

Ah ! la religion a encore des ennemis bien dangereux dans ces raisons déracinées, qui se croient en droit de douter de son triomphe final. Hommes qui pensent posséder la foi lorsqu'ils en ont perdu la base, ils ne s'aperçoivent pas qu'à tout instant on leur jette ces paroles : Comment voulez-vous que ce siècle croie à une doctrine à l'avenir de laquelle vous ne croyez plus !

A leurs yeux, la science fait diminuer la foi. Ne comprenant point le présent, ils ne voient pas qu'avec moins de foi dans les bouches il y en a une plus grande quantité dans les mœurs. Ils ne voient pas que nous sommes dans une société qui, qu'elle le sache ou qu'elle l'ignore, se réveillant un jour entièrement chrétienne, sera obligée de reconnaître à la face du monde une loi qu'elle met dans son droit, dans sa politique, dans son économique ; une loi qu'elle cultive dans ses mœurs, dans ses arts, et jusque dans ses manières ; une loi pour laquelle elle verse son sang dans les révolutions, qu'elle proclame, qu'elle pratique, qu'elle adore tous les jours sous d'autres noms.

Mais avec les caractères amollis on trouve ordinairement ces cœurs épuisés d'où l'espérance a disparu. Et parce que l'œuvre est grande d'intelligence et de dévouement, presque aussi grande que dans les premiers siècles de l'Eglise, ils se persuadent vite que jamais si profonde n'a été la corruption. Voici comment ils argumentent.

Le mal empire. Les beaux siècles sont passés ; les premiers succès de la foi ne se renouvelleront plus. Les hommes, que parlent-ils encore des merveilles de leur civilisation, la Société ne se dissout-elle pas du faîte à la base ?

Tout marche à sa chute ; les temps prédits par la parole sainte s'avancent, car l'erreur est dans toutes ses branches ; il ne reste plus qu'à sauver çà et là toutes les ames que l'on pourra. Le pouvoir de la religion est presque éteint, son règne va succomber ; nous touchons à la fin, c'est le mal en définitif qui triomphe. . . . .

Moi, j'attends le triomphe de Dieu ; je crois à la réussite de la création.

Les objections qui ont été faites, j'ai pu l'observer, partent toutes d'un esprit de système. Pourquoi ne veut-on pas aimer la vérité pour elle-même ; pourquoi toujours avoir besoin de se faire parti pour la défendre. Il n'y aura donc pas de vrai désintéressement de nos jours ! Les personnes voudront donc être partout. Même ceux qui combattent pour la vérité veulent porter un nom, veulent faire une école !

Le catholicisme n'est point une école. Le catholicisme, qui est la vérité intégrale et universelle, comme l'indique ce nom sublime que les peuples lui ont décerné, le catholicisme est en quelque sorte tout à la fois rationaliste et traditionaliste ; parce qu'il admet tout à la fois la raison et la révélation. Ou plutôt, le catholicisme n'est ni rationaliste ni traditionaliste, puisqu'il est lui-même la tradition et la raison, puisqu'il est lui-même la vérité.

Le catholicisme n'est pas une école ; ce sont les écoles qui sont précisément le contraire du catholicisme. Ce sont les écoles qui déchirent sa robe et s'en disputent les lambeaux.

Par exemple, l'une lui empruntera exclusivement le fait de la tradition dont elle exagèrera le sens, comme le traditionalisme ; l'autre lui empruntera exclusivement la lumière de la raison, dont elle exagéra la portée, comme le rationalisme ; celle-ci lui empruntera la notion de la grâce, dont elle exagéra l'empire, comme le jansénisme ; celle-là lui empruntera la notion de la liberté, dont elle exagéra la puissance, comme le pélagianisme ; et ainsi de toutes les autres écoles.

Le caractère du catholicisme est précisément de n'être pas une école, c'est-à-dire de ne favoriser aucune vérité aux dépens d'une autre. Conséquemment, la gloire du catholicisme est de ne porter aucun nom d'école. Il n'est ni traditionaliste, ni rationaliste, ni janséniste, ni pélagien, parce qu'il admet la tradition, la raison, la grâce, la liberté ; et lui seul sait assigner à chacun de ces faits la place qu'il doit occuper dans son sein. C'est là la grande religion.

Mais il faut de petites doctrines pour les petits esprits. Vous placez-vous dans la religion, vous trouvez que la raison vous gêne. Vous placez-vous dans la raison, vous vous trouvez gêné par la religion. Selon le système qui entre dans leur esprit, les uns veulent ôter la raison de la religion ; les autres seraient fiers de délivrer la raison de la religion.

Il existe aujourd'hui un funeste sentiment de vanité intérieure qui nuit extrêmement à la vérité. Exalté par les beaux esprits du temps, dans leurs publications frivoles, il s'est répandu presque partout. Cet air de supériorité incommensurable que chacun porte dans le monde, pénètre dans le cabinet. On ne cherche plus à agrandir son esprit pour embrasser la vérité ; on ne peut pas s'avouer vaincu devant l'infini. Mais on réduit la vérité aux proportions de sa pensée ; par ce moyen on est sûr de passer à ses propres yeux pour un grand génie. Chacun conserve ainsi la prétention d'avoir embrassé l'ensemble des choses !

A ces intelligences devenues si fières, et que rien ne peut

dominer, il faut, suivant l'occasion, ou un rationalisme bien entendu, dont la religion, avec ses données infinies et ses fatigantes prescriptions, soit absolument bannie ; ou une religion comprise à leur manière, dont la raison, avec son intraitable clarté, se garde bien d'approcher. La raison sert pour ceux-là à traiter les autres comme d'infimes esprits ; la religion sert pour ceux-ci à morigéner les autres.

Et dire que, de nos jours, toutes les questions se débattent entre ces deux sortes d'esprits ; ceux qui ne croient pas et ceux qui croient mal ! Il y aurait moyen de mieux faire. Si nous avions moins d'orgueil nous posséderions plus de grandeur ; avec la grandeur nous retrouverions l'humilité, et avec l'humilité on découvre la vérité.

Si tout devait se borner à quelques bévues dans les idées, comme celles qui ont été précédemment signalées, le mal n'irait pas loin. Mais cette manière de voir se répercute ailleurs. Elle produit également dans la pratique une religion dont la raison est absente. Attaquant la foi dans ce qu'elle a de plus riche, elle l'épuise et la recouvre presque entièrement de superstitions. Et l'on voit le culte des médailles se substituer au culte de l'Eternel !

De cette manière on est plus sûr d'avoir pour soi les commères que d'avoir l'opinion. On trouve que les esprits secs et bornés n'inclinent pas déjà assez d'eux-mêmes au stérile mécanisme d'une froide piété ! Le christianisme était venu pour faire adorer Dieu en esprit et en vérité, et voilà que l'on se donne toutes sortes de peines pour le faire adorer en matière et en absurdité. On se cache du Centre, en s'abritant sous les formes d'une soumission redoublée. On se montre plein de respect pour la Voix universelle, mais l'on s'enfonce dans un esprit local et personnel !

XVII

Il ne suffit plus de faire le bien ; il y a manière de le faire. Il faut appartenir à une coterie réglée à cet effet. Là beaucoup y apprennent la manière de s'en servir (1) ! Toutefois, on forme dans le sein de l'Eglise de petites églises pour dépasser la première. On pense traiter Dieu comme un chef d'école dont les disciples, pour flatter le maître, ont besoin d'exagérer la doctrine. Je le dis avec frayeur, tout cela crée de nouveaux centres aux esprits et tend à détacher de Rome

Sans s'en apercevoir on s'adressera moins souvent à Dieu qu'à tel saint à la mode devant un petit monde. Ceux qui prient simplement Dieu et sa sainte Mère sont presque mis à l'index par les autres ; ce ne sont pas là les initiés. On a fait passer les commandements de l'Eglise avant les commandements de Dieu ; il est juste qu'on place les pratiques de sa confrérie avant celles de l'Eglise !

Croit-on remplacer la grandeur du culte par la multiplicité ? La petitesse ne donne rien de bon. On partagera sa sollicitude entre le soin des consciences et ce qui se passe dans les familles. Mais vraiment, c'est prendre trop de soin d'étendre l'empire de la religion ! Hélas, quand on descend dans le particulier, on entre dans sa propre importance. Voilà pourquoi au sein de tant de zèle on voit se nourrir, à son insu, la passion personnelle la plus envahissante, celle qui ne se différencie de l'orgueil que par le nom.

Lorsqu'un secret besoin porte à dominer, il faut absolu-

---

(1) La véritable piété est toute pour Dieu. Mais je me suis aperçu qu'il y a une piété pour le monde. Cette piété voyante est très lucrative pour ceux qui s'en servent ; c'est un charlatanisme inventé pour les honnêtes gens. Quoi ! ceux qui s'y prêtent en sont encore à ne pas voir qu'on ne leur demande Dieu ainsi que pour le vendre !

ment trouver quelque moyen d'échapper à ce qui est universel. Il faut créer de petites sociétés pour que la domination soit possible. Tout le monde ne peut songer à conduire l'Eglise de Dieu; on peut aisément être le chef de sa congrégation religieuse. Ne se le rappelle-t-on plus, c'est dans cet esprit qu'ont commencé presque toutes les Sectes !

Aussi, tout bas, accueille-t-on avec délices l'admirable invention d'une Eglise gallicane; sans réfléchir que la logique de ces mots promet ailleurs l'emploi légitime de ceux-ci : Une Eglise anglicane, une Eglise allemande, une Eglise russe ! C'est à ce titre seulement qu'il y aurait aussi une Eglise romaine. C'est ainsi que, par un instinct profond de l'esprit propre, on en vient à favoriser tout ce qui divise, tout ce qui rend plus petit.

En doctrine, c'est Dieu qui est trop grand; cela pourrait égarer les jeunes têtes ! En pratique, c'est Rome qui fait peur; elle pourrait troubler les bonnes habitudes ! Pour la prière, on préfère adorer des petits bon Dieu; pour la discipline, on aime mieux suivre l'Eglise de son pays !

Dans toute cette conduite, il y a un enchaînement logique indivisible. Car les hommes qui critiquent la raison sont ordinairement ceux qui ne la cultivent pas en eux-mêmes. Or, comme la raison est la partie impersonnelle de notre être, lorsqu'elle est sacrifiée, il faut bien voir ressortir aussitôt dans la pratique les vices que comporte la partie personnelle !

Ainsi, aux yeux des docteurs qui se complaisent dans ces sentiments, le péché devient utile, parce qu'il aide à rendre l'ame plus soumise. On en arrive, et ceci explique tout ! à préférer les consciences soumises aux consciences pures. Il semble qu'on s'accommode mieux de la bassesse, qui naît ordinairement du vice, que de la loyauté, qui naît de la vertu ! Il ne faut plus s'étonner si très souvent on se plaint de ce que la piété dégrade au lieu d'élever les caractères !

XIX

Doctrine nauséabonde, qui éloigne de la religion tant d'âmes sincères et délicates; doctrine dans laquelle ceux que le vice a affaiblis trouvent à entrer de plein pied lorsque les vieux jours sont venus; doctrine avec laquelle les gens du monde et les marchands, souillés de plaisirs et de cupidité, peuvent contracter un ignoble accommodement, je ne puis dire tout l'effroi que vous m'inspirez !

J'observerai la conduite des saints ; j'interrogerai les maximes des Pères; j'écouterai saint Paul, saint Grégoire, saint Augustin ; je suivrai les décisions de l'Eglise, et je n'y trouverai point le germe d'une semblable piété !...

Apôtres de la grande religion, vous êtes les descendants des Prophètes et des Saints ! Vous savez que l'enthousiasme monte plus près de Dieu que la servilité. Celui qui sonde les cœurs et les reins ne compte pas sur ce qui vient du dehors. Car souvent il est quelqu'un de meilleur à ses yeux que le chrétien, c'est celui qui tend à le devenir.

Vous préférerez les consciences pures aux consciences soumises : la douceur n'appartient qu'à la pureté. Vous préférerez les cœurs élevés aux cœurs affaissés : l'humilité n'appartient qu'à la grandeur.

Dieu habite dans les grandes âmes; c'est là qu'il trouve le plus d'amour, de cet amour qui renferme toute la loi.

Mai 1844.

PRÉFACE.

PRÉFACE.

Ce livre renferme une étude de l'Être, une étude de l'homme, et une étude de la Société; c'est-à-dire une ontologie, une psychologie, et ce que nous serons obligé d'appeler une cœnologie [1].

Les volumes que nous publions aujourd'hui se rapportent aux deux premières de ces sciences; ils contiennent la première partie de notre travail, et ils en sont la base. Les derniers volumes, qui

---

(1) *Cœnologie* est formé de κοινωνια, *société, communion*, dont on a fait *cœna*, en français *cène* (cœne); et de λογος, *discours, science*. Cœnologie signifierait science de la Société.

ne peuvent tarder de paraître, se rapportent à la troisième de ces sciences; ils contiennent la seconde partie de notre travail, et ils en sont le but.

Ces trois sciences réunies donnent la Théorie de la Société; je veux dire la connaissance de son rôle dans le temps, et de son but au delà du temps. Et la Théorie de la Société nous donne la conception explicative de la création. Nous avons reconnu que c'est dans la Société que l'œuvre de la création s'accomplit.

Il ne faut pas confondre la théorie de la création avec la théorie du monde. Le monde physique, dont Keppler et Newton nous expliquent les lois, est fait pour tourner dans le temps; le monde moral, qui est le but du premier, est fait pour s'en échapper. Le monde physique n'est, si l'on permet cette expression, que le plancher sur lequel l'homme a été déposé en dehors de la Réalité absolue; c'est le lieu où se passe la création. Jusqu'à présent on n'a fait que de la science humaine, occupons-nous de la science divine; car l'homme n'est pas seulement pour vivre de la vie humaine, l'homme est homme pour vivre un jour avec Dieu.

Ce livre, disons-nous, renferme une ontologie, parce que c'est en Dieu, ou l'Être incréé, qu'il faut étudier l'homme, ou l'être qui a été créé; il renferme une psychologie, parce que c'est dans l'homme, ou l'être social, qu'il faut étudier la Société, ou le milieu fait pour l'homme; enfin, il renferme une cœnologie, parce que c'est dans la Société, phénomène le plus universel de la création, qu'il faut étudier le motif, l'objet et le but de la création.

La nature de Dieu nous fera connaître la nature de l'homme, et surtout le motif pour lequel il a été créé ; la nature de l'homme nous fera connaître la nature de la Société, et surtout la loi qu'elle doit réaliser ; la loi de la Société nous fera connaître son rôle dans la création, et surtout le but auquel elle doit définitivement parvenir.

Aujourd'hui qu'on attend tout de l'extérieur, il paraîtra bien téméraire d'offrir d'abord un livre d'ontologie et de psychologie. Il nous semble qu'il le serait bien davantage de donner un traité de politique, sans avoir fait l'étude de la Société, qui est l'objet de la politique ; ou un traité de la Société, sans avoir fait l'étude de l'homme, qui est l'objet de la Société ; ou enfin un traité de l'homme, sans avoir acquis des notions sur Dieu, qui a créé l'homme !

Une théorie de la Société qui eût abordé immédiatement la politique et l'économique, aurait beaucoup mieux convenu à des esprits plus avides de nouveautés que de vérités. De nos jours, on voudrait les conséquences sans passer par les principes qui les préparent ; ce n'est pas ainsi que se fait la science. Beaucoup d'hommes ne sont préoccupés que de ce qui a lieu à la surface ; comme les enfants, ils portent tout de suite les yeux sur ce qui fait le plus de bruit. Je sens qu'on est peu disposé à écouter un traité méthodique de la Société, lorsqu'on s'attend du jour au lendemain à voir toutes les questions décidées par les évènements.

On aime les évènements; cependant, au milieu des choses qui passent, on devrait songer aux lois qui restent. L'intérêt des faits doit-il faire pâlir l'intérêt des principes, qui engendrent les faits? Tous les regards sont tournés vers ce qui change; mais ceux qui savent que ce qui change a sa source dans ce qui ne change pas me sauront gré d'être remonté à l'absolu. Au reste, je n'ai pas besoin de chercher des excuses pour les lumières qui doivent ressortir de ce point de départ.

Nous avons dû passer par la psychologie, puisque la nature de la Société doit dériver de la nature de l'homme, pour lequel elle a été faite. Et nous avons dû partir de l'ontologie, puisque la nature de l'homme doit dériver de la nature de Dieu, pour lequel il a été fait. Mais, indépendamment de ce motif, et par le seul intérêt de la méthode, nous devions nous placer dans l'ontologie. Aussitôt qu'on aura pénétré un peu dans les notions si simples de cette science, on s'apercevra que, sans elle, toutes les idées de la philosophie ne sont en quelque sorte que des paraboles de la vérité. Nous avons voulu voir les choses substance à découvert.

La démonstration ontologique est la seule qui satisfasse la raison; la preuve logique s'arrête à l'intelligence. Or, l'intelligence est la faculté du relatif, et la raison est la faculté de l'absolu. Par l'intelligence on explique, mais par la raison on conçoit ce qui est expliqué. La première nous fait savoir, mais la seconde nous fait voir; car la raison nous ouvre un jour sur l'Être. Comme elle part du nécessaire, elle dit ce qui ne peut pas ne pas être; et, sans le secours de l'expérience, elle impose la vérité. La raison n'est que la Sagesse de Dieu à l'état créé. En suivant ses données, on retrouverait par la pensée tout le plan des œuvres de Dieu. Les notions de la raison sont les lois mêmes de l'être.

Aussi, les différents termes de la démonstration ontologique ne sont pas des propositions, ce sont des axiomes. La preuve logique n'a d'autre valeur que celle qu'elle reçoit de l'axiome ontologique; c'est donc l'axiome qu'il faut établir. Quand on a vu comment les propositions reposent sur les axiomes, il faut voir comment les axiomes reposent sur Dieu. La logique donne les conséquences que renferme le principe vrai, mais l'ontologie donne le principe. L'origine de toute connaissance est dans l'ontologie. On ne voit réellement clair que par la lumière de l'absolu.

Et ce n'est pas seulement dans l'intérêt de la certitude que je réclame cette lumière, je la réclame aussi dans l'intérêt de la science; car il ne suffit pas de rendre à la pensée toute sa profondeur, il faut lui rendre toute son étendue. Bornée au point de vue relatif, la science n'a pu trouver que la raison seconde, ce qui tient aux lois de convenance des phénomènes; elle n'a pu étudier la raison première, ce qui tient aux lois essentielles de l'Être. Le relatif ne saurait être le dernier et véritable objet de la connaissance; il ne saurait expliquer les choses, puisqu'il a besoin lui-même d'être expliqué. De même, le relatif ne saurait être le dernier et véritable terme de la science; il ne saurait compléter les choses, puisqu'il a besoin lui-même d'être complété. Prises ainsi du côté du temps, les réalités n'ont pu montrer qu'une face. On n'a éclairé que le dessous des choses; tout un hémisphère est resté dans l'obscurité.

Ainsi, jusqu'à présent les psychologistes n'ont étudié en l'homme que les facultés relatives, c'est-à-dire les facultés qui trouvent leur objet dans ce monde. Mais ils n'ont point étudié en l'homme la faculté essentielle, c'est-à-dire la faculté qui ne trouve son objet que dans l'absolu. On n'a vu l'homme que par le côté qui regarde la terre, on ne l'a point vu par le côté qui regarde le Ciel. On a considéré la vie de l'homme dans le temps, sans songer à son but au delà du temps. Jugez si la morale a dû s'en ressentir!

De même on a cru que les fins de la Société étaient en cette vie. Les socialistes ne l'ont étudiée que dans son rapport avec ce monde, où elle ne doit que passer; mais ils ne l'ont point considérée dans son rapport avec l'absolu, où elle doit s'arrêter. On n'a vu également la Société que par le côté qui regarde la terre, on ne l'a point vue par le côté qui regarde le Ciel. On a cherché la fonction de la Société dans le temps, sans songer à son but au delà du temps. Jugez si la politique a dû s'en ressentir!

Tant que l'homme s'obstinera à se considérer comme citoyen du temps, on s'obstinera à le traiter comme le citoyen du temps : il n'y aura pour lui que des droits relatifs. On ne traite pas un mortel comme un dieu! Il faut que l'homme soit éclairé par le jour de l'absolu; et c'est au moyen de la raison que cette clarté arrive sur lui. L'expérience dit ce qui est, elle conduit ainsi à la théorie du mal; mais la raison dit ce qui doit être, elle est ainsi la source de la morale et de la politique. Le principe de toute connaissance, avons-nous dit, est dans l'ontologie : indépendamment de la science du vrai, nous voyons qu'elle nous donne aussi la science du bien!

En partant de l'homme, on ne sait pas où on arrivera; c'est là la méthode empirique. En partant de Dieu, on est sûr d'y retourner; c'est là la méthode ontologique. J'espère que cette méthode portera ses fruits.

Un des premiers résultats de cette méthode a été de nous découvrir l'élément fondamental de la nature humaine; et nous avons reconnu que ce que la psychologie appelait le *moi* n'est autre chose que le cœur. Le moi n'a été jusqu'à ce jour qu'une sorte d'x représentant, comme en algèbre, une quantité inconnue. On verra que le cœur est le fond de l'homme, le siége de sa personnalité. Car, derrière la volonté, derrière le motif, derrière le desir, il y a l'amour, c'est-à-dire le mouvement de l'être vers l'être, par suite de la position où le retient le temps. C'est par cette faculté que l'homme se sent séparé de l'absolu, que l'homme cherche à retourner vers Dieu. L'homme, c'est l'être qui a besoin de Dieu.

Mais un autre résultat aussi important, et que nous devons au premier, a été de nous découvrir le principe fondamental de la Société humaine. Et, par une coïncidence vraiment heureuse, ne se trouve-t-il pas que ce principe de la Société, qui n'avait point attiré les yeux de la science, répond précisément à cet élément de l'homme, qui n'avait point été étudié par la psychologie! On verra également que ce principe est le fond de toutes les lois que les différentes civilisations ont cherché à réaliser. Car, derrière la justice, derrière l'égalité, derrière tous les droits, il y a un principe qui est plus avant que la justice, que l'égalité, que tous les droits, et qui en est l'accomplissement. C'est par ce principe également que la Société nous mène à la vie absolue, que la Société nous rapproche du

Ciel. La Société, c'est le lieu où la créature est élevée pour le ciel.

Ces expressions devront être prises dans leur sens littéral.

Enfin, chose remarquable ! cette lumière puisée dans l'absolu éclaire d'une manière si parfaite les faits donnés par le temps, qu'il en est sorti une théorie historique tellement exacte qu'elle explique d'un seul trait, pour le passé et pour l'avenir, la marche de l'humanité. Ceux qui s'occupent de l'histoire de la civilisation seront frappés de voir les temps historiques répondre point par point aux trois éléments de l'existence éternelle. Ils verront la loi qui préside à la constitution de la Divinité se diviser, selon les catégories mêmes de l'Être, en trois principes, auxquels correspondent les trois phases qui président à la formation de l'humanité. Ils verront que l'antiquité a réalisé la première, que les temps moyens achèvent de réaliser la seconde, et que déjà les temps modernes pensent à réaliser la troisième, celle qui doit tout accomplir.

On comprendra même comment le premier de ces principes, dénué des deux autres, n'a pu donner que la Société antique; comment, réuni au second, il lui a été possible de donner la société moderne; et comment ces deux principes, complétés par le troisième, nous donneront la Société pure. Alors, nous prendrons de l'avenir un sentiment aussi clair que celui que nous avons du passé.

Dans l'absolu, les temps sont identiques; celui qui en emprunte la lumière, voit à la fois le passé et le futur; il saisit les trois termes de la durée, comme on saisit les trois termes d'un raisonnement; et, sans prophétiser, il peut annoncer l'avenir.

Je dois dire encore, pour compléter ma pensée, que c'est dans la Société que l'essence humaine acquiert les affinités qui lui sont nécessaires pour se réunir un jour à la vie divine. Une pareille vie a des conditions indispensables, fatales même pour l'être que l'absolu veut bien admettre à prendre part un jour à ses prérogatives. Comprenez qu'il a déjà fallu faire passer cet être à l'existence, et qu'il s'agit maintenant de l'élever à l'infini! Il faut que l'homme ait la vie de l'infini, et qu'il ne soit pas l'infini; qu'il y entre sans s'y confondre. Eh bien! nous verrons que l'homme puise précisément dans la Société un principe de distinction, pour fonder sa personnalité, et un principe d'union, pour la réunir à l'absolu. Par le principe d'union, il se mêlera à la grande Vie; par le principe de distinction, il restera lui-même. Et l'homme retournera en Dieu sans s'y perdre. Sinon le but de la création serait manqué; car elle a été précisément établie pour éviter la panthéification de l'être.

Je dirai même, quoiqu'ici je ne puisse être parfaitement entendu, que l'objet de la Société est d'opérer successivement dans l'essence humaine ce qui s'est opéré identiquement dans l'essence divine.

Pour parvenir à la vie absolue, l'homme est obligé de réaliser en lui, dans un ordre chronologique, ce qui s'est fait en Dieu dans un ordre logique indivisible. Le temps est la condition par laquelle doit passer l'être qui n'existe point de lui-même ; car il faut qu'un tel être se forme. Dieu fut toujours dans la plénitude de l'être, et l'instantané est le propre de la puissance infinie ; mais l'homme n'est qu'en puissance d'être, et le successif devient la condition de l'être limité. Celui qui existe par lui-même s'est trouvé éternellement tout ce qu'il devait être ; mais celui qui n'existe pas par lui-même assiste par la durée à la formation de soi-même. Il ne peut recevoir l'être que peu à peu, selon que sa causalité se l'assimile ; autrement il ne serait pas lui-même.

Dieu, c'est la Réalité absolue s'accomplissant de toute éternité ; l'homme, c'est la réalité conditionnelle se formant dans le temps. L'homme est donc tenu de passer par les lois de l'être, s'il veut parvenir à l'être. Rien ne peut le dispenser de traverser les conditions de l'absolu : il ne saurait être plus favorisé que Dieu. La loi de formation de l'être humain est inévitablement calquée sur le principe de l'engendrement divin. On verra que la loi morale n'est pas autre chose.

Or, c'est dans la Société que s'opère cette formation de l'être humain ; c'est par elle que l'humanité se constitue sur le plan même de la Divinité. Là, nous trouverons l'explication de ces paroles de l'Évangile, qui doivent être prises dans un sens entièrement ontologique: Sint unum sicut et nos unum sumus!

La Société reconstruit l'unité de l'essence humaine divisée pour aimer; c'est de la sorte qu'elle opère chronologiquement en l'homme ce qui s'est opéré éternellement en Dieu. Car Dieu lui-même, comme nous le verrons, est une Société, mais une Société dont les différentes Personnes n'ont jamais été séparées, et dont l'unité éternelle a toujours reposé sur l'éternel amour.

Ceci nous explique sans doute la voie et le but des choses créées; mais la science vraiment divine serait de savoir pourquoi il y a eu création!... Et, en vérité, comment l'absolu y a-t-il consenti? Quel motif a pu le décider? Ce qui existe par lui-même, ce qui est infini, ce qui est complet, a-t-il besoin qu'il y ait des existences en dehors de lui-même? Comment les Personnes divines ont-elles pu suspendre un instant leur amour pour songer à aimer une autre personne qu'elles? Dieu avait-il besoin de créer? Et cependant il a préparé avec tant de soin sa créature, il a mis dans sa conscience l'idéal d'une si grande perfection, et il lui demande tant d'amour!... L'humanité serait-elle appelée à former une quatrième Personne dans les cieux?... Nous verrons toutes ces choses; je m'arrête puisqu'elles ne sauraient être comprises ici.

Enfin, de la théorie de la Société, c'est-à-dire de la connaissance de sa fonction dans le temps et de son but au-delà du temps, nous avons déduit une politique et une économique. Cette dernière science nous a surtout préoccupé. Nous avons été réjoui de voir qu'elle n'était, dans son application, que la contre-épreuve et le meilleur exercice des lois morales; de telle sorte que l'ordre moral et l'ordre économique marchaient en raison directe. Pourvu que les lois naturelles ne soient point détournées, un peuple vertueux ne peut pas être un peuple pauvre, parce qu'un peuple vertueux est un peuple qui travaille, et un peuple qui travaille est un peuple nécessairement riche. Egalement, un peuple riche ne peut pas être un peuple immoral, parce qu'un peuple riche est un peuple qui travaille, et un peuple qui travaille est un peuple nécessairement moral.

De là nous avons été à même de reconnaître un quatrième agent de la production, et par conséquent de constater, au sein de l'ordre économique, un nouveau facteur dans la formation des richesses; facteur aussi indispensable que les trois autres, puisque partout où on remarque son absence, sur le globe, partout on remarque aussi l'absence des trois autres. Car, derrière le travail, derrière le capital, derrière le talent, il y a un agent qui est l'appui du travail, la source du capital, la condition du talent, et qui, par une harmonie admirable, vient encore présider à la répartition de la richesse entre ses facteurs, distribués pour la produire.

C'est dans le principe que représente cet agent que se trouve la clef de la production, de la répartition et de la consommation. Il intervient dans la première pour l'augmenter, dans la seconde pour la proportionner, dans la troisième pour la régler : il est le nœud du monde économique. C'est par ce principe qu'on verra se substituer à la concurrence l'alliance, à l'individualité la mutualité, à l'opposition l'association. Il y a dans l'œuvre de la formation des richesses, encore plus visiblement qu'ailleurs, une solidarité qui, aux yeux même de la justice, appelle une reversibilité. La communion des efforts doit conduire à une sorte de communion du bien-être. Enfin, c'est par ce principe que l'ordre industriel vient rejoindre à sa racine l'ordre spirituel, et que tous deux se trouvent entés sur une même loi : loi qui fait la vie de l'homme comme elle fait la vie de Dieu, loi qui établit l'unité au sein de la substance éternelle comme elle doit l'établir au sein des êtres libres, et en vertu de laquelle toute la création vient se ranger sous l'action harmonieuse de son Créateur.

Car vous reconnaîtrez vous-même que, obéissant à la loi par laquelle les conditions de l'absolu se réalisent dans le temps, et suivant point par point les trois phases de l'humanité, l'ordre économique parcourt également trois phases historiques : l'esclavage, la concurrence, l'association ; c'est-à-dire, l'inégalité, l'équité, la solidarité. La première, pendant que la Société n'en était qu'à la force ; la seconde, pendant que la Société n'en est qu'à la justice ; la troisième, quand la Société en sera à la charité, alors que le règne exclusif de la Puissance et que celui de la Sagesse viendront s'ACCOMPLIR dans le règne de l'Esprit.

Lorsque les esprits seront rentrés dans l'unité par la croyance, il n'y aura plus d'obstacle à ce que les bras y rentrent par l'industrie. L'union des cœurs amènera l'association des intérêts. Là, nous verrons se reconstituer cette grande unité de la religion, de l'économique et de la politique ; c'est-à-dire du lien spirituel, du lien matériel et du lien artificiel de la Société. Nous verrons se reconstituer, dis-je, cette grande unité depuis si longtemps cherchée et à laquelle doivent aboutir en définitive les efforts que l'humanité doit accomplir dans le temps.

Mais, avant de reconstituer l'unité de tous les membres de l'humanité, il faut reconstituer l'unité des éléments mêmes de la Société. Si, aujourd'hui, la religion n'a pas encore toute influence sur les hommes, si l'économique ne sait point encore répartir ses richesses, et si la politique ne peut encore se conduire vis-à-vis de nous comme elle le devrait, c'est que la religion, l'économique et la politique sont divisées. Le grand malheur est, que ceux qui admettent les conséquences, ne veulent pas admettre les principes ; tout comme ceux qui possèdent les principes, ne veulent pas admettre les conséquences. La politique ne sait pas d'où elle vient, ni où elle doit aller ; l'économique le sait un peu mieux, quoiqu'elle ait encore besoin d'élever ses regards ; et ceux qui s'occupent de morale ne savent plus en faire sortir l'économique et la politique.

Quant à cette dernière science, nous pourrons voir combien notre étude sur Dieu et notre étude sur l'homme ont mûri la véritable question. Trois écoles politiques présentent chacune un principe différent, et chacune regarde avec bonne foi le sien comme parfaitement vrai. Mais ces trois honorables principes ne sont que l'enveloppe d'une vérité tout autrement profonde. Nous reconnaîtrons la vérité qui se cache sous chacun d'eux. Ces systèmes ont en eux-mêmes quelque chose de si bon, surtout dans l'intention qu'ils ne manqueraient pas d'arriver chacun de leur côté à cette vérité, s'ils essayaient de remonter jusqu'au bout à leur principe.

Mais la politique ne se traite pas par elle-même ; elle ne se compose, au contraire, que de solutions fournies par les autres sciences. La politique se déduit de la morale, et la morale de l'ontologie. Si vous ne connaissez pas les lois absolues de l'être, vous ne connaîtrez point les lois qui doivent vous diriger, ni les devoirs que vous devez accomplir : voilà pourquoi la morale a sa source dans l'ontologie. Et si vous ne connaissez pas les devoirs que vous devez accomplir, vous ne connaîtrez point les droits qui doivent vous protéger, ni le pouvoir qui peut vous appartenir : voilà pourquoi la politique a sa source dans la morale. Otez l'ontologie, et la loi morale perd tout caractère de légitimité aux yeux de l'être intelligent, car elle perd sa base rationnelle; ôtez la morale, et la loi politique perd tout caractère de légitimité aux yeux de l'être libre, car elle perd sa base divine. Pour faire obéir l'homme, il faut remonter, chercher l'ordre vers Dieu.

Le problème pratique a lui-même sa racine dans le problème primitif, dans le problème de la certitude. En philosophie comme en politique, c'est toujours la même question ; il s'agit toujours de savoir où est le vrai, le légitime. Dans le premier cas, c'est pour y croire, dans le second, pour y obéir. Ce n'est point sur les champs de bataille, pas plus que dans les parlements, que l'on obtiendra la solution desirée; c'est par la pensée que la vérité se fait jour. La discussion politique devrait être lasse de ses paroles vides; je lui conseille d'aller les remplir aux sources de la déduction philosophique.

Nous ne partirons donc d'aucun de ces systèmes, mais nous arriverons à la solution que leur principe demande. Alors nous comprendrons le sens des évènements modernes, l'espérance qui tient tous les peuples dans l'attente, et l'instinct qui les porte si avidement vers l'avenir. Car la solution politique qui sera le gage de la solution morale ainsi que de la solution économique, doit elle-même concourir à l'établissement de l'unité de tous les enfants des hommes ; de cette unité magnifique que l'humanité, selon la prière de celui qui est sa voie, sa lumière et sa vie, doit accomplir avant de remonter dans la vie absolue

Nous aurons le temps de nous occuper de ces questions, lorsque nous y arriverons. Seulement, avant de confier au lecteur notre livre, nous aurons la précaution de l'avertir de sa nature. Il faut prévenir tout malentendu.

Ceci est un livre de philosophie et non pas un livre de théologie. La philosophie prend son point de départ dans la raison, la théologie a le sien dans la révélation. La philosophie, c'est l'homme faillible, mais c'est l'homme qui cherche à comprendre. La théologie, c'est l'homme à l'abri de l'erreur, mais qui s'en tient à l'assurance du vrai. Autre chose donc est Malebranche récitant le Symbole des Apôtres, et autre chose, Malebranche intitulant son livre : *Recherche de la Vérité*. Autre chose est saint Augustin écrivant son *Traité de la Foi*, et autre chose saint Augustin s'écriant : « Il y en a qui, ayant une haute idée de leurs dispositions, ne veulent pas de philosophie ; ils desirent posséder la foi seule. Cela est aussi raisonnable que s'ils s'attendaient à recueillir des raisins d'une vigne qu'ils n'auraient point cultivée. »

Il y a deux sources de lumière dans le monde, la révélation et la raison. La révélation, ou lumière extérieure qui éclaire le genre humain entier; la raison, ou lumière intérieure qui éclaire tout homme en particulier. Quoique procédant d'une même origine, et conservant la même nature que la première, la seconde est plus intime à l'individu; c'est par elle que la vérité qui est hors de nous vient en nous. Sans elle, la lumière luirait dans les ténèbres, et les ténèbres ne la comprendraient point.

La révélation affirme, la raison interroge; car l'une vient de Dieu et l'autre repart de l'homme. Nous devons à la première ce que nous croyons, nous devons à la seconde ce que nous savons. Par la première, nous possédons la vérité; par la seconde, nous nous efforçons de posséder l'intelligence de la vérité. La révélation, voilà notre moyen de connaître les vérités éternelles; la raison, voilà notre moyen de les comprendre. « Ecartez les ténèbres de ma nature, et donnez-moi la faculté de comprendre, » disait saint Thomas commençant la *Somme théologique*.

A côté du fait extérieur de la révélation divine, se trouve donc le fait intérieur de la raison, comme moyen humain d'investigation. En tant que venue de Dieu, la raison est sans doute une révélation; comme elle, la raison est absolue, comme elle universelle, et comme elle infaillible; mais en tant que livrée à l'homme elle peut devenir relative, particulière et faillible, par le fait de l'homme. Certainement la raison est la certitude même; mais celui qui en fait usage peut se tromper, il peut ne pas se servir de la raison. Et telle est la source de l'erreur; elle ne vient pas de la raison, mais de l'homme qui s'en sert. Telle est aussi la condition de la science; elle marche comme l'homme; elle s'égare ou s'avance avec lui.

La science est perfectible, et par conséquent faillible, mais légitime tout à la fois. La révélation, c'est la source des vérités immuables; la science, c'est notre moyen de progrès et de perfectionnement. La science ne peut donc pas être adéquate à la révélation, puisque précisément son but est de chercher à la rejoindre. Et, il est besoin que nous arrivions par nous-mêmes à ces vérités, afin de les faire entrer en nous-mêmes et de les fondre avec notre conscience. Mais par la science nous n'y arrivons qu'humainement; et c'est là sa justification. Si la révélation est la parole de Dieu, au moins faut-il reconnaître qu'elle en dit plus que le langage de l'homme!

On ne saurait donc faire à la pensée humaine un crime de sa faiblesse. S'il fallait sous ce prétexte en abolir l'usage, il faudrait aussi abolir la science. Car, après tout, celle-ci ne fait que tenter des conceptions explicatives; et c'est de la sorte qu'elle ramène peu à peu notre intelligence à la hauteur où Dieu a placé la lumière révélée. Aussi, jamais la révélation n'a songé à écarter la raison; la révélation, au contraire, nous recommande d'adorer Dieu en esprit et en vérité. Or, c'est de cette manière qu'il faut nécessairement le connaître.

En nous donnant la révélation, Dieu n'a pas prétendu nous dispenser de la science. Pas plus qu'en nous livrant la terre, il n'a cru nous dispenser de la cultiver. Dieu nous a donné à croire, par la révélation, les choses que nous devons concevoir par la raison. L'une porte l'infaillibilité, l'autre porte la clarté. L'une nous présente la vérité, l'autre nous la fait accepter. La première est plus particulièrement une certitude, et la seconde une lumière. Qu'on ne nous dise donc pas que la question est de savoir à laquelle des deux appartient la suprématie exclusive.

Je suis obligée de dire cela, parce que dans le monde on ne voit pas les choses d'une manière aussi simple. En dehors du sens commun, tranquille dépositaire de la vérité, il y a les systèmes, bruyants proclamateurs des idées exclusives. Les systèmes sont tout d'un mot : il faut admettre ou la raison ou la révélation. La révélation vient de Dieu, la raison en vient pareillement; mais c'est égal. Les esprits chez lesquels les idées ne s'accordent pas veulent, à toute force, que les vérités se combattent.

Avec les uns, il n'est pas permis d'être philosophe, c'est-à-dire de travailler librement à la recherche de la pensée; avec les autres, il n'est pas permis d'être croyant, c'est-à-dire de s'attacher fidèlement à la vérité. Ceux qui pensent ne veulent pas se permettre de croire, et ceux qui croient ne veulent pas se permettre de penser. Il me semble que pour penser il faut croire, et que pour croire il faut penser!

Ceux qui reconnaissent la raison ne peuvent pas comprendre que l'on puisse, sans infidélité, admettre la révélation. Ceux qui ont une fois admis la révélation ne peuvent pas comprendre que l'on puisse, sans offense, songer à la raison. On ne manquera donc pas de m'accuser, ou d'être traditionaliste, ou d'être rationaliste. Si l'on voulait tout simplement m'accuser d'être homme? Mais on me fera difficilement cet honneur. Je me trouve forcé de prévenir le traditionaliste que je le suis plus que lui : il ne voit qu'une révélation, et j'en vois deux, la révélation rationnelle et la révélation traditionnelle. Je dirai pareillement au rationaliste, que je le suis plus que lui : il ne voit qu'une raison, et j'en vois deux, la raison intérieure, qui éclaire tout homme venant en ce monde, et la raison extérieure, qui éclaire l'humanité au milieu de ce monde.

Ceux qui ne se préoccupent que de la révélation sont persuadés que la raison est au moins dangereuse; et ceux qui ne se préoccupent que de la raison sont persuadés que la révélation est au moins inutile. De sorte que les premiers, parce que j'aurai suivi la raison, voudront, malgré moi, que je sois un ennemi de la révélation ; et les seconds, parce que je ne me serai pas écarté de la révélation, voudront, malgré moi, que je sois un ennemi de la raison. Alors, pour en revenir à leur fin, ceux-ci chercheront à me convaincre d'hypothèse, et à prouver qu'il n'y a dans mon livre aucune philosophie ; ceux-là chercheront à me convaincre d'orgueil, et à effrayer ma conscience... Je vous prie de ne pas changer les rôles : c'est moi ici qui vous rappelle à la révélation au nom de la raison, et à la raison au nom de la révélation !

Voilà le mal de tout cela ; les choses qui devraient s'unir se combattent, la vérité se nuit par la vérité même, et l'on se sert de Dieu contre Dieu.

Tout homme est-il donc obligé de se renfermer dans un système? N'est-il pas permis de conserver son indépendance religieuse contre toute philosophie partielle et exclusive, et son indépendance de philosophe contre tout aveugle ennemi de la raison humaine? Pour moi, je maintiens que m'accuser d'être hostile à la raison, serait me faire l'injure de me croire bien peu religieux ; et que m'accuser d'être hostile à la révélation, serait me faire l'injure de me croire bien peu raisonnable.

O raison, je sais qu'entre les mains de l'homme tu n'es point infaillible, et cependant c'est de ta lumière que j'ai voulu me servir! Je suis donc bien averti de la défectibilité de mes propres opinions. Aussi ne dis-je point : Voici des idées infailliblement vraies ; je dis : voici mes idées, c'est à vous de voir si elles sont vraies... Il ne faudra pas me dire : Vous avez avancé telle chose, et cela s'oppose à telle vérité ! Eh ! bien, si cela s'oppose à telle vérité, ce que j'ai avancé est faux. L'astronomie, la théologie, la géologie ne se sont pas faites en un jour. Chacun apporte ce qu'il peut, et la science reconnaît ce qui lui appartient.

Seulement, il faut bien ajouter que, dans ce qu'un homme sincère a cru vrai, il est probable qu'il se trouve en effet quelque chose de vrai. Du reste, examinez ; cherchez si, au milieu de ces idées, il ne se cache pas quelque erreur ; attaquez jusque dans son germe le sentiment égaré qui aurait pu l'inspirer, vous ne savez pas le service que vous me rendrez à moi-même! D'abord, je suis bien persuadé qu'en prenant ces données, vous arriverez aisément à quelque chose de plus juste. Une idée dans une tête est comme une plante dans un vase, elle n'y prend qu'une certaine nourriture; quand vous l'aurez transvasée, elle fleurira bien mieux dans votre esprit. C'est pourquoi je désire qu'on s'attache à ce que j'ai voulu dire bien plutôt qu'à ce que j'ai dit. Pour faire quelque chose d'utile, il faudrait que l'on mît à lire ce livre la bonne foi que j'ai mise à l'écrire.

Par la pensée, d'un côté j'ai touché des vérités sacrées, pour lesquelles il semble que le seul contact de l'intelligence soit un sacrilége; d'un autre côté, j'ai touché des vérités brûlantes, auprès desquelles il semble qu'on ne puisse approcher sans troubler les esprits déjà si troublés des hommes. Mais je l'ai fait, poussé par un si grand besoin de mon cœur, que les plus sévères me le pardonneront. O mon esprit, avoue bien ici toutes tes inquiétudes, comme tous tes desirs; que si du moins on t'accuse d'erreur, on ne t'accuse pas de n'avoir point cherché la vérité!

Voilà tout ce que nous saurions dire sur l'ouvrage en lui-même; maintenant disons quelques mots sur la manière dont il est fait.

En philosophie il y a deux sortes de livres, les livres qui font penser, et les livres qui font comprendre. Les uns réveillent l'intelligence, les autres la nourrissent. Par leur concision, les premiers ont l'avantage de plaire aux esprits déjà habitués aux idées de la philosophie; mais, par leur obscurité, ils ont l'inconvénient de rebuter ceux qui veulent étudier. Par leur extension, les seconds ont l'avantage de convenir à ceux qui veulent étudier, mais, par leur explicité, ils ont l'inconvénient d'ennuyer les esprits familiarisés avec ces matières.

Pour un Traité de ce genre, il aurait fallu prendre un milieu entre ces deux méthodes; c'est ce que je n'ai point su faire, je suis tombé dans tous les inconvénients de la seconde. Il n'est pas facile de rester concis sur ses propres idées. Comment est-il possible à un homme profondément ému par ses conceptions, de passer sur elles légèrement ? On voit Descartes renouveler jusqu'à six fois, dans le cours de ses ouvrages, son immortelle démonstration de l'existence de Dieu par l'idée de l'infini.

Du reste, ceux qui affectionnent le vrai ne craignent point d'être retenus quelque temps sur la pensée qui le leur fait entrevoir. Ne prennent-ils pas mille soins pour éclaircir eux-mêmes une telle pensée, pour la commenter, la voir sur tous les points et la bien comprendre? Le savant se reconnaît à la patience. Mais cette manière de faire est peu artistique, et surtout peu goûtée parmi nous, où l'on pense plutôt pour le plaisir de penser que pour la joie de rencontrer la vérité. Aussi laissons-nous échapper le vrai avec la même promptitude que nous mettons à le saisir.

Voici ce qui a toujours été pour moi un sujet de chagrin : j'ai vu des esprits distingués admettre aujourd'hui avec avidité une grande pensée; je croyais qu'elle allait naturellement opérer en eux la révolution qu'elle comportait; point du tout : aussitôt qu'ils avaient entrevu la portée de cette pensée, et qu'ils en avaient épuisé l'émotion, ils couraient avec la même avidité au-devant d'une idée plus nouvelle. La vérité passe dans ces esprits sans y rester. Je crois même qu'ils prétendent faire de la pensée un plaisir. Comment, dans ce cas peut-elle en donner un? On ne doit point penser pour penser; c'est faire comme ces gens qui mangent pour manger. On doit penser pour se nourrir.

J'ai donc cherché à garantir mon livre contre l'esprit rapide. Effrayé de cette légèreté qu'on donne à la pensée, j'ai travaillé à rendre la mienne en quelque sorte plus pesante, afin que si elle tombe une fois dans l'esprit du lecteur, elle ne puisse facilement en sortir. Mais je crains d'avoir contracté là une mauvaise habitude, celle de frapper encore sur le clou quand il est enfoncé. Cette disposition vient aussi de mes premières impressions; je suis resté si longtemps privé de lumière, que lorsque j'ai pu me rattacher à quelques idées vraies, je ne trouvai jamais qu'elles eussent reçu assez de preuves. Depuis, on dirait que j'ai toujours peur que la vérité me manque. Il semble que la certitude ne me suffise pas; lorsqu'une vérité est prouvée, je cherche encore si elle ne présente pas un autre flanc par lequel on puisse renouveler la démonstration. A une vicieuse manière de faire, j'ai voulu en opposer une différente, et j'en serai peut-être victime.

Tremblant ainsi sur la vérité, j'ai dû, pour établir ma propre confiance, suivre dans mon travail l'ordre et l'enchaînement le plus rigoureux. J'avouerai que plus j'arrivais à des notions élevées et empreintes de la poésie que portent avec elles les idées sublimes, plus je prenais plaisir à les voir se constituer sous formes de raisonnement, et s'organiser en corps de science. Du reste, plus d'un lecteur y gagnera; l'enchaînement est comme le bâton à l'aide duquel l'intelligence marche dans une voie obscure; et je crois qu'il y aura ici des réalités métaphysiques rendues si claires, qu'elles seront saisies dès la première vue par les personnes qui leur sont le plus étrangères. La clarté est la poésie de la métaphysique.

Mais il est aussi un grand inconvénient à craindre, inconvénient mortel pour un livre méthodique, celui de le commencer par la fin. Comme le monde est plein d'impatience, et qu'on se précipite avec curiosité sur les résultats nouveaux, on reçoit moins un livre pour l'étudier que pour savoir les opinions de l'auteur. On court avec empressement vers les conclusions, sans connaître la science qui les amène. Nous jugeons d'une philosophie par la conformité que ses résultats peuvent avoir avec nos sentiments: c'est-à-dire qu'on admet les conséquences avant les principes. Voilà le sûr moyen de fonder ses croyances sur ses préjugés!

Si j'avais fait ainsi, quelle valeur auraient mes recherches? Vous imposez le doute méthodique comme première condition à celui qui entreprend sous vos yeux de constituer un système du vrai;

pourquoi ne vous l'imposez-vous pas à vous-même? Si l'on pense que ce travail mérite quelques égards, je ne demande qu'une chose, mais je la demande instamment, c'est que, dans la lecture, on n'intervertisse pas l'ordre des chapitres. On ne peut savoir combien ce traité est consciencieusement logique; toutes les idées se sont présentées à moi dans une telle spontanéité de succession, qu'il me semble que s'il n'était pas lu dans cet ordre, mon livre perdrait toute son autorité.

La raison en est facile à comprendre. Si d'une vérité on enlève la preuve, il reste une hypothèse; si d'une science entière on retire les démonstrations, il reste un système. Or, ici non seulement toutes les idées, mais aussi toutes les conceptions, découlent les unes des autres; celles qui précèdent sont l'antécédent logique de celles qui suivent, et ces dernières se montrent vraies, parce qu'on voit leur fondement dans les premières. Intervertissez l'ordre des chapitres, vous intervertissez la loi du raisonnement, c'est-à-dire que d'un seul coup ce livre devient hypothétique. Au lieu d'une vérité établie, vous n'avez qu'une allégation; au lieu d'un traité philosophique, vous n'avez plus que de la littérature, vous n'avez plus rien. Certainement je puis encore me faire illusion sur les défauts de cet ouvrage, mais s'il venait à être lu irrégulièrement, il me paraîtrait si défectueux que je ne vois plus ce qui pourrait le justifier.

Sa valeur est donc entre les mains du lecteur.

On conçoit, d'après ce qui précède, que ce n'est pas sans regret que je me décide à livrer ce travail en deux parties; mais il a pris une telle étendue que la prudence m'oblige à agir ainsi. En cela, je cède aux conseils des personnes qui m'entourent. Car, pour moi, voici ce que je dis : Ce livre est une théorie, or, un raisonnement ne se partage pas. Et, en effet, cette première partie ne retrouve toute sa valeur que dans la seconde, où elle a son application; et la seconde ne retrouve toute sa réalité que dans la première, où elle a son fondement. L'une n'est, en quelque sorte, qu'une réunion de principes, dont le monde n'appréciera la vérité qu'en en voyant les conséquences; comme l'autre n'est qu'une réunion de conséquences, dont le philosophe ne reconnaîtra la vérité qu'en en voyant les principes. Or, ici les principes vont se présenter séparés de leurs conséquences.

Cette séparation doit d'autant plus me peiner, que le grand mal, chez tous ceux qui s'occupent de sciences morales, est la particularité, et conséquemment l'exclusivité; on exclut toutes ces sciences les unes des autres. L'ontologie, la psychologie, la morale, puis le droit, l'économique et la politique ne sont réellement qu'une série de déductions. Cependant on ne rencontre que des hommes qui sont exclusivement ou métaphysiciens, ou psychologistes, ou moralistes, ou légistes, ou économistes, ou publicistes. Les uns font de la psychologie sans avoir aucune notion sur l'être; d'autres, de la morale, sans connaître la psychologie; d'autres, du droit, sans connaître la morale et la psychologie; d'autres, de l'économie, sans connaître la morale, la psychologie, et le droit; enfin, il y en a qui font de la politique sans connaître ni la morale, ni le droit, ni l'économie politique.

De là, dans les faits nous voyons les éléments de la Société former des partis au lieu de former un accord. Si ces éléments avaient dû se combattre, Dieu ne les aurait pas mis en contact pour s'unir! Assurément, le chaos qui est dans le monde des faits ne peut pas disparaître avant celui qui est dans le monde des idées. Je crois que si la conception qui est l'objet de ce livre, a un mérite, c'est précisément parce que, renfermant le principe de toutes ces sciences, elle a pu les ramener à leur unité. Je hâterai donc l'impression de la seconde partie pour que ce travail se reconstitue autant que possible dans la pensée du lecteur.

Un autre inconvénient, se rattachant au précédent, est celui du titre, qui s'applique au livre entier, et dont on ne pourra pas prévoir le motif dans cette première partie. Cependant, j'ai dû empreindre mon titre de la pensée qui est devenue l'objet définitif de l'ouvrage. Pascal dit que la première pensée d'un livre devrait être la dernière pensée à laquelle on est arrivé. Oui, si je voulais procéder dogmatiquement ; c'est-à-dire, si, au lieu de monter avec le lecteur les degrès qui m'ont conduit vers ce grand principe, je descendais de ce principe pour imposer à droite et à gauche toutes les conséquences qui en découlent. Je sais bien qu'il serait possible maintenant de prendre la loi à laquelle j'ai été conduit, et d'en déduire logiquement tous les faits qu'elle régit. En agissant ainsi, je pourrais être encore fort bon philosophe moi-même, mais je ne me conduirais pas du tout d'une manière philosophique vis-à-vis du lecteur. La philosophie n'impose pas, elle propose.

Nous serons donc obligés de marcher assez longtemps non pas sans entrevoir, mais du moins sans rencontrer la pensée renfermée sous le titre, lequel ne sera réellement justifié que dans la seconde partie. En commençant je ne pouvais rien dire ; je savais bien ce que je cherchais, mais je ne savais pas ce que je trouverais. C'est en réfléchissant à Dieu que j'ai été éclairé sur la nature de l'homme ; puis en étudiant l'homme, j'ai été éclairé sur l'objet de la Société, qui recompose l'homme dans le temps ; et, en étudiant la Société, j'ai été éclairé sur le but auquel elle doit nous conduire au delà du temps. C'est alors seulement qu'il m'a été permis de donner son titre à cet ouvrage.

Ce livre a commencé avec ma pensée ; il s'est poursuivi, éclairci, et achevé avec elle. On y retrouvera facilement toutes les traces de son âge, et même, je le crains bien, toutes les traces du mien. Il ne faut pas croire, comme on a pu le penser en lisant ces pages, que je sois arrivé de suite à des principes aussi arrêtés : ici, j'ai pu parler un peu comme un homme qui a trouvé. Mais il n'en est pas de même dans le courant du premier volume; aux balbutiements d'une pensée qui se cherche, on verra se joindre les balbutiements d'un style qui n'était pas encore affermi sur sa pensée. Il n'aurait pas fallu que la première page de ce livre fût la première page que j'eusse écrite.

Il n'aurait pas fallu non plus le faire imprimer à mesure qu'il se faisait; c'est un moyen de conserver ses défauts, et de montrer toutes les imperfections d'une pensée qui commence. A cette heure, nous pourrions peut-être enlever à quelques idées leur défectuosité, et au style quelques longueurs. Personne ne s'est jamais plaint d'être revenu ainsi sur lui-même. De sorte que ce travail, quoique fait lentement et avec réflexion, resterait néanmoins frappé de tous les inconvénients d'une première conception.

Enfin, si l'on veut, ceci est moins un livre que la pensée de celui qui l'écrivit. Cependant si nous ne nous engageons pas, vis-à-vis du lecteur, à mettre un véritable traité dans ses mains, nous espérons qu'après nous avoir lu, il le trouvera dans son esprit.

Ceux qui s'intéressent à tout ce qui est intime à

la nature humaine, et qui aiment à la prendre sur le fait, trouveront peut-être bien qu'il en ait été ainsi ; mais ceux qui aiment la vérité d'un amour purement abstrait pourront s'en mécontenter. Du reste, je mérite tant de reproches : il est bien juste qu'il se trouve quelqu'un de disposé à me les faire. Je dois avouer, toutefois, combien je desirerais que la discussion ne portât que sur le fond des choses.

Cet ouvrage demandera de la patience, parce qu'il est longuement écrit ; mais on sera tenté de me pardonner beaucoup, car on verra que je n'ai pas employé ce temps à voltiger autour des choses, que mon esprit a été ardemment fixé sur le point principal des questions et que j'ai toujours cherché à en finir avec les difficultés sérieuses. Non, ce n'est pas moi, Lecteur, qui vous vanterai ce livre ; je ne le juge que trop moi-même ! Cependant, si vous voulez traverser les premières difficultés, et entrer peu à peu dans le travail de ma pensée, je puis vous promettre que vous y trouverez quelque chose.... même pour votre cœur.

Je mets sous la protection de ceux qui se sont toujours montrés les défenseurs de la morale, le livre de l'Unité spirituelle.

Juin 1841.

PROLÉGOMÈNES.

PROLÉGOMÈNES.

CHAPITRE Iᵉʳ.

NE FAUT-IL PAS DÉTERMINER LA QUESTION DE CE LIVRE?

S'il n'y avait pas harmonie dans l'univers, la science n'existerait point; car l'esprit de l'homme chercherait en vain entre les êtres et les lois des rapports qui ne seraient pas.

S'il n'y avait au delà de l'esprit humain un monde de réalités objectives, la vérité n'existerait point; car que signifierait la connaissance de choses qui ne seraient pas?

Si la découverte du vrai n'était point un attribut de l'esprit de l'homme, c'est-à-dire si la vérité n'était pas possible, la raison humaine n'existerait point; car que signifierait un pouvoir de prendre possession de la réalité par la connaissance, qui ne possédait aucune connaissance? en un mot, que serait un pouvoir de connaître qui ne serait point un devoir de connaître?

Si la raison existe, la vérité existe parcequ'il faut un but à la raison; si la vérité existe, la réalité existe, parce qu'il faut un objet à la vérité. De sorte que ces trois idées de la raison, de la vérité et de la réalité, s'impliquent réciproquement, et forment l'inséparable cortége de toute croyance scientifique.

L'homme, en effet, ne peut nier la raison sans nier un élément essentielle et fondamental de son être; il ne peut nier la vérité sans nier une propriété essentielle et indispensable de sa nature; enfin, il ne peut nier la réalité sans se nier doublement lui-même. 1° Parce que ce serait nier la raison que de nier son objet et son but; 2° parce qu'il faudrait que l'homme avouât par là même qu'il n'est point une réalité, c'est à dire avouât qu'il n'existe pas; et cet aveu, quel que soit celui qui le fasse, ne vaudrait rien, même comme septicisme, ce ne serait qu'une grossière contradiction. Nier la réalité, ou nier l'être, c'est affirmer sa propre existence ainsi que l'existence de l'Etre de qui on la tient; car nier c'est affirmer que celui qui nie existe. Le septicisme n'est qu'un mensonge mal fait.

Nous pouvons donc en toute assurance partir de l'idée de la réalité. Mais qu'est-ce que la réalité, sinon tout ce qui existe? Et qu'est-ce qui existe, sinon les êtres? Et qu'est-ce que les êtres, sinon ce qui réunit les conditions nécessaires de l'existence?

Ainsi, l'ensemble des êtres, les conditions sur lesquelles ils reposent, les lois qui les régissent, les propriétés qui les distinguent, les rapports qui les unissent, et les fins pour lesquelles ils sont, tel est ce qu'on entend par réalité; tel est ce qui existe; tel est le champ de la raison humaine.

Tel est du moins la réalité créée ; parce qu'il est aussi une Réalité incréée, une Réalité nécessaire, absolue, qui existe par elle-même, et d'où la réalité créée au contraire tire son être avec toutes les conditions de son existence. C'est spécialement pour nommer la Réalité incréée, ou nécessaire, que toutes les langues ont le verbe par excellence, le verbe ÊTRE; ce n'est que par extension et pour les besoins du temps qu'on l'a métaphoriquement employé à nommer la réalité conditionnelle, ou créée. La Réalité incréée est l'objet de l'ontologie. Mais nous ne pouvons pas nous occuper de cette science, avant de connaître la méthode avec laquelle on doit l'aborder.

La réalité créée se partage elle-même en deux sphères, parce que, dans toute une partie, les objets qui la composent sont doués de conditions d'existence et de propriétés totalement étrangères aux conditions d'existence et aux propriétés des êtres qui composent l'autre partie. C'est pour établir la différence entre ces deux ordres de réalités que toutes les langues renferment deux mots qui leur sont spécialement applicables : elles appellent du nom d'*Esprit* l'ensemble des objets qui composent l'un de ces ordres de réalités, et donnent par opposition le nom de *Matière* à tous les êtres qui composent le second ordre des réalités.

Les objets qui composent l'ordre matériel et les êtres qui composent l'ordre spirituel sont doués chacun de ses propriétés, et tous de leurs lois. D'après ces propriétés et selon ces lois, il y a entre eux des rapports établis, et ils se combinent : les objets matériels par rapport à un centre qui leur est commun et qui les rend à l'unité, et les êtres spirituels par rapport à un but qui leur est commun, et qui les ramène à l'union. De là, la distinction de deux mondes : le monde matériel et le monde spirituel ; la nature et l'humanité.

L'homme, par la nature de son être, participe de ces deux sphères de réalités ; on peut dire qu'il a un pied sur chaque monde : son corps fait partie du premier, comme son esprit fait partie du second.

Prenant part à deux ordres de réalités tout à fait différentes, l'homme a par conséquent deux sortes de natures : la nature qu'il a prise dans le monde matériel et la nature qu'il a prise dans le monde spirituel. Ayant ainsi deux natures, l'homme a deux sortes de vie ; s'il a deux sortes de vie, il doit pourvoir à la conservation de l'une et de l'autre ; par conséquent, il doit posséder deux moyens de communication : un premier adapté à la communication du corps humain avec la réalité d'où il tire l'existence et la vie ; le second, à la communication de l'âme humaine avec la Réalité d'où elle reçoit l'être et la vie. Ce double système de relation doit se retrouver au fond même de l'homme.

De là, la distinction de deux sortes d'organes, qui correspond avec la distinction déjà faite de deux sortes de réalités : les organes matériels, qui établissent les relations de l'homme avec la matière, et les organes spirituels, qui servent à établir les relations de l'homme avec la sphère spirituelle.

Les premiers sont ce qu'on appelle les sens, et c'est par leur moyen que l'homme perçoit le monde physique ; les seconds sont ce qu'on nomme les facultés de l'âme, et c'est par leur moyen que l'homme conçoit le monde intelligible. Le sens principal de la perception du monde physique est l'œil; comme la faculté principale de la conception du monde intelligible, ou l'œil de l'ame, est la raison. L'impression de la matière sur l'œil produit la vision, comme l'impression de la substance intelligible sur la raison produit l'intuition. La vision est une intuition corporelle, comme l'intuition est une vision intelligible.

Il y a cependant cette différence entre la vision de l'œil et celle de la raison que, par la première, l'homme ne perçoit que le phénomène, c'est-à-dire l'apparence du monde physique, ce qui l'oblige d'avoir recours à l'organe spirituel pour avoir la conception de la substance et des lois de la matière, et achever ainsi la connaissance d'un monde dont il ne possédait que le fantôme. Tandis que par ses organes, l'esprit, comme faisant partie du monde spirituel, a nécessairement d'abord la conception préalable de son être, c'est-à-dire le sentiment de sa substance même, sentiment ou idée de la substance qu'il place ensuite sous tout phénomène qui lui apparaît. De sorte que, par l'œil corporel, l'homme voit les phénomènes apparents de la matière, et par l'œil spirituel, indépendamment de la vue complète, substance et phénomène de l'ordre spirituel, il ajoute encore à sa connaissance cette partie du monde physique qui ne tombe point sous la première vision; il place la conception de l'être sous la perception du paraître.

Néanmoins, malgré la double intelligence qu'il a du monde spirituel, l'homme attache ordinairement une assez grande certitude aux opérations de ses sens, pour croire que le monde physique n'est pas seulement une illusion.

Quand l'homme voit en lui-même quelque chose de ce qui se passe soit dans le monde physique, soit dans le monde spirituel, il possède ce qu'on appelle une vérité. La vérité, c'est la réalité en la possession de l'esprit humain.

Par la vérité, non seulement l'esprit de l'homme, mais l'homme lui-même entre en possession de la réalité : car aux organes spirituels et aux organes corporels dont nous venons de parler se joint encore, pour compléter la nature humaine, un système d'organes d'action, c'est-à-dire d'organes appropriés à la réalisation des actes dont la volonté a pris la détermination soit à propos des sensations des organes du corps, soit à propos des connaissances des facultés de l'esprit. Car que signifierait, au milieu de ces deux sphères de réalités, l'homme, être lui-même, avec l'unique propriété de percevoir ce qui se passe dans ces réalités ? Que signifierait cette faculté de connaître les conditions de l'existence, s'il ne possédait la propriété de se les appliquer ?

Par la vérité, l'homme pénètre d'ici bas dans le laboratoire de la nature, là même où les causes produisent leurs effets, dans cet endroit de la création que Dieu touche en la frappant de vie pour sa conservation, dans ce centre d'où les lois sortent pour embrasser le monde. Là, comme intelligence, l'homme s'empare des lois de la réalité ; comme cause, il en dispose, et devient véritablement une seconde puissance dans l'univers. Bacon disait : « L'homme ne peut que parce qu'il sait. »

Ainsi, la question de la vérité est celle qui a pour objet de savoir si nous devons connaître ce qui se passe dans la réalité. Connaître ce qui se passe dans la réalité, n'est-ce pas connaître les conditions et les lois de l'existence ? Connaître ces conditions et ces lois, n'est-ce pas posséder le moyen de les appliquer à notre propre nature, de nous faire participer aux principes d'existence et de vie des réalités auxquelles nous devons notre substance, et d'après lesquelles notre vie empruntée doit être dirigée sous peine de destruction.

De sorte que la question de la vérité n'est autre chose que la question même de la vie : l'homme doit-il vivre ? l'homme doit-il chercher les moyens de se conserver ? Toutes les sciences, preuves irrécusables des besoins et des efforts universels de l'humanité, sont là pour répondre. Le sentiment qui conduit l'homme à la recherche de la vérité, est un des éléments essentiels de l'instinct de sa conservation.

Il y a deux sortes de conservation pour l'homme, puisqu'il y a deux sortes de vie : 1° la conservation de la vie matérielle du corps, 2° la conservation de la vie spirituelle de l'âme. L'une et l'autre ne sont-elles pas dirigées par les lois du monde avec lequel elles correspondent ? Ainsi la conservation de la vie matérielle ne peut dépasser les limites de la réalité dont elle tire sa substance ; comme la matière, cette vie est finie, non seulement dans ses forces, mais encore dans son étendue par l'espace, et dans sa durée par le temps : aussi l'homme physique ne participe-t-il qu'à une vie momentanée. Il en est de même de la vie spirituelle ; elle ne peut pas ne pas participer aux propriétés de la Réalité dont elle tire sa substance ; infinie comme elle, elle ne peut avoir de fin : aussi l'homme spirituel a-t-il une vie immortelle.

L'homme doit donc pourvoir à l'entretien de ces deux vies ; c'est sa destination, comme c'est la destination de tout être vivant.

Les actes par lesquels un être travaille à sa conservation et à son développement, c'est-à-dire, les actes par lesquels il se maintient dans ses lois naturelles, sont ce qu'on appelle le *bien* pour cet être. Si l'homme a pour but de faire un double bien, le bien étant la réalisation de la vérité, ou des lois de la réalité, la première condition pour y parvenir n'est-elle pas que l'homme possède la vérité, ou la connaissance du bien ? La possession de la vérité est donc l'objet préalable de toute action humaine.

Si la recherche de la vérité doit être la première action humaine dans l'ordre logique, la réalisation de cette vérité doit être la seconde. Dans le premier cas, l'homme a employé ses organes de réceptivité, ici il met en œuvre ses organes d'activité. Mais à quoi lui servirait d'être doué de la faculté de connaître les lois de la réalité, et de celle de les réaliser, s'il n'avait pas une œuvre à construire et un lieu dans l'espace pour y poser les fondements de cette œuvre ?

C'est pourquoi l'homme est appelé, ici bas, à créer à son tour deux mondes nouveaux à l'image des deux réalités ; de les créer au moyen de la connaissance des propriétés et des lois des deux sphères de réalité.

Premièrement, le corps de l'homme, étant tiré et séparé en même temps de la réalité matérielle, ne peut se conserver qu'en suivant les lois de cette réalité, et en l'assujettissant à son usage. Cet assujettissement de la matière par le moyen des sciences mathématiques et physiques, et enfin par l'industrie agricole, manufacturière et commerciale, fait de la nature entière un temple pour recevoir son corps : c'est là ce qu'on appelle le MONDE INDUSTRIEL.

Secondement, l'esprit de l'homme étant détaché de la Réalité intelligible par la création, sa conservation repose sur les lois de la Réalité intelligible, comme la conservation du corps repose sur les lois de la réalité matérielle. De même que le corps est obligé de ravir à celle-ci ses propres lois d'existence pour se les appliquer, ainsi l'ame est obligée de recevoir du monde intelligible la connaissance de ses lois pour les faire servir à sa conservation. Par l'application des vérités de la religion, de la morale et du droit, l'homme construit à son ame le temple dans lequel elle doit vivre pendant la durée de la création. Cette demeure de l'ame est ce qu'on appelle le MONDE MORAL.

Ainsi le monde industriel, construit au moyen et à l'image de la réalité physique; le monde moral, construit au moyen et à l'image de la Réalité intelligible, sont les deux mondes que l'homme est appelé à se construire ici-bas pour demeure.

Comme il y a deux mondes, et que la double nature de l'homme correspond avec chacun d'eux, il doit posséder les lois de l'un et de l'autre, afin de les mettre en pratique pour la conduite et la conservation de chacune de ses natures.

De là, la distinction de deux sortes de sciences, comme nous avions distingué deux sortes de sphères dans la réalité et deux sortes d'organes pour communiquer avec elles par la connaissance et par l'action : 1° les sciences de la réalité physique, dont les résultats profitent à son corps par la réalisation du monde industriel ; 2° les sciences de la réalité intelligible, dont les résultats profitent à son âme par la réalisation du monde moral.

Les premières se nomment sciences physiques, à cause de leur objet, quoiqu'elles soient l'œuvre des facultés spirituelles de l'homme; et prennent le nom de sciences industrielles quant à leur application dans le monde industriel, c'est-à-dire lorsque les principes de physique, de chimie et d'astronomie, par exemple, sont appliqués à l'agriculture, à l'industrie et au commerce. Les secondes se nomment sciences ontologiques, à cause de leur objet; et prennent le nom de sciences morales quant à leur application dans le monde moral, c'est-à-dire lorsque les principes religieux, théologiques et esthétiques sont appliqués au droit privé, au droit civil, au droit politique et international.

Ainsi, pour l'édification du monde industriel, pendant que les uns cultivent la terre, emploient les machines, font le commerce, les autres cultivent les sciences, qui ne sont qu'une sublime culture de la vérité. Est-il une partie de ce champ où le soc de l'esprit humain n'ait pas tracé son sillon avec plus ou moins de bonheur? Depuis les lois chimiques, qui enseignent les combinaisons des molécules entre elles, jusqu'aux lois astronomiques, qui enseignent les combinaisons des mondes entre eux, toute réalité matérielle qui soutient quelque rapport avec l'homme n'a-t-elle pas été ramenée par la science jusque sous sa portée. La vérité dans cette sphère prend le nom d'*Utile*.

N'en est-il pas de même pour le monde moral ? Ne

renferme-t-il pas aussi une vérité à reconnaître, à conquérir et à réaliser? La vérité dans cette sphère prend le nom de *Justice*. Pendant que les uns se livrent à la recherche de la loi de justice, qu'ils en développent et éclaircissent les notions, qu'ils en répandent les bienfaits en la faisant descendre dans les consciences par la morale, qu'ils en promulguent les formules et en assurent l'accomplissement en la faisant descendre dans les faits par la législation; les autres, sublimes manœuvres, l'attirent en eux-mêmes, la mettent en pratique par leurs actions, et concourent ainsi à l'édification de l'Ordre moral.

Étant esprit et corps, et ces deux natures étant liées entre elles, l'homme ne peut vivre que dans une sphère qui soit tout à la fois spirituelle et matérielle. Or la réunion de l'ordre moral et de l'ordre industriel constitue ce qu'on appelle le Monde social : c'est pourquoi nous y rencontrons l'homme ici bas.

De sorte que nous disons le *monde moral*, en tant qu'il est composé d'êtres moraux, et *monde social*, en tant que le résultat de l'agrégation des êtres moraux et l'ordre d'après lequel ils sont disposés, porte le nom de Société. Or le Monde Social, qui se compose de l'ordre moral et de l'ordre industriel, est précisément l'objet que nous allons étudier ici.

Parmi les différentes sciences que ce monde peut faire naître, il est nécessaire de bien démêler notre problème de ceux qui l'environnent, afin que, se montrant isolément, toute la force de la question puisse se porter sur lui.

Les êtres qui composent le monde physique peuvent

être étudiés : 1° en eux-mêmes, 2° dans leurs rapports entre eux. Etudiés en eux-mêmes, l'ensemble des connaissances qui en résultent sont les sciences chimiques ; étudiés selon les différentes manières d'être d'après lesquelles ils se comportent entre eux, les sciences qui résultent de ces connaissances sont l'astronomie et la physique spéciale.

Les êtres qui composent le monde moral sont aussi étudiés : 1° en eux-mêmes, 2° dans leurs rapports entre eux. Les sciences qui renferment la connaissance des êtres moraux en eux-mêmes, sont la psychologie et la morale. La première est la science des facultés de l'âme ; la seconde est la science de ses lois.

Les sciences qui ont pour objet la connaissance des êtres moraux dans leurs rapports entre eux, sont la morale et le droit naturel. La première est la science des rapports qui sont dans la conscience ; la seconde est la science des rapports qui sont dans les actions.

La réunion de ces deux sciences prend le nom de *Science Sociale*, parce que l'application de la morale et du droit naturel au droit civil, au droit politique, et au droit économique, place les êtres moraux dans une certaine coordination qu'on appelle Société. La Société n'est autre chose que l'ordre dans lequel nous voyons les êtres moraux exister ici-bas.

Il résulterait que la loi définitive et complète de l'être moral est une loi sociale, puisque la réalisation de tous les actes que lui prescrivent les différentes règles d'où dépend l'existence de sa double nature, le constitue dans un état de Société.

La Société étant l'objet de la question de ce livre,

nous allons voir pourquoi il est nécessaire de l'étudier.

Sommaire. — Ce que suppose la science. — De la réalité. — De la vérité. — De la raison. — Comment ces trois choses s'impliquent. — Impossibilité du scepticisme. — Ce qu'il faut entendre par réalité. — De la Réalité incréée et de la réalité créée. — La réalité créée se divise en deux sphères : spirituelle et matérielle. — L'homme fait partie de toutes deux ; il a deux sortes de vie ; deux sortes d'organes. — Sens et raison ; impression et intuition. — Ce que c'est que la vérité ; ce qu'en fait l'homme ; organes d'action. — La conservation de ces deux sortes de vie repose sur la connaissance des lois des deux sphères où elles ont pris naissance. — Ce que c'est que le bien pour un être. — L'homme appelé à construire deux mondes, l'un pour son corps, l'autre pour son ame. — L'ordre industriel emprunte sa substance et ses lois à la réalité physique ; l'ordre moral à la réalité intelligible. — Sciences industrielles : l'utile ; sciences morales : le juste. — La réunion de l'ordre moral et de l'ordre industriel constitue le Monde social, où l'on rencontre l'homme ici-bas. — On étudie les êtres moraux en eux-mêmes : psychologie et morale. On les étudie dans leurs rapports entre eux : science sociale. — La réalisation de ces rapports constitue la Société, qui est l'objet de la question de ce livre.

CHAPITRE II.

QUELLE EST LA NÉCESSITÉ D'ÉTUDIER LA QUESTION DE LA SOCIÉTÉ?

Puisqu'on appelle Société l'ordre dans lequel nous voyons les êtres moraux exister sur la terre, ne faut-il pas savoir, premièrement, quelle est l'origine de la Société ; secondement, quelle est sa loi ; troisièmement, quel est son but ? La loi des êtres moraux paraissant être ainsi une loi sociale, lorsque nous connaîtrons le principe, la loi et le but de la Société, ne posséderons-nous pas le principe, la loi et le but de l'homme ?

Mais, d'abord, la première question qui se présente n'est-elle pas de savoir, si la Société est le véritable ordre de l'existence de l'être moral ici bas ? si, pour nous servir de l'expression reçue, la *Société est l'état naturel de l'homme?*

En présence du fait universel, la science ne devrait même pas soulever cette question, si la négative n'avait été soutenue par des hommes dont l'intelligence a eu la plus sérieuse influence sur les esprits. Pourquoi de grands écrivains l'ont-ils soulevée à la tête d'ouvrages qui font leur gloire, et dont quelques uns servent à affermir les différentes sortes de droits qui établissent cette Société même dont ils doutaient ?

Ainsi Grotius, dans son fameux ouvrage : *De jure belli et pacis*, ne voit pas qu'il puisse y avoir « des rapports sociaux naturels. » Il parle cependant des rapports domestiques qui ont lieu dans la famille, mais il ne conçoit plus au delà que domination pour les uns et servitude pour les autres.

Hobbes, dans son *Léviathan*, sorte de monstre énorme dévorant les hommes et qu'il a donné comme une personnification de la Société, développe la même idée.

Sidney, dans ses *Discourses concerning governement*, part aussi de cette idée comme d'un principe bien reconnu.

Locke, dans son ouvrage intitulé : *Two treatises of governement*, prétend que l'état des sauvages, qu'il appelle « état de nature » est « un état d'égalité, de liberté, de bienveillance mutuelle, un état de bonheur parfait ; » d'où il résulte que l'état des hommes civilisés, auquel on donne le nom de *société*, est un état d'inégalité, de servitude, de guerre, de haine mutuelle, un état de misère complète.

Hutcheson, le philosophe moral par excellence, intitule le troisième livre de son *Système de philosophie morale* : « Déduction des lois les plus spéciales de la nature et des devoirs de la vie, antérieurs au gouvernement civil et aux autres états adventices. » Le livre 2e, qui traite *Du gouvernement civil*, commence ainsi : « J'ai traité dans le premier livre des droits et des obligations qui ont leur fondement dans la nature, antérieurement aux états adventices qui ont été introduits par les institutions, les conventions, les engagements des hommes, etc. » Puis il s'occupe dans ce livre *du mariage, de la puissance paternelle, des devoirs et des droits*, et donne à entendre par là que ces différents rapports n'ont point de fondement dans la nature, mais qu'ils ont été introduits par les « constitutions, les conventions arbitraires de la volonté. »

Puffendorf, l'auteur recommendable du plus beau traité de *Droit naturel* que nous ayons, ne voit pas d'autre moyen que celui d'un contrat social, *pactus ordinationis*, pour arracher l'homme à son état primitif, qui était « son état naturel. »

Boehmer, *Introductio in Jus publicum universale*, malgré sa répugnance à admettre l'idée d'un contrat social, ne sait comment y échapper. Il cède en quelque sorte par désespoir, ne trouvant plus d'autre moyen d'expliquer l'origine de la Société, et finit par dire : « *Denique regnorum præcipuorum ortus et incrementa perlustrans, vim et latrocinia initia fuisse apparebit.* »

Montesquieu lui-même, dans l'*Esprit des lois*, ne pense pas que la Société soit l'état naturel de l'homme, c'est-à-dire l'état dans lequel il doit naître, se conserver, se développer et arriver à ses fins, puisqu'il dit : « Dans l'état de pure nature les hommes ne cherchaient pas à s'attaquer, et la paix serait leur première loi naturelle : » et au commencement de son II° chapitre : « Avant toutes les lois civiles et politiques sont celles de la nature. Pour les connaître bien, il faut considérer un homme avant l'établissement des sociétés. Les lois de la nature sont celles qu'il recevrait dans un état pareil. » On suppose ici qu'il y eut un état naturel pour l'homme *avant l'éta-blissement de la Société*, et que l'homme devrait retourner à cet état de pure nature qui précéda la Société, puisque *dans cet état les hommes ne cherchaient pas à s'attaquer, et que la paix était leur première loi naturelle!* Montesquieu dit aussi que, « pour connaître les lois de la nature, il faut considérer l'homme avant l'établissement des sociétés. » Il paraît craindre que l'état de Société, étant artificiel, ait rendu méconnaissables les éléments de la nature humaine à ce point qu'il ne soit plus possible de retrouver en elle ses véritables lois.

J.-J. Rousseau donne pour titre à son livre sur la société l'idée même qui sert de fondement au système imaginé par Hobbes. Il explique mieux encore que les précédents ce qu'ils entendaient par *état naturel de l'homme*, qu'ils regardent comme l'état sauvage; état heureux de l'espèce humaine, d'où le contrat social l'aurait malheureusement fait sortir, puisque « l'homme est né bon et que la société le déprave; puisque, plus on y réfléchit, plus on trouve que cet *état de nature* était le meilleur à l'homme, et qu'il n'en a dû sortir que par quelque funeste hasard qui pour l'utilité commune eût dû ne jamais arriver..... L'établissement de la société et celui des lois donnèrent de nouvelles entraves au faible et de nouvelles forces au riche, détruisirent sans retour la liberté naturelle, furent l'origine de l'inégalité parmi les hommes, d'une adroite usurpation firent un droit irrévocable, et, pour le profit de quelques ambitieux, assujettirent désormais tout le genre humain au travail, à la servitude et à la misère.... »

Tel est le langage de ce philosophe dans tout le cours de ses ouvrages.

Siéyes, dans ses différents ouvrages, ne prétend pas que la Société déprave l'homme; mais, selon lui, elle n'est point cependant son état naturel. Il expose rigoureusement l'idée d'un *contrat social*, c'est-à-dire de la Société envisagée comme d'institution humaine. Une société, dit-il, « ne peut être que l'ensemble des associés. Comme il n'y a point d'engagement s'il n'est fondé sur la volonté libre des contractants, donc point d'association légitime si elle ne s'établit sur un contrat volontaire et libre. L'existence de la Société dépendant de la volonté de l'homme, tous les rapports qu'elle renferme sont par conséquent d'institution humaine, volontaire et libre. La Société doit s'appeler établissement public afin de rappeler davantage son origine et sa destination. »

Volney, dans un ouvrage intitulé : *Les Ruines*, prend aussi le même point de départ. Au VIIe chapitre, qui a pour titre : *Principe des sociétés*, voici comme il débute : « Qu'est-ce que la Société ?—C'est toute réunion d'hommes vivant ensemble sous les clauses d'un contrat..... Dans l'origine, l'homme formé nu de corps et d'esprit, se trouva jeté au hasard sur la terre confuse et sauvage, orphelin délaissé de la puissance inconnue qui l'avait produit, semblable aux autres animaux. » Le chapitre IX, intitulé : *Origine des gouvernements et des lois*, commence ainsi : « Il arriva bientôt que les hommes, fatigués des maux qu'ils se causaient réciproquement, soupirèrent après la paix. Et il se forma des conventions tantôt expresses, tantôt tacites qui devinrent des règles des actions des particuliers, la mesure de leurs droits, la loi de leurs rapports réciproques. » Volney n'ajoute rien de remarquable au système d'une société arbitrairement établie sur les volontés ; cette facilité même à se contenter de la valeur d'un tel principe, et de le prendre au point où l'avaient laissé ses devanciers, prouve qu'il était à peu près généralement admis.

Sabatier de Castres a déclaré sans détour dans son *Exposition des vrais principes politiques et moraux* que : « L'état de raison, ou de civilisation, n'est pas l'état naturel. Tous les droits, ajoute-t-il, dérivent de la force ; elle est la source de la souveraineté. Tout est artificiel, conventionnel dans l'ordre civil. L'art de policer les hommes est celui de substituer une nature artificielle à la nature originelle ; l'art de civiliser et de gouverner l'espèce humaine est celui de la dénaturaliser. »

Ces idées d'une société arbitrairement inventée, de lois et d'institutions sociales de pure convention, ont passé des auteurs de *droit naturel* dans les auteurs de *droit écrit*. A tout instant les jurisconsultes élèvent sur ce point des discussions à propos de chaque principe fondamental de la législation ; comme pour le mariage, pour les droits inhérents à la personne, pour la propriété, etc.

Ouvrons le meilleur ouvrage qu'on ait fait dernièrement sur le droit, nous trouvons aux premières lignes du livre *Des Priviléges et hypothèques* de M. Troplong : « Je n'adopte pas l'opinion de M. Toullier, qui semble croire *que ce n'est que depuis l'établissement de l'état civil* que les biens d'un débiteur sont devenus le gage de ses créanciers ; etc. »

La Société est-elle un établissement civil? y a-t-il

eu un temps où, pour l'homme, la Société n'existait pas encore, puisque c'est seulement *depuis cet établissement* que les biens d'un débiteur sont devenus ou ne sont pas devenus le gage d'un créancier?

Bentham, le jurisconsulte-philosophe si fameux dans notre siècle, tient absolument le même langage : « Il y a, dit-il, des inclinations qui existent indépendamment des sociétés humaines et qui ont dû précéder l'établissement des lois politiques et civiles, et celles qui n'ont pu prendre naissance qu'après l'établissement des sociétés: les premières sont les lois naturelles, voilà le vrai sens de ce mot. » D'où il résulte que, s'il n'y a de naturel que ce qui se passe hors de la Société, la Société est un état contre nature, et n'appartient point aux plans de la création.

La Société n'est-elle véritablement qu'un état *adventice*, une invention arbitraire de l'homme? L'être moral, pour se mettre en Société, serait-il sorti de son état de nature? Mais comprenons-nous bien toute la gravité de ces mots: *Sortir de son état naturel!* c'est-à-dire sortir de l'état dans lequel un être possède toutes ses conditions d'existence et de développement, pour passer dans un état contre nature, c'est-à-dire dans un état où il perd successivement toutes les conditions de son existence en échappant à l'action vivificatrice des lois naturelles qui les lui fournissent?

Il est bien clair que si, d'après Grotius, il ne peut point y avoir *de rapports sociaux naturels, et qu'au delà des rapports de la famille, il n'y ait que domination pour les uns et servitude pour les autres;* il est bien clair que si, d'après l'auteur du *Léviathan,* la Société *n'est qu'un monstre énorme qui dévore l'espèce humaine*; que si, d'après Hutcheson, *la Société est un état adventice*, que *le mariage, la puissance paternelle, les devoirs et les droits* de l'homme, n'ont d'autre origine que de pures *conventions humaines*; que si, d'après Boehmer, la naissance et la *formation de toute société paraissent environnées de violences et de brigandages*; que si, d'après Puffendorf et Montesquieu, *avant l'établissement des sociétés, les hommes vivaient en paix et qu'ils ne cherchaient point à s'attaquer*; que si, d'après Rousseau, *l'homme est né bon et que la Société le déprave, que les progrès dans cet état n'ont été qu'une véritable décrépitude de l'espèce*; que si, d'après Sabatier de Castres, *l'art de policer les hommes est celui de les dénaturaliser, et de substituer une nature artificielle à la nature originelle*, etc., etc.; il est bien clair, alors, que la Société n'est point l'état naturel de l'homme!

Car l'état naturel d'un être étant l'état dans lequel il reçoit l'existence et trouve la conservation et le développement de toutes ses facultés, l'état naturel de l'humanité ne saurait être que l'état dans lequel tous ses membres tendraient à se faire le plus de bien, soit pour l'amélioration de la vie du corps, soit pour le développement de la vie de l'âme.

Si la Société a dépravé l'homme, voyons ce qu'il pouvait être en dehors de la Société. Pour déterminer quel devait être un état primitif extra-social, voici comment les philosophes ont raisonné par la bouche de Hobbes, qui a exposé ce système avec le plus de clarté et de précision :

La fin de l'homme ou le but de toutes ses actions est

le bien-être. Or le bien-être est essentiellement individuel, car chacun l'entend et se le procure à sa manière. Mais, si la fin de l'homme est le bien-être, son devoir est d'employer tous les moyens possibles pour y arriver; par conséquent, chacun a le droit de faire tout ce qu'il prétend nécessaire pour y arriver. Mais comme parmi toutes les choses qui existent il n'en est point qui ne puissent être désirées comme moyen de bien-être par plusieurs individus à la fois, et chacun ayant un devoir égal de l'atteindre, et, par conséquent, un droit égal d'employer tous les moyens pour cela, donc chacun doit combattre et se débarrasser de ceux qui l'empêchent d'arriver à cet objet de son bien-être qui est sa fin ; donc la guerre est dans l'état primitif de l'homme. Mais comme l'état de guerre est formellement opposé à l'état de bien-être, donc la paix, à quelque prix qu'elle soit, doit être recherchée par les hommes : or, la paix entre des combattants ne peut naître que de l'apparition d'une force tellement supérieure qu'elle les contienne tous, et la paix établie ainsi au milieu des combattants, c'est-à-dire au milieu des hommes, voilà ce qu'il appelle la *Société*. Par conséquent la meilleure Société est celle où la paix sera le mieux assurée : celle où la paix sera le mieux assurée sera la Société où il y aura la plus grande force pour contenir les combattants : donc la force la plus absolue sera le garant le plus sûr et le seul principe vivificateur et conservateur de la Société. Enfin, comme le pouvoir de celui qui use de la force est vraiment la seule condition de la tranquillité, du bonheur, en un mot, de l'existence de la Société humaine, de là la légitimité et la sainteté du despotisme ; de là les principes de Sabatier de Castres : tous les droits dérivent de la force, la force est la source de la souveraineté.

Alors, quelle serait l'origine du pouvoir, et, par conséquent, de la Société, puisqu'elle émanerait ainsi tout entière du pouvoir ? Cette origine s'expliquerait de deux manières d'après les mêmes philosophes :

Ou, 1° fatigués de tant de maux, les hommes réfléchirent qu'ils se nuisaient réciproquement en voulant chacun tout envahir; ils pensèrent qu'il valait mieux qu'ils associassent leurs efforts pour jouir tout à la fois et du partage qui reviendrait à chacun après cette réunion, et de la paix qu'ils obtiendraient ainsi. Séduits par l'espoir de vivre plus heureusement dans cet état d'association, ils soupirèrent après une société indissoluble. Ils convinrent tous, dans un pacte social universel, de se constituer associés. Tous mirent en commun leur personne et leurs propriétés sous la suprême protection de celui qui fut institué détenteur de la force et de l'autorité, en lui livrant une portion de leur propre nature, telle que droits, liberté, propriété, pour qu'il eut la puissance de leur en conserver le reste. Telle est, dans la première supposition, l'origine du pouvoir, ou du droit de porter la force pour donner, en cas de besoin, une sanction certaine à cette convention générale. La Société étant de fabrication humaine, le pouvoir étant le fait de l'homme, se trouve subordonné à l'assentiment de la volonté générale de l'association.

Ou, 2° dans le cas où les hommes ne sauraient pas concevoir les avantages d'une pareille réunion et se mettre d'eux-mêmes en état de société, celui qui, dans leur intérêt, voudrait s'offrir spontanément comme pouvoir, en s'imposant par la force, sorte de moyen préventif indispensable en attendant le contrat social, se justifierait par le fait même, en ce qu'il présenterait aux hommes un expédient infaillible pour organiser l'association sociale. De sorte que celui qui s'investit de lui-même du droit de la force, se légitime en ce qu'il sauve ses semblables de l'état de guerre pour les apprivoiser ; et comme il a inventé la Société et le pouvoir, la Société et le pouvoir lui appartiennent, il en dispose selon ses désirs, il a le droit de les transmettre en héritage aux siens.

Il est bien clair encore que, si la Société est de fabrication humaine ; que si le pouvoir auquel nous devons obéir n'a d'autre titre que celui de s'être institué de lui-même ou d'avoir été institué par d'autres hommes ; que si, dès lors, le despotisme est légitime et agit dans son droit ; que si la force est l'origine de la souveraineté ; que si le mariage, la puissance paternelle, tous les devoirs et tous les droits n'ont aucun fondement dans la nature humaine, et que toutes les différentes institutions qui protégent ces prétendus rapports naturels de l'homme ne dérivent point de sa nature, mais dépendent uniquement de la volonté arbitraire de ceux qui les ont inventés ; que si la Société tout entière n'est, en un mot, qu'*un établissement public*, et que tout y soit, par conséquent, conventionnel et arbitraire ; il est bien clair, disons-nous, qu'une pareille société n'est point l'état naturel de l'homme, et que, s'il ne peut pas exister de société d'une autre nature, c'est-à-dire, où les lois, au lieu d'être conventionnelles et arbitraires, soient naturelles, véritablement légitimes, et ne dérivant que de la constitution même de l'homme, comme tout être ne doit obéir qu'aux lois de sa nature, l'homme n'est point fait pour vivre en Société !

Car, la Société ne pouvant exister qu'en détruisant l'état de guerre, et cet état de guerre étant dans le droit que possède chaque individualité de chercher par tous les moyens possibles ce qui est indispensable à son bien-être, le fait même de la Société consisterait, dans ce cas, à détruire les individualités, et la Société humaine serait l'anéantissement de la nature humaine. Or, comment un état qui n'existerait que parce que la personnalité humaine serait anéantie, pourrait-il être l'état naturel de l'espèce humaine, quand l'état naturel d'un être est précisément l'état dans lequel il possède toutes les propriétés de son existence, et le développement complet de ses facultés ?

Ou bien, si la Société est l'état naturel de l'homme, c'est qu'elle repose sur d'autres principes plus conformes à ses besoins, plus en rapport avec les propriétés de son être, et qu'elle a une origine et une nature bien différentes de celles qui viennent de nous être exposées. Dans ce cas il faudra déterminer quelle est la nature de cette véritable Société en rapport avec la nature de l'être pour qui elle est faite, chercher quelle est son origine, quels sont les principes sur lesquels repose son existence, en un mot, quelle est sa loi.

Si les philosophes ne sont même pas d'accord sur la légitimité de l'existence de la Société, dans quel chaos doivent être encore ses premiers principes ? Et que serait-ce donc si, pénétrant dans le domaine des conséquences, nous venions à faire le recensement de l'inabordable multitude d'opinions des publicistes et des hommes-d'État ainsi livrés sans point de départ, sans boussole et sans but, à l'océan de contradictions que l'esprit humain a ramassées sur ce point? Si la valeur de la Société par rapport à l'homme n'est pas même reconnue, où en est la science de la Société, où en sont les principes fondamentaux? Si les principes les plus indispensables ne sont point établis, où en sont les applications réalisables? Si l'on en est encore à douter sur les premiers principes de la Société et sur leur application, où chercher le motif véritable de son existence? Et si l'on est incertain sur ses principes comme sur ses conséquences, sur sa valeur comme sur le motif de son existence, comment déterminer le but qu'elle doit atteindre au milieu de la création?.... Voilà pourquoi il importe d'étudier définitivement cette question.

Ainsi les pensées des philosophes du siècle dernier nous ramènent à ces deux conclusions : ou 1° la Société est un état contre nature dont il faut se hâter de sortir, puisque non seulement il arrache l'homme à son bonheur primitif, mais qu'il le déprave, c'est-à-dire qu'il le détruit. Ou 2° la Société est un témoignage certain de la perversité des hommes, dont le penchant naturel à s'entre-détruire ne peut être suspendu que par l'imposition de la force au milieu d'eux, venant comprimer la personnalité humaine.

Or, dans l'une et dans l'autre hypothèse, soit que nous devions retourner à l'état sauvage, soit que nous soyons condamnés à vivre, pour notre plus grand avantage, dans une pareille société, l'espèce humaine paraît également vouée à une éternelle misère, au milieu de la dégradation, de la servitude et de la souffrance.

Il faut avouer qu'en dépit de l'autorité des grands noms qui s'attachent à ces pensées, elles n'ont rien au premier abord qui prévienne en leur faveur; elles sont toutes pleines de tristesse et d'humiliation. Cependant, on trouve le genre humain, au milieu même de ses douleurs, allant toujours frais d'espérance comme à son premier jour : le genre humain aurait-il tort ?

Nous ne savons point, dans la suite de cette étude, vers quelles idées nous serons entraîné par l'observation de la nature humaine ; mais il est certain que ces pensées ont soulevé dans le siècle où nous sommes un doute terrible sur une question qui nous touche de près, celle de savoir quelle est la valeur de la Société par rapport à l'homme, et à quelles fins elle doit le conduire d'après le plan de la création ?

Ce doute règne aujourd'hui dans les esprits philosophiques ; les idées qui l'ont amené sont celles que nous trouvâmes tous en venant au monde ; elles sont les premières dont notre jeune intelligence ait été empreinte, et elles ont aussi ouvert en nous-mêmes un doute désolant pour tout homme de cœur qui veut le bien et ne peut le faire s'il ne le connaît, et ne peut le connaître s'il ne sait où est le véritable but pour lequel il a été créé..... Jamais la politique ne parviendra à persuader aux hommes qu'ils doivent être paisiblement malheureux !

Certainement nos maux ont une cause : ou c'est parce que nous sommes en Société, ou c'est parce que nous n'y sommes pas assez. Si c'est parce que nous sommes en Société, il faut en sortir. Si cela tient à la manière dont nous y sommes, il faut la changer. Si, enfin, c'est parce que nous n'y sommes point encore assez, au moins faut-il que nous le sachions! Non, je ne puis résister davantage au besoin que j'ai d'interroger ma raison, car je me sens aussi rempli d'espérance ; un instinct de la vérité que je cherche m'agite sans me laisser de repos, je suis plein de mon sujet, et quelque chose me presse d'élever la voix…

Puisqu'il est si nécessaire d'étudier cette question, ne faut-il pas déterminer comment elle doit être comprise et comment nous espérons la traiter ?

Sommaire. —Avant d'étudier la Société, ne faut-il pas savoir si elle doit exister ? — Un grand nombre de philosophes ont nié sa légitimité.— Idée de Grotius sur ce point, — de Hobbes, — de Sydney, — de Locke, — de Puffendorf, — d'Hutcheson, — de Boehmer,— de Montesquieu, — de Rousseau, — de Siéyes, — de Volney, — de Sabatier de Castres, — de Bentham, — de Toullier, etc. — Ce que c'est que l'état naturel d'un être. — D'après une partie de ces philosophes, la Société n'est point l'état naturel de l'homme.—Alors quel est l'état naturel de l'homme? — La Société telle que la conçoivent les autres est la paix établie entre des combattants. — Dans ce cas l'origine de la Société et celle du pouvoir s'explique de deux manières; moyen naturel : contrat social; moyen préventif : despotisme. — Une Société qui repose sur la suppression de la nature humaine n'est pas davantage l'état naturel de l'homme. — Alors quelle est la véritable Société ? — D'après la première hypothèse la Société est un état contre nature ; d'après la seconde, elle n'est pas habitable. — Conclusions des deux systèmes précédents. — Chaos de la science sociale. — Le désespoir suit l'un et l'autre système. — Cependant le genre humain ne désespère pas. Nous devons faire comme lui. — Ce qui nous presse de sortir enfin de ce doute.

CHAPITRE III.

QUELLES SONT LES DISPOSITIONS DE L'AUTEUR POUR L'ÉTUDE DE CETTE QUESTION ?

Les pensées des philosophes que nous venons de consulter sur l'objet de notre question nous conduisent à un tel doute sur la valeur de la Société par rapport à l'homme, que la première question qui se présente est celle-ci : Quel est l'état naturel de l'homme ? Et si, toutefois, l'état naturel pour l'humanité est de vivre en Société, comme il y a mille sociétés possibles, comme il en a déjà tant existé sur la terre où l'homme était vraiment dans un état contraire à sa nature, à son développement et à ses fins, voici les questions à résoudre :

Quel est l'état naturel de l'humanité sur la terre ? c'est-à-dire : Quel est l'ordre d'existence pour lequel l'homme a été créé ? et, comme l'homme est un être moral : Quel est, par conséquent, l'ordre du Monde moral ?

Or, on trouve le genre humain en Société : La Société serait-elle l'ordre réel du Monde moral ? c'est-à-dire, serait-elle pour l'homme son état naturel ?

Et, à supposer qu'une Société soit pour l'homme son état naturel : Quelle est cette Société ? Est-ce la Société dans laquelle nous vivons ?

Pour le savoir ne faut-il pas examiner : Si cette Société renferme tous les éléments qui correspondent aux différentes conditions de l'existence de l'humanité.

Et si elle ne les renferme pas : Quelle est la Société qui les renferme ? c'est-à-dire quelle est la véritable Société ?

Et s'il doit exister une Société qui renferme toutes les conditions de l'existence et du développement de l'humanité : Comment connaître cette véritable Société, et où peut-on l'étudier ?

Et, enfin, si nous parvenons à la reconnaître et à trouver le moyen de l'étudier : Quel est l'objet de cette Société au milieu de la création ? En un mot : Quel est sa fonction dans le temps et quel est son but au delà du temps ?

Ces questions n'intéressent-elles pas vivement les exilés de la terre ?... Nous avons pensé qu'étant encore occupés de notre propre éducation intellectuelle, l'examen de pareils problèmes devait en faire partie, et pour la satisfaction de notre esprit, et pour celle de notre cœur. Car il est impossible aujourd'hui, au milieu du brouhaha des opinions et des passions de toutes sortes, de chercher prudemment le but vers lequel on doit diriger ses pensées, sa conduite et ses affections, si l'on ne se retire dans la sphère pure des idées pour procéder laborieusement et consciencieusement à la recherche de ce qui est vrai, de ce que l'on doit aimer, de ce que l'on doit accomplir. Il faut à la pensée la sérénité de ces régions ; elle y est toujours plus heureuse, plus libre et plus féconde.

C'est maintenant surtout que la pensée a besoin de s'y réfugier! Les enfants de tous les siècles n'ont pas le bonheur de naître au milieu de croyances toutes faites; si nous n'avons pas recueilli cet héritage spirituel, et que cependant nous ayons à vivre, il est temps d'y songer. Nous ne pouvons toujours rester dans cette misère; c'est à peine si nous paraissons bien convaincus de la grandeur de notre origine et de nos destinées : comment nous priserions-nous à notre juste valeur? Si nous ne savons nous estimer selon ce que nous sommes et selon ce que nous devons être, que pouvons-nous entreprendre pour y arriver? Car si nous ignorons ce que nous sommes, nous ignorons ce pourquoi nous sommes, et si nous ignorons notre but, comment connaître les moyens qui y conduisent, comment connaître nos devoirs et nos droits, en un mot la vie que nous devons mener?

Nous avons pensé que, l'esprit libre encore de toute opinion, par l'habitude où nous sommes de n'étudier que pour nous instruire, nous étions précisément dans les dispositions les plus favorables pour l'examen de ces questions. Plus tard, il est vrai, nous pourrions apporter dans cette étude plus de maturité d'esprit; mais, dans ces temps de révolutions, l'homme garde peu cette espèce de virginité d'opinion au milieu des passions politiques et des idées qui les provoquent. Au lieu d'examiner ces problèmes avec la candeur d'un âge tout d'indépendance, alors nous aurions peut-être quelque système arrêté dont nous chercherions malgré nous à insinuer les secrètes pensées.

Mais si nous ne sommes pas dans l'âge de l'expérience,

nous nous ferons éclairer par celle des penseurs qui se sont occupés de cette matière, sans négliger ceux même qui furent cause de nos propres doutes.

En effet, celui qui travaille à son instruction doit se persuader d'une observation qui est le principe de beaucoup de lumière : c'est qu'en général les hommes qui se sont livrés purement à l'étude des sciences l'ont fait dans l'espoir de découvrir la vérité, et que presque tous ont cru la posséder. Car souvent la raison en nous pense vrai, que notre intelligence dit faux, sans le savoir, en échouant dans l'interprétation. Nous ne savons pas toujours comprendre la raison, la traduire exactement; faire, en un mot, du vrai la vérité. Les hommes de mauvaise foi sont plus rares qu'on ne le pense.

Et, d'ailleurs, il faut que l'esprit des philosophes ait passé quelquefois bien près des sphères du vrai pour en avoir reçu ces inspirations et ces tressaillements sublimes qui éclatent même dans les pensées où ils développèrent l'erreur ! C'est pourquoi il faut chercher à pénétrer, s'il est permis de le dire ainsi, jusqu'à l'intention de leurs pensées. Car souvent une amphibologie dans l'idée ou dans les mots, une conception pas assez distinctement vue, une vérité certaine mais mal appliquée, une simple difficulté de langage les a versés à côté de la voie qu'ils devaient suivre. On sent toujours le juste dans sa conscience, mais on ne réussit pas toujours à le réaliser : car ce n'est pas la justice qui nous manque, c'est nous, au contraire, qui manquons à la justice. De même on sent bien toujours le vrai dans sa raison, mais on ne sait pas toujours l'exprimer : car ce n'est pas la lumière rationnelle qui nous manque, mais nous, au contraire, qui manquons à la raison. Aussi, est-il plus sûr d'aller prendre cette lumière lorsqu'elle brille encore dans le sanctuaire impersonnel de la raison du penseur, que lorsqu'il l'a manifestée, quelle que soit l'habileté avec laquelle il est parvenu à lui faire passer la filière de l'intelligence et du langage, pour lui donner une existence extérieure et la mettre dans le commerce des idées. L'esprit humain mérite plus de confiance que l'esprit de l'homme.

Connaissant les pensées de ceux qui méditèrent sur le même objet, et pénétré plutôt de l'esprit commun qui les animait que convaincu par les solutions auxquelles ils sont arrivés, peut-être parviendrons-nous, avec une grande droiture de logique, à découvrir ce que nous cherchons tous. Dire la vérité, c'est parler dans l'intérêt du genre humain.

Or, il nous semble, dans notre pressentiment, que nous avons surpris une grande idée qui, dégagée et mise dans la science humaine à la place qu'elle occupe effectivement dans la réalité, est capable de jeter un grand jour sur l'ordre des faits que nous voulons étudier. La vérité est si précieuse que celui qui croit en posséder quelque peu ne trouve plus de repos qu'il ne l'ait mise en sûreté: en écrivant ce travail, nous croyons obéir à un besoin de notre cœur.

Indépendant par caractère et par notre position, n'étant lié à aucun système, nous nous soucions peu de ménager ou de ne pas ménager les intérêts et les opinions qui règnent; nulle convenance personnelle ne nous ravit la liberté, ce premier bien de la science, et nous pouvons aller dans le champ de la vérité, tant que les ressources de notre esprit nous le permettront.

Aussi nous promettons-nous bien de marcher droit au nœud de la difficulté.

A cette double indépendance ne se joint-il pas encore celle de l'époque qui fit notre éducation? Quand on trouve tout autour de soi un siècle qui doute, on ne court pas le risque de se voir imposer ses idées, et l'on peut laisser à la raison le soin de faire de nous ce qu'elle voudra. Je sais seulement que j'aime ce qui est bien, ce qui est vrai et ce qui est beau ; si je trouve du bien et du vrai, je plairai à ceux qui les cherchent et ils m'aimeront : telles sont nos dispositions pour étudier l'objet de la question de ce livre.

Pour ce qui est de notre insuffisance, comme écrivain, devant une tâche pareille, nous nous garderons d'y réfléchir ; l'appréhension des désagréments de la critique à laquelle s'expose toujours une plume inhabile ne doit pas nous toucher. Le devoir n'oblige pas l'homme à réussir, mais il lui ordonne de tenter, et l'on ne fait rien sans un peu de courage. D'ailleurs, pour subvenir à cet inconvénient, nous allons demander au lecteur qu'il associe ses efforts aux nôtres, et que, par ses propres soins, il nous aide à faire sortir notre pensée des obstacles qui pourraient l'emprisonner. Ne semble-t-il pas que moins un homme sincère a de facilité pour réaliser parfaitement ses idées, plus il est nécessaire que le lecteur en mette à leur ouvrir lui-même les entrées de son esprit ? Au surplus, ceux qui partagent nos angoisses et sentent également toute l'importance d'une pareille étude, verront bien que ces recherches sont de celles que l'on doit seconder, et qu'il vaut mieux s'intéresser avec moi au succès de cette nouvelle tentative de l'esprit sur les domaines du vrai, que de la retenir dans les ennuis d'une simple critique de formes.

Il est clair que, dans la mesure de temps dont nous pouvons disposer, nous ne négligerons rien de ce qui sera en notre pouvoir pour l'éclaircissement et la réalisation d'une pensée qui nous est chère. Si nous parvenions seulement à disposer nos idées avec méthode et clarté, nous aurions certainement pour nous les deux premières conditions de toute bonne rhétorique. Méthode et clarté, c'est là le grand point ; d'autant plus qu'il ne s'agit pas ici d'employer son imagination à crépir des châteaux en Espagne, ou à obscurcir ses pensées à plaisir. Les plus grandes vérités ne sont telles que parce qu'elles sont les plus importantes pour le genre humain ; et si elles sont les plus importantes pour le genre humain, elles sont celles qu'il est le plus apte à connaître. De sorte que l'on pourrait toujours affirmer *a priori* d'un livre obscur qu'il ne renferme aucune grande vérité.

Il faut dire aussi que nos sympathies nous entraînent vers ceux à qui le même âge donne les mêmes besoins, inspire les mêmes goûts et les mêmes désirs ; il nous semble que tous ceux qui ont passé par les mêmes circonstances sont en proie à de semblables maux. Et d'abord, les perplexités de l'ame ne sont-elles pas la maladie de quiconque naît en ce siècle ? Souvent rencontrer dans son esprit le contraire de la foi, au fond de sa volonté le contraire de l'espérance, dans son cœur l'absence de l'amour, et être forcé de vivre ! Au moins, pour la vie organique, lorsqu'on nous prive de nos poumons ou de nos entrailles, nous périssons aussitôt... Où trouver le remède de ces maux que nos pères semblaient ne pas connaître?

Oui, je veux converser avec les jeunes hommes qui cherchent également la solution des grands problèmes qui intéressent leurs cœurs : nous travaillerons ensemble, puisque nous souffrons ensemble. Avec la sincérité et l'ardeur de nos poursuites nous finirons par trouver l'explication de l'origine et du motif du grand système de coordination dans lequel l'humanité vit ici bas ; l'idée qui nous fera décidément connaître le but universel de la création, le but vers lequel, par conséquent, nous devons tendre du fond de « cette vallée de larmes ; » afin que nous soyons au moins armés de cette boussole avant d'être surpris par l'orageuse confusion des vents qui se disputent nos ames, à mesure qu'elles entrent dans la tempête de ce monde.

Je ne m'adresse donc pas à ceux qui espèrent et qui aiment : ils en savent peut-être plus que moi. Comment m'adresserais-je à ceux qui ne veulent ni espérer ni aimer? Ma voix saurait-elle percer le manteau d'égoïsme et d'indifférence sous lequel ils paissent leurs tristes voluptés? Je ne puis être entendu que de ceux qui veulent espérer et aimer, parce que je me trouve à leurs côtés gravissant la même montagne, et que tous ensemble nous aspirons après cette nature grandiose, cet air plus vif, cet horizon sans bornes où les ames peuvent seulement trouver leur respiration. Oui, les desirs de l'homme sont trop vastes, les étroites voluptés de la terre l'insultent par leur petitesse, et son cœur ne s'y plaît pas longtemps ; la liberté a trop d'audace pour que, lorsque les combats et leur gloire éphémère ne viennent plus flatter son courage, elle puisse se contenir ; son énergie est trop insatiable pour qu'elle ne se trouve pas trop tôt au bout dans la voie des passions et de la haine. La chair, qui paraissait jouir de tout cela pendant quelques instants, revient bientôt altérée, et, n'ayant plus d'espoir qu'en la mort, elle tourne ses regards vers le suicide, pour qu'on ait ainsi le spectacle du fils de l'Être venant implorer le néant.

Non, il paraît bien que ce n'est pas ici ta patrie, ô ame humaine ! je ne vois pas que tu y sois en repos, et que tes besoins trouvent à se satisfaire. Ne te semble-t-il pas que quelque chose en toi de sublime languit dans une inexplicable détresse ?.. C'est que la nature n'est que ta nourrice. Comme le lion allaité par un animal domestique, cherche ta mère, et la nourriture que tes artères demandent, et l'air que tes poumons exigent, et le soleil de feu qui te convient ! Achille, jette-toi à travers les quenouilles des femmes sur l'épée qui va à ton poing, et sache conquérir les sphères où t'appellent et ton courage et ta noble origine !

La réalité d'une autre vie fera descendre de la clarté dans celle-ci ; nous nous reconnaîtrons sur cette terre ; nous chercherons sur ce rivage la barque qui doit nous traverser le temps, et nous conduire d'un monde à l'autre. Cette barque précieuse sera sans doute l'état naturel de l'homme ici bas. Mais pour la diriger vers son but, n'est-il pas indispensable de le bien connaître ?

Déjà on peut voir d'ici toute l'importance en elle-même d'une pareille question ; cherchons aussi la place qu'elle doit occuper dans la classification des sciences morales.

Sommaire. — Conclusion du chapitre précédent. — Qu'il faut chercher l'ordre naturel d'existence de l'humanité, — Savoir : 1° Si cet ordre est une société ; 2° Quelle est cette société ; 3° A quoi l'on reconnaît la véritable Société ; 4° Où l'on peut l'étudier ; 5° Quel est son but définitif ? — Ces questions sont celles qui nous intéressent le plus vivement. — Combien nous avons actuellement besoin de les résoudre. — Ce qui décide l'auteur à l'entreprendre. — Avec quel esprit il a étudié les philosophes. — Indépendance qu'il doit à son âge, à sa position, à son époque. — Pourquoi le lecteur est tenu de s'associer à l'auteur. — Méthode et clarté : les grandes vérités sont les plus claires. — A qui s'adresse l'auteur.

CHAPITRE IV.

QUELLE EST L'IMPORTANCE DE LA QUESTION DE LA SOCIÉTÉ, ET COMMENT DOIT-ELLE ÊTRE TRAITÉE?

Quelle que soit l'utilité qu'il y ait à éclaircir la question de la valeur de la Société par rapport à l'homme, il ne faut point cependant exagérer son importance scientifique; autrement, nous aurions droit d'exiger de la science sociale la solution de tous les problèmes qui intéressent l'humanité, problèmes qu'elle se partage avec les sciences théologiques, philosophiques, morales, législatives, économiques, diplomatiques, politiques, et historiques. Ces sciences, il est vrai, ont toutes un point de contact assez étendu avec la Science sociale, puisqu'elles ont toutes l'homme pour objet; aussi faut-il que nous tracions les limites de celle-ci.

Mais, d'abord, pour régler la valeur de la question de la Société, nous partirons de cette observation, que toute science qui n'aurait pas pour objet plus ou moins éloigné de conférer à l'homme quelque puissance, c'est-à-dire des moyens de conservation et de développement, non seulement serait une science vaine, mais ne serait même pas une science. Par conséquent, la science la plus importante est celle dont l'application est appropriée à ses besoins les plus grands.

Comme nous savons qu'il y a deux vies pour l'homme, il doit y avoir deux sciences de la plus grande importance, deux sciences qui soient les premières de toutes. La première sera celle qui regarde la vie de l'ame; la seconde sera celle qui regarde la vie du corps.

La vie de l'ame est tout à la fois pour le présent et pour l'avenir; par conséquent la *Morale*, qui est la science de la vie de l'ame, se divise en deux parties, parce qu'elle contient des règles de conduite pour l'existence présente et des règles de conduite pour l'existence future. Cette première partie s'appelle morale, proprement dite; la seconde partie de la science de la vie de l'ame prend le nom de religion. Ce n'est pas ici le lieu de prouver comment ces deux vies n'en font qu'une, dont la première est une préparation à la seconde; et comment, de même, ces deux sciences n'en forment qu'une, dont la première contient les éléments et les conditions de la seconde.

La vie du corps, qui n'est que pour le temps, est l'objet de la seconde science, la plus importante de toutes, après celle qui a pour objet la vie du temps et la vie au delà du temps. On l'appelle *Industrie*, parce qu'elle est la science du travail, qui est le moyen par lequel l'homme arrive à la production de toutes les richesses nécessaires à la satisfaction des besoins de son corps.

Au fond de toutes les connaissances humaines, il n'y a des idées que pour ces deux grandes sciences, dans lesquelles toutes les sciences qui ne peuvent pas y verser le tribut de leurs richesses ne portent aucun nom respecté parmi les hommes. Toutes les sciences qui composent l'encyclopédie humaine ont leur valeur en raison directe de leur rapport plus ou moins grand avec l'une de ces deux sciences fondamentales. Toutes les sciences se versent les unes dans les autres pour arriver jusqu'à celles-ci, de même que tous les ruisseaux courent aux rivières, les rivières aux fleuves, et que les fleuves se versent dans l'Océan. Les plus éloignées portent un nom à peine connu du vulgaire; mais lorsqu'elles se rapprochent de la Morale et de l'Industrie, il suffit de les nommer pour établir leur crédit.

Pourquoi les trois premières sciences morales sont-elles la théologie, la législation et l'histoire? C'est que la première a pour objet d'établir le fondement de la morale, la raison d'être et le but de ses prescriptions; de donner une valeur objective à l'accomplissement de ces prescriptions en désignant une réalité dans laquelle chaque action faite dans le temps dépose aussi un germe fécond pour la vie postérieure au temps. C'est là le rapport de la théologie avec la morale. — La législation, comme science, n'est-elle pas la déduction scientifique et rationnelle de toutes les conséquences de la justice, qui est un élément de la morale? Comme application, n'est-elle pas l'emploi des moyens humains qui viennent en aide à la morale en établissant artificiellement les rapports de justice que les agents moraux ont omis, et compléter par ce moyen l'œuvre de la morale parmi les hommes? C'est là le rapport de la législation avec la morale. — L'histoire ne contient-elle pas l'exemple des différents effets produits par la morale, par la législation et par l'industrie appliquées aux différents peuples avec les résultats obtenus pour l'humanité ; ce qui en fait jusqu'à un certain point une des lumières de la science politique, qui n'est elle-même qu'une administration chargée de protéger l'œuvre de la morale, de la législation et de l'industrie sur les peuples ? Tel est le rapport de l'histoire et de la politique avec la morale.

Parmi les sciences physiques, la médecine, la chimie et la mécanique ne sont-elles pas les premières ? La chimie et la mécanique parce qu'elles nous donnent la connaissance des propriétés des corps, de leurs lois, de leurs mouvements dans leurs rapports avec notre propre corps ; connaissance qui constitue tout ce qui est nécessaire à l'industrie agricole, manufacturière et commerciale, industries qui satisfont en toute manière les besoins fondamentaux du corps, par la production des richesses nourrissantes, vêtissantes et meublantes. Enfin, la médecine, comme l'industrie, n'a-t-elle pas pour but la conservation du corps, soit lorsqu'il n'est plus dans son état normal, soit lorsqu'elle lui prescrit sa conduite hygiénique ?

Toutes les autres sciences ne sont que des subdivisions de celles-ci ; pour agir sur l'homme, c'est-à-dire pour prendre une valeur, elles sont obligées de rentrer dans une des deux sciences qui le touchent : la Morale et l'Industrie. Aussi toutes ces sciences ne peuvent-elles nier la Morale et l'Industrie sans déclarer par là même leur propre inutilité.

De même, la Morale et l'Industrie ne peuvent se nier mutuellement, sans faire l'aveu de leur complète incapacité à produire sur l'homme l'effet qu'il en attend.

Si la science morale niait la vie industrielle, comment pourrait-elle prendre soin de la conservation d'un être dont elle ne connaîtrait pas seulement toutes les parties, puisqu'elle méconnaîtrait l'existence du corps et la vie qui lui est propre. Alors comment une pareille science réglerait-elle les rapports de ces deux vies entre elles? Ou bien, si la science industrielle niait la vie morale, comment pourrait-elle se charger de la conservation d'un être dont elle ignorerait les destinées et les fonctions principales, puisqu'elle méconnaîtrait l'être moral et l'existence qui lui est propre? Alors comment une pareille science réglerait-elle l'existence du corps dans ses rapports avec cette autre existence?

Saurait-elle comment celle-là, n'étant qu'un moyen pour celle-ci, doit lui être subordonnée dans ses opérations, sous peine non seulement de ne pas rendre à la vie morale ce qui lui appartient, mais encore de voir l'existence physique sortir de sa loi et exposer l'homme tout entier à sa destruction?

La réunion de la morale et de l'industrie constitue la Société. Comme les mathématiques déterminent par avance les lois d'ordre dans lequel sont disposés les êtres physiques et la mesure de leurs rapports entre eux; de même la Science sociale n'a pour objet immédiat aucune vérité morale, législative ou industrielle; mais elle a pour objet d'étudier par avance les lois d'ordre d'après lesquelles les hommes doivent être disposés, et la nature de leurs rapports entre eux; c'est-à-dire, d'étudier le milieu dans lequel ils doivent être placés pour que l'application de la morale et de l'industrie soit possible.

De sorte que la science de la Société n'a pas pour objet de découvrir particulièrement dans les deux réalités ce qui est nécessaire à la vie de l'âme, ou ce qui est nécessaire à la vie du corps; mais elle a pour objet la connaissance de ce qui est nécessaire à la vie de l'homme tout entier. Elle doit déterminer l'état dans lequel l'homme pourra profiter des connaissances morales et industrielles, c'est-à-dire l'ordre dans lequel il pourra posséder tous ses moyens d'existence et de développement. La science de la Société est la science des lois de construction de la demeure de l'homme pendant le temps, l'architecture du Monde moral.

La science qui déterminera l'ordre dans lequel l'homme doit se placer pour jouir de tous les attributs de son être, ne doit-elle pas jeter un grand jour sur l'effet des institutions religieuses, morales, législatives, économiques et politiques, en déterminant, d'après le degré de puissance qu'elles exercent sur l'homme, la place qu'elles doivent légitimement occuper, les limites qu'il doit y avoir entre elles dans leur action sociale, pour maintenir l'ordre naturel de l'humanité, c'est-à-dire l'harmonie du Monde moral?

Aristote commence par ces mots son ouvrage si remarquable sur la Société: « Toute action, toute recherche, tout art, toute préférence, toute détermination, en un un mot tout ce que fait l'homme a toujours un but; ce but est toujours quelque bien, quelque avantage: aussi a-t-on raison de dire que *le bien* est la fin vers laquelle tendent tous les efforts et tous les vœux. Mais il y a plusieurs sortes de buts : c'est pourquoi il y a plusieurs sortes d'arts, d'actions et de sciences. Ces dernières sont subordonnées les unes aux autres à raison de l'importance du but qu'elles se proposent; par conséquent, il doit y en avoir quelqu'une qui est supérieure à toutes les autres, comme ayant le but le plus important : on présume bien que ce ne peut être que celle qui a le plus d'influence et d'autorité sur toutes les autres. Or, il semble que ce doive être précisément la science sociale, puisque c'est elle qui dirige l'emploi des autres sciences pratiques, et que de plus elle prescrit, par des lois positives, ce qu'il faut faire et ce dont on doit s'abstenir. Il s'ensuit que sa fin doit comprendre celle de toutes les autres, et que ce doit être cette fin qui est le bien propre et véritable de l'homme : car, bien que l'individu se propose la même fin que tout un peuple, il y a quelque chose de plus noble, de plus élevé, à s'occuper du bonheur durable d'une société tout entière. »

La science sociale n'est point supérieure à toutes les autres, comme le croit Aristote, puisque nous venons de voir que, sans la morale et l'industrie, non plus que sans toutes les autres sciences qui viennent rentrer dans celles-ci, la Société, c'est-à-dire l'ordre qui renferme les conditions de l'existence et du développement de l'humanité, ne subsisterait pas; mais il est vrai de dire que la Société est le but de toutes les sciences. En effet, toutes les sciences, par cela même qu'elles le sont, ne doivent-elles pas se rendre dans la science intégrale de la conservation et de l'accomplissement définitif de l'humanité ?

Voilà ce qui indique la place que la science sociale doit occuper dans la classification générale.

Nous avons indiqué l'importance et la place de la question de la Société ; donnons une idée de la manière dont elle doit être traitée.

Une pensée complète ne résulte pas de toute conception de la réalité. Une pensée se compose ordinairement de la réunion d'une série d'idées, ou de toute la déduction des conséquences contenues dans une idée reconnue pour un principe. L'idée toute seule n'est qu'une apparition subite de la réalité objective. L'idée, par le moyen de laquelle nous apercevons un point de vue nouveau dans la réalité, est un fait de la raison intuitive ; tandis que la pensée est une opération toute personnelle de l'intelligence active, qui, par le raisonnement, étend, déduit, applique et emploie en tout sens la lumière de l'idée. Aussi, l'idée passe souvent fugitive dans l'esprit où elle a apparu ; mais la pensée reste et se fixe dans l'esprit où elle a été formée.

L'idée est l'apparition d'une réalité spirituelle, comme la vision est l'apparition d'une réalité physique. De même que les yeux, en répétant l'acte de la vision, parcourent du regard les champs, les fleuves, les mers, les montagnes, et finissent par découvrir une grande partie du monde physique ; ainsi les idées vraies, c'est-à-dire celles qui sont réellement la vision de ce qui existe, étant les regards de l'esprit, conquièrent à mesure les domaines du monde intellectuel. Les idées, en s'ajoutant les unes aux autres, ou en s'étendant par le moyen de la logique, en devenant enfin des pensées complètes, sont pour nous, par rapport à la réalité, ce que les voyageurs, aux premiers jours du monde, furent aux hommes primitifs, lorsqu'ils revinrent leur raconter ce qu'ils avaient vu et leur donner une première configuration de la terre. Les hommes de génie sont ceux chez lesquels le phénomène de la vision rationelle s'opère plus complètement ; ils voient mieux la réalité. On dit que leurs idées sont profondes, parce qu'ils sont allés jusqu'au but, et ne se sont pas contentés de rester dans le domaine de l'intelligence, cherchant des pensées nouvelles par de nouvelles combinaisons d'idées.

Réunir dans une pensée complète les idées que l'on a sur un objet pour en donner la théorie, c'est faire une science. Si les idées sont les éléments de la pensée, les pensées sont les éléments de la science. La science suit les pas du génie : autant celui-ci est profond et exclusif, autant celle-là doit être vaste et explicative, puisqu'elle doit rassembler dans son foyer tous les rayons de lumière. Les hommes de génie découvrent les idées, et les penseurs qui travaillent à la science forment des pensées d'après les découvertes éparses que laisse le génie. Mais alors, souvent il arrive que, parvenu à ce point où l'on saisit l'ensemble, il devient possible d'en surprendre la grande et universelle loi !

Chaque idée étant l'image intellectuelle d'une réalité, systématiser les idées dans l'ordre d'après lequel les êtres et leurs propriétés sont disposés dans la réalité, c'est construire dans l'intelligence humaine la représentation complète d'un ordre de réalités, c'est faire une science. Par le moyen de la science, qui est un enchaînement de vérités, l'esprit de l'homme considère en lui-même, comme dans un miroir, toute la sphère des réalités qu'il y a fait apparaître. C'est pourquoi saint Thomas pouvait dire « que la vérité est une équation entre la pensée et la réalité, » et devancer par ces mots sublimes le génie de Bacon, avouant le même fait dans sa philosophie : « La science n'est autre chose qu'une image de la vérité : car la vérité dans la réalité des choses et la vérité dans la connaissance ne sont qu'une seule et même vérité. »

Ainsi, découvrir les idées, telle est la première et la plus sublime opération de l'esprit humain. Faire, au moyen de ces idées, l'induction des lois qui régissent les choses, pour les ordonner d'après la connaissance de ces lois, de même qu'elles le sont dans la réalité, c'est la seconde opération de l'esprit humain, ou la formation de la science. Il importe peu au genre humain que la vérité vienne de celui-ci plutôt que de celui-là : le droit d'une science est de prendre ses matériaux où ils sont. Le premier qui a composé un traité de géométrie ou de physique, y a fait entrer toutes les découvertes antérieures des géomètres et des physiciens, auxquelles il a peut-être ajouté les siennes. Nous chercherons de même à systématiser les vérités qui existent; puis, lorsqu'elles ne formeront qu'une même pensée, la pénétrant de notre propre vie, nous féconderons sa croissance nouvelle.

Notre prétention serait de laisser sur ce point quelque chose que l'on pût regarder comme élémentaire jusqu'à meilleur ordre. Ce dessein nous dicte d'avance la manière dont nous devons nous y prendre : à savoir, de poser en question tous les principes à mesure qu'on doit les aborder; oui, surtout de bien poser les questions; de les répéter s'il le faut, et de les présenter sous leurs formes les plus fécondes, pour provoquer de toute manière le dégagement de la lumière, afin qu'indépendamment de l'avantage qu'aura cette méthode pour réveiller la vérité dans notre esprit comme dans celui du lecteur, si nous ne réussissons pas dans les solutions, notre étude puisse être encore utile, ne fût-ce que comme renfermant les questions qui doivent être posées. Aussi ne serions-nous point fâché s'il arrivait que la meilleure partie de ce travail fût la table des chapitres, d'autant plus que, comme l'a dit notre Maître, « l'art de résoudre une question n'est souvent que l'art de la bien poser. »

Nous voudrions déterminer clairement l'objet de la question qui nous occupe; nous voudrions établir le principe fondamental sur lequel il repose, exposer, en suivant la marche graduée de l'intelligence, toutes les propositions qui dérivent de ce principe et viendront successivement accroître la pensée finale qui doit résulter; donner à chaque conséquence sa démonstration particulière, indépendamment de la vie qu'elle possédera comme légitime déduction d'un principe reconnu; faire que toutes les parties de cet ensemble s'impliquent et s'éclairent réciproquement, au point de se présenter à l'esprit comme la pensée la plus simple et la plus grande, la plus facile à définir d'un seul mot, comme à développer en mille; nous voudrions donner, d'une manière indépendante de toute opinion, le principe sur lequel repose le Monde moral, principe duquel tous les autres dérivent, et auquel ils tendent tous; principe qui doit expliquer tout à la fois le motif et le but de la création de l'homme, et par conséquent le motif et le but de la Société humaine; nous voudrions attacher aux expressions de la langue que nous adapterons à notre usage un sens précis et invariable, afin que la pensée ne se perde pas de partout à mesure que nous la recueillerons; nous voudrions faire si bien, en un mot, que nous parvenions à donner une esquisse de la théorie de la Société.

L'exposition d'une théorie a sa marche aussi belle et demande une conduite aussi savante que la marche d'une épopée; dans le vrai comme dans le beau, dans les sciences comme dans les arts, comme dans la création en un mot, c'est la grande loi de l'unité qui règle tout. Or, pour qu'il y ait unité dans de si vastes choses, il faut que cette unité les comprenne toutes. Aussi, qui dit unité réelle, dit universalité; qui dit universalité, dit vérité; qui dit vérité, dit ce qui est, dit le bien, dit la vie, dit ce que nous cherchons tous. L'unité et l'universalité représentent toutes les conditions de la certitude humaine.

Quel est ce grand principe par lequel nous retrouverons le Monde moral expliqué dans son unité comme dans son universalité? C'est ce que nous nous appliquerons à chercher, puisque tel est le but de cette étude.

Nous croirons donc avoir rencontré le principe dont tous les autres dérivent, le principe qui explique tout à la fois le motif de la Société, sa loi et son but, lorsque nous nous apercevrons que pas un des phénomènes du Monde moral ne peut se comprendre sans lui : car l'unité et l'universalité sont, comme nous l'avons dit, la marque certaine du vrai. En effet, quand regarde-t-on une science comme fondée, sinon lorsqu'on a découvert l'unique loi qui régit tous les phénomènes des êtres qui forment son objet; c'est-à-dire, lorsqu'on a ramené l'universalité des faits à l'unité de loi, et que l'unité de loi s'étend à l'universalité des faits?

L'unité? parce que tous les êtres, toutes leurs propriétés, tous leurs rapports, toutes leurs lois, n'ayant qu'un but, reposent, dans la création, sur un seul principe. L'universalité? parce que si l'on possède le véritable principe, il est évident qu'il s'applique à tous les êtres, à leurs propriétés, à leurs rapports entre eux, à leurs lois; qu'il s'étend à tous les cas, qu'il est universel.

L'unité et l'universalité étant la forme nécessaire de la vérité; le caractère de la vérité étant la clarté; et la vérité, quelle qu'elle soit, tenant toujours un dépôt dans le sens commun, si nous venions à rencontrer un principe unique qui fût la conception explicative de l'homme et de la Société dans l'universalité de ses phénomènes; que ce principe donnât le motif et le but de son existence et pour ce monde et pour l'autre, et que ce principe fût encore le plus clair et le plus vulgaire de tous, ma foi! nous nous y arrêterions, ne pouvant mieux reconnaître la vérité.

Il ne faudrait pas s'étonner beaucoup de ce que cette vérité si simple fût restée méconnue des philosophes. Les choses les plus ordinaires, et que nous avons toujours sous les yeux, ne nous échappent-elles point par leur intimité même? En ne se présentant pas d'une manière inattendue comme les faits rares et passagers, il semble qu'elles perdent leurs droits à l'observation des savants, et on ne les remarque souvent que les dernières. Mais lorsque vient le moment de les observer, on s'aperçoit de toute leur grandeur, et leur importance est à jamais établie.

Newton, pour donner le système du monde, n'a découvert qu'un fait, mais un fait qui expliquait tous les autres. Si l'on découvrait le principe unique du Monde moral, cette loi d'attraction universelle d'après laquelle tous les êtres moraux doivent se régir dans son sein, notre science serait créée, il y aurait une Cosmologie du Monde moral.

Maintenant que nous avons déterminé l'objet et l'importance de notre science, cherchons la méthode qu'il faut employer.

SOMMAIRE. — Toutes les sciences ont un point de contact avec la science sociale. — Échelle où l'on mesure la valeur des sciences. — Il ne peut y en avoir que deux de première importance, parce que l'homme n'a que deux vies. — Science de la vie de l'ame : morale ; science de la vie du corps : industrie. — Toutes les autres sciences se versent dans celles-ci, et leur valeur s'augmente à mesure qu'elles s'en rapprochent. — Ces deux sciences ne peuvent se nier mutuellement. — Les idées sont les éléments de la pensée, les pensées sont les éléments de la science. — Une science est la représentation intellectuelle de tout un ordre de réalité. — Conditions d'une science. — Le caractère de toute théorie est l'unité et l'universalité. — Celle que nous entreprenons serait la Cosmologie du monde moral. — Il faut chercher la méthode de cette nouvelle science.

CHAPITRE V.

QUELLE MÉTHODE FAUT-IL SUIVRE DANS L'ÉTUDE DES SCIENCES MORALES ?

La méthode est le chemin qu'il faut prendre pour arriver au vrai.

Il y a deux manières de procéder scientifiquement. La première consiste à partir des lois nécessaires, pour déduire tous les effets qu'elles doivent produire en vertu de la force qui est en elles. La seconde, au contraire, a son point de départ dans l'expérience des phénomènes des lois, et remonte, au moyen de l'induction, à la loi qui a nécessairement déterminé la production de ces faits. Ce sont ces deux procédés généraux que l'on appellait autrefois : méthode *a priori*, et méthode *a posteriori*. Nous appèlerons le premier méthode ontologique, puisqu'elle a son point de départ dans les lois de l'être ; nous appèlerons le second méthode expérimentale, puisqu'elle a son point de départ dans l'expérience des phénomènes.

Il est certain que, si deux méthodes générales existent dans l'esprit humain, c'est qu'il a affaire à deux ordres de réalités. C'est, en effet, le mode différent dont ces deux ordres de réalités s'offrent à l'esprit, qui exige de sa part l'emploi de ces deux procédés différents. La méthode ontologique et la méthode expérimentale, la déduction et l'induction, aussi vraies, aussi excellentes en elles-mêmes l'une que que l'autre, sont également indispensables à l'esprit humain : il atteint par la première ce qui n'est pas à la portée de la seconde, et découvre par la seconde ce qui lui échappait avec la première. Pour que les deux méthodes conduisent à des résultats légitimes, il ne s'agit que de les appliquer à propos.

Ainsi, la méthode consiste bien dans l'emploi des procédés intellectuels nécessaires pour obtenir la vérité, mais, pour arriver à ce résultat, la méthode doit être légitime ; et, pour être légitime, elle doit d'abord être fondée sur les lois de la pensée, et ensuite se diriger d'après la position qu'occupe vis-à-vis de l'esprit humain l'objet à la découverte duquel on veut parvenir.

Si, par exemple, la réalité physique tient sa substance et ses lois cachées derrière ses phénomènes, comme les sens ne peuvent aller au delà du phénoménal, ne faut-il pas que l'esprit observe la constante répétition des phénomènes pour induire qu'il y a nécessairement derrière eux une force qui les produit sans cesse, en un mot une loi ? Cette méthode est pleine de certitude dans un ordre où la propriété fondamentale des objets est l'inertie, c'est-à-dire l'impossibilité de se donner soi-même aucune modification. Comme dans cet ordre, rien ne se peut passer sans le concours d'une force étrangère, la force de la loi, tous les faits recueillis par l'expérience conduisent infailliblement à leur loi. — Ici donc il faut employer la méthode expérimentale, ici donc elle est légitime.

Mais si nous entrons dans le Monde moral, où la propriété fondamentale des êtres est la volonté, c'est-à-dire la propriété, contrairement à l'inertie, de se donner soi-même ses propres modifications, quelle que soit l'influence des lois dans cet ordre de réalités, si les êtres dont elles doivent diriger et déterminer les actes peuvent, de leur côté, se déterminer et produire des actes par leur propre force, il est clair qu'il ne sera plus possible de distinguer les faits produits par l'obéissance à la loi, des faits produits en dehors de la loi. De ces deux classes d'actions ou d'effets, quels sont ceux qu'il faudra choisir pour faire l'induction de la loi qui les a produits? Si auparavant l'on ne connaît pas la loi, comment lui rapporter les faits qui lui sont conformes; et si l'on ne peut faire la distinction des faits qui sont conformes à la loi, des faits qui ne le sont pas, comment remonter, des faits, aux lois des êtres libres qui composent le Monde moral? — Ici donc il faut employer la méthode ontologique, ici donc elle est légitime.

Ce caractère de liberté des êtres moraux, diamétralement opposé au caractère d'inertie des êtres physiques, fait qu'on ne peut aborder le Monde moral que par la connaissance de ses lois, afin qu'elles nous mènent à l'appréciation des actes; tandis que l'étude du monde physique est toute dans la connaissance des faits, qui conduisent à leurs lois. Dans l'emploi de deux méthodes si opposées, nous voyons toute la différence qui doit exister entre l'étude des sciences physiques et l'étude des sciences morales.

Les lois du monde physique, irrésistibles et absolues dans leurs effets comme la fatalité, forcent les corps inertes à rester dans leur ordre, inébranlablement. Dans le Monde moral les êtres sont libres, et la liberté donne précisément le pouvoir de résister à sa loi ; comment la réunion des actes libres serait-elle susceptible de servir à l'induction de la loi, puisque ces actes sont peut-être opérés en dehors de la loi? De sorte que, si dans le monde physique, tous les faits révèlent, déclarent et proclament leur loi ; dans le Monde moral, au contraire, beaucoup de faits cachent, dissimulent et obscurcissent la loi qui devait régir les agents moraux.

Montesquieu avait bien fait cette grande remarque, quoiqu'il l'ait immédiatement oubliée dans sa théorie de la loi. « Il s'en faut bien, dit-il, que le Monde intelligent soit aussi bien gouverné que le monde physique : car, quoique celui-là ait aussi des lois qui, par leur nature, sont invariables, il ne les suit pas constamment comme le monde physique suit les siennes. La raison en est que l'état de nature des êtres intelligents est qu'ils agissent par eux-mêmes. »

Ainsi, dans le monde physique, tous les faits sont bien ; pour en obtenir la véritable loi, il ne s'agit que d'observer Ce qui est. Dans le Monde moral, tous les faits sont douteux ; pour en obtenir la véritable loi, il faut savoir Ce qui doit être. Comme dit Lessing, « ce que l'on est, et ce que l'on devrait être dans l'ordre social, ne s'accorde pas toujours. » Par conséquent, si l'on puisait les principes de la Société dans ce qu'elle est, ou dans ce qu'elle a été, comme ce qu'elle est ne s'accorde pas avec ce qu'elle devrait être, on recueillerait précisément, pour la Société, les principes de ce qu'elle ne devrait pas être. Mais à quoi bon faire ainsi la théorie du mal ?

De sorte que, si dans les sciences physiques on peut toujours induire les principes de l'expérience, la méthode inverse est la seule méthode possible dans les sciences morales, parce que dans celles-ci les principes commandent aux faits, les règles à l'expérience. Si, dans les premières, la certitude de la loi a pour pierre de touche l'exactitude des faits, dans l'étude des secondes, les faits ne s'apprécient et ne se légitiment que par leur conformité aux lois imprescriptibles du Monde moral.

Pour comprendre toute l'importance de cette observation fondamentale, il suffit d'indiquer un exemple des absurdités vers lesquelles nous serions entraînés si nous apportions dans l'étude des sciences morales la méthode des sciences physiques :

La méthode expérimentale, dans les sciences morales, consisterait à dresser un inventaire de toutes les actions d'un homme donné, et à dire : Puisque telles actions ont été les plus nombreuses et les plus constamment répétées, il faut que le mobile qui les détermine soit la loi de cet homme : d'où il résulte qu'à l'avenir, cet homme pour bien faire, c'est-à-dire pour suivre sa loi, devra réitérer l'accomplissement des mêmes actions. Il est clair que, si l'individu sur lequel on a fait une pareille expérimentation est vicieux, au lieu d'avoir découvert la loi morale, on n'aura fait qu'établir la loi du vice.

On conçoit que, pour les sciences sociales, la méthode

expérimentale doit conduire aux mêmes résultats, parce qu'il en est de même dans tous les cas où la volonté humaine entre comme facteur :

Continuons l'hypothèse de la méthode expérimentale. L'homme est un agent moral qui, semblable aux agents physiques, chimiques ou physiologiques, se manifeste par des phénomènes, qui sont ses actes. L'ensemble des actes ou des phénomènes d'un agent composent ce qu'on appelle l'expérience; or l'ensemble de tous les actes des agents moraux, ou de tous les phénomènes de l'humanité, constitue l'histoire. Ainsi l'histoire, étant l'ensemble des phénomènes de l'humanité, sera le champ d'expérience. Mais avant les développements de l'humanité, la nature, ou la force matérielle victorieuse, tenait encore dans son enveloppe l'être rationel, et celui-ci obéissait plutôt aux passions, qui sont les voix de la nature, qu'aux inspirations de sa conscience qui renferme ses véritables lois. Il est évident, alors, que tous les actes produits sous cet empire, conduiront précisément à l'induction de lois qui ne sont point celles de l'humanité; puisque, pour produire ces actes, au lieu de suivre les mobiles de sa conscience, l'homme aura été l'esclave des passions.

Et de plus, comme des êtres qui ne cèdent intérieurement qu'à la force ne peuvent être liés extérieurement que par la force, il est certain que, si nous observons la nature des sociétés qui existaient alors, nous les trouverons fondées sur la force, maintenues par la force, et sacrifiées à la force.

Comme ce sont là effectivement des faits que nous retrouvons dans l'histoire, il résulterait logiquement que, la force étant la loi de toute société, la force doit être l'origine et le principe conservateur de la Société, à l'avenir comme dans le passé, comme dans le présent. L'emploi de la méthode empirique dans les sciences sociales, comme nous voyons, n'est pas moins faux que dans les sciences morales, puisqu'il conduit à de pareils résultats.

Qu'apercevons-nous dans l'histoire ? dit un philosophe. Nous n'apercevons que des particularités : d'abord tel peuple, puis tel autre, telle époque, tel système, toujours et toujours des particularités. Toute particularité naît, et, par conséquent, finit : donc toute particularité est vaine, donc vous n'apprenez dans l'histoire que des illusions. L'histoire est une succession de vérités et une succession d'erreurs, c'est là sa condition forcée. Car la condition de l'histoire est la succession, la condition de la succession est la particularité, la condition de la particularité est l'erreur, la diversité, l'opposition, la guerre.

La méthode expérimentale appliquée aux sciences qui ont l'homme pour objet ne peut conduire, en morale, qu'à la théorie du vice, et dans les sciences sociales, qu'à la théorie de l'esclavage. Les despotes, et les méchants qui les soutiennent, ont seuls intérêt à prendre l'histoire comme un champ d'expérience.

Car l'histoire n'est qu'une démonstration séculaire de la déchéance de l'homme. Comme elle n'est vraiment, dans sa plus grande partie, que le registre universel de toutes les mauvaises actions, ceux qui veulent y puiser des exemples de conduite pour les individus comme pour les nations peuvent, sans dépasser la logique ni les faits, asseoir la doctrine du mal et proclamer les principes de la perversité humaine.

« L'histoire de l'espèce humaine et des révolutions qu'elle a subies, prouvent assez que ce qu'il y a de plus noble n'est jamais accompli sur la terre. Nous ne rencontrons autour de nous que l'incomplet et l'imparfait. » Tel est le langage d'Herder, de celui qui a tenté d'élever l'histoire à la dignité de science de l'humanité, de celui qui en a fait l'apothéose dans les *Idées sur la philosophie de l'histoire de l'humanité*.

Bien loin de trouver dans l'histoire les lois de ce qui doit être, nous n'y rencontrons que ce qui ne doit plus être. En y cherchant des principes sociaux, nous trouvons que la violence et la conquête président à la formation des empires; les crimes et la ruse, à leur conservation. Y a-t-il là quelque remède que la politique actuelle ignore et qui soit propre à établir la paix et le bonheur au milieu de nous!

Si l'histoire est l'ensemble des faits passés, elle n'est pas l'ensemble des faits à venir; si *l'histoire est ce que fut le genre humain*, d'après l'expression d'un savant historien, elle n'est donc point ce que sera le genre humain. Un être essentiellement soumis aux lois du développement et de la perfection ne lit pas son avenir dans le passé! « Ne vous conformez point au siècle présent, dit saint Paul, mais qu'il se fasse en vous une transformation par le renouvellement de votre esprit, afin que vous reconnaissiez qu'elle est la volonté de Dieu, ce qui est bon, ce qui est parfait. »

Ce mot seul d'histoire nous avertit qu'il y aurait erreur à la considérer comme la loi de l'homme. En effet, pourquoi dit-on *histoire de l'humanité*, au lieu de *science de l'humanité*, comme on dit science des astres, science des minéraux ? Et pourquoi ne dit-on pas histoire des astres, histoire des minéraux ? — « Le développement de l'espèce humaine dans l'espace et le temps, c'est l'histoire ; je dis le développement, car il n'y a point d'histoire de ce qui ne se développe point. Quelle est l'idée impliquée dans celle de développement ? L'idée de progrès : toute l'histoire implique donc une marche progressive. » — Ainsi nous voyons qu'on ne fait pas l'histoire d'un être qui reste constamment le même ; on ne fait pas l'histoire des astres, des minéraux, etc., mais la science des astres, des minéraux, etc. On a fait l'histoire des révolutions du globe, mais c'est parce que le globe a eu des révolutions, c'est-à-dire qu'il a subi des transformations successives avant d'arriver à l'état où il est ; et cette histoire s'arrête au jour où il fut achevé.

Qui dit histoire, dit récit des phases successives par lesquelles un être a passé avant d'atteindre son but définitif ; et marcher vers ce but, c'est progresser. Par conséquent, qui dit histoire de l'humanité, dit que l'humanité traverse des phases successives, et qu'elle marche progressivement à son but. Qui dit que l'humanité marche progressivement à son but, dit que les phases postérieures ne peuvent ressembler aux phases antérieures, et qu'on ne peut point faire la théorie d'un être dont on ne connaît que les premiers linéaments. Car la théorie d'un être est la démonstration de sa loi par le moyen des faits, et un être qui ne réalise pas encore complètement sa loi ne peut pas offrir des faits qui prêtent à l'induction de cette loi complète.

Ainsi, faire ce qu'on appelle l'*Histoire naturelle*, c'est précisément passer de la minéralogie à la botanique et de la botanique à la zoologie, lorsqu'on s'élève de la structure moins compliquée des minéraux à la structure plus compliquée des végétaux, de celle-ci à la structure des animaux, et de là, selon la série animale, jusqu'à l'organisation la plus parfaite. Mais alors, c'est que l'on considère tous les êtres de la nature comme se tenant les uns aux autres par une chaîne non interrompue, comme organisés d'après un seul et même type-exemplaire, duquel, dans leur abondante variété de conformations, ils ne font que se rapprocher davantage, jusqu'à ce qu'ils réalisent cette organisation parfaite qui renferme la réunion de tous les éléments des autres êtres. C'est-à-dire qu'alors l'*histoire naturelle* considère précisément la nature selon l'échelle de ses progressives organisations, comme l'*histoire humaine* est forcée de considérer le genre humain selon l'échelle de ses progressives organisations sociales.

On n'emploie donc le mot d'histoire que pour exprimer l'étude au moyen de laquelle, une série d'êtres étant donnée, on passe de celui dont l'organisation est la plus simple en s'élevant successivement jusqu'à celui dont l'organisation est la plus parfaite. Voilà pourquoi on a toujours dit *l'histoire*, et non *la science* de l'humanité. Celui qui prendrait l'histoire pour la science de l'humanité s'en formerait une idée qui serait à la notion complète de l'humanité ce que l'étude d'un ambryon serait à la physiologie de cet être dans tout son développement...

Que l'œil du génie sache découvrir, comme Bossuet,

sous les tentatives grossières du passé la loi que l'on devait réaliser, et, au milieu de tant de déviations, la route dans laquelle la Providence conduit à son insu l'humanité, c'est possible, quoique ce soit la Religion qui ait fourni ce point de vue. Que l'on sache reconnaître, dans ce que le genre humain a déjà fait depuis le commencement, ses tendances naturelles, le but vers lequel il revient toujours et qu'il doit finir par atteindre, cela est encore vrai et très vrai. Mais que de ces diverses actions, de toutes ces tentatives, on fasse le réglement de sa conduite à venir; que l'on prenne l'expérience des sociétés passées d'un être essentiellement progressif pour l'idée pure de ce qu'elles doivent être, comme le veulent ceux qui étudient dans l'histoire ancienne la science de la Société; ce serait une méprise grossière, si ce n'était le plus dangereux des sophismes. Chercher dans l'histoire des principes pour l'avenir, c'est renfermer le genre humain dans le cercle de ses misères et de ses crimes.

L'histoire est-elle autre chose pour l'humanité que ce que la géogénie est pour la nature ? La géogénie nous raconte les six époques de création du monde, c'est-à-dire les phases successives de sa formation et la progressive soumission du chaos aux lois d'harmonie qui constituent aujourd'hui le monde physique dans son ordre, dans sa perfection. De même l'histoire est le récit de la géogénie de l'humanité; elle dit ses commencements, ses différentes phases, ses formations successives et la progressive soumission du chaos des volontés aux lois d'harmonie sociale qui constituent de jour en jour le monde moral dans son ordre, dans sa perfection. L'histoire est la Génèse de l'humanité.

La géogénie est l'histoire des révolutions et de la formation des diverses parties du globe; elle raconte comment les divers règnes de la nature naquirent en quelque sorte les uns des autres. De même, l'histoire est le récit des révolutions et de la formation des diverses couches du monde social; elle raconte comment les divers ordres, moral, civil, économique et politique, naquirent les uns des autres.

Dans la nature, le règne végétal possède les éléments du règne minéral avec un élément de plus et une loi spéciale; le règne animal possède les éléments du règne végétal avec des éléments de plus et une loi spéciale. De même les différents règnes dans l'humanité, c'est-à-dire les différentes civilisations, naissent les unes des autres dans leur progressive succession; la dernière renferme tous les résultats moraux, sociaux, politiques, scientifiques, économiques, esthétiques, des civilisations précédentes, avec le résultat nouveau, qui est son propre produit et qui l'élève d'autant sur celle qui la précède et dont elle a tout l'héritage. La civilisation passée ne savait pas la civilisation présente; et la civilisation présente ne peut savoir, par sa propre expérience, la civilisation future. Car une civilisation se sait à peine elle-même: comment comprendrait-elle ce qu'elle doit être après l'introduction d'un élément nouveau?

Un temps s'ignore, dit un philosophe, mais la loi qui a posé les temps sur l'éternité sait le secret du temps qui s'ignore. A toutes les époques il y a une énigme à deviner, un nœud à dénouer, un problème à résoudre; chacun est un être palingénésique qui ignore sa transformation. L'observateur, ainsi placé par le temps, ne peut voir que le passé; et celui qui regarde le passé ne voit précisément que ce qui ne sera plus. En suivant le développement de la nature humaine dans la science, dans les arts, dans le cœur humain, dans la conscience, l'Egyptien pensait-il comme le Grec, le Grec comme le Chrétien des temps modernes; et celui-ci peut-il savoir toutes les transfigurations futures par lesquelles la nature humaine doit s'élever jusqu'à l'Être avec lequel elle doit s'unir un jour? « De nos temps, dit un autre philosophe, il faut croire, par tout ce qu'il y a d'obscur et d'indéterminé dans le fond de nos ames, que le développement de l'homme moral est loin d'être achevé. Un jour viendra où ces mystères qui nous troublent à cette heure deviendront une source de vertus et de beautés morales, dont nous ne pouvons avoir aucune idée, pas plus que Sapho n'avait l'idée de l'amour d'Héloïse, pas plus que Zénon n'avait l'idée de la philosophie de saint Vincent de Paul. « Quelle sera la Société nouvelle, s'écrie M. de Châteaubriand? je l'ignore. Ses lois me sont inconnues; je ne la comprends pas plus que les anciens ne pouvaient comprendre la Société sans esclave, produite par le christianisme. »

Si la formation du monde physique s'est opérée par une soumission progressive des éléments indomptés du chaos aux lois de l'ordre qui le constituent actuellement dans sa perfection; la formation du Monde moral n'est pareillement que la soumission progressive des volontés humaines aux lois de l'ordre qui doivent le conduire à sa perfection. Mais l'être moral étant libre, cette soumission à la loi de l'Ordre moral ne peut se faire que dans les proportions de la volonté humaine ; en sorte que, toute réalisation de la loi étant un effort de la volonté, l'Ordre ne pénètre que siècle par siècle le chaos d'où sort à mesure le Monde moral.

Chaque progrès que fait une génération dans la loi morale, politique et économique, dans la vérité scientifique, industrielle et esthétique, et enfin dans la réalisation de toutes ces vérités, ne se transmet-il pas, à la génération suivante, par l'éducation, par la force du sens commun, et par les institutions établies ? Cette nouvelle génération, en partant du point où s'est arrêtée la génération précédente, n'ajoute t-elle pas à l'héritage de l'humanité tout le fruit de ses propres efforts dans la conquête du Bien, du Vrai, du Beau et de l'Utile ? L'humanité, comme un seul être, se complète et s'accroît successivement.

Ainsi le genre humain monte les siècles en développant sa liberté et en réalisant sa loi. Cette loi ne pouvait être connue en totalité au commencement, à cause de l'étroitesse de la raison nouvelle ; elle ne pouvait être librement acceptée en totalité aux premiers jours, à cause de la faiblesse de la volonté naissante.

Mais la croyance s'agrandit à mesure que la vérité s'augmente dans la raison de l'homme, et la vérité s'augmente dans la raison de l'homme à mesure que la croyance s'agrandit ; la liberté s'agrandit à mesure que la loi s'augmente dans la volonté de l'homme, et la loi s'augmente aussi dans la volonté à mesure que la volonté s'agrandit. Or, une plus grande vérité suppose une plus grande force de volonté pour la réaliser ; et une plus grande force de volonté comporte une plus grande vérité.

De sorte que, selon que la croyance s'accroît, la volonté s'élève proportionnellement en puissance pour la réaliser ; et selon que la volonté s'est accrue en puissance, la croyance s'élève aussitôt à de plus sublimes vérités pour tenir en haleine cet heureux empressement de la volonté. Sorte d'engrenage admirable où la croyance appelle la volonté à de plus splendides et de plus saintes opérations, et où la volonté, stimulée par l'amour, s'élève jusqu'à l'enthousiasme ; où la raison et la liberté de l'homme se disputent à celle qui dévoilera la vérité la plus belle, ou qui l'accomplira avec plus de pureté !

C'est ainsi que l'Ordre descend dans le Monde moral à mesure que la loi se dévoile de plus en plus à la raison, et que la raison motive de plus en plus les énergies de la volonté.

Il y a donc 1° une révélation successive de la vérité, soumise à l'acceptation successive de la raison croissant par la lumière ; 2° une réalisation successive de la loi, soumise à l'acceptation successive de la volonté croissant par l'exercice. Ainsi l'humanité va réalisant de plus en plus sa loi. Cette marche n'est-elle pas un progrès ; ce progrès est-il autre chose que la formation successive du Monde moral. Ses diverses civilisations ne sont-elles pas les phases qu'il a subies avant de devenir ce qu'il est ? Chaque révolution n'est-elle pas un engendrement à une vie supérieure ? L'humanité s'élabore ainsi depuis six mille ans dans le creuset de sa genèse.

Toujours la même en son essence, mais variée dans ses développements, l'humanité, à chaque phase, s'assimile un élément nouveau, et c'est la présence de cet élément nouveau qui, joint aux éléments anciens, donne à l'humanité une tout autre manière d'être intérieure, et à ses manifestations une tout autre apparence. Comment les érudits en politique peuvent-ils donc sérieusement étudier dans le passé les principes moraux de nos institutions sociales ? N'est-ce point là la source de tant d'erreurs sociales, en science et en pratique, contre lesquelles l'impatience de l'opinion s'irrite si fortement de nos jours ?

S'ils ne voulaient voir dans le passé qu'une œuvre commencée; s'ils pénétraient le principe par lequel cette œuvre a été conduite jusqu'à ce point, afin de juger de la portée qu'elle doit avoir par suite de la loi de progression qui la mène à ses fins, certainement, quelque faible que soit la pensée humaine pour annoncer ce que l'homme doit être un jour, cette étude si belle ferait de l'histoire la science de l'espérance. C'est ainsi qu'elle a été comprise par Bossuet, Herder, d'Eckstein, Ballanche, Schlegel, Buchez. Mais quand ils s'obstinent à prendre l'humanité pour une chose accomplie, et prétendent lire son avenir même dans le passé, ils ne font là qu'une histoire de la mort.

Au surplus, l'humanité ne craint pas les revenants, et elle apprend, ailleurs que dans l'observation de ses œuvres mortes, la loi qui la fait vivre et les destinées qui l'attendent. Le plus simple en sait autant sur cette science que le plus instruit en histoire, et l'homme le plus pur en sait davantage.

Si la connaissance de la loi de l'homme est la révélation du but qu'il doit atteindre (puisque la loi d'un être est le moyen qu'il doit suivre pour arriver à sa fin), l'humanité, pour connaître sa destination, n'a qu'à déduire les applications de sa loi, et non point redescendre dans l'expérience. Cette grande science est plus près de lui; car cette loi ne s'apprend point quelque part, en dehors, sur quelque lettre morte, comme un chiffre hiéroglyphique que les uns devinent et que les autres ne peuvent comprendre. C'est un être vivant que l'homme porte au dedans de lui, qu'il sent remuer dans son sein, agiter sa volonté, éclairer son esprit, dont la voix sait couvrir celle des passions, et dont le contact, quand elle n'a pu y parvenir, devient quelquefois sur son cœur plus amer que celui de la douleur!

L'homme, portant sa loi avec lui, la réalise à mesure que les forces de sa liberté morale s'augmentent; et à mesure que sa loi s'accomplit, l'Ordre pénètre de plus en plus dans le genre humain. Le monde physique est achevé, son mouvement n'est qu'une perpétuelle rotation dans le cercle de sa perfection; le Monde moral s'élabore, son mouvement est une croissance. Car tout cela se fait dans le temps, c'est-à-dire successivement. On l'a dit, l'humanité n'est point une chose qui tourne, mais une chose qui marche; sinon l'on dresserait la théorie de l'humanité comme l'on a dressé la théorie des comètes, et l'on dirait d'avance, à une seconde près, la durée, les révolutions et la fin des empires.

Il est une autre considération que les empiriques n'ont point comprise : si l'humanité devait toujours être ce qu'elle a été, la liberté morale serait une contradiction dans la nature humaine. A quoi servirait-elle? à déranger l'homme de dessous l'action de sa loi pour troubler l'immutabilité de l'Ordre? A quoi bon tous les efforts des hommes; à quoi bon la morale, l'éducation, le courage, la vertu, le travail, tout ce qui distingue l'espèce humaine des autres espèces du globe? Enfin, si l'humanité devait toujours être ce qu'elle a été, que signifierait le plus grand évènement de l'humanité, la rédemption de l'homme?

Car, si l'humanité devait toujours être ce qu'elle a été, elle n'aurait qu'à s'abandonner et se reposer, comme la nature, sur les lois qui la régissent; puisqu'on la place dans l'hypothèse où elle n'aurait point de liberté, c'est-à-dire de puissance pour accomplir d'elle-même sa loi. Et c'est ici que paraît toute la niaiserie d'une hypothèse qui ne peut entrer dans l'esprit de ceux qui la soutiennent sans une contradiction de leur part : car,

S'ils prétendent chercher dans le passé les lois qui ont régi l'humanité, c'est qu'ils sont persuadés que l'humanité, inévitablement régie par sa loi, n'a pas pu ne pas lui obéir, puisque c'est cette loi qu'ils veulent retrouver dans tous ses actes; si l'humanité n'a pas pu se soustraire à cette loi, (et il le faut bien, sans quoi cette expérimentation deviendrait inutile), c'est que l'humanité n'est pas libre. Or, comme les lois des êtres sont supérieures aux êtres, puisqu'elles sont les forces qui les régissent, si l'humanité a été régie par d'invariables et irrésistibles lois dans le passé, c'est-à-dire par des forces qui lui étaient supérieures, les mêmes forces supérieures ou les mêmes lois invariables la régiront dans l'avenir. Alors il devient parfaitement inutile de prendre la peine d'étudier les lois qui l'ont conduite dans le passé, afin de les appliquer à l'avenir : car, l'humanité n'ayant pas le pouvoir de résister à sa loi, cette loi la dirigera encore nécessairement, et toujours aussi bien, pendant toute la durée de son existence. L'humanité n'a qu'à s'abandonner sans inquiétude aux mouvements qui l'emportent : une loi aussi irrésistible dans ses effets que les lois de la matière, préside au développement de ses diverses phases et conduit la Société dans la voie de ses fins, sans qu'elle y prenne part!

Si l'humanité est inévitablement régie par une loi fatale, si elle ne possède pas plus la liberté de lui résister que de l'accomplir, à quoi sert donc d'aller à grands frais étudier cette loi dans le passé ? Quand vous offrez à l'humanité sa loi, c'est dans cet espoir que, la connaissant mieux, elle l'accomplira par sa propre volonté : cependant, pour découvrir cette loi, vous avez admis que son accomplissement ne dépendait aucunement de la volonté!! Ainsi, vous privez l'homme de liberté, pour qu'il ne puisse pas sortir de son ordre, quand vous cherchez la loi qui doit le régir; et quand cette loi est trouvée, vous lui rendez la liberté, pour qu'il ait la puissance de la réaliser!

Cependant, ou l'homme est libre, ou il ne l'est point. S'il est libre, l'expérience des faits passés est trompeuse, puisqu'il a pu produire des actes en dehors de sa loi : il ne faut donc pas chercher sa loi où elle n'est pas. S'il n'est point libre, il n'a pas plus le pouvoir d'accomplir sa loi que de la repousser; s'il n'a pas le pouvoir d'accomplir sa loi, il est inutile de lui en parler; à moins qu'en redoublant la contradiction, on ne dise tout à la fois que l'homme est libre et qu'il ne l'est pas; qu'il a une loi et qu'il n'en a pas.

Prendre ainsi l'ensemble des actions humaines comme un sujet certain d'expérience scientifique, pour en déduire la théorie des lois qui doivent régir l'être libre et moral, ne peut être que la bévue de quelques intelligences qui, tout éblouies du succès de la méthode expérimentale dans l'ordre des corps inertes, s'empressèrent de conclure, croyant faire jour à une grande vérité philosophique, que la même méthode appliquée aux êtres libres et moraux, en la faisant opérer sur l'histoire des faits produits par les êtres libres et moraux, fonderait la science de l'humanité et conduirait à la théorie importante de ses lois.

Pour avancer une idée pareille, il fallait ne pas même avoir compris les motifs sur lesquels repose l'infaillibilité de cette méthode dans l'ordre physique; puisque les mêmes motifs qui en font ici un moyen assuré d'arriver au vrai, en font un moyen certain d'arriver au faux dans un ordre où les propriétés tout à fait contraires des êtres qui le composent, forment des motifs diamétralement opposés, et provoquent une opération différente de l'esprit pour arriver à les connaître.

Cette erreur, qui a si merveilleusement servi les desseins de la mauvaise politique, par le système social qu'elle fait naître, a été soutenue et accréditée par cet empirisme érudit qui, au lieu de trouver dans l'histoire des manifestations libres de l'humanité, n'a vu que des dates et des faits irrésistiblement amenés par une force terrible, se servant de l'aveugle humanité comme d'un instrument.

Alors, semblables à ceux qui mettent à la loterie, ces historiens entreprirent la science du hasard. Pour éclaircir cette nouvelle loi, les différents évènements furent pointés, les probabilités comparées, et l'on fit l'induction des chances. D'après ces vues transcendantales, l'histoire serait devenue la théorie du destin, l'encourageante démonstration de la Fatalité. Quels sont les beaux enseignements et les bénéfices qu'une telle science prépare à l'avenir ?

Le résumé est facile. Ou l'homme est libre, ou il ne l'est pas. 1° S'il est libre, il est dangereux de faire le recensement des faits qui sont le produit d'une volonté libre et progressive, et dont par conséquent les actes doivent être d'autant plus éloignés du bien, vers lequel sa progressivité la rapproche, qu'ils sont plus reculés dans le passé. 2° Si l'homme n'est pas libre, il est inutile de tirer de l'histoire des enseignements que ne pourra pas mettre en pratique une volonté humaine soumise à la fatalité.

De sorte que, dans toutes les hypothèses possibles, ainsi considérée comme base de la théorie de la Société, ou l'histoire est dangereuse, ou elle est inutile ; et la méthode expérimentale, qui s'en sert, est dangereuse, inutile, et absurde.

Pour mieux nous en assurer, nous n'avons qu'à prendre cette méthode sur le fait, c'est-à-dire examiner à quelles conséquences sont arrivés ceux qui l'ont employée.

SOMMAIRE. — Ce que c'est que la méthode; qu'il y en a deux parce qu'il y a deux ordres de réalités. — Que ces réalités s'offrent différemment à l'esprit humain. — Dans la sphère de l'inertie, tous les faits proclament leur loi; dans celle de la liberté, il se trouve des faits en dehors de leur loi : alors il faut connaître la loi, pour lui rapporter les faits qui lui sont conformes. — Dans le Monde moral, les lois conduisent à l'appréciation des faits; c'est dans le monde physique que les faits conduisent à la connaissance de leurs lois. — Les lois du monde physique sont irrésistibles. Les êtres dans le Monde moral peuvent résister à leur loi. — Pour le premier, la vérité est dans *Ce qui est*; pour le second, dans *Ce qui doit être*. — En prenant tous les faits du Monde moral comme sujet d'expérience, on dresserait la théorie du mal. Preuve quant à l'individu, quant à la Société. — Ici l'histoire serait le champ d'expérience ; résultat auquel elle conduirait sur l'origine de la Société et sur sa loi. — L'histoire n'est souvent que le registre de nos mauvaises actions; loin d'y trouver ce qui doit être, on n'y rencontre que ce qui ne doit plus être. — Ce que signifie l'histoire ; elle se fait précisément où la science est impossible. L'histoire se dit d'un être qui se forme ; la science, d'un être formé. — L'histoire n'est donc pas la science de l'humanité; elle n'est que la genèse du Monde moral. — Le Monde moral n'est pas achevé. Il a, comme le globe, ses révolutions qui se succèdent ; ses couches qui se superposent; ses règnes qui héritent les uns des autres. — Une civilation s'ignore, comment saurait-elle la civilisation qui la suit ? — Transfigurations de l'humanité. — La formation du Monde moral est la soumission progressive du chaos des volontés humaines aux lois de l'Ordre. — Comment les civilisations se transmettent leurs biens. — L'augmentation de la vérité et de la loi provoque l'agrandissement de la volonté; et une plus grande force de volonté comporte une plus grande vérité à réaliser. — L'historien placé à l'un des jours génésiaques du Monde moral ne peut en prophétiser l'avenir : source de toutes les erreurs politiques. — Ce que peut enseigner l'histoire ; l'humanité apprend ailleurs la connaissance de sa loi et de son but. — Élever la science de l'humanité sur les faits de l'histoire, c'est supposer que l'homme ne résiste jamais à sa loi. — Si l'homme n'est pas libre, il est inutile qu'on lui enseigne ses lois. — Contradiction de l'empirisme, qui suppose l'humanité inerte pour découvrir sa loi dans ses faits, et qui lui rend la liberté quand il s'agit de l'accomplir. — Ce qui a conduit à cette bévue. — Si l'homme est libre, l'histoire prise comme expérience est dangereuse ; s'il ne l'est pas, elle est inutile.

CHAPITRE VI.

EXAMEN
DES RÉSULTATS DE CEUX QUI ONT INTRODUIT LA MÉTHODE EXPÉRIMENTALE DANS LES SCIENCES MORALES.

ARISTOTE, MACHIAVEL, MONTESQUIEU.

Le grand philosophe de l'antiquité, Aristote, est le premier qui ait introduit la méthode expérimentale dans les sciences sociales. Le livre *De la morale et de la politique* qui est, sans en excepter les temps modernes, tout ce qui a paru encore de plus remarquable en ce genre, comme modèle d'observation et de classification scientifique, est traité en grande partie d'après la méthode des sciences physiques.

Aristote venait de créer la physique, l'histoire naturelle, et la zoologie comme sciences. Il s'était fait envoyer de tous les points de l'Asie, par Alexandre, des collections immenses de minéraux, de plantes et d'animaux ; et avait, par conséquent, fondé toutes ces sciences sur l'observation et la connaissance réelle des êtres qu'elles ont pour objet.

Il voulut, pour fonder la science sociale, procéder

comme pour l'histoire naturelle. Ainsi, à une grande connaissance de la nature de l'homme, à une immense quantité de matériaux et d'observations de toutes sortes, il ajouta, comme matière expérimentale, une collection de toutes les constitutions des peuples connus, au nombre de deux cent quatre-vingt-sept. Il suffit de se rappeler que l'esclavage et tout son cortége régnaient alors sur le monde.

Aristote, fidèle à l'expérience, observa qu'universellement le rapport social entre le mari et la femme, entre le père et les enfants, entre le propriétaire et les travailleurs, entre le pouvoir et le peuple, entre le peuple fort et le peuple vaincu, était la servitude; et Aristote a fondé sa législation sociale sur la servitude. « *Il y a*, disait-il, *une science, un talent du maître, et une science, un talent de l'esclave, car les esclaves ne sont que des instruments animés. La nature elle-même a marqué d'un caractère différent le corps des maîtres et celui des esclaves* (1).

Ce principe est la source de tout ce qu'il y a de faux dans le traité d'Aristote. Il est bien facile, d'ailleurs, de distinguer, dans le livre *De la morale et de la politique*, la partie qui résulte de l'emploi de la méthode expérimentale, de celle qui est due à la raison et au génie d'Aristote. Cette première partie est tellement ignominieuse que, pour absoudre le grand philosophe, on en a fait porter la faute à son temps. Il n'y a point de temps pour la vérité; excepté pour ceux qui l'étudient dans l'expérience de l'histoire. La servitude et le vice sont la dé-

---

(1) *Politique* d'Aristote, liv. I, chap. XI, paragr. 22.

gradation de l'homme, au temps d'Aristote comme au nôtre; la vertu et l'amour en sont la vie, au premier comme au dernier jour du monde.

L'on prévoit tous les principes et toutes les conclusions d'Aristote. La force régnait partout; elle était le lien de tous les rapports sociaux; il eût été difficile qu'un observateur comme Aristote ne sut pas partout la découvrir. Lisons donc sans nous étonner la théorie suivante:

Voulons-nous savoir d'Aristote sur quoi se fonde la Société ? « Toute Société est une sorte d'association, et toute association ne se forme qu'en vue de quelque bien, de quelqu'avantage. Le but ou la fin pour lequel un être a été créé, est ce qu'il y a de plus avantageux ou de meilleur pour cet être ; or, la condition de se suffire à soi-même est la fin de tout être, ou ce qu'il y a de meilleur pour lui. Aussi, on convient généralement que, dans tout état bien administré, il faut que les hommes libres soient affranchis des soins qu'exigent les besoins de première nécessité. De là l'utilité des esclaves. Mais la partie du gouvernement qui consiste dans la manière de se comporter envers les esclaves, est ce qu'il y a de plus difficile. Si on se relâche à leur égard, ils deviennent insolents; si on les traite avec dureté, ils sont animés de haine et de révolte (1).

Voulons-nous savoir d'Aristote sur quoi se fonde la morale, la famille? « C'est une nécessité que des êtres qui ne sauraient exister l'un sans l'autre, comme l'homme et la femme, s'unissent par couples. Il y a par le fait de la nature, et pour le but de la conservation, un être qui

---

(1) *De la Politique*, liv. II, chap. VI.

commande et un être qui obéit. Celui qui possède l'intelligence a naturellement le pouvoir du maître; celui qui ne possède que les facultés corporelles doit naturellement servir. Chez les Barbares, la femme et l'esclave sont confondus dans la même classe : cela vient de ce que, parmi eux, il n'y a personne que la nature ait destiné à commander. Hésiode a dit avec raison que la première famille fut composée *de la femme et du bœuf fait pour le labourage* (1). C'est ce que dit aussi Homère : *chacun, maître absolu de ses fils, de ses femmes, leur donne à tous des lois* (2). »

Voulons-nous savoir d'Aristote sur quoi se fonde l'économie politique ? « Comme il faut aux arts qui ont un but déterminé des instruments d'exécution, il en faut aussi à celui qui pratique l'art de l'économie politique. Entre ces instruments, les uns sont inanimés, les autres animés. L'esclave est en quelque sorte une propriété animée, un instrument supérieur à tous les autres. L'esclave est une chose possédée, il est non seulement esclave du maître, mais lui appartient entièrement. On voit donc clairement par là qu'elle est la nature de l'esclave, et quelle est sa destination. Or, celui qui ne s'appartient pas à lui-même, mais qui appartient à un autre, et qui pourtant est homme, celui-là est esclave par nature (3). »

---

(1) Vers 376 du poème d'Hésiode, intitulé *les OEuvres et les Jours*, dans l'édit. de Brunck.

(2) *Odysse* d'Homère, chap. IX, v. 114. Platon exprime à l'économie politique?

Même pensée liv. V^e des *Lois*.

Aristote, *Politique*, liv. I, chap. I.

(3) Aristote, *De la Morale et de la Politique*, liv. I, chap. XI.

Voulons-nous savoir d'Aristote pourquoi l'esclavage est légitime? « Dans tout ce qui forme un système commun de partie, se manifeste une subordination, un rapport d'autorité et d'obéissance. C'est ce qu'on observe dans tous les êtres animés, et même dans les objets qui ne le sont pas. Ainsi, l'animal est composé d'un esprit et d'un corps, lesquels ont été destinés par la nature, l'un à commander, l'autre à obéir. Il en est de même pour l'homme. Tous les êtres donc entre lesquels il y a autant de différence qu'entre l'ame et le corps, sont esclaves par nature. Il y a au fond peu de différence entre les services que nous tenons des esclaves et des animaux domestiques ; car les uns et les autres ne nous servent guère que par leurs forces corporelles. La nature a même voulu marquer d'un caractère différent les corps des hommes libres et les corps des esclaves, en donnant aux uns la force convenable à leur fonction, et aux autres une stature droite et élevée qui les rend peu propres à de pareils travaux. Or si cela est vrai des qualités du corps, la distinction sera encore bien plus juste à l'égard des qualités de l'ame. Seulement il n'est pas aussi facile de le discerner. En effet, si les esclaves sont capables de quelques vertus quelle différence y aura-t-il entr'eux et les hommes libres? Toutefois, il demeure évident que, parmi les hommes, les uns sont des êtres libres par nature, et les autres sont des esclaves, pour qui il est UTILE et JUSTE de demeurer dans la servitude » (1)

Voilà ce qui est évident quand on étudie avec les yeux, voilà ce que nous apprend l'expérience.

---

(1) ARISTOTE, *De la Morale et de la Politique*, liv. I. chap. XI.

Voulons-nous apprendre d'Aristote l'origine de la propriété ? « Considérons maintenant la propriété, ou la possession de quelque genre que ce soit. Appliquons à ce sujet notre méthode accoutumée. L'esclave est, comme nous l'avons vu, une partie de ce que l'on possède. La vie nomade, l'agriculture, le pillage, la chasse, tels sont à peu près les moyens qu'emploient pour se procurer leur substance les différents peuples. Ceux qui savent réunir plusieurs de ces moyens vivent dans l'abondance, comme font ceux qui unissent le pillage à l'exercice de la chasse et aux travaux de l'agriculture. Il suit de là que l'art de la guerre est en quelque sorte un moyen naturel d'acquérir. Car l'art de la chasse n'en est qu'une partie, celle dont on fait usage contre les bêtes fauves, tandis que l'autre est celle dont on fait usage contre les hommes qui, destinés par la nature à servir, refusent de se soumettre. En sorte que la nature même déclare qu'une telle guerre est JUSTE (1). »

Voulons-nous apprendre d'Aristote les véritables lois sur lesquelles doit se fonder la société humaine ? « On ne sait point encore quelles doivent être les lois vraiment bonnes et salutaires ; la question à cet égard reste toujours indécise » (L'homme moderne, à qui l'on poserait la même question, répondrait sans hésiter : Les lois vraiment bonnes et salutaires sont les lois conformes à la justice). Aristote continue : « Il faut nécessairement, au reste, que les lois soient ou bonnes ou mauvaises pour se mettre en analogie avec la forme du gouvernement, quelle qu'elle soit (2). » (L'homme moderne dirait : les lois

---

(1) Aristote, *De la Morale et de la Politique*, liv. I, chap. III.
(2) Aristote, *De la Morale et de la Politique*, liv. III, chap. VII.

doivent être invariablement et éternellement bonnes ou justes; c'est aux gouvernements quels qu'ils soient de prendre les formes que comportent de pareilles lois).

Pour connaître les lois de l'homme, Aristote se conformait à l'expérience; là, il trouvait la question toujours indécise. Le moderne se conforme à la raison, là, il trouve la question décidée de toute éternité. C'est la méthode avec laquelle prononce l'homme moderne, que je viens proclamer aujourd'hui.

Nous ne nous trompions pas en affirmant que prendre l'expérience historique comme source de principes sociaux, c'était faire la théorie du mal; car nous tenions précisément le secret du livre de Machiavel.

Machiavel nous donne, sans le savoir, la recette de son fameux *Traité du Prince,* lorsqu'il dit, dès le début: « Plusieurs se sont figuré des républiques et des principautés qui n'ont jamais existé. Il y a si loin de la manière dont on vit, à celle dont on devrait vivre, que *celui qui laisse ce qui se fait pour ce qui devrait se faire, cherche à se perdre.* Il est assurément toujours louable de bien faire, mais il n'y fait pas toujours bon: *telle chose est conforme à la raison qui ne l'est pas à l'expérience* (1). »

Aussi, Machiavel qui ne veut pas qu'on se perde, abandonne aussitôt ce qui devrait se faire pour ce qui se fait, il préfère l'histoire à la raison. Bayle fait cette observation: « Il est surprenant qu'il y ait si peu de personnes qui ne croient que Machiavel enseigne aux

---

(1) MACHIAVEL, *Traité du Prince.*

princes une dangereuse politique; au contraire, ce sont les princes qui ont appris à Machiavel ce qu'il écrit (1). »

Le livre *Du Prince* ne s'occupe point de l'origine de la Société, ou de son principe conservateur; il traite du principe conservateur du pouvoir, qui est un élément de la Société; c'est par ce point que cet ouvrage appartient à la science sociale. Machiavel a voulu donner la théorie de la conduite du pouvoir vis-à-vis de la Société. Ce livre renferme des préceptes pour les Rois. Comme ces préceptes ne dérivent pas de la raison, Machiavel les fait approuver par l'histoire.

Ainsi les trois premiers chapitres de ce livre traitent « Du moyen d'usurper les trônes avec fruit, fondé sur ce précepte, qu'il n'y a qu'à exterminer la famille qui occupait pourvu que l'on conserve les anciennes coutumes. » Il cite dans l'histoire des exemples où ce mode a réussi; « ou bien, ajoute Machiavel, il faut y renvoyer des colonies, ou encore y tenir beaucoup de milice; or les colonies coûtent peu aux princes, qui, d'ailleurs, n'offensent que ceux à qui ils ôtent les terres pour les donner aux nouveaux habitants; outre que ceux-là, restant pauvres et dispersés, ne peuvent jamais nuire, et que les autres se tiennent en repos et craignent qu'il ne leur en arrive autant : *car il est à remarquer qu'il faut amadouer les hommes ou s'en défaire*, et que l'offense doit toujours être faite de manière que l'offensé n'en puisse tirer vengeance. » L'auteur s'appuie ici de la pratique des Romains en semblables circonstances : « Les Romains pratiquaient admirablement ces maximes dans

---

(1) Bayle, œuvres diverses, tom. III, épit. 740, infol.

les provinces conquises, en quoi ils ne firent que ce que doivent faire tous les princes sages qui, etc..... Les Grecs nous en offrent aussi de nombreux exemples; » il les cite.

Plus loin : « Véritablement le desir de conquérir est naturel et très ordinaire : toutes les fois qu'il arrive aux hommes de s'agrandir, il en sont loués; *mais quand ils en ont le desir sans la force, c'est là qu'est l'erreur et qu'ils sont dignes de blâme.* « Et l'auteur donne quelques exemples, parmi lesquels il cite la guerre sans succès que la France fit sous Louis XII au royaume de Naples.

Dans un autre chapitre, il traite *des moyens de conserver le trône usurpé*, et cite pour exemple les conquêtes d'Alexandre, la guerre de la Turquie, de la France, etc. Si l'état conquis est accoutumé à la liberté et à ses lois, il y a trois moyens de le conserver : *le premier est de le ruiner, le second,* etc. » Il donne encore pour exemple, à ce propos, la conduite d'Artabanus, roi des Parthes, à Séleucie, et il ajoute : « Témoin les Lacédémoniens et les Romains : ceux-ci conservèrent Capoue, Carthage et Numance, parce qu'ils ruinèrent ces villes; au contraire, ayant voulu tenir la Grèce en lui laissant ses lois et sa liberté, cela ne leur réussit pas : d'où je conclus que le meilleur moyen de conserver les provinces conquises, c'est de les ruiner. »

Le chapitre suivant commence ainsi : « Que personne ne trouve étrange si, dans ce que je vais dire, j'alléguais de très grands exemples, car l'homme prudent doit toujours suivre la trace des grands et excellents personnages, afin que, s'il ne les égale pas, il leur ressemble en quelque chose, et en cela, de même que les bons tireurs d'arc, qui se trouvent trop éloignés du but, ils doivent viser beaucoup au dessus pour arriver plus près. » Ici l'auteur veut dire qu'il faut renchérir encore sur l'expérience.

Dans le chapitre suivant, Machiavel traite : Des principautés nouvelles que l'on a acquises par la force d'autrui ou par bonheur. Puis il ajoute : « Je n'en rapporterai que deux exemples de mon temps : le premier est celui de *Sforce*, et le second de *César Borgia*.... Si l'on considère les succès de César Borgia, on verra qu'il avait préparé de grands fondements à sa fortune future, et je crois qu'il n'est pas superflu d'en parler, ne trouvant point de meilleur exemple à un prince nouveau que le sien. » Puis il cite complaisamment sa vie, c'est à dire qu'il fait la narration de ses crimes les plus importants, et termine par ces mots : « Or, il était si habile à connaître quand il fallait gagner ou ruiner les hommes, et les fondements qu'il avait jetés étaient si bons que, etc..... Tout cela bien considéré, je ne sais que reprendre dans sa conduite; au contraire, il me semble le devoir proposer à tous ceux qui monteront au trône par la fortune. »

Le chapitre vııı traite : De ceux qui sont devenus princes par les crimes, avec les meilleurs exemples tirés de l'histoire. Il y est dit que, dans ce cas, la conservation du trône « *vient du bon et du mauvais usage que l'on fait de la cruauté;* que l'usurpateur d'un état doit faire toutes ses cruautés à la fois, pour n'avoir pas à les recommencer tous les jours; que les bienfaits au contraire, doivent se faire peu à peu. » Puis viennent les preuves historiques.

Il est dit dans le chapitre xii : « Les bonnes lois ne peuvent rien où il n'y a pas de bonnes armes; l'expérience montre que les princes, comme les républiques armées, font de grands progrès. » Puis l'auteur cite Rome, Sparte, Philippe de Macédoine, les Suisses, Sforce, les Vénitiens, etc.

Dans le chapitre qui traite de l'économie et de la libéralité, on lit : « Il n'y a pas d'inconvénient à donner l'argent qui n'est ni à toi ni à tes sujets, comme faisaient Cyrus, César et Alexandre : au contraire, cela te rend plus formidable. »

Le chapitre xvii est intitulé : « De la cruauté et de la clémence, et s'il vaut mieux être aimé que craint. Et Machiavel, se fondant sur l'autorité de l'histoire, résout la question ainsi : Il est plus sûr d'être craint. »

Le chapitre xviii est intitulé : « Si les princes doivent tenir leur parole. » Et c'est Machiavel qui résout la question, ayant soin de s'appuyer sur une expérience formée de bonnes preuves historiques. Voici, d'ailleurs, le commencement de ce chapitre : « Chacun sait combien il est louable dans un prince de garder la foi, mais *l'expérience* de ces temps-ci montre qu'il n'est arrivé de grandes choses qu'aux princes qui ont fait peu de cas de leur parole. Je pose en fait qu'un prince ne peut pas observer toutes les choses qui font passer les hommes pour bons, parce que les besoins de son état l'obligent souvent de violer la foi et d'agir contre la charité, l'humanité et la religion, quoique cette dernière qualité soit celle qu'il lui importe davantage d'avoir extérieurement; il faut qu'il tourne et manie son esprit selon que soufflent les vents de la fortune, sans s'écarter du bien tant qu'il le peut, mais aussi sans se faire scrupule d'entrer dans le mal quand il le faut. Non seulement il n'est pas nécessaire que le prince ait ces qualités, mais j'ose même avancer qu'il lui serait dangereux de les mettre en pratique, au lieu qu'il lui est inutile de paraître les avoir. Il y a deux manières de combattre : l'une avec la loi, l'autre avec la force. Le prince doit donc revêtir le renard et le lion : il faut être renard pour reconnaître les filets, et lion pour faire peur aux loups. Cette maxime ne vaudrait rien si tous les hommes étaient bons; mais comme ils sont tous méchants et qu'ils ne tiennent pas leur parole, tu ne dois pas tenir la tienne, et tu ne manqueras jamais de prétexte pour en colorer l'inobservation; j'en pourrais donner *mille exemples* modernes et montrer combien de promesses, combien de traités ont échoué par l'infidélité des......, etc., etc. (1). » il les cite.

Et ainsi du reste.

Pour asseoir toute cette doctrine, Machiavel n'a eu besoin que d'un seul procédé : remplacer la règle de *Ce qui doit être* par l'observation de *Ce qui est*, en subordonnant le droit au fait. Il est clair que Machiavel ne pouvait prendre ses preuves ni dans la religion, ni dans la raison; il les prenait dans l'expérience. Le livre de Machiavel, réprouvé par l'humanité comme par l'Eglise, fut condamné par Clément VIII en 1592.

Nous avons voulu reconnaître que Machiavel n'est pas sorti des limites de l'expérience, et que chacun peut achever par le même procédé la science dont il a tracé

---

(1) MACHIAVEL, *Du Prince*.

si hardiment un chapitre dans son fameux livre. C'est la méthode qui a produit le livre *Du Prince* que je viens renverser aujourd'hui.

Le XVIII° siècle nous a donné un nouvel exemple de ce qui s'est passé dans l'esprit d'Aristote. Les sciences physiques rétablies par le génie de Bacon, qui les ramena à leur véritable source, l'observation, remirent en vogue la méthode expérimentale.

Ainsi Montesquieu fonde toute la doctrine de son traité de l'*Esprit des Lois* sur l'observation expérimentale. Il considère comme tellement péremptoire et légitime toute loi qui a pour elle des preuves historiques que presque tous les titres de chapitre de l'*Esprit des Lois* sont autant de principes posés que l'on s'attend à voir discutés et établis dans le corps du chapitre, tandis que l'auteur entre immédiatement en matière par quelques petites historiettes, et termine par une réflexion en style dogmatique, qui donne à entendre combien il serait dangereux qu'il en fut autrement.

Montesquieu, complettant la doctrine d'Aristote son maître, soumet la morale et la justice aux climats, aux gouvernements, aux préjugés, aux habitudes; au lieu de soumettre l'action des climats, des gouvernements, des préjugés, des habitudes, aux imprescriptibles lois de la justice. C'est dans toutes ces sortes de faits qu'il cherche l'esprit des lois, comme il est facile de le voir à la seule inspection de quelques titres de son ouvrage :

On sait que le IV° livre de l'*Esprit des lois* est intitulé : *Que les lois de l'éducation doivent être relatives aux principes de chaque gouvernement*, et que le premier chapitre commence ainsi : « Les lois de l'éducation sont différentes dans chaque espèce de gouvernement, etc. »

Le V° livre est intitulé : *Que les lois que le législateur donne doivent être relatives au principe du gouvernement.* Ce devrait être le contraire. — Condescendance de la morale dans l'éducation en faveur des principes du gouvernement, et condescendance des lois et de la législation en faveur des principes du gouvernement.

Dans les livres suivants qui traitent *Des lois dans leurs rapports avec la force défensive* (livre IX); *Avec la force offensive* (livre X); *Des lois qui forment la liberté politique dans ses rapports avec la constitution* (livres XI et XII) il y a la même observation à faire.

Le XIV° livre est intitulé : *Des lois dans le rapport qu'elles ont avec la nature du climat.* — Condescendance de la morale et de la législation en faveur de la nature du climat. L'idée générale de ce XIV° livre est ainsi exprimée et forme la matière du 1ᵉʳ chapitre : « Si le caractère de l'esprit et les passions du cœur sont extrêmement différents dans les divers climats, les lois doivent être relatives et à la différence de ces passions, et à la différence de ces caractères. » Les dernières lignes de ce livre sont celles-ci : « Les Indiens donnent aisément la liberté à leurs esclaves, ils les marient, ils les traitent comme leurs enfants : *heureux climat qui fait naître la candeur des mœurs et produit la douceur des lois !* »

Le XV° livre est intitulé: *Comment les lois de l'esclavage civil ont du rapport avec la nature du climat.*

— Condescendance de la morale et des lois sociales en faveur du despotisme.

Le XVI⁰ livre est intitulé : *Comment les lois de l'esclavage domestique ont du rapport avec la nature du climat.* — Condescendance de la morale en faveur de l'esclavage par rapport à la nature du climat.

Dans le chapitre vi, intitulé : *Véritable origine du droit de l'esclavage*, nous lisons : « Il est temps de chercher la vraie origine du droit de l'esclavage. *Il doit être fondé sur la nature des choses.* Dans tout gouvernement despotique on a une grande facilité à se vendre. Les Moscovites se vendent très aisément; j'en sais bien la raison, c'est que leur liberté ne vaut rien. A Achim tout le monde cherche à se vendre. Dans ces états les hommes libres, trop faibles contre le gouvernement, cherchent à devenir les esclaves de ceux qui les tyrannisent : *c'est là l'orige juste, et conforme à la raison, de ce droit d'esclavage très doux* que l'on trouve dans quelques pays; il est doux, parce qu'il est fondé sur le choix libre qu'un homme, pour son utilité, se fait d'un maître, ce qui forme une convention réciproque. Voici une autre origine du droit de l'esclavage, et même de cet esclavage cruel que l'on voit parmi les hommes : il y a des pays où la chaleur énerve le corps et affaiblit si fort le courage que les hommes ne sont portés à un devoir pénible que par la crainte d'un châtiment.... Il faut donc borner la servitude naturelle à de certains pays particuliers de la terre; dans tous les autres il me semble que, quelque pénibles que soient les travaux que la société y exige, on peut tout faire avec des hommes libres. »

Dans le chapitre 1ᵉʳ du XVI⁰ livre : « J'appelle proprement la servitude domestique celle où sont les femmes dans quelques pays. Les femmes sont nubiles dans les pays chauds à huit, neuf et dix ans, elles sont vieilles à vingt. Quant la beauté demande l'empire, la raison le fait refuser; les femmes doivent être dans la dépendance. *Il est donc très simple* que, dans les pays où il y a dans les deux sexes une inégalité naturelle, *un homme, lorsque quelque loi ne s'y oppose pas, quitte sa femme pour en prendre une autre*, et que la polygamie s'y introduise. Dans les pays tempérés, où les agréments des femmes se conservent mieux, où la vieillesse de leur mari suit, en quelque façon, la leur, il a dû nécessairement s'établir une espèce d'égalité dans les deux sexes, et par conséquent la loi d'une seule femme. Ainsi la loi qui ne permet qu'une femme est conforme au physique du climat de l'Europe, et non au physique du climat de l'Asie. »

Morale! loi de l'homme, où es-tu?

Le chapitre iv est intitulé : *Que la loi de la polygamie est une affaire de calcul*, suivant qu'il naît plus de garçons que de filles, ou plus de filles que de garçons. Cela veut dire, seulement, que la pluralité des femmes ou même la pluralité des hommes est plus conforme à la Nature dans de certains pays que dans d'autres. »

On lit dans le chapitre viii du même livre : « La séparation des femmes d'avec les hommes est une conséquence de la polygamie; il y a de tels climats où le physique a une telle force que la morale n'y peut presque rien; dans ces pays, au lieu de préceptes, il faut des verroux! »

Le chapitre ix est intitulé : *Liaison du gouvernement*

domestique avec la politique. « Dans une république la condition des citoyens est égale, douce, modérée; l'empire sur les femmes n'y pourrait pas être si bien exercé; et lorsque le climat a demandé cet empire, le gouvernement d'un seul a été le plus convenable. »

Chapitre XI : « Ce n'est pas seulement la pluralité des femmes qui exige la clôture dans certains lieux d'Orient; c'est le climat. Ceux qui liront les horreurs que la liberté des femmes fait faire à Goa et dans les établissements des Portugais dans les Indes, où la religion ne permet qu'une femme, verront bien qu'il est souvent aussi nécessaire de les séparer des hommes lorsqu'on n'en a qu'une que quand on en a plusieurs. *C'est le climat qui doit décider des choses.* Que servirait d'enfermer les femmes dans nos pays du nord, où leurs mœurs sont naturellement bonnes ? Il est heureux de vivre dans ces climats qui permettent qu'on se communique, où le sexe, etc., etc. »

Le livre XVII est intitulé : *De la servitude politique*, et le chapitre 1er se compose de ces trois lignes : « La servitude politique ne dépend pas moins de la nature du climat que la civile et la domestique, comme on va le voir. » Il doit être désespérant pour les habitants de ces pays qu'un climat aussi désavantageux leur soit échu !

Chapitre II : *Différence des peuples par rapport au courage*. « Il ne faut donc pas être étonné que la lâcheté des peuples des climats chauds les ait, presque toujours, rendus esclaves, et que le courage des peuples des climats froids les ait maintenus libres. C'est un effet qui dérive de sa cause naturelle. »

Chapitre III : « L'Asie n'a point proprement de zones tempérées, et les lieux situés dans un climat très froid y touchent immédiatement ceux qui sont dans un climat très chaud. De là il suit qu'en Asie les nations sont opposées du fort au faible; les peuples guerriers et braves touchent immédiatement les peuples efféminés et timides : *il faut donc que l'un soit conquis et l'autre conquérant.* En Europe, au contraire, la *zone tempérée* est très étendue; les nations sont opposées du fort au fort. *C'est la grande raison de la liberté de l'Europe et de la servitude de l'Asie;* cause que je ne sache pas que l'on ait encore remarquée. » Non, certes, heureusement !

Chapitre V : « Les Goths conquérant l'empire romain fondèrent partout la monarchie et la liberté. La Scandinavie a une grande prérogative qui doit mettre les nations qui l'habitent au dessus de tous les peuples du monde : c'est qu'elles ont été la ressource de la liberté de l'Europe, c'est-à-dire de presque toute celle qui est aujourd'hui parmi les hommes. Le Goth *Jornandez* a appelé le nord de l'Europe *officinam generis humani;* je l'appellerai plutôt la fabrique des instruments qui brisent les fers forgés au midi. »

Le chapitre VI a pour titre : *Nouvelle cause physique de la servitude de l'Asie et de la liberté de l'Europe.* « En Asie on a toujours vu de grands empires : c'est que l'Asie que nous connaissons a de plus grandes plaines, et comme elle est plus au midi, les sources y sont plus aisément taries, et les fleuves moins grossis y forment de moindres barrières. La puissance doit donc être toujours despotique en Asie, car si la servitude n'y était pas extrême, il se ferait d'abord un partage que la nature du pays ne peut pas souffrir. » Les nations sont donc des troupeaux à l'engrais? puisque l'on mesure l'étendue de leurs devoirs et de leurs droits sur la grandeur du territoire et sur l'état de la température?

Dans le chapitre suivant, Montesquieu applique sa théorie aux peuples de l'Amérique pour juger de leur destinée future : « Voilà ce que je puis dire sur l'Asie et sur l'Europe. L'Afrique est dans un climat pareil à celui du midi de l'Asie, et elle est dans une même servitude; l'Amérique ne peut guère aujourd'hui montrer son propre génie, et ce que nous savons de son ancienne histoire est très conforme à nos principes. »

Le livre XVIII est intitulé : *Des lois dans les rapports qu'elles ont avec la nature du terrain.* Le chapitre 1ᵉʳ : *Comment la nature du terrain influe sur les lois.* Il commence ainsi : « La bonté des terres d'un pays y établit naturellement la dépendance. Les pays fertiles sont des plaines où l'on se soumet au plus fort, et quand on lui est soumis, l'esprit de liberté n'y saurait revenir, etc. » A ce compte, les peuples de l'Europe devraient s'effrayer des progrès que font chez eux l'industrie et l'agriculture.

Le chapitre xiv est intitulé : *De l'état politique des peuples qui ne cultivent point les terres.* Il commence ainsi : « Ces peuples jouissent d'une grande liberté, car, ne cultivant point les terres, ils n'y sont point attachés; ils sont errants, vagabonds. Si un chef voulait leur ôter leur liberté, ils se retireraient d'abord dans les bois pour y vivre avec leur famille. Chez ces peuples, la liberté de l'homme est si grande qu'elle entraîne nécessairement celle du citoyen. »

Rousseau, qui professait des sentiments distingués sur la nature humaine, se laisse aller aux mêmes idées que l'auteur de *l'Esprit des lois;* il dit, au chapitre viii de son IIIe livre, intitulé : *Toute forme de gouvernement n'est pas propre à tout pays,* « que la liberté n'est pas un fruit de tous les climats. Plus on médite ce principe établi par Montesquieu, plus on en sent la vérité. Les lieux ingrats et stériles, où le produit ne vaut pas le travail, doivent rester incultes et peuplés de sauvages; les lieux où le travail des hommes ne rend exactement que le nécessaire doivent être habités par des peuples barbares; les lieux où l'excès du produit sur le travail est médiocre conviennent aux peuples libres; ceux où le terroir fertile donne beaucoup de fruits veulent être gouvernés monarchiquement. Quand tout le Midi serait couvert de républiques et tout le Nord d'états despotiques, il n'en serait pas moins vrai que, par l'effet du climat, le despotisme convient aux pays chauds, la barbarie aux pays froids, et la bonne politique aux régions intermédiaires, etc. »

Il faut croire que le despotisme et la barbarie ne conviennent à aucun climat. Les hommes ne tirent pas, comme les plantes, leur nature du terroir. Quand ils se reconnaissent comme frères, semblables en devoirs et en droits, c'est qu'ils vont prendre plus haut leur origine. Il ne s'agit pas de regarder dans le passé si le Nord a eu plus de républiques, le Midi plus de despotismes, mais s'il est des raisons pour qu'il en soit ainsi à l'avenir. Au lieu de dire que les pays stériles doivent être préférablement habités par les sauvages, et que les pays productifs conviennent aux peuples libres, il faudrait voir si les premiers ne sont pas stériles précisément parce qu'ils sont habités par des sauvages, et les seconds abondants parce qu'ils le sont par des hommes libres. Il est vrai que, du temps de Rousseau, on ignorait les premiers principes de l'économie politique; la découverte d'Adam Smith n'était point encore connue. Mais achevons cet examen :

Le XIX⁰ livre de *l'Esprit des lois* est intitulé : *Des lois dans leurs rapports avec les principes qui forment les mœurs, l'esprit général et les manières d'une nation.* Le chapitre v de ce livre a pour titre : *Combien il faut être attentif à ne point changer l'esprit général d'une nation.* Plusieurs choses gouvernent les hommes, le climat, la religion, les lois, les gouvernements, les mœurs et les manières. La nature et le climat dominent presque seuls chez les sauvages; les manières gouvernent les Chinois; les mœurs donnaient le ton dans Lacédémone; les maximes du gouvernement le donnaient dans Rome. On pourrait contenir les femmes, faire des lois pour corriger leurs mœurs et borner leur luxe; mais qui sait si l'on n'y perdrait pas un certain goût qui serait la source des richesses de la nation et une politesse qui attire chez elle les étrangers ? C'est au législateur à suivre l'esprit de la nation, lorsqu'il n'est pas contraire aux principes du gouvernement. »

Le chapitre suivant est intitulé : *Qu'il ne faut pas tout corriger*, et commence par cette belle maxime : « Qu'on nous laisse comme nous sommes; la nature répare tout. »

Au lieu de considérer la morale et la législation comme ce qu'il y a d'invariable : la morale, qui indique le but que doivent atteindre, et la législation, qui indique les moyens que doivent suivre les individus et les peuples; au lieu de poser inébranlablement les principes de l'une et les prescriptions de l'autre, afin que les gouvernements et les hommes s'y conforment malgré les passions que favorise le climat, Montesquieu prétend, au nom de l'expérience, que la morale et les lois doivent se conformer aux gouvernements et aux climats! ce sont là les deux faits suprêmes qui doivent être religieusement acceptées!

Ce n'est point que Montesquieu ne veuille placer dans son esprit la morale et la législation au dessus de toutes les autres considérations sociales; mais il regarde l'action des climats et l'action des gouvernements sur les peuples comme deux faits nécessaires, invincibles, qui ne peuvent être évités, et à l'empire desquels la Société est fatalement soumise. Montesquieu est la victime de sa propre méthode. L'empirisme le contraint de renfermer ainsi l'humanité dans une double boîte de fatalité: la force de la nature et la force des gouvernements. Il est surprenant qu'un esprit aussi ferme n'ait pas eu le courage de briser lui-même son erreur. Allons jusqu'au bout.

Si les mœurs et les lois doivent se conformer aux climats et aux gouvernements, les croyances, qui sont la source des mœurs et des lois, devront à plus forte raison se soumettre aux climats et aux gouvernements. Comment Montesquieu aurait-il pu échapper à cette nouvelle erreur, qui ressort si naturellement de la première? En effet, si la législation est l'expression des rapports qui doivent exister entre les hommes en Société, qu'est-ce que la religion, sinon l'expression des rapports qui existent entre l'Être nécessaire, qui possède l'existence par lui-même, et l'être conditionnel, qui reçoit, au contraire, l'existence qu'il ne possède point par lui même ? D'une part, l'Être essentiel communique, d'après une loi invariable, l'existence à l'être conditionnel; et d'une autre, l'être conditionnel aspire la vie que lui envoie l'Être essentiel. Si ces rapports étaient intervertis, l'existence de la créature serait interrompue; en sorte que la religion, qui est l'expression de ces rapports, est invariable. Les rapports de création qui sont établis entre l'Être essentiel et l'être conditionnel doivent être invariables, à plus forte raison encore que les rapports de conservation qui doivent exister entre les êtres sociaux.

Montesquieu, qui n'a point vu la bévue qu'il y avait à soumettre la législation aux climats et aux gouvernements, peut-il voir celle qu'il y a à y soumettre la religion ? Aussi lisons-nous au chapitre 1ᵉʳ du XXIVᵉ livre :

« Comme on peut juger parmi les ténèbres celles qui sont les moins épaisses, ainsi l'on peut chercher entre les religions fausses celles qui sont les plus conformes au bien de la Société. Je n'examinerai donc les diverses religions du monde que par rapport au bien que l'on en tire dans l'état civil. »

Chapitre v : *Que la religion catholique convient mieux à une monarchie, et la protestante s'accommode mieux d'une république.* « Lorsqu'une religion naît et se forme dans un état, elle suit ordinairement le plan du gouvernement où elle est établie. »

Chapitre xv : *Comment les lois civiles corrigent quelquefois les fausses religions.*

Chapitre xix : « Les dogmes les plus vrais et les plus saints peuvent avoir de très mauvaises conséquences, lorsqu'on ne les lie pas avec les principes de la Société ; et au contraire, les dogmes les plus faux en peuvent avoir d'admirables, lorsque, etc. » A-t-on pu penser, écrire, imprimer une pareille bévue !

Chapitre xxiv : *Des lois de religions locales.* « Quand Montésuma s'obstinait tant à dire que la religion des Espagnols était bonne pour leur pays, et celle du Mexique pour le sien, il ne disait pas une absurdité, parce qu'en effet le législateur, etc...... L'opinion de la métempsychose est faite pour les climats des Indes ; on n'y peut nourrir que très peu de bétail, les bœufs ne s'y multiplient que médiocrement : une loi de religion qui les conserve est donc très convenable à la police du pays, etc...... Les continuelles lotions sont très en usage dans les climats chauds, cela fait que la loi mahométane et la religion indienne les ordonnent. C'est un acte très méritoire aux Indes de prier Dieu dans l'eau courante ; mais comment exécuter ces choses dans d'autres climats ?...... Lorsque la religion fondée sur le climat a trop choqué le climat d'un autre pays, elle en a été chassée. Il semble, humainement parlant, que ce soit le climat qui a prescrit des bornes à la religion chrétienne et à la religion mahométane. Il suit de là qu'il est presque toujours convenable qu'une religion ait des dogmes particuliers, etc. « O profondeur des dogmes de l'empirisme !

Chapitre xxv : *Inconvénient du transport d'une reli-*

gion d'un pays à un autre. « Il y a très souvent beaucoup d'inconvénients à transporter une religion d'un pays dans un autre. Le cochon, dit M. de Boulainvilliers, doit être très rare en Arabie, où il n'y a presque point de bois.... Je ferai ici une réflexion. Sanctorius a observé que la chair de cochon se transpire peu, et que même cette nourriture empêche beaucoup la transpiration des autres aliments »..........

Viennent une multitude de raisons semblables qui exigent, selon Montesquieu, que la religion, qui renferme l'expression des rapports *immuables* de l'Être incréé et de l'être créé, *varie* dans ses dogmes pour les conformer à la nature du climat et du bétail ! Dans les sciences physiques, il y a cela d'heureux que jamais les chimistes et les mathématiciens n'ont pensé que les lois d'affinité, qui règlent les rapports des molécules, et les axiômes, qui règlent ceux des nombres, dussent être soumis aux climats et aux gouvernements !

Il ne faut pas croire que cette pensée de Montesquieu ait été perdue, un empirique de nos jours l'a retrouvée. Montesquieu a pu énumérer tous *ses graves motifs* pour que l'expression des rapports immuables qui existent entre l'Être incréé et la créature doive varier selon les climats et les gouvernements ; mais il n'a pas exprimé sa pensée avec la netteté suivante: « La civilisation marche sur le globe terrestre de l'orient à l'occident ; à chaque station elle adopte d'autres croyances, d'autres lois, d'autres usages, une autre langue, un autre costume. » (D'après ce système, l'homme doit changer de croyances comme d'habits, selon la température !) « A chaque fois les grandes questions des rapports de l'homme avec Dieu et avec ses semblables, qui avaient reçu une solution précédemment, ont été remises en discussion, et la civilisation, rentrant en marche, est allée leur donner une solution nouvelle, un peu plus loin vers l'Occident (1). »

L'homme, en changeant de place sur le globe, changerait aussi de rapports avec Dieu et avec la Société? Il est vrai qu'en passant de l'orient à l'occident, l'homme change la colonne d'air qui pèse sur sa tête!...

« Le simple bon sens, a dit Condorcet, avait appris aux habitants des colonies britanniques que les Anglais, nés au delà de l'Océan Atlantique, avaient reçu de la nature précisément les mêmes droits que d'autres Anglais nés sous le méridien de Greenwich, et qu'une différence de soixante-dix degrés de longitude n'avait pu les changer. » Tout rapport entre deux êtres dérive de leur nature; or, premièrement Dieu est un et immuable, secondement la nature humaine est tellement une, tellement la même, *qu'une différence de soixante-dix degrés de longitude ne peut la changer;* comment le simple bon sens n'indiquait-il pas aussi qu'il y a conséquemment entre Dieu et l'homme des rapports immuables, uns et toujours les mêmes, des rapports qui ne peuvent pas plus varier que la nature de Dieu et que la nature de l'homme?....

Nous voyons maintenant jusqu'à quel point de grands esprits peuvent être conduits par cette malheureuse introduction de l'empirisme dans les sciences morales! Nous voulons encore examiner séparément Aristote et Montesquieu. Quant à Machiavel, ses idées sont tellement discréditées qu'il est inutile de s'y arrêter.

(1) M******, conseiller d'État.

Eh bien! pour nous donner cette doctrine, Montesquieu, Machiavel et Aristote, n'eurent besoin que d'une chose: l'introduction de l'empirisme dans le monde moral, en subordonnant la raison à l'expérience.

—

Sommaire —La méthode expérimentale est la source de toutes les erreurs du traité de Politique d'Aristote.—Aristote a cru que la morale reposait sur le même fondement que la physique.—Principes que l'expérience a fourni à Aristote : — « La société a pour but l'utilité, et l'utilité nécessite les esclaves.—La conservation des êtres a pour condition la famille, et la famille repose sur la servitude. — L'économie politique a pour objet la propriété, et la propriété a sa source dans le vol.—La nature a pourvu à tout en créant des hommes pour commander, et d'autres pour qui il est utile et juste de demeurer dans l'esclavage.» —Pour obtenir tous ces principes, Aristote n'eut besoin que de substituer l'expérience à la raison.

La méthode expérimentale est le secret du livre de Machiavel. —Principes que lui a fourni l'expérience : « Laisser ce qui se fait pour ce qui devrait se faire, c'est chercher sa perte.—Il est louable de bien faire, mais il n'y fait pas toujours bon. — Il faut exterminer les familles dans le cas d'usurpation, preuves historiques. — Le meilleur moyen de conserver les provinces conquises c'est de les ruiner, preuves historiques.—César Borgia doit être proposé comme modèle à tous les princes, preuves historiques. — Il faut faire toutes ses cruautés à la fois, mais dispenser ses bienfaits peu à peu, preuves historiques. — Les bonnes lois ne sont rien sans les bonnes armes, preuves historiques. — Il ne faut donner que l'argent qui n'est pas à soi, preuves historiques. — Pour un prince il est plus sûr d'être craint que d'être aimé, preuves historiques. — Les besoins de l'état obligent de violer la foi jurée, preuves historiques. — Il serait dangereux pour un prince d'avoir de la charité, de l'humanité et de la religion, au lieu qu'il lui est utile de paraître en avoir, preuves historiques, etc. »— Pour obtenir tous ces principes, Machiavel n'eut besoin que de substituer l'expérience à la raison.

La méthode expérimentale est la source de toutes les erreurs de l'*Esprit des lois* de Montesquieu.—Principes que lui a fourni l'expérience : « L'éducation de l'homme doit être soumise à la forme du gouvernement. — La législation doit être soumise au principe du gouvernement. — Les lois doivent être aussi relatives à la nature du climat.—Les lois de l'esclavage civil et domestique dérivent de la nature du climat. — Origine du droit de l'esclavage ; il est fondé sur la nature des choses. —Il est très simple, lorsque le climat l'exige, qu'un homme quitte sa femme pour en prendre une autre. — La loi de la polygamie est une simple affaire de calcul sur la table des naissances. — La servitude politique dépend de la nature du climat comme la civile et la domestique.—La nature du terrain doit influer sur les lois.— Qu'on nous laisse comme nous sommes, la nature répare tout. —Les dogmes les plus saints peuvent produire de très mauvaises conséquences ; les dogmes les plus faux en peuvent avoir d'admirables. — Il doit y avoir autant de sortes de religions que de climats.—Il n'y a de bonne religion que celle qui est fondée sur la nature du climat. »—Pour obtenir tous ces principes, Montesquieu n'eut besoin que de substituer l'expérience à la raison.

CHAPITRE VII.

SUITE DE L'EXAMEN.

DU VÉRITABLE ESPRIT DE LA MORALE ET DE LA POLITIQUE :
RÉFUTATION DE L'IDÉE D'ARISTOTE.

Il ne s'agit plus aujourd'hui de réfuter Aristote : le temps s'en est chargé en détruisant les faits mêmes sur lesquels il se fondait. Il ne s'agit plus d'entrer dans le détail de ses principes ; car, depuis lui, la morale du genre humain s'est tellement élevée qu'elle a eu le temps d'oublier même la victoire qu'elle a, à tout jamais, remportée sur eux. Mais il s'agit de réfuter sa méthode, puisqu'elle dresse encore la tête au milieu du champ de mort de ses idées anéanties ; puisque se glissant aujourd'hui sous une trompeuse forme d'intelligence, elle tenterait de rétablir dans la science moderne tout ce cortège d'erreurs et de violences qui composait le monde ancien.

Il faut débuter en montrant l'empirisme désertant sa propre méthode chaque fois qu'il saisit une vérité. Je veux voir l'empirisme se détruisant lui-même lorsqu'il a besoin de retrouver la vie.

Aristote et ceux qui poursuivent son système nous disent dans des livres qui portent le nom de Traités de Législation : « L'application de l'observation à l'étude de la partie morale de l'homme, a, de même que l'étude de sa partie physique, pour objet de découvrir ses lois générales ; et nous ne pouvons en faire la découverte que par une étude de cet ordre de faits. On se tromperait si l'on s'imaginait que la méthode à laquelle les sciences physiques doivent les progrès qu'elles font ne pouvait pas être employée à la recherche de la vérité dans les sciences morales. Soit qu'on veuille arriver à la connaissance approfondie de la morale, soit qu'on veuille acquérir celle du droit, on n'a jamais à observer que des faits. C'est ici une vérité fondamentale sans laquelle il serait impossible d'aller plus loin. Ainsi, dans l'examen des causes qui ont produit, par exemple, le fait de l'échange, nous ne trouverons que des faits. Dans les faits complexes auxquels nous donnons le nom de vente, de prêt, de dépôt, nous ne trouvons que des faits ; dans les causes qui les ont produits, dans les conséquences qui en auront été la suite, nous ne trouverons que des faits. L'association conjugale, la paternité, la filiation, la tutelle, l'interdiction, ne sont que des faits. Si nous étions les rapports qui ont lieu entre les hommes, entre les hommes et les choses qui leur appartiennent, que nous appelons *propriété*, nous ne trouverons que des faits aussi faciles à être constatés que ceux dont les physiciens s'occupent. Dans l'étude des lois pénales on n'a même à observer que des faits : ainsi un homme frappé par la main de la justice nous dirait que, depuis l'acte que nous nommons *délit* jusqu'à celui que nous appelons *châtiment,* il ne s'est passé qu'une série de faits aussi indubitables que les faits de l'histoire naturelle. » etc.

Nous savons bien qu'on ne sera pas embarrassé de trouver des faits partout où il y en aura. Si les lois de l'humanité se réalisent par des actes ou des faits, ainsi que toutes les lois possibles, l'on trouvera toujours des faits, pourvu qu'on les regarde. Ces faits existent, c'est positif, personne ne les nie; et quand ils seront tous vus, tous constatés, quelle science y aura-t-il de plus? Possédera-t-on la connaissance des lois, morales, sociales, législatives? Ne niera-t-on plus ces lois quand on pourra supputer le nombre de faits ou d'actions humaines auxquels elles se rapportent? Suffit-il d'observer des faits pour les mettre au rang des actes moraux? Car, à côté de tous ces faits, que leur observation a bien soin de choisir, je vois une seconde série de faits qui ont été oubliés. A côté de la propriété, je vois le vol; à côté du dépôt, la dilapidation; à côté du mariage, le concubinage; à côté de la paternité, l'exposition; à côté de la filiation, l'insubordination; à côté de la tutelle, l'abandon; etc.

Le vol, la dilapidation, le concubinage, l'abandon, l'exposition, etc., sont bien également des faits; dans l'examen des causes immédiates qui ont produit ces faits, nous trouverons bien aussi des besoins réciproques; et ces besoins sont bien des faits! Dans les causes qui les ont produits, dans les conséquences qui en auront été la suite, nous ne trouverons que des faits. Ainsi, un homme frappé par le besoin nous dirait que, dès l'instant où la faim l'a saisi jusqu'à celui que nous appelons vol, il ne s'est passé qu'une suite de faits aussi indubitables que ceux dont les physiciens s'occupent. Puisque, de ce que ces faits existent, ils doivent exister ; puisque, de ce que j'ai pris la peine de les observer, ils sont au rang des faits moraux ; puisqu'il suffit que je les classe d'après leurs rapports pour induire leurs lois, de toutes ces lois nous allons faire aussi, de notre côté, un traité de morale et de législation qui arrivera au même degré de certitude que les sciences naturelles, parce que, comme le naturaliste, nous nous serons attaché exclusivement à suivre l'observation !

Pour être plus fidèle encore, nous ferons entrer dans le cercle de notre analyse et tous les temps et tous les lieux ; nous supputerons le nombre des crimes qui ont eu lieu et qui ont encore lieu chez les peuples barbares, puis chez les hordes sauvages ; car enfin ce sont là des faits, puisqu'il ne faut que des faits susceptibles d'être observés, constatés, supputés. Et je soutiens qu'en nous en tenant aux peuples *policés* de l'antiquité, on recueillerait un nombre de ces faits dix fois plus grand que le nombre des faits que l'empirisme a choisis comme matière expérimentale.

En réunissant les actes des peuples barbares et des peuples de l'antiquité, le vol, le concubinage, l'exposition, l'injustice, l'homicide, offrent des faits plus répétés et plus constants, que les actes de restitution, de fidélité conjugale, de justice, de charité : donc la science qui comprendra les premiers sera basée sur les faits les plus importants, et la législation de ceux qui ne font entrer dans leur analyse que ces derniers phénomènes, c'est-à-dire les moins constants, est jugée incomplète et fausse par-devant leurs propres principes.

On nous établit qu'en morale les faits les plus importants sont toujours les plus constants, nous faisons notre expérimentation sur les faits les plus constants, et de suite la législation du mal nous apparaît! Pourquoi l'empirisme est-il obligé d'abandonner ses principes, de déserter sa propre méthode, qui lui fait un devoir de ne prendre pour base légitime d'induction nomologique que les faits les plus constants et les plus universels?

Or, entre deux espèces de faits produits par les agents moraux, n'est-ce pas une apostasie à la méthode expérimentale que d'avoir choisi la série des faits les moins nombreux? Pourquoi cette préférence? quelle est la raison de ce choix? ce n'est donc plus l'universalité et l'évidence d'un phénomène qui font sa certitude? On ne dit donc plus: Voilà un fait réel, un fait à observer, à analyser, à classer, de cela seul qu'il existe, de cela seul qu'il a fait apparition dans le monde phénoménique? Il y a donc par conséquent des faits dont la valeur objective, réelle, est indélébile; et des faits qui, malgré leur apparition au milieu des faits indélébiles, doués comme eux des mêmes attributs physiques, de la même certitude phénoménique, ne méritent pas d'être regardés comme de véritables faits par l'observation scientifique?

Alors, il y a donc un sens spécial pour distinguer, au milieu d'une semblable apparition phénoménique, le fait indélébile, du fait qui doit être négligé? Et ce sens doit donc juger, au premier abord, le fait produit par la loi du fait produit en dehors de la loi? Pour distinguer au premier abord le fait légitime du fait illégitime, il faut donc que ce sens porte en lui la loi, le mètre, la règle avec laquelle le fait sera confronté? Or, ce sens n'est-il pas ce qu'on appelle la conscience? Pourquoi l'expérimentalisme choisit-il ses faits au moyen de la conscience? Je m'en plains au nom de la méthode qu'il s'est imposée. Les faits ne veulent point de raisonnement ; nous sommes obligés de les prendre tel qu'ils sont, et autant qu'ils sont. Est-ce que dans les sciences naturelles l'expérimentalisme a besoin de la conscience pour apprécier et choisir les faits? Est-ce que les sens ne suffisent pas? Est-ce que la conscience a le droit de dire aux sens, lorsqu'ils sont frappés par un phénomène, que ce phénomène ne mérite pas d'exister, qu'il n'a pas droit d'être recueilli par l'observation et d'être introduit par la classification scientifique?

L'expérimentalisme se quitte donc un instant pour suivre la conscience, qui est la faculté de juger ce qui est bien et ce qui est mal? Eh! bien, dans cet instant il a évité son piége, et s'est trouvé sur le terrain où la méthode rationelle l'aurait naturellement placé.

Pour se mettre dans le vrai, l'expérimentalisme s'est donc séparé de sa propre méthode? Il a donc considéré les faits avec un autre organe que celui des sens, pour choisir sa matière expérimentale parmi deux séries de faits où les sens n'auraient point vu de différence? Il a donc distingué les actions bonnes des actions mauvaises, les actions justes des actions injustes? Il a donc fait cette distinction au moyen de la loi morale du juste et de l'injuste, avec le sens moral du bien et du mal? Il possédait donc la connaissance de cette loi du juste et de l'injuste avant de posséder celle des faits? Il est donc allé des lois du juste, qui lui étaient connues, à la reconnaissance et à la distinction des faits qui étaient conformes à cette loi? La méthode rationelle n'en demande pas davantage.

« Dans ce qu'on appelle le Droit politique, continue la même École, si nous voulons en connaître la cause et les effets, il ne nous sera pas permis de sortir de la réalité, nos observations ne peuvent se porter que sur les faits. » D'où il résulte que, si nous vivons dans une terre d'esclavage, ou, chez un peuple dont les droits politiques soient incomplets, c'est-à-dire, où la Société ne soit pas dans les rapports qu'il doit y avoir entre elle et le pouvoir, *comme il ne nous est pas permis de sortir de la réalité*, que *notre observation ne peut se porter que sur des faits*, nous devons tout simplement nous contenter de les observer, *d'en connaître la cause et les effets*, et nous aurons *ce qu'on appelle le Droit politique*. 1° En connaître la cause, c'est-à-dire savoir que c'est le despotisme du pouvoir, ou l'infériorité de cette société qui produise ces faits. 2° En connaître les effets, c'est-à-dire constater la disparition des droits naturels, et par conséquent la violation, le dépérissement et la dégradation de l'homme... Puis l'espèce humaine se consolera en voyant ainsi expliquer la science de ses misères ?

« Les hommes qui s'occupent des sciences morales, continue l'expérimentalisme, n'ont pas à démontrer que les phénomènes dérivent tous d'un principe unique, et à expliquer la nature de ce principe ; il y a pour eux, comme pour les naturalistes, des causes inexplicables, et dont la nature nous sera toujours cachée. » Il ne faudrait cependant pas que, pour le plaisir d'augmenter la ressemblance entre les sciences morales et les sciences physiques, on fut obligé d'introduire dans les premières des lacunes dont elles ne se plaignent pas.

La science morale, contrairement au but qu'on lui assigne ici, a précisément à *démontrer toutes les conséquences qui dérivent de son principe unique, et à en expliquer la nature.* Elle a précisément à établir qu'il n'y a qu'un principe unique et éternel, dont toutes les conséquences, applicables à tous les faits produits par les agents moraux, doivent dériver; et que ce principe est la justice. Les naturalistes peuvent avouer qu'il y a pour eux des causes inexplicables, dont la nature leur sera toujours cachée; mais le moraliste ne peut se rendre coupable d'un déni de justice. Le moraliste ne peut dire qu'il y a des conséquences qui ne dérivent pas de ce principe éternel; qu'il y a des faits humains inappréciables et dont la nature nous sera toujours cachée: car le moyen, s'il vous plaît, de soutenir qu'il y a des actions qui ne soient ni justes ni injustes! Toute action n'est-elle pas nécessairement bonne ou mauvaise, à quelque degré, d'ailleurs, qu'elle le soit?

L'expérimentalisme fait ses définitions de la manière suivante: « La science de la législation a pour objet la connaissance des rapports naturels *qui existent*, soit entre les divers membres dont chaque société se compose, soit entre les hommes et les choses destinées à pourvoir à leur conservation. »

Si, comme il est vrai, la Société doit renfermer les rapports naturels entre ses divers membres, ainsi que les rapports entre les hommes et les choses, dans quelle société faudra-t-il se placer afin qu'en observant les rapports qu'il y a entre les hommes, on possède réellement les rapports naturels que la science de la législation a pour objet d'étudier? Si la législation a pour objet non pas les rapports qui *doivent exister* entre les hommes, mais les rapports *qui existent;* au milieu de sociétés si diverses et de civilisations si variées, il faut absolument chercher quelle est la Société naturelle, c'est-à-dire celle qui se compose des rapports véritables qui doivent exister entre les hommes. Car, comme il ne peut y en avoir qu'une qui renferme ces rapports vrais ou naturels, si l'on prenait toute autre société pour matière expérimentale, la législation qui résulterait de cette étude renfermerait des rapports faux ou anti-naturels? Ici revient l'embarras déjà signalé : se placera-t-on chez les peuples modernes, se placera-t-on chez les peuples de l'antiquité? Si l'on se place chez les peuples modernes, ce sera donc en vertu d'un choix ; on fera donc intervenir une autre observation que celle des sens ? Si non, il faudra recourir aux rapports les plus constants, c'est-à-dire à l'esclavage, au concubinage et au brigandage, pour l'antiquité; au servage, à la torture et à l'ignorance, pour le moyen-âge ; etc., etc.

Cependant l'empirisme reconnaît qu'il existe une innombrable variété de faits résultant de la perfectibilité de l'espèce humaine ; il le dit même dans ces termes. Comme la perfectibilité d'un être signifie que cet être s'élève, par une suite de degrés, jusqu'au point où il est donné à sa nature d'atteindre, dire que de cette innombrable variété de degrés résulte une innombrable variété de faits, dont le second ne ressemble plus au premier, c'est avouer qu'il n'a existé jusqu'à présent que des actes imparfaits, et que seulement, un jour à venir, il y aura des actes parfaits, ou pleinement conformes à leur loi.

Or, le progrès de cet être vers sa perfection, n'étant

qu'un progrès vers l'accomplissement de sa loi, dire que l'homme est perfectible, c'est dire qu'il tend à l'accomplissement de sa loi; et dire qu'il tend à l'accomplissement de sa loi, c'est dire qu'il ne l'accomplit pas encore. Si l'homme, par ses actes, n'accomplit pas encore sa loi, ces mêmes actes ne pourront donc pas conduire à l'induction de la loi de l'homme? Or, qu'est-ce que la législation, sinon l'ensemble des prescriptions légales qui doivent diriger les actes, c'est-à-dire la conduite de l'homme? Alors que sera-ce qu'une législation qui renfermera la prescription des actes qui ne doivent point résulter de la loi de l'homme?

Les naturalistes, disent-ils, s'attachent exclusivement à suivre l'observation. C'est que les naturalistes étudient une chose *parfaite*, c'est-à-dire une chose achevée qui obéit à ses lois, et non pas une chose *perfectible*, c'est-à-dire qui tend à devenir parfaite ou à obéir à ses lois.

Enfin l'expérimentalisme a la naïveté de dire : « Les sciences morales diffèrent des autres par la nature des faits qui en sont l'objet, mais elles ne peuvent en différer par la méthode. » Il nous semble que, préalablement à tout autre examen, l'on serait plus naturellement tenté de dire : *Les sciences morales différant des autres par la nature de leur objet, il est clair qu'elles doivent différer par la nature de leur méthode.*

En effet, les sciences morales ne présentent pas la même conformation scientifique que les sciences physiques. 1° Elles ont pour objet deux réalités différentes; 2° ces deux réalités s'offrent à l'esprit humain d'une manière tout opposée. Conséquemment, l'esprit humain est obligé d'aborder l'une d'une manière et l'autre de l'autre ; c'est-à-dire de suivre une méthode analogue à la situation où il se trouve par rapport à ces deux sortes de réalités.

Comme c'est sur ce point, la nature de la science, que roule toute l'erreur, nous nous y arrêterons encore un instant.

Quel est le but d'une science quelle qu'elle soit, sinon de découvrir la loi des êtres qui en sont l'objet ? L'ensemble des faits dont une science est pleine, qu'est-il autre chose que le moyen dont on s'est servi pour faire l'induction de leurs lois ? On garde les faits, lors même qu'ils ont déjà servi, pour être toujours prêt à prouver de nouveau que la loi que l'on en a induite est véritable, c'est-à-dire qu'elle est la seule conception explicative de tous ces faits, et conserver par là un moyen aussi excellent qu'infaillible d'enseigner la science. Mais les faits en eux-mêmes, quelle autre valeur ont-ils que de conduire à la découverte de leur loi ?

De simples faits ne composent pas une science ; si, comme avec le regard de Dieu, l'on pouvait, par une intuition immédiate de la réalité, connaître les lois du monde sans y arriver par le moyen de ses phénomènes, on se soucierait peu de les compiler si laborieusement. Si en médecine, par exemple, on venait à reconnaître que telle substance a la propriété de produire inévitablement sur l'organisme tel phénomène, on n'aurait plus besoin de continuer, comme par le passé, la collection de tous les faits qui pourraient prouver la vérité d'une loi devenue évidente. La science les abandonne alors à cette espèce d'érudition qui, étudiant les faits pour les faits, prend l'instinct de la curiosité pour l'amour de la vérité.

Si le but de la science était d'arriver à la connaissance des faits, à parler rigoureusement, il ne pourrait pas y avoir de sciences morales, en conservant à ce mot de *science* la signification qu'on lui donnerait dans cette hypothèse.

S'il fallait donner exclusivement le nom de science au procédé par lequel, connaissant premièrement tous les phénomènes d'un être, on cherche ensuite la loi qui les a produits; quel nom donner à l'étude d'un être dont on connait premièrement la loi, et dont il faut ensuite chercher à déduire tous les actes qu'elle régit. Voilà certainement deux manières de procéder bien différentes; l'esprit humain est obligé de les accepter.

Ainsi, ce n'est pas la nature qui se présente à nous comme substance et comme lois, puisqu'elle ne nous fait voir que ses phénomènes, c'est-à-dire ce qui recouvre sa substance et ses lois. La science de la nature se divise donc selon l'ordre suivant : 1° l'observation de ses phénomènes, 2° l'induction des lois qui les régissent. De sorte que toute science de la nature est composée, d'abord de la partie expérimentale indispensable, sur laquelle on fait l'induction, ensuite de la partie théorétique qui est le but de celle-ci. Le monde physique ne présentant que ses phénomènes, la science du monde physique doit nécessairement commencer par la partie expérimentale qui recueille les phénomènes, et se terminer par la partie nomologique qui les explique, et qui est le but de la science elle-même.

Le monde physique est extérieur à nous; nous sommes bien obligés de le prendre comme il vient. Mais le Monde moral se présente tout autrement : l'homme lui-même est du Monde moral, il en fait partie intégrante. Comme tout être, l'homme possède sa loi, sans quoi il ne saurait exister ; de plus, il est actif contrairement aux êtres de la nature. Aussi, l'être physique reçoit sa loi, et l'être moral la prend pour agir. C'est ce qui fait la différence de ces deux ordres de la création. De plus encore, l'être inerne est brut, il ignore qu'il existe ; il ne sait s'il est une substance, c'est pour lui comme s'il n'était pas. Tandis que l'être actif est spirituel, c'est-à-dire qu'il a conscience de sa vie ; il peut se saisir dans son existence, se sentir dans sa propre substance, puisque c'est sa substance qui se sait et se saisit elle-même.

Ainsi, l'être moral étant premièrement un être actif, c'est-à-dire n'agissant que par lui-même, il en résulte que sa loi ne peut le régir à son insu ; elle ne peut le diriger dans ses actes que d'autant qu'elle s'offre à lui pour s'en faire connaître, afin qu'il la réalise par lui-même.

L'être moral étant secondement un être spirituel, c'est-à-dire ayant conscience de lui-même, il en résulte que rien ne lui est plus immédiat que sa propre substance, qui est la substance du Monde moral, et que par là même qu'il existe, il se saisit, il se connaît dans sa propre substance.

L'être moral se connaît, se sent vivre comme une substance en perspective de sa loi ; or, cette substance et cette loi étant la substance et la loi même du Monde moral, il est clair qu'il y a coexistence entre l'homme et le Monde moral ; il est clair que l'homme, à moins d'ignorer qu'il existe, c'est-à-dire à moins de n'être plus homme, ne peut pas ne pas connaître immédiatement le Monde moral et le saisir dans sa loi, puisque lui-même est du Monde moral, puisque sa propre conscience est cette loi.

Ainsi, la première chose dont l'homme a connaissance dans le Monde moral, c'est de sa substance et de sa loi. Logiquement parlant, il connaît la substance morale avant le phénomène; logiquement et chronologiquement parlant, il porte en lui la loi du Monde moral avant de s'être surpris à l'exécuter, c'est-à-dire avant d'en connaître les phénomènes. Aussitôt que l'homme existe il agit, c'est-à-dire qu'il néglige ou qu'il réalise sa loi; il n'attend pas pour cela d'avoir achevé l'analyse de toutes les actions des hommes, (comme ferait l'empirisme), pour arriver à l'induction des lois qu'il ne connaît pas. Il possède sa loi morale, puisque c'est un des éléments de son être spirituel que la conscience; il possède la substance morale, puisqu'elle compose son être entier. De sorte que, la substance morale et la loi morale existant en lui-même, le Monde moral s'offre nécessairement à lui, comme substance et comme loi, avant de se dérouler comme manifestation et comme phénomène.

L'homme n'a donc pas besoin de passer à travers le phénomène pour arriver jusqu'au Monde moral, comme cela lui est nécessaire lorsqu'il s'agit d'une réalité en dehors de lui, telle que la nature, qu'il appelle proprement le monde *extérieur*.

La position de l'esprit humain vis-à-vis du Monde moral est donc diamétralement opposée à sa position vis-à-vis du monde physique. Or, si la méthode, qui est la condition de la science, est toute dans sa manière de procéder à la recherche de la réalité que cette science a pour objet, il est bien certain que les sciences morales et les sciences physiques, indépendamment de la différence de leur objet, ont pour but deux résultats bien divers, et, pour moyen, doivent avoir deux méthodes bien opposées.

Ainsi, pour le Monde moral, soit par la conscience, qui est une révélation continuelle des lois morales, soit par une révélation primitive de ces mêmes lois, l'homme est en possession de ses lois. Il n'a pas besoin d'éprouver les lois par le moyen des faits : il ne cherche pas les lois, il les possède.

Pour le monde physique, le Créateur, au lieu de donner à l'homme la connaissance des lois, comme pour le Monde moral, lui livre la connaissance des faits. Ici, l'homme est en possession des faits, il n'a pas besoin d'éprouver les faits par le moyen des lois : il ne cherche pas les faits, il les possède. De sorte que,

Dans le Monde moral, l'homme possède les lois : il cherche les faits qu'il faut en déduire.

Dans le monde physique, l'homme possède les faits : il cherche les lois qu'il faut en induire.

Dans le Monde moral on descend des principes, parce qu'ils sont connus, aux conséquences ou aux faits qui sont inconnus.

Dans le monde physique on remonte des conséquences ou des faits parce qu'ils sont connus, aux principes qui sont inconnus.

Ainsi l'on va toujours du connu à l'inconnu, de ce qui s'offre immédiatement à nous à ce qui nous est caché : c'est le mode indispensable de toute science. Aristote l'a lui-même proclamé, pourquoi ne l'a t'il pas appliqué dans ce cas ?

Le connu dans les sciences morales, se sont les principes ou les lois que chacun possède par cela même qu'il possède la conscience ; et chacun possède la conscience par cela même qu'il est homme : il faut donc descendre aux faits que ces lois doivent régir.

Le connu dans les sciences physiques, ce sont les faits que chacun possède par cela même qu'il possède les sens ; et chacun possède les sens par cela même qu'il est homme : il faut donc remonter aux lois par lesquelles ces faits doivent être régis.

Il faut partir du connu en morale, par conséquent des lois de la conscience ; il faut partir du connu en physique, par conséquent des phénomènes des sens.

Établir la méthode rationelle en morale, c'est aller du connu à l'inconnu ; établir la méthode expérimentale en physique, c'est aller du connu à l'inconnu. C'est là ce que le principe de la logique d'Aristote lui commandait à lui-même de faire. Mais appliquer la méthode expérimentale des sciences physiques aux sciences morales, c'est commettre la même absurdité que les rêveurs du moyen-âge qui voulaient appliquer la méthode *a priori* des sciences morales aux sciences physiques ; c'est confesser l'ignorance la plus complète sur le principe fondamental de la logique, c'est vouloir partir de l'inconnu pour aller au connu. C'est là ce qu'Aristote a fait, certainement sans s'en rendre compte.

Dans le premier cas, ceux qui ont interverti le procédé méthodique des sciences morales ont été conduits à la négation du Monde moral, comme les matérialistes : cette erreur porte le nom d'*empirisme*, elle condamne l'homme à la fatalité. Dans le second cas, ceux qui ont interverti le procédé méthodique des sciences physiques ont été conduits à la négation du monde physique, comme les idéalistes : cette erreur est connue sous le nom de *scolastique*, elle condamne l'homme à l'absurdité. Suivre de cette manière deux procédés parfaitement vrais pour arriver de part et d'autre au néant, c'est montrer d'une manière assez éclatante la bévue de ceux qui en ont fait un tel emploi.

Il était cependant bien facile à Aristote lui-même de voir la manière différente dont on procède dans un cabinet de physique, et dont on procède devant les tribunaux.

En physique, lorsqu'on s'est procuré les faits, que l'on a reconnu leurs propriétés, établi leurs analogies et leurs différences, qu'enfin l'on est arrivé à la classification, on s'élève, par le moyen de la généralisation, à l'induction de la conception explicative de ces faits ; et la conception explicative de ces faits, de leurs propriétés, de leurs rapports, en est la loi. Une fois en possession de la loi, on l'éprouve par d'autres expériences, on cherche s'il existe quelques faits qui ne puissent rentrer dans cette conception explicative. S'il s'en rencontre, comme le fait est ici indélébile, ce qu'il y a de connu, de certain de positif, on rejette cette conception comme n'étant pas conforme aux faits, c'est-à-dire, comme n'étant point la *loi physique*.

Devant les tribunaux, on fait exactement le contraire. Ici l'on possède la loi; elle est ce qu'il y a de certain, de connu, de positif. Elle repose sur l'autorité de la tradition du genre humain, sur l'autorité de la raison générale et sur l'autorité de la conscience, comme le phénomène en physique repose sur l'autorité des sens. De plus, elle est reconnue, formulée, écrite par l'autorité de la justice sociale, qui la remet toute prête entre les mains du juge. Alors, devant les tribunaux, on cherche si les faits humains, ou les actions, sont conforme à la loi; s'ils sont contraires à la loi morale, on les rejette comme mauvais, c'est-à-dire, comme n'étant point des *faits moraux*.

Le physicien prend la loi et juge si elle est conforme aux faits, dont il est certain; le juge, au contraire, prend les faits, et juge s'ils sont conformes à la loi, dont il est certain.

Si le juge s'avisait de procéder comme le physicien, de recueillir l'ensemble des faits qu'on lui présente, de prendre les faits les plus constants comme devant être les faits produits par la loi morale, et d'éloigner les faits isolés comme ne pouvant être que des exceptions fortuites de la loi générale. Qu'arriverait-il? que les crimes auraient le droit d'appeler à la barre les actions morales isolées, pour qu'elles aient à se défendre de présenter des exceptions à la loi générale, c'est-à-dire de n'être point conformes aux faits constants et universels, qui ne peuvent manquer d'attester une loi.

Ainsi, dans l'ordre physique, les faits étant donnés, on a pour but d'en reconnaître les lois ; et, dans l'ordre moral, les lois étant données, on a pour but d'en reconnaître les faits. Dans les sciences morales comme dans les sciences physiques, l'on a à employer les mêmes procédés intellectuels, tels que l'observation, la division, la comparaison, l'abstraction, la généralisation, l'induction, mais seulement dans un ordre inverse ; parce que dans celles-ci on remonte à la loi, dans celles-là on en descend.

Le monde physique est un vaste champ dans lequel Dieu a répandu lui-même tous les produits, toutes les ramifications, toutes les conséquences, toutes les applications des lois physiques sur lesquelles il l'a établi ; de sorte que, pour reconnaître ces lois, nous sommes obligés de remonter par toutes ces applications, ces conséquences, ces ramifications, ces produits, à la puissance explicative dont ils ne sont que les diverses réalisations.

Au lieu que, pour le Monde moral, comme Dieu a mis lui-même dans notre propre être la grande loi que les agents moraux doivent réaliser, il faut que nous descendions de cette loi à toutes ses conséquences, à tous ses produits, à toutes ses applications dans toutes les hypothèses possibles, de manière à pouvoir apprécier, au moyen de cette loi morale à laquelle ils doivent être conformes, tous les faits produits par les agents moraux, dans quelque lieu, dans quelque temps, dans quelque cas, dans quelque situation qu'ils puissent être au milieu du Monde moral. Là, de même que dans le monde physique, quel que soit le fait, le cas, le produit, il n'en est pas un qui ne s'explique par l'intervention des lois naturelles.

Et c'est pour nous une obligation de faire la science de notre loi. Car si Dieu nous a chargés de la construction de l'Ordre moral; si, pour que nous accomplissions cette œuvre, il en a mis les lois dans notre propre conscience, notre devoir ne consiste-t-il pas à déduire de ces lois toutes leurs conséquences applicables à tous les rapports, à tous les faits et à tous les cas, pour réaliser ces lois dans toutes les parties du Monde moral? La connaissance de tous les rapports harmoniques de ce monde, est la fin des sciences morales; l'accomplissement de tous ces rapports harmoniques, est le but de tous les êtres moraux…. Nous n'avons donc pas seulement à l'admirer et à en faire la science, comme pour le premier.

Puisqu'Aristote, pour fonder la morale et la politique, voulait étudier les rapports sociaux qui existaient de son temps, il supposait donc que les hommes étaient parvenus à se placer dans les rapports naturels et véritables qui doivent exister entre eux d'après les plans éternels et les vues de perfection de Dieu sur le Monde moral? Il supposait donc que l'humanité avait atteint sa plénitude; qu'en un mot la Société était parfaite, comme la nature, puisqu'elle n'avait plus qu'à s'immobiliser? Sans connaître le bonheur dont Aristote pouvait jouir de son temps, il nous semble qu'il était peu difficile!

N'en est-il pas aussi aujourd'hui qui croient que la Société a atteint ses limites? Ils déterminent complaisamment les lois du passé et du présent, et ils les offrent pour règle à l'humanité. Dans cette formule, ils n'oublient qu'un terme, c'est l'avenir! Si l'homme n'avait pas d'avenir, Dieu le laisserait-il plus longtemps sur la terre? Mais comment comprendraient-ils cela, ils sont sans nul pressentiment de ce qui doit arriver. Qu'ils continuent leur science, qu'ils dictent leurs arrêts : la Société, dans sa marche, a-t-elle seulement pris garde à ce qu'avait enseigné Aristote sur ses destinées?

Vouloir feindre d'ignorer les lois dans les sciences morales, afin d'y arriver par l'observation des faits produits par les agents moraux, ce n'est là qu'un exercice scientifique que l'on peut se permettre dans son cabinet, de même que l'on s'amuse à essayer des preuves inutiles sur un problème mathématique dont la loi est incontestable.

Et, dans tous les cas, chercher si l'ensemble des actes du genre humain peut déjà nous donner une idée pure des lois éternelles qu'il doit accomplir, c'est avoir une trop haute idée de l'état présent de l'humanité; puisque ce serait supposer que les actions des hommes sont toutes empreintes des lois du Monde moral. Un semblable travail serait dangereux, parce qu'oubliant les vues de l'auteur, on le regarderait comme une science sérieuse. Il serait dangereux entre les mains des peuples comme entre les mains des rois, parce que la force, comme la corruption, trouverait dans une statistique pareille à s'autoriser de l'expérience. Et ne se demande-t-on pas encore aujourd'hui si Machiavel et Hobbes composèrent sérieusement leurs traités de politique, ou s'ils ne voulurent pas stygmatiser, par une ironie mortelle, les prétendues leçons de l'expérience?

Aristote, en suivant aveuglément sa méthode, fut donc

amené à penser que l'esprit de la morale et de la politique était dans la conformité à ce qui était pratiqué universellement. Si l'erreur est longue à détruire, combien la vérité est aisée à poser! L'esprit de la morale, c'est sa conformité avec la conscience; comme l'esprit de la politique, c'est sa conformité avec la morale. Il ne s'agit donc pas de consulter l'expérience, mais la conscience; car l'une n'est que d'un temps, et l'autre va aussi avant que Dieu...

Sommaire. — Les disciples d'Aristote, tout en partant de l'expérience, avouent que l'homme est perfectible. — Si l'homme est perfectible, il tend à l'accomplissement de sa loi; s'il ne l'accomplit pas encore, de ses actes on ne peut induire sa loi pure. — Une législation ainsi faite serait le contraire de la législation. — Les naturalistes étudient une chose parfaite; les moralistes une chose qui tend à le devenir. — Les sciences morales ne peuvent avoir la même conformation que les sciences physiques, les réalités qu'elles ont pour objet s'offrant différemment à l'esprit humain. — Le but de toute science est d'arriver à une loi; on ne se sert des faits que pour y parvenir. — Le monde physique est extérieur à nous, il ne se présente que comme phénomène : dans les sciences physiques, partir des phénomènes pour aller à la substance, des effets pour aller à leur loi. L'homme est un être du Monde moral; comme tout être, il possède sa loi; comme être spirituel, il la connaît; comme être libre, il la réalise par lui-même : le Monde moral s'offre d'abord comme substance et comme loi. — Dans le premier cas, traverser le phénomène pour arriver à la substance; dans le deuxième, partir de la loi pour descendre aux phénomènes. — Dans le premier, l'homme est en possession des faits, il cherche la loi qui les explique; dans le deuxième, il est en possession de la loi, il cherche les faits qui lui sont conformes. — Ainsi l'esprit humain procède toujours du connu à l'inconnu : le connu en morale, c'est la loi, puisque tout homme est doué de la conscience; le connu en physique, ce sont les faits, puisque tout homme est doué de sens. — Introduire l'observation dans les sciences morales, comme introduire la méthode des sciences morales dans les sciences physiques, c'est aller de l'inconnu au connu. — Absurdités qui correspondent à ces deux interversions : empirisme et scholasticisme; d'où résultent matérialisme et idéalisme. — Exemple : comment on procède dans un cabinet de physique, et comment on procède devant les tribunaux. — Dans l'un, le fait est ce qu'il y a de connu, de certain, d'indélébile; dans les autres, c'est la loi. Dans l'un, on rejette comme mauvaise l'idée de la loi qui n'explique pas ce fait; dans les autres, on rejette comme mauvais l'acte qui n'est pas conforme à cette loi. — Si le juge s'avisait de faire comme le physicien, les criminels auraient droit de l'appeler à la barre. — Les sciences morales exigent les mêmes opérations intellectuelles que les sciences physiques, mais dans un ordre inverse : dans celles-ci on remonte à la loi, dans celles-là on en redescend. — Dieu nous a chargés de la construction de l'Ordre moral; il en a mis la loi dans une de nos facultés; il ne nous reste qu'à l'appliquer. — Chercher si les faits réalisés peuvent déjà révéler toute leur loi, c'est supposer que l'humanité est accomplie, c'est offrir une statistique dangereuse aux peuples comme aux rois. De ce que des faits existent s'ensuit-il qu'ils doivent exister? Suffit-il de les observer pour qu'ils deviennent des faits moraux? — A quels résultats on arrive en suivant cette logique. L'empirisme, pour ne pas y aboutir, est obligé de quitter un instant sa méthode et de reprendre le bon sens ; par là il fait une apostasie à la méthode expérimentale. — En choisissant ses faits, il prouve qu'il a un sens moral pour apprécier les bons et les mauvais. Cependant en physique on ne se sert pas de la conscience, tous les faits y ont droit à l'expérience. La méthode expérimentale serait parfaite si la Société avait atteint sa perfection. — Si le monde moral est parfait et conforme à ses lois, il n'a pas besoin qu'on lui enseigne ses lois ; s'il n'est pas achevé, ce ne sera qu'une statistique de l'état où il en est, mais non pas la loi de ce qu'il doit être. — Avec la formule expérimentale on comprend le passé et le présent ; on oublie un terme, l'avenir ? — Il ne s'agit donc pas de consulter l'expérience, qui n'est que d'un temps ; mais de consulter la conscience, qui est, comme Dieu, de tous les temps.

CHAPITRE VIII.

SUITE DE L'EXAMEN.

DU VÉRITABLE ESPRIT DES LOIS ; RÉFUTATION DE L'IDÉE DE MONTESQUIEU.

L'erreur de l'école empirique a toujours été la même. Elle commence par méconnaître la liberté humaine; puis, pour être conséquente, elle considère l'Ordre moral comme irrésistiblement régi par des lois fatales. De cette sorte, le genre humain, obéissant nécessairement à ses lois, ne peut commettre un seul crime, puisque le crime naît de la résistance à la loi.

En effet, les animaux ne peuvent commettre de crimes, puisqu'ils n'ont pas la liberté, qui donne le pouvoir de de résister à la loi : et l'homme, dans cette hypothèse, étant régi comme les êtres physiques, ne pourrait s'échapper de sa loi. Si l'homme ne peut échapper à sa loi, tous ses actes sont des faits que sa loi produit par son intermédiaire; il suffit par conséquent de les observer pour créer la législation, ou la science des lois de l'homme. Car l'histoire de l'humanité, semblable à l'histoire naturelle, ne pouvant renfermer un seul fait en dehors de la loi, l'emploi de la méthode expérimentale, dans cette hypothèse, serait parfaitement logique.

Mais nous demanderons à quoi bon faire une pareille science, si l'homme n'est pas libre? D'abord s'il suit régulièrement et nécessairement sa loi, il ne peut pas faire le mal. Ensuite s'il suit nécessairement et fatalement sa loi, il n'a pas besoin qu'on la lui enseigne. La même irrésistibilité nomique qui l'a contraint dans le passé le contraindra dans l'avenir : alors que vient faire la législation? Il n'y a qu'à abandonner l'homme et la Société à ceux qui les dirigent au nom de leur loi, comme on abandonne la nature à Dieu, qui la dirige par ses lois. Les astronomes ont-ils besoin d'enseigner leur science aux cieux, les botanistes aux plantes, et les minéralogistes aux minéraux, pour que les astres gravitent, que les plantes germent, et que les minéraux se cristallisent? Comment le législateur viendrait-il insulter le roi de la terre en prétendant lui enseigner ses lois, quand le mollusque le plus humble obéit tranquillement et sans éducation?

Et cependant, dès l'instant que vous entreprenez la science de la morale ou de la législation, vous supposez que la connaissance de ces lois morales ou législatives sera utile à l'homme pour qu'il se conforme à ce qui est son bien et qu'il s'éloigne de qui est son mal. Si vous pensez que l'homme peut suivre le bien et éviter le mal, vous affirmez qu'il est libre. Si vous pensez que l'homme est libre, vous affirmez que l'homme, par ses actes, peut produire tantôt le bien et tantôt le mal. Si vous pensez que l'homme peut faire tantôt le bien et tantôt le mal, vous affirmez qu'on ne peut prendre l'ensemble de ses actes, dont une partie est en dehors des lois morales, pour en induire ces mêmes lois.

Donc il ne faut point partir des faits produits par des agents moraux, puisqu'ils sont inappréciables tant qu'ils n'ont pas été éprouvés par la loi. Donc il faut aller des lois, qui sont connues, aux faits et aux conséquences, qui sont inconnus. Or vous employez la méthode expérimentale, qui va des faits aux lois : donc vous allez contre vos propres principes; car, dès l'instant que vous entreprenez la science de la morale, vous affirmez que l'homme est libre, c'est-à-dire capable de se déterminer pour les lois que vous devez lui enseigner. Et si l'homme est libre, comment trouverez-vous sa loi pure au milieu de tous les produits de sa liberté?

Certes, ce n'est point aujourd'hui, qu'héritiers glorieux de Bossuet, Herder et Ballanche sont venus répandre la lumière sur ce qui n'était qu'un entassement chronologique obscur et sans but, que nous pourrions méconnaître l'importance de l'histoire; aujourd'hui, qu'au souffle brûlant de leur génie des ossements silencieux se sont levés pour instruire les générations des vivants du mystère de notre origine et de la gloire de nos fins! Mais ces grands esprits n'ont point confondu l'histoire avec la morale. C'est parce qu'avec eux nous connaissons toute la portée de l'histoire, c'est parce que nous savons toutes les promesses qu'elle fait à l'humanité, que nous pouvons mieux connaître les limites de ses enseignements. Un arbre à sa sève offre-t-il l'image de sa floraison; à sa floraison, l'image de ses fruits? Vous qui voyez l'humanité en fleur, comment jugerez-vous des fruits qu'elle doit porter?

On ne doit point tirer des *inductions* de l'histoire, on doit en tirer des *instructions*. Car qu'est-ce que l'induction ? Voici comment répond la philosophie : « Quand une loi a été obtenue par l'observation, c'est-à-dire par la comparaison d'un grand nombre de cas particuliers, l'esprit en possession de cette loi la transporte du passé dans l'avenir, et prédit que, dans toutes les circonstances analogues, le même phénomène se reproduira avec le même caractère. *Cette prédiction, c'est l'induction* ; mais l'induction a pour condition nécessaire une supposition, savoir, celle de la constance de la nature : car admettez que la nature ne se ressemble pas à elle-même, l'avenir échappe à la prévoyance, toute induction est impossible : *la certitude de la constance et de l'identité de la nature est donc la condition nécessaire de l'induction.* » Et précisément l'inerte matière ne peut pas ne pas obéir à ses immuables et identiques lois, par conséquent ne peut manquer d'être semblable à elle-même dans toutes ses opérations. Mais, libre de résister à sa loi, et ne l'accomplissant toutefois que successivement et à mesure que ses transformations palingénésiques s'opèrent, l'humanité ne se ressemble plus à elle-même, d'une civilisation à celle qui la suit. Par conséquent, elle n'est pas constante dans ses phénomènes ; par conséquent, *son avenir échappe à la prévoyance ; toute induction est impossible*, puisqu'on a la certitude de l'inconstance et de la variabilité dans laquelle son mouvement de successive transformation la place nécessairement.

La nature est toute faite : telle qu'elle a été, telle elle est, telle elle sera. Il ne s'agit que de la connaître une fois pour la connaître dans toute l'étendue de sa durée.

Il n'y a pas d'histoire à faire sur elle, mais une science : et c'est là que peut s'appliquer la belle opération intellectuelle de l'induction ? Mais l'humanité n'a point son accomplissement : telle qu'elle a été, telle elle n'est déjà plus. Il faut l'étudier chaque fois qu'elle agit de nouveau, encore pour ne la connaître que dans un seul point de sa durée. Il n'y a pas de science à faire pour elle, mais une histoire : car l'histoire est une série de faits toujours nouveaux. Si c'était là une science, ce ne pourrait être jamais qu'une embryogénie ; et l'embryogénie consiste précisément à bannir l'induction, pour suivre le développement des phénomènes nouveaux à mesure qu'ils se présentent.

L'étude de l'histoire, à supposer que l'on conçoive l'esprit des époques, des hommes et des événements, peut léguer une certaine habitude des choses humaines. Mais ne pensez pas à y lire la science sociale. Contentons-nous d'y apprendre comment les peuples naissent, grandissent ou s'éteignent, à mesure que la vie morale et industrielle naît, grandit et s'éteint en eux. C'est là le grand et le seul enseignement que l'histoire puisse donner à la morale des sociétés. Pour ce qui est des préceptes qu'elle tire de ses propres faits pour les léguer à la science politique, Machiavel nous a démontré qu'elle n'était pas heureuse.

Avec Gœrres, d'Eckstein et Ballanche, nous savons de quels titres de noblesse divine nous fûmes dotés à notre berceau, et les héritages qui nous attendent. Avec Tacite, Bossuet et le livre *De la grandeur et de la décadence des Romains*, nous voyons à quelle condition la vie de nos empires est attachée. Or, il est utile que nous lisions toutes ces pages, afin que, dans les premières, nous reconnaissions les titres de l'origine et des destinées que nous annoncent les traditions du genre humain ; et que, dans les secondes, nous retrouvions les preuves expérimentales de la corrélation qui existe entre la vie des sociétés et la vie de la morale au milieu d'elles. L'histoire est une justification de la morale. Il est utile que l'homme sache que l'expérience est d'accord avec les prescriptions de sa loi ; que l'histoire vienne lui prouver, par la durée et la chute des peuples, ce que la morale lui enseigne tous les jours. C'est là le résultat le plus positif auquel aient abouti Aristote et Montesquieu. Nous admirerons ce qu'ils ont fait comme appréciation du passé ; mais nous nierons ce qu'ils ont prétendu faire.

Profitant du point de vue où nous place une philosophie plus élevée que la sienne, nous rappelerons Montesquieu à lui-même, et voici ce que nous lui dirons :

La législation doit, avant tout, ne pas perdre de vue le but pour lequel elle est faite. Sa mission n'est-elle pas de conduire les hommes dans leurs actions extérieures vers le bien définitif de la Société ? Or, les hommes n'ont-ils pas tous une même origine et une même fin ; ne doivent-ils pas tous par conséquent suivre la même voie ? Il ne peut donc y avoir de différence entre les diverses sociétés que par le degré qui les éloigne ou les rapproche plus ou moins de ce but. Par conséquent, dans toutes ces sociétés, à moins qu'elles ne soient profondément faussées et interverties dans leurs éléments fondamentaux, il existe non pas une législation égale, mais une législation semblable, une législation qui ne diffère que par le mode plus ou moins parfait avec lequel elle manifeste son principe vital, la justice. La législation est une, comme la morale, comme la physique, comme la chimie. Comme toute science, elle renferme l'expression des rapports réels qui doivent exister entre des êtres; elle est donc une dans son principe, une dans son but, qui est le but des êtres qu'elle a pour objet d'ordonner.

La législation, qui est l'arme civile de la morale, bien loin de céder aux exigences extérieures de climats, de races et de préjugés, doit prétendre, au contraire, à en effacer l'action autant qu'il est en elle. Il suffit qu'une législation en tienne compte jusqu'à ce point qu'elle ne soit pas inapplicable. Sa tendance naturelle et secrète doit consister, s'il se peut, à précéder les mœurs, afin de les attirer doucement à un degré supérieur.

La législation, ordinairement stéréotypée sur les mœurs qui lui sont contemporaines, reste naturellement en arrière; parce qu'elle est stable et immobile comme une langue morte, et que les mœurs sont vivantes comme la société où elles naissent. Voilà pourquoi il est bon que la législation soit au moins stéréotypée sur les mœurs reconnues les plus pures et les plus avancées.

Semblable à la morale, la législation ne peut devenir la complaisante des mœurs, ainsi que tu l'enseignes, ô grand apôtre de l'expérimentalisme! La morale ne doit renfermer les règles de ce qui est dans les mœurs que pour conduire plus facilement à ce qui doit y être. La législation est 1° un moyen de soulever ceux qui ne sont point encore au niveau de justice des mœurs générales d'une société; 2° un point d'appui extérieur pour favoriser une croissance prochaine de la justice dans les mœurs. Enfin la législation doit toujours se hâter, à chaque progrès de l'humanité, de mettre du côté d'en bas sa digue pour empêcher de reculer vers le mal, en se gardant par dessus tout, du côté d'en haut, de retenir la végétation naturelle du bien.

L'action des climats et des autres circonstances extérieures ne va pas au delà du physique de l'homme. Les climats sont aux peuples exactement ce que les tempéraments sont aux individus : ils ne doivent pas plus changer les lois et les conditions de la vie d'un peuple, que le tempérament ne doit changer les lois et les conditions de la vie morale de l'individu.

La morale est la même pour tous les hommes, depuis le tempérament le plus rude à vaincre, jusqu'à l'innocence qui conduit la chair comme un faible enfant. De même, la législation doit rester inaccessible aux cris des passions d'un peuple. Souvent celui-ci acquiert dans la bataille, par l'habitude du courage et de la victoire, un zèle et un enthousiasme inconnus des autres peuples. Témoin, pendant l'antiquité, les peuples de la Grèce et de l'Italie. Rien ne dispense d'obéir à la morale, qui renferme les lois conservatrices et vivificatrices de l'humanité, les peuples comme les individus. On peut reconnaître parmi eux plus ou moins de mérite, selon la difficulté de la vertu ; mais il est aussi ignominieux de protéger l'esclavage et le vice chez un peuple parce qu'ils semblent favorisés du climat, que de les permettre à un individu en considération de son tempérament.

C'est en partant de ces principes, aussi inébranlables que la constitution humaine dont ils dérivent, que nous jugeons combien tu t'es éloigné de ton but, ô Montesquieu, si tu as prétendu faire autre chose qu'une spirituelle étude historique pour servir d'introduction à la science de la législation.

En effet, tu ne t'occupes que de ce qui est, sans t'inquiéter de ce qui doit être. Alors, tu cherches l'esprit des lois dans le motif de leur existence, et le motif de leur existence, dans des causes physiques extérieures, telles que le climat ou le despotisme d'un gouvernement. Or, il faut bien que ces lois aient des motifs, puisqu'elles existent ! Avec une pareille doctrine, elles doivent toujours être bonnes quand elles existent, puisqu'elles ont nécessairement leurs motifs, et qu'il suffit de découvrir ces motifs pour tout légitimer. Chercher ces motifs, pour toi, c'est chercher l'esprit des lois. Car voici ce que tu as dit : « Il faut que les lois se rapportent à la nature et au principe du gouvernement qui est établi ou qu'on veut établir. Elles doivent être relatives au physique du pays, au climat glacé, brûlant ou tempéré; à la qualité du terrain, à sa situation, à sa grandeur, au genre de vie des peuples; elles doivent se rapporter à la religion des habitants, à leurs inclinations, à leur richesse, à leur nombre, à leur commerce, à leurs mœurs, à leurs manières, avec l'objet du législateur, avec l'ordre des choses sur lesquelles elles sont établies. C'est ce que j'entreprends de faire dans cet ouvrage. J'examinerai tous ces rapports, ils forment tous ensemble ce que j'appelle L'ESPRIT DES LOIS. »

Permets-moi de le dire, les raisons de climats, de gouvernements et d'habitudes, loin d'être l'esprit ou la vie des lois, n'en sont que les entraves: l'esprit des lois, c'est la justice. D'après ce principe éternel doivent être créées et jugées toutes les législations de la terre ; car la justice, qui est immuable comme Dieu, est pour toute la terre.

L'action des climats, celle des gouvernements, celle des coutumes ne sont, par rapport à la législation d'un peuple, que ce que les passions et les habitudes sont par rapport à la morale pour un individu. Les mœurs sont l'ensemble des actions, or les actions sont souvent déterminées par les passions et les habitudes ; qui soutiendrait que les passions et les habitudes sont l'esprit des mœurs ? L'esprit des mœurs, c'est le bien ; comme l'esprit des lois, c'est le juste. Tout le reste n'est qu'un indigne vêtement d'esclave, dont les mœurs comme les lois cherchent à se dépouiller.

Mais s'il y a dans ton Esprit des lois une si grande erreur, il y a aussi la vérité importante dont l'abus a réussi à te tromper : c'est que le législateur ne doit pas s'attendre à faire l'application *a priori* d'une loi sociale, sans se rendre compte du degré de civilisation et des coutumes spéciales du peuple qui doit recevoir cette loi.

Un mécanicien connaît les lois mathématiques des forces ; lorsqu'il veut en faire l'application à un corps, il n'a aucun égard particulier à observer. Car ce corps obéit nécessairement à sa loi : il ne s'agit que de la lui appliquer, pour qu'elle s'en empare aussitôt et lui imprime le mouvement qu'on attendait.

Les lois sociales, c'est-à-dire les lois des rapports qui doivent exister entre les hommes, sont en elles-mêmes aussi immuables, aussi identiques, au milieu de la variété des temps et des lieux, que les lois du mouvement des corps. Mais il y a cette différence, que les hommes, dans tous les points de l'espace et du temps, ne sont pas dans l'état où ils devraient être, quoiqu'ils s'en rapprochent tous plus ou moins; et que, par conséquent, ils ne peuvent pas tous obéir pareillement et au même degré à leur loi naturelle. Il s'agit donc, par le moyen de la législation, de faire à chaque peuple une application de cette loi une, identique et éternelle, selon ce que ce peuple en peut porter d'après son développement.

De sorte que toutes les législations des différents peuples, ou des mêmes peuples à leurs différentes phases, ne doivent être que des applications progressives de cette unique et éternelle législation. Alors, c'est en l'appropriant à la situation particulière de chacun de ces peuples, qu'il faut tenir compte de l'influence des inclinations et du genre de vie que favorise le climat; parce que ce sont là des résistances que l'on ne peut forcer sans froisser trop la liberté humaine, mais qu'il ne faut accepter que pour mieux les effacer ensuite par la seule puissance naturelle et profitable, la puissance de la libre volonté humaine parvenant à se dépouiller de toutes les entraves de la matière.

Quant aux suites que tu donnes à ton idée, ô Montesquieu ! il faut bien se garder, comme tu l'avances, de viser à mettre les croyances, les mœurs et les lois en rapport avec la nature et les principes des gouvernements; lorsque c'est précisément aux gouvernements à mettre leur nature et leurs principes en rapport avec les lois, les mœurs et les croyances. Crois-tu donc que le gouvernement d'un peuple soit, comme son climat, une force fatale en dehors de la puissance humaine, avec laquelle il faille encore composer !

Les croyances des différents peuples sont souvent ce que ces peuples peuvent posséder de vérité ; leurs mœurs, ce que leurs actions peuvent en accomplir; leurs lois, ce que leurs rapports extérieurs peuvent momentanément en renfermer. Or le gouvernement, qui n'est que pour prêter une force politique à ces lois, de même que ces lois ne sont que pour prêter une force sociale à ces mœurs, le gouvernement, dis-je, en quoi serait-il bon si, au lieu de servir les lois, il condamnait les lois à le servir!...

Car, si la législation est l'arme civile de la morale, le gouvernement est l'arme politique de la législation. Les gouvernements ne sont institués que pour communiquer aux lois une action matérielle : comment les lois devraient-elles se soumettre à celui qu'elles ont pris à leur service? Si le gouvernement est un agent préposé au service de la législation, un instrument exécutif des lois, comment une force à laquelle les lois serviraient au contraire d'instrument serait-elle un gouvernement ? on ne peut prendre le valet pour le maître.

Maintenant que tu vois l'inconvénient de la méthode que tu t'es laissé imposer par ton siècle, je vais à mon tour poser un simple fait que saura comprendre ton grand, ton clairvoyant esprit. Toute législation a son but, son obstacle et son aide. Le but que la législation cherche à atteindre, c'est la justice pure dans les rapports entre les hommes. L'obstacle dont elle ne doit tenir compte que pour ne pas froisser l'état actuel de la nature humaine, mais pour le mieux vaincre, c'est celui des passions, ou des funestes habitudes favorisées par les climats. L'aide qui lui prête son secours pour mettre ces principes en exécution, c'est le gouvernement. De sorte que la règle de tout législateur est dans cette pensée que tu n'as pas manqué de citer, mais que tu as oublié de suivre : « On demandait à Solon si les lois qu'il avait données aux Athéniens étaient les meilleures. *Je leur ai donné,* dit-il, *les meilleures de celles qu'ils pouvaient suivre.* »

Si j'ai aimé à te parler ainsi, Apôtre glorieux et abusé de l'expérimentalisme, c'est que tu as répandu dans tout le cours de ton livre des traits d'une lumière si vive et si pure que, conformément à l'interprétation que donnait Rousseau du *Prince* de Machiavel, on devrait regarder ton traité de l'*Esprit des lois* comme ayant pour but de démontrer, par une ironie digne du génie de son auteur, à quelles conséquences effrayantes peut conduire l'observation des climats, des gouvernements et des faits de l'histoire, dans l'étude des sciences morales.

N'es-tu pas le premier qui ait fait entendre avec l'accent du génie cette vérité, qu'il n'y a pas d'être sans loi ! C'est toi qui as prononcé ces glorieuses paroles : « Tous les êtres ont leurs lois ; la Divinité a ses lois, le monde matériel a ses lois, les intelligences supérieures à l'homme ont leurs lois, les bêtes ont leurs lois, l'homme a ses lois. Ceux qui ont dit qu'une fatalité aveugle a produit tous les effets que nous voyons dans le monde ont dit une grande absurdité. Il y a donc une raison primitive : les lois sont les rapports qui se trouvent entre elles et les différents êtres, et les rapports de ces êtres entre eux. Dieu a un rapport avec l'univers comme créateur et conservateur; les lois selon lesquelles il a créé sont celles selon lesquelles il conserve : il agit selon ces règles parce qu'il les connaît, il les connaît parce qu'il les a faites, il les a faites parce qu'elles ont du rapport avec sa sagesse et sa puissance. Avant qu'il y eût des êtres intelligents, ils étaient possibles : il y avait donc des rapports possibles, et, par conséquent, des lois possibles. Avant qu'il y eût des lois faites, il y avait des rapports de justice possibles. Dire qu'il n'y a rien de juste ni d'injuste que ce qu'ordonnent ou défendent les lois positives, c'est dire qu'avant qu'on eût tracé de cercle tous les rayons n'étaient pas égaux (1). »

Oui, Montesquieu sentait qu'il y avait quelque chose d'antérieur et de supérieur aux lois humaines ; quelque chose de plus puissant, de plus réel et de plus pur, que ces lois ne font que traduire péniblement ici-bas. Alors, il a cherché dans la nature, parce qu'il trouvait là quelque chose de grand et de stable, quelque chose qui avait le caractère de cette loi sublime qu'il rêvait. Mais, ce mot de Nature l'a perdu. C'était bien dans la nature qu'il fallait chercher cette loi, source de toutes les législations, mais dans la Nature humaine. Il rappela du moins la législature de son époque à de plus hautes idées ; car, dans quelques esprits, la Nature passait pour Dieu... Ne croyez pas que la main de la gloire se soit égarée lorsqu'elle a déposé une de ses belles couronnes sur le front de cet homme !

Aussi, que Montesquieu le veuille ou qu'il ne le veuille

(1. Montesquieu, De l'Esprit des lois, liv. I, chap. I.

pas, une partie des idées qu'il a exposées se trouve détruite par l'autre. Et je ne veux plus contre lui d'autre réfutation que celle qu'il a lui-même faite.

Sommaire. La condition de l'empirisme est de considérer les êtres moraux comme soumis à la fatalité ; si l'homme ne peut résister à sa loi, il n'a pu commettre un seul crime : tous les faits sont bien. — Si l'homme suit nécessairement sa loi, il n'a pas besoin qu'on la lui enseigne : l'astronomie n'apprend pas à graviter aux astres. — On ne fait la science des lois de l'homme que parce qu'on lui croit le pouvoir de les suivre ; pour qu'il les suive, il faut qu'il soit libre ; s'il est libre, il a pu produire des actes en dehors de sa loi : on ne peut donc partir de ces actes pour s'élever à la loi pure. — On ne tire pas des inductions de l'histoire, mais seulement des instructions ; l'induction suppose l'identité et la permanence de la nature d'un être : la nature de l'humanité est de se transformer. — A quoi l'histoire est utile ; elle peut servir de justification à la morale ; d'introduction à la science de la législation. — La législation renferme l'expression des rapports extérieurs qui doivent exister entre les êtres moraux ; elle est une comme la physique, etc. ; il ne peut y avoir d'autre diversité entre les différentes législations que celle des différents degrés selon lesquels elles s'éloignent ou se rapprochent de la justice pure. — La législation peut tenir compte des climats et des préjugés, mais ne doit pas leur céder ; loin de se faire la complaisante des mœurs, elle doit soulever et maintenir au niveau général de la civilisation ceux qui n'y sont point arrivés.

— Les climats sont aux peuples ce que les tempéraments sont aux individus : les tempéraments ne font point varier en eux-mêmes les principes de la morale. — Montesquieu soutient le contraire : il soumet la justice et la vertu aux climats, aux gouvernements, aux préjugés et aux habitudes locales. — L'esprit des lois, c'est la justice ; mais, d'après Montesquieu, c'est le motif de leur existence ; comme aucune loi n'existe sans motif, toutes sont bonnes par cela qu'elles sont. — C'est la loi morale qui est invariable, et ce sont les climats et les gouvernements qui doivent varier devant elle. — Montesquieu plaçait bien les lois morales et sociales au dessus de toutes les considérations, mais il fut la victime de sa propre méthode. — Les lois sociales, comme les lois morales, sont unes et immuables ; seulement tous les peuples ne sont pas au même degré pour les réaliser. — Le but de la législation est de préparer à chaque peuple une application de cette loi éternelle. — Les lois des peuples sont souvent ce que leurs mœurs peuvent réaliser de justice. — La législation est l'arme civile de la morale ; le gouvernement est l'arme politique de la législation : les gouvernements ne peuvent pas s'asservir ce qu'ils doivent au contraire servir. — Le but de la législation : justice ou loi morale ; son obstacle : climats et préjugés ; son aide : le gouvernement. — Des vérités qu'il y a néanmoins dans le livre de l'*Esprit des lois* ; elles contredisent et condamnent précisément la doctrine de ce livre.

CHAPITRE IX.

DES ÉCRIVAINS MODERNES QUI SUIVENT LES TRACES D'ARISTOTE ET DE MONTESQUIEU.

Des écrivains de nos jours sont parvenus à donner complet le système du fatalisme, dont Montesquieu n'avançait que timidement les premiers principes. Voici ce qu'ils proclament.

« Les institutions et les mœurs des nations ne sont que des effets de causes antérieures plus puissantes. Si l'on ne remonte pas à celles-ci, l'on n'a aucun moyen d'agir sur celles-là. Il ne suffit donc pas, pour faire faire des progrès à la législation ou à la morale, d'exposer les effets bons et mauvais qui résultent des mœurs, des lois et des institutions; il faut de plus remonter aux causes par lesquelles ces institutions et ces mœurs ont été produites. Or, ces causes sont dans l'empire que la nature exerce sur l'homme par les climats. »

Aussi, continue-t-on avec confiance : « Je ferai voir comment les progrès de chaque nation correspondent à la nature des lieux et à la position qu'elles occupent.

On pourra comprendre alors quels sont les rapports qui existent entre les facultés humaines et les circonstances physiques, au milieu desquelles les hommes sont placés. On pourra surtout se convaincre qu'il y a pour chaque nation des causes spéciales de prospérité ou de misère, indépendantes des institutions humaines. Car, pour connaître les lois auxquelles les peuples obéissent, il faut déterminer les causes qui les déterminent à agir ou à céder à l'action qui est exercé sur eux; et j'ai à faire voir comment cette action de l'homme sur lui-même est modifiée par la température de l'atmosphère, par le degré de latitude, par la nature et le cours des eaux, l'exposition du sol, la division des saisons. Cette esquisse de la civilisation comparée de tous les peuples, de toutes les espèces, exige des recherches fort nombreuses. Les causes diverses qui agissent sur les nations, de quelque nature qu'elles soient, existent nécessairement ou dans les hommes, ou dans les choses : impossible de les découvrir quand on les cherche hors de là. Si l'on aspire à connaître les causes qui existent dans les hommes, il faut les chercher dans notre organisation physique. Si l'on aspire à connaître les secondes, il faut les chercher dans la nature, la configuration et l'exposition du sol, dans la latitude sous laquelle il est situé, dans l'élévation à la quelle il se trouve placé au dessus du niveau de la mer, dans les eaux qui l'arrosent, dans la température de l'atmosphère, dans la division des saisons, etc., etc. »

Ainsi, les causes qui agissent sur les empires existent ou dans la nature physique ou dans les hommes. En les cherchant dans la nature physique, on les trouve immédiatement dans l'exposition du sol, et dans la température. En les cherchant dans la nature humaine, comme c'est la nature physique qui fait l'homme ce qu'il est, il faut retourner encore à la nature physique comme à la cause primitive. La nature physique est, en définitive, la seule cause qui explique les civilisations.

D'après cela, ne serait-ce pas inutile de chercher dans la religion, dans les mœurs, dans les idées des peuples, les causes de leur grandeur ou de leur décadence, et, par conséquent, une duperie de compter jamais sur la vérité des croyances, la réforme des mœurs et la bonté des institutions civiles, économiques et politiques, pour régénérer les peuples? Au reste, les empiriques vont eux-mêmes au devant des plus extrêmes conséquences : « L'on conseille souvent de combattre l'influence du climat par les bonnes institutions: mais, pour avoir de bonnes institutions, il faut avoir des hommes qui les conçoivent et les mettent en pratique. Or les hommes ne peuvent penser que d'une manière conforme à leur propre nature, qui est elle-même déterminée par le climat. Toutefois, les nations se plaisent à croire qu'elles n'obéissent qu'à une puissance intellectuelle et invisible, et cette manière de considérer la puissance leur donne un air de liberté qui peut tenir lieu de la réalité. »

Comme on le voit, tout cela est admirable ! Nous disions précédemment : Si les peuples obéissent à des lois fatales comme l'ordre physique auquel on les emprunte; si les empires ne peuvent grandir ou s'éteindre, suivant qu'ils accomplissent ou qu'ils violent les lois de l'Ordre moral; si la nature humaine est soumise à la fatalité des climats, comme les animaux et les plantes ; en un mot, si ce n'est pas notre volonté qui se détermine à agir suivant son pur et libre arbitre, à quoi bon connaître notre loi ? Nous trouvions que, dans cette hypothèse, la science de la législation nous était inutile : mais l'empirisme vient de lui-même nous en avertir.

Il n'y a pas à balancer sur toutes ces conséquences, car l'empirisme s'empresse de les fournir.

« Il est aussi impossible d'empêcher à un peuple qui possède de bonnes institutions et qui jouit d'une heureuse position géographique de prospérer, qu'il est impossible d'empêcher à un peuple qui est soumis à de mauvaises institutions, et placé dans une mauvaise position géographique, de périr. Ces causes, étant inhérentes à notre nature, sont considérées comme des lois, auxquelles il est impossible à l'espèce humaine de se soustraire. En observant la marche que la civilisation a suivie sur chacune des principales parties de la terre, nous avons vu *les lumières* se former d'abord sous les *climats chauds*, se répandre ensuite dans les *climats tempérés*, et s'arrêter devant les *climats froids* ! En considérant les diverses nations répandues sur la surface du globe, nous voyons la civilisation se former autour de la terre, se répandre de là graduellement vers les pôles, et s'arrêter à un certain degré ; les populations non civilisées, ou des parties les plus rapprochées des pôles, tendre continuellement vers le centre, asservir les peuples qui ont déjà fait plus de progrès qu'eux. Ainsi, il reste avéré que la civilisation s'étant d'abord développée dans les lieux les plus favorablement situés, s'est répandue de là vers les lieux les moins favorablement situés, et que les peuplades placées dans les lieux les moins éloignés des pôles ont toujours été les plus barbares : phénomène qui s'est montré sur tous les continents et chez toutes les espèces. ! »

Que conclure de cette belle expérience ? Que Dieu a préparé sur la terre un climat tout exprès pour le développement de l'homme et un climat tout exprès pour sa dégradation ; qu'il a créé des nations pour vivre sous l'un et l'autre climat, c'est-à-dire qu'il a prédestiné les unes à la misère et à la corruption, tandis qu'il a réservé la civilisation aux autres !

Mais je desirerais que l'empirisme put répondre à cette seule observation :

Puisque les progrès d'une nation correspondent à la température, au degré de latitude, à l'exposition du sol ; comme depuis la dernière révolution du globe, le degré de latitude et les expositions de sols n'ont point changé, il en résulte que la civilisation, qui est inhérente aux modifications de la nature, n'a pu changer. Nous devons retrouver aujourd'hui les diverses civilisations assises sur les mêmes lieux qui les virent naître aux premiers jours du monde. C'est-à-dire que les habitants de la Babylonie, de l'Assyrie, de la Chaldée, de la Médie, de la Phénicie, de l'Egypte, de la Grèce, doivent être encore les plus civilisés de la terre ; tandis que les Bretons, les Germains, les Nibélungens et les Gaulois d'aujourd'hui doivent être les peuples les plus barbares ! Car le moyen d'admettre que l'intervention de quelque nouvelle cause soit venue changer ces lois ? Cette cause n'existant pas dans la nature existerait dans les hommes. Mais, *comme c'est la nature qui fait l'homme ce qu'il est, cela reviendrait encore à interroger la nature*, qui ne varie pas.

En un mot, si la civilisation n'est qu'une climature humaine, si la théorie en est toute entière dans une carte de géographie, qu'on nous explique ce fait : comment des peuples qui n'ont pas changé de territoire, et pour qui la latitude et l'éloignement des pôles sont restés les mêmes, ont-ils pu s'éteindre sous le même soleil qui les avait fait naître et grandir, tandis que de grands empires se sont élevés sous des climats qui se sont montré déshérités de toute vertu civilisatrice pendant une expérience de deux et trois mille ans? Enfin, comment se fait-il que toutes les civilisations aient changé de sol?

Voyons les conséquences pratiques que fournit l'empirisme. S'il était vrai que la civilisation et le développement de l'homme tinssent à la nature des lieux et du climat, comme les hommes ne peuvent changer leur climat, ils devraient donc changer de climat pour arriver au but que Dieu nous assigne. En sorte que, chercher sur le globe, les armes à la main, des climats favorables à la civilisation, serait obéir à la loi de Dieu; ce serait le seul moyen, pour un peuple dégradé, de marcher vers les destinées qu'il est du devoir de l'humanité d'atteindre! Or, comme tous les peuples ont le même but, tous ont un droit et un devoir égal à la possession de cet heureux climat : donc il est du devoir des peuples de se faire entre eux une guerre sans fin, pour profiter chacun à leur tour du seul moyen que Dieu est mis sur la terre pour que la nature humaine s'élève à ses destinées. Ainsi, la guerre est un droit divin, c'est le seul moyen d'exécuter les plans de Dieu. La guerre universelle est l'état naturel des nations.

Que les peuples qui veulent, selon les lois divines, travailler au développement et à l'amélioration de l'homme, renoncent à tous les moyens sur lesquels ils comptaient jusqu'à présent, tels que la religion, la morale, les réformes dans l'éducation, dans les institutions, pour aller aussitôt prendre place dans les lieux les mieux exposés au soleil, sous les climats qui paraîtront le plus visiblement favorisés des vertus civilisatrices ! C'est la méthode expérimentale qui le leur conseille.

Ce n'est pas tout, indépendamment du système de la *Climature humaine*, l'empirisme nous fournit encore le système du *Croisement des races humaines*. Le premier ne semble considérer l'homme que comme une plante; le second le regarde au moins comme un animal ! D'après celui-là toute civilisation viendrait du soleil, tandis que d'après celui-ci les progrès de la civilisation sont dus à la nature du sang : système de noblesse appliqué aux nations du genre humain !

Les premiers prétendent que les différences de développement dans la constitution physique et dans les facultés intellectuelles dérivent de la diversité des climats; de sorte que l'esclavage et l'abrutissement tenant à la nature de certains lieux, il resterait aux hommes à ne les pas habiter. Ces derniers ne se contentent point de ce fatalisme *négatif*, et ils blâment leurs prédécesseurs de l'incertitude de leurs idées et de l'impossibilité d'en tirer des applications réellement positives. Ceux-là disaient :

C'est le climat qui fait l'homme; ces derniers posent en fait : *La supériorité ou l'infériorité des races leur vient non de l'influence des milieux où elles se trouvent, mais de leur organisation même ; elle leur est inhérente comme aux animaux leurs différences spécifiques.* D'après le premier système, la nature, placée entre l'homme et le créateur comme un intermédiaire où sa volonté se serait fourvoyée, pouvait encore faire absoudre la Providence de cette prédestination des peuples à la servitude et à la corruption ; d'après ce dernier système, il n'y a plus à balancer sur la véritable cause de nos maux, la nature et le soleil n'y sont pour rien. Avec l'hypothèse précédente il restait un moyen de salut ; ici le mal est inhérent à l'homme, il est dans sa constitution même : alors où fuirait-il ?

Le livre qui renferme cette doctrine porte le nom de Science politique. D'abord on fait dire à Buffon que « la variété générale des êtres n'est qu'une gradation générale où l'on peut descendre par des degrés presque insensibles de la créature la plus parfaite à la matière la plus informe, de l'animal le mieux organisé au minéral le plus brut. » Ensuite on fait dire à Ch. White que « cette gradation générale des êtres est dans le sein du genre humain ; et que là il y a des différences originelles d'organisation pour le moins aussi tranchées que celles qui séparent les diverses espèces d'animaux. » Puis on fait dire à Camper « qu'à ces différences d'organisation correspondent les différences d'aptitude que l'on rencontre parmi les hommes. » Puis on fait dire à Cuvier « qu'il faut employer la mesure de l'angle facial donnée par Camper *comme criterium* pour distinguer les variétés humaines et apprécier le degré de leur perfection. » Enfin, l'on fait tracer par Blummenbach « une division générale et régulière de ces variétés, qu'il appelle du nom de *race*. » Et l'on finit par décider que « cette division de l'espèce humaine en diverses races n'est point due à l'influence des circonstances extérieures, mais que cette *division est le grand œuvre de la nature*, selon l'expression de Buffon, *qu'elle est la loi même de la création*, que nous devons la considérer non comme une dérivation, mais comme un fait primordial qui veut : « 1° gradation dans l'ensemble des êtres, 2° gradation de types originels parmi les hommes. »

« La conclusion de tous ces faits est qu'il existe entre les races une inégalité naturelle d'intelligence en rapport avec l'inégalité de développement de leur organisation, et qu'il résulte nécessairement de cette double inégalité que toutes les races ne sont point susceptibles du même degré de culture, de civilisation, et, par conséquent, de liberté. »

Locke disait : « Il est très évident que des créatures d'un même ordre, et qui ont les mêmes facultés, doivent pareillement être égales entre elles, sans nulle subordination ou sujétion ; à moins que le Seigneur et le maître de ces créatures n'en ait établi, par quelque *manifeste déclaration de sa volonté*, quelques unes au dessus des autres, et ne leur ait conféré, *par une évidente et claire ordonnance*, un droit irréfragable à la domination et à la souveraineté. » — Sans doute les empiriques ont découvert *cette manifeste déclaration de la volonté du Seigneur* qui établit une partie de ses créatures au dessus des autres et leur confère un droit irréfragable à la domination, car voici ce qu'ils disent :

« Lorsque plusieurs races formeront une même société, leur inégalité naturelle se traduira constamment dans cette société par une inégalité de rangs. D'ailleurs quel spectacle nous offre le monde ? Celui d'une gradation immuable de tous les êtres créés, déterminée par la puissance spécifique de chacun de ces êtres. Ici, de deux races qui cohabitent sur le même sol, la plus puissante s'assimile la plus faible; là, de deux végétaux placés l'un près de l'autre, la sève du premier absorbe celle du second. Qu'y aurait-il donc d'étrange que, parmi les hommes, la puissance relative des races fût la cause constante de leur gradation sociale ? Je dis donc que, par cela seul que les races diffèrent d'organisation, elles diffèrent de virtualité, et, par conséquent, *de destination providentielle*... Voilà ce qui a été méconnu jusqu'à ce jour, voilà ce que je viens constater. »

Aussi l'empirisme est-il loin de s'en plaindre : « Le monde est un vaste atelier où le travail s'accomplit dans l'intérêt commun. Les hommes sont inégaux en facultés : rien ne favorise mieux la division du travail. Le grand problème politique est résolu, toutes les lois de la morale sont satisfaites, si l'on parvient à placer chacun dans la sphère de ses facultés. Or, qu'y a-t-il de plus favorable à cette solution que l'inégalité des races ? Placer les races dans des conditions d'égalité est un projet contraire aux lois générales de la société. Maintenez donc ensemble les races que leur destinée rapproche. Là où les inégalités sociales seront fondées sur des inégalités de naissance, l'inférieur participera aux bienfaits d'une civilisation qu'il eût été incapable de créer seul. *La religion, la morale publique*, l'empire de la reconnaissance, maintiendront ces distinctions légitimes, et la paix ne cessera de régner. Les races humaines sont inégales de puissances intellectuelles, elles ne sont point, conséquemment, susceptibles du même degré de développement, et chacune d'elles est appelée à remplir, *dans des conditions inégales, une mission marquée par la Providence.* »

Si la barbarie et la civilisation, si la domination des peuples conquérants sur les peuples conquis, en un mot la servitude du faible par le fort, dérivent de la diversité des races les unes par rapport aux autres ; et si cette diversité, loin de s'expliquer par des faits postérieurs, dérive du fait de la création même, il est bien clair que barbarie, domination, servitude et abrutissement sont des faits *légitimes*, et qu'en cela les nations et les individus ne font que *remplir, dans des conditions inégales, la mission que leur a marquée la Providence!*

Comme les naturalistes se sont toujours plus à nous faire un épouvantail de ce qu'ils appellent la diversité des races, énonçons donc une fois le principe d'où découle la théorie des races :

Physiologiquement parlant, personne ne croit à l'égalité d'aptitude intellectuelle entre les diverses populations du globe, pas plus qu'à l'égalité d'aptitude entre les divers individus que renferment ces populations; mais aussi personne n'ignore que tous les hommes ne font pas un usage égal de leur liberté morale. Comme, d'après une loi générale, les organes se développent en raison de l'exercice normal qu'on leur donne, tandis qu'ils s'atrophient, par suite de tous les excès que la paresse engendre, il en résulte que certains individus, par la sagesse de leur conduite, s'élèvent à une croissance digne de toute la virtuabilité sublime que renferme la nature humaine; tandis que d'autres livrent aux passions, avec une prodigalité meurtrière, la précieuse énergie dont ils étaient primitivement doués. De sorte que, pendant que les premiers transmettent toute la richesse de leur constitution à des enfants à qui ils ont soin de communiquer de bonne heure l'heureuse éducation dans laquelle ils grandirent, les seconds ne laissent que des avortons chétifs de corps et d'esprit, frappés de toutes les infirmités de la débauche dès le sein de leur mère (1). C'est ainsi que, dans une même population, nous trouvons tout à la fois les familles les plus belles et les restes les plus misérables du type rongé de l'humanité. Ici est toute la théorie des races. Car

Si, appliquant cette observation à l'espèce entière, nous prenons un peuple privé de ses mœurs, perdant sa civilisation et tombant de jour en jour dans une dégradation plus générale et plus profonde; comme l'ignorance et l'oisiveté suivent la perte des mœurs, que la misère suit l'ignorance et l'oisiveté : moralement et

(1) Si, comme le prouve l'expérience, un enfant peut hériter de six doigts; si la famille de l'homme porc-épic qui a paru en Angleterre retint de ses ancêtres ces excroissances monstrueuses; si, comme on ne peut le nier, les formes extérieures de la tête et de la figure, la forme du cerveau, même dans ces divisions organiques les plus délicates, se transmettent de père en fils; comment, puisque notre intelligence et notre volonté, enfermées dans les organes, ne peuvent se manifester extérieurement qu'avec le secours de ces organes, n'hériterions-nous pas des dispositions de nos pères. Une génération en décadence morale, ne transmet-elle pas aussi sa décadence physiologique par ses maladies, la diminution de sa virtualité, et sa pénurie économique, comme elle transmettrait ses richesses économiques, physiologiques, scientifiques et morales, si elle en jouissait?

physiologiquement exposé à une dissolution qui s'accroît de plus en plus par la complication des vices et de la misère, ce peuple, par suite de la loi physiologique de l'impulsion génératrice, après quelques générations progressivement altérées, nous offrira, dans sa constitution organique, une variété si différente de celle du peuple dont la population aura grandi dans la vertu et la prospérité, que nous les croirons l'un et l'autre, ainsi que l'empirisme, de races différentes.

Puis, que les climats viennent encore par dessus tout cela mettre leur signature; qu'ils changent à la longue la couleur des cheveux et de la peau (1); qu'ils fassent des blancs et des noirs, des blonds et des bruns, des châtains et des cuivrés; qu'ils habitent les uns à la chaleur et les autres au froid, qu'ils leur fournissent enfin des aliments divers; rien de plus vrai. Mais ce sont les vertus et la prospérité, les vices et la misère, qui, transmis de génération en génération, développent ou épuisent notre constitution physiologique. Les peuples

---

(1) « Les Persans, les Grecs, les Tartares, les Turcs, les Arabes, après un petit nombre de générations, même sans alliance avec les Hindous, prennent une teinte qui se rapproche beaucoup de celle des Nègres. Les Portugais nés dans les Indes ne s'unissent qu'entre eux seulement, ou, s'ils le peuvent, avec les Européens. Toutefois, pendant une résidence de trois cents ans, ces Portugais sont devenus aussi noirs que des caffres (Hébert)... « C'est ainsi que les descendants des Européens qui se sont établis depuis longtemps dans quelques parties de l'Inde ont totalement changé de couleur, quoique leurs traits soient restés les mêmes (Wisman).... A Otaïti, les yeux des peuples, qui sont exposés à l'air et au soleil, sont plus noirs, leurs cheveux plus laineux, plus crépus; mais pour leur chefs, la couleur de leur peau est moins hasanée que celle des Espagnols, et même moins cuivrée que celle des Américains (Forster)... « En Guinée, dit Bockman, toutes les volailles et les chiens également sont aussi noirs que les habitants. Smith en dit autant des moutons de ce pays-là. »

entre eux, sous ce rapport, sont comme les familles : le sentiment qu'ils ont de leur dignité propre, de leur patrimoine de vertus, de lumières, de bravoure et de richesses industrielles, fait qu'ils se regardent mutuellement avec une certaine réserve et une prévention en quelque sorte instinctives.

S'il y avait « dans l'espèce humaine des différences originelles d'organisation aussi tranchées que celles qui séparent les diverses espèces d'animaux ; » si ces différences d'organisation se rattachaient « à des types primitifs qui fussent du fait même de la création » s'il était de la nature de ces types de « se perpétuer sans altération, nonobstant toutes les influences extérieures, comme climats, éducation, mœurs, religion ; » que, par conséquent, les propriétés civilisatrices inhérentes à ces races ne pussent se modifier nonobstant toutes les influences : comment se fait-il que les races qui ont fourni les sujets des civilisations égyptiennes et grecques, par exemple, ne produisent aujourd'hui que de pauvres peuplades ? Comment se fait-il que les mêmes races qui fournirent les barbares du monde ancien soient aujourd'hui les nations les plus civilisées des temps modernes ? Il faut donc passer sur cette contradiction, comme nous l'avons fait sur celle qui lui correspond dans le système de la Climature humaine !

Il y a eu des civilisations de toutes les races, comme sous tous les climats (1). Personne ne conteste qu'un

---

(1) Ainsi, pour prendre la race dont on a le droit de suspecter le plus la supériorité, celle des Nègres, nous voyons qu'elle a produit une des plus grandes civilisations de l'antiquité, puisque, suivant le témoignage d'Aristote (*Prob.*, sect. XIV, t. II, p. 750), appuyé de celui d'Hérodote, les anciens Égyptiens, ainsi

peuple tombé sur les dernières limites de la dégradation, et dont la caducité morale se trouve encore stéréotypée dans la caducité physiologique qu'elle entraîne nécessairement, ne puisse, sans des efforts inouïs et séculaires, remonter au point d'où il est descendu, en ramenant les organes à une conformation plus en harmonie avec la nature de l'ame et les besoins de la liberté morale ; personne ne conteste que dans un peuple civilisé il n'existe des individus qui soient à leurs contemporains ce que les peuples dégradés et sauvages sont aux peuples civilisés ; il n'est personne qui ne reconnaisse sur le cerveau et sur le corps entier les traces frappantes que l'ame devait laisser sur l'instrument dont elle s'est si souvent servie, instrument ductile qui se développe ou se resserre avec elle : mais aussi personne ne croit que, pour être barbare, sauvage ou dégradé parmi les peuples, esclave, pauvre et corrompu parmi ses compatriotes, il soit besoin d'avoir recours à une *destination spéciale de la Providence*.

Pour ceux qui y tiennent, il peut y avoir une impiété très belle à faire descendre de l'Auteur de la création le mal qui se fait sur la terre, pour en décharger

---

que les habitants de la Colchide, appartenaient à la race nègre : Χ'ότιμελάγχροες ίσιχχιουλότριχες (lib. II, § civ, t. I, p. 157). C'est aussi l'avis du célèbre Blumenbach (*Dreyer ley national physiognomonie unter den alten Ægyptern*, pag. 130). Ammien-Marcellin dit également : *Homines Ægypti plerumque subfuscuti sunt et atrati* (lib. xxii, in fine, *in script. hist. rom.*, t. II, p. 518); et, comme l'observe Lawrence (*Leçons*, p. 345), *en examinant le crâne des momies égyptiennes, on retrouve la forme européenne*, c'est-à-dire celle qui se rapproche le plus de la perfection. Certainement, cette race brunie par le climat n'était point encore frappée de la dégradation dont les Nègres modernes nous offrent les traces profondes.

la liberté humaine, et absoudre ainsi d'abord tous nos vices, ensuite les despotismes politiques qu'ils ont nécessités; mais ce manichéisme est depuis si longtemps oublié qu'il ne peut avoir d'autre espoir aujourd'hui que de réveiller le ridicule qui s'était endormi sur sur sa tombe (1) !

Le corps est au service de la volonté, il en suit toutes les vicissitudes : aussi est-il vrai de dire que c'est l'esprit qui fait les organes. C'est lui, en effet, qui les exerce, les ruine ou les améliore. Nous reconnaîtrons plus tard que, si des *races* entrent pour quelque chose dans la conformation des sociétés et la diversité des civilisations, ce sont des races spirituelles qui produisirent ces races corporelles dont se préoccupe l'empirisme.

Plus qu'un mot. On dit quelquefois que ce sont les hommes à idées qui ont des distractions; on réserve la sagesse pour ceux qui prétendent ne se guider que d'après l'expérience : je demande qu'on lise la dernière page du traité de la *Science politique* fondée sur l'expérience. « Descartes, expliquant le système de l'univers, s'écriait dans un saint enthousiasme : *Donnez-moi de la matière et du mouvement, je vous ferai un monde.* S'il m'était permis d'imiter cette audace, je m'écrierais à mon tour : *Donnez-moi des hommes et des terres, je vous ferai une société.* — Voulez-vous une société d'une stabilité parfaite ? J'associerai des races

---

(1) Hume est, je crois, le dernier qui ait dit : « Il est impossible à la raison de justifier le caractère de la Divinité. Montrer que Dieu n'est pas l'auteur du péché, c'est ce qui a passé jusqu'à présent toutes les forces de la philosophie. » (*Essays on liberty and necessity*, t. III, ch. II.)

inégales; je donnerai le pouvoir à la race la plus forte; je soumettrai à l'obéissance la plus faible, et j'interdirai tout mélange de sang. — Voulez-vous une société fondée sur l'égalité ? J'associerai des hommes issus de la même souche et rendus identiques par l'action du croisement. Nul ne se résignera à une position subalterne; chacun voudra régner. Que l'ordre règne dans cette société, c'est chose impossible; mais il y règnera un nivellement absolu. — Voulez-vous une société constituée entre ces deux extrêmes ? Je mélangerai des races dans des rapports moins fortement exprimés. Ici les alternatives d'ordre et de désordre seront fréquentes, et les institutions changeront suivant les oscillations incertaines de ce pendule constamment ébranlé. — Enfin vous trouverez, au gré des combinaisons les plus variées, le bien-être et la paix au milieu de toutes les apparences de l'injustice; le malheur et la discorde au milieu de la prospérité; la liberté au sein de l'esclavage, et l'esclavage au sein de la liberté. »................. L'empirisme peut promettre tout cela !!! Mais, au fait, que *vouloir* au milieu de ces combinaisons ? si c'est là le programme que nous offre la Providence....

Dans ces sortes de travaux, comme dans ceux d'Aristote, comme dans ceux de Montesquieu, nous pouvons trouver peut-être une bonne statistique de l'état des mœurs, des lois et de la civilisation entière; une appréciation de l'influence de telle législation sur tel peuple, entravée ou favorisée par ses habitudes, par l'influence de tel ou tel climat, de tel ou tel gouvernement. Mais nous n'y reconnaîtrons jamais cette science du juste imprescriptible, cette science de ce qui doit être indépendamment des gouvernements, des climats et des races formées, cette science de l'absolu, cette science éternelle qui s'écrie : « L'humanité n'est qu'un seul » être, l'humanité n'a qu'une seule origine, l'humanité » n'a qu'un seul but, en Dieu, et par conséquent » qu'une seule loi pour l'atteindre ; et je suis la colonne » de feu qui éclaire sa marche dans le désert de la » création ! »

Que ceux qui tracent aujourd'hui de pareils systèmes se ressentent peu du monde moderne dans lequel ils vivent ! Non, je le répète, l'empirisme physiologique, pas plus que l'empirisme climatologique, pas plus que l'empirisme historique, ne persuadera aux hommes qu'ils doivent vivre paisiblement malheureux et dégradés, et que tel est le plan de la divine Providence ! C'est pourquoi, sur la fin, l'erreur de ces systèmes est devenue si flagrante que nous avons pris le parti de l'exposer telle quelle au jugement du sens commun. Maintenant, que nous devons avoir besoin de la vérité, quittons enfin les champs pénibles et infructueux de la critique, où nous avons été trop longtemp retenu, et, pour atteindre les résultats auxquels nous devons parvenir nous-mêmes, déterminons la source de la méthode qu'il faut suivre.

—

SOMMAIRE. — Principes des écrivains modernes qui ont poursuivi l'idée d'Aristote et de Montesquieu : « Les institutions » et les mœurs des peuples ont leur source dans l'empire du

» climat. — Les progrès de chaque nation correspondent à la
» nature des lieux ; les causes spéciales de prospérité ou de mi-
» sère pour chaque nation sont indépendantes des institutions
» humaines. — Les causes qui déterminent les hommes à agir
» sont modifiées 1° par la température de l'atmosphère ; 2° ;
» par le degré de latitude ; 3° par la nature, la direction et le
» volume des eaux ; 4° par l'exposition du sol ; 5° par la divi-
» sion des saisons ; 6° par l'éloignement des pôles. — En effet,
» les causes qui agissent sur les nations sont ou dans les hom-
» mes ou dans la nature : dans la nature ? température, expo-
» sition du sol, etc. ; dans les hommes ? Il faut la chercher
» dans leur constitution physique, conséquemment dans la ma-
» nière dont la nature agit sur nous. — De sorte qu'on cher-
» cherait en vain dans la religion, dans la morale et dans les
» institutions des peuples, la cause de leur grandeur ou de leur
» décadence. — Comme les nations se plaisent à croire qu'elles
» sont libres, et que cet air de liberté peut leur tenir lieu de
» la réalité, il faut leur cacher cette vérité. — Il est aussi im-
» possible d'empêcher aux peuples d'une heureuse position
» géographique de prospérer, qu'il est impossible d'empêcher
» de périr aux peuples d'une mauvaise position géographique ;
» ce sont là des lois auxquelles il est défendu à l'humanité de
» se soustraire. — Les lumières se forment sous les climats
» chauds, se répandent sous les climats tempérés, et s'arrêtent
» devant les climats froids. — La civilisation se forme dans les
» lieux les plus favorablement situés, et se répand de là vers
» ceux qui le sont moins »

D'où il faut conclure : que Dieu a préparé des climats pour la barbarie et d'autres pour la civilisation que, par suite des climats, il y a différentes races ; que la différence de leur constitution organique dispose les unes pour conquérir, les autres pour être conquises. — Néanmoins, si la civilisation est inhérente au sol, comment toutes les civilisations de la terre ont-elles changé de sol ?

Après le système de la *climature humaine*, vient celui du *croisement des races*; dans le premier, la civilisation vient du soleil; dans le second, elle vient du sang. « La supériorité ou « l'infériorité des races, dit-on, ne vient pas de l'influence « des climats, mais de leur organisation même. La division « de l'espèce humaine en races est du fait même de la créa- « tion. — La diversité de conformation cérébrale produira » une diversité morale et intellectuelle. — Dans une même » société, cette inégalité naturelle se traduit par une inégalité » de rangs. De ce que les races diffèrent d'organisation et de » virtualité, elles diffèrent de destination providentielle. — Par- » tout où plusieurs races sont associées, les unes exercent sur » les autres la supériorité que *légitime* leur supériorité d'orga- » nisation. Rien ne favorise mieux la division du travail et la » prospérité que cette inégalité des races. — Tant que la re- » ligion, la morale publique et le bon sens maintiendront ces » inégalités, ces distinctions légitimes, la paix ne cessera de » régner. » — Telles sont les absurdités de l'empirisme.

Tous les hommes ne font pas un usage égal de la liberté morale; les organes se développant en raison de l'exercice, certains individus améliorent leur constitution, tandis que d'autres la ruinent par l'excès. — Les uns laissent des enfants bien constitués, et garantis par une bonne éducation; les autres, des avortons infirmes dès le sein de leur mère. — Cette observation s'applique à tout peuple qui se civilise comme à tout peuple qui perd ses mœurs et sa civilisation. — La perte des richesses industrielles accompagnant celle des mœurs, cette dégradation morale et physiologique présente, avec le temps, comme une race toute différente de celle du peuple qui a prospéré. — Si l'inégalité des races était du fait de Dieu, si leur loi est de perpétuer leur type sans altération, comment des races autrefois civilisées ne sont-elles aujourd'hui que de pauvres peuplades? — Aussi, pour être barbare et sauvage au milieu des nations, comme pour être esclave ou vicieux parmi ses compatriotes, il n'est pas besoin d'une *destination spéciale de la Providence*.— Le corps, au service de l'ame, en subit toutes les vicissitudes : ici est toute la théorie des races. — Quittons les champs de la critique et déterminons la source de la méthode que nous devons suivre.

CHAPITRE X.

LES SCIENCES MORALES N'ONT-ELLES PAS LEUR SOURCE DANS LA RAISON PURE ?

Comme, d'après l'Examen des résultats auxquels l'empirisme est arrivé, l'homme appartiendrait aux lois fatales du monde physique, il ne faudrait plus compter sur la liberté morale. Si la liberté morale n'est pas un élément de la nature humaine, il n'y a point de responsabilité devant Dieu, ni devant les hommes. S'il n'y a point de responsabilité, il n'y a point d'imputabilité, nous n'avons rien à mériter, et les idées qu'a l'homme d'une existence future qui correspondrait aux besoins de son cœur, sont absolument fausses : nous sommes irrémédiablement malheureux.

Si, en cette vie, il n'y a point de but à atteindre, de bien à mériter, il n'y a point de moyen, c'est-à-dire point de loi pour y arriver. S'il n'y a point de loi parce qu'il n'y a point de but, il n'y a ni application ni violation de la loi, c'est-à-dire il n'y a ni vertu ni vice. S'il n'y a ni vertus ni vices, il n'y a point de législation pour protéger les uns et réprimer les autres. S'il n'y a point et ne doit point y avoir de législation, il ne doit point y avoir de société, et le mouvement social des peuples est entièrement en dehors de la nature!

Mais, si de pareilles conséquences paraissent contraires aux instincts de l'humanité, à son bon sens éternel et aux connaissances qu'elle a de sa nature, de son origine et de ses destinées; connaissances que rien ne peut lui faire oublier puisqu'elle les retrouve toutes vivantes en elle; connaissances fondées 1° sur la révélation qui en a été faite à tout le genre humain par celui qui l'a créé, 2° sur la révélation continuelle qui en est faite à la conscience de chaque homme par celui qui le conserve, 3° sur les découvertes psychologiques des véritables éléments de la nature humaine, 4° sur l'expérience même de l'histoire, qui montre partout un mouvement du genre humain totalement opposé aux lois stationnaires de la fatalité; il faudra regarder ces conséquences, sinon comme le fruit d'un dessein pervers, au moins comme le résultat malheureux de quelques intelligences tout à fait inexpérimentées sur ces matières.

Si la méthode qui conduit à de pareils résultats est tout à fait fausse, le procédé scientifique qui va nous en préserver est tout à fait simple. Comme nous l'avons déjà remarqué :

L'homme étant 1° un être libre, c'est-à-dire fait pour réaliser sa loi de lui-même, 2° un être spirituel, c'est-à-dire fait pour reconnaître sa loi de lui-même, il est clair pour le premier cas, que sa loi ne peut lui être imposée, comme aux êtres inertes; et, pour le second, qu'elle ne peut le régir à son insu comme les êtres bruts.

Ainsi, pour qu'un être spirituel et libre puisse réaliser sa loi, il faut qu'il la connaisse ; pour qu'il la connaisse, il faut qu'elle lui soit proposée, et qu'il la porte toujours sur lui, afin d'être constamment prêt à l'accomplir ? Or, pour qu'il la porte toujours sur lui, y avait-il un moyen plus simple que d'en faire une des facultés mêmes de son être.

Et, en effet, la raison n'est-elle pas un des éléments fondamentaux de la nature humaine, et ne nous dicte-t-elle pas à tous, par la voix de la conscience, ce que nous devons faire ? Alors, sans aller copier des actions qui ne nous regardent point, ne devons-nous pas faire, pour connaître notre loi, ce que le genre humain fait pour la réaliser : consulter la raison ?.. La méthode ontologique, qui s'appelle aussi méthode rationelle, n'est pas autre chose (1).

Nous ne sommes pas tout à fait le premier à pressentir l'arrivée de cette grande méthode, et à proclamer l'abolition de l'empirisme. Ainsi Kant nous avertit, dans sa *Critique de la raison pure*, « que celui qui voudrait

---

(1) Comme nous l'avons remarqué : dans le monde physique toute science vient de l'expérience des faits, c'est pourquoi il faut suivre la méthode *expérimentale*; dans le Monde moral toutes les sciences viennent des prescriptions de la raison, c'est pourquoi il faut suivre la méthode *rationelle*. On peut dire *méthode rationelle* en tant que les principes dont elle se sert sont tirés de la raison, et *méthode ontologique*, en tant que ces principes de la raison sont les lois mêmes de l'être. Toutefois, une parfaite exactitude demanderait que l'expression de *méthode ontologique* fut employée en psychologie, parce qu'alors on tire la notion de l'homme de la notion de l'être ; et que l'expression de *méthode rationelle* fut employée en morale et législation, parce qu'on tire les lois de l'homme des notions absolues de sa raison.

14

tirer de l'expérience les conceptions de vertu (comme l'ont fait un grand nombre), ferait de la vertu un non-être ambigu, changeant suivant les temps et les circonstances, et ne pouvant servir à établir aucune règle. Au contraire, chacun sait que, si quelqu'un lui est présenté comme modèle de vertu, comme il en a toujours le véritable original dans sa propre raison, il lui compare ce modèle proposé, qu'il n'estime qu'en conséquence. Eh bien ! c'est là l'idée de la vertu, par rapport à laquelle tous les objets possibles de l'expérience servent d'exemple, comme preuve de la possibilité pratique d'un certain degré de ce que demande l'idée de la raison. Tout jugement sur la valeur d'une vertu n'est possible que par cette idée.

« La *République de Platon*, continue Kant, comme exemple prétendu frappant d'une perfection rêvée, est devenue proverbiale ; mais il vaudrait mieux suivre plus loin cette pensée du point où l'excellent génie de Platon nous a laissés sans secours, que de la rejeter comme inutile sous le très misérable et très honteux prétexte de l'impossibilité de la réaliser. Car on ne peut rien trouver de plus honteux et de plus indigne d'un philosophe que l'appel vulgaire et grossier à une prétendue expérience contraire, qui cependant n'aurait jamais existé si ces institutions avaient été faites en temps opportun, et si, à la place des idées dont nous parlons, des idées grossières, précisément parce qu'elles étaient tirées de l'expérience, n'avaient pas rendu inutile tout bon dessein. »

« La science faite sur la morale, comme le dit un autre philosophe, a pour objet d'abord d'établir cette première vérité, que la morale est indépendante de toute volonté humaine; que ce ne sont point les hommes qui font le juste et l'injuste ; que les vérités morales sont absolues comme les axiômes physique et mathématiques; qu'il y a en nous *une règle absolue du bien et du mal*, comme il y a en nous *une règle absolue du vrai et du faux*; et que, si l'homme a le pouvoir de méconnaître ou de violer cette loi, il ne le peut jamais sans crime.... La différence essentielle qui sépare les sciences morales de toutes les autres sciences sans exception, c'est que, dans celles-ci : *les principes doivent être subordonnés aux faits, le possible au réalisé*; dans les sciences morales, c'est précisément le contraire qui est vrai : *ici les principes sont au dessus des faits, le possible au dessus du réalisé*. Rien ne peut prévaloir contre les arrêts absolus de la raison ; et ces arrêts, pour avoir été méconnus ou violés, n'en restent pas moins sacrés et imprescriptibles. Cette grande différence entre les sciences morales et les autres sciences tient à ce que les premières se rapportent à la liberté et les autres à la fatalité (1). »

(1) M. Noirot, Cours de philosophie, *Leçons*. Ce philosophe s'est expliqué là dessus d'une manière aussi catégorique dans les admirables questions qu'il proposait à ses élèves, lorsque nous avions encore le bonheur d'être compté parmi eux. Nous sommes tout affligé de penser que nous n'avons pu conserver de sa philosophie que quelques notes disputées à la rapidité de sa parole si naïve et si profonde. Qu'est devenu le génie du maître, ainsi obligé de passer à travers l'intelligence d'un écolier ? Cependant, ce souvenir n'est point vieux : ne croyons-nous pas encore surprendre quelquefois sa voix dans nos oreilles, et notre ame tressaillir sous ses pensées ? C'est là, nous le voyons bien, ce qui nous donne le courage d'entreprendre cette étude. Nous avons presque regret de divulguer ici un nom déjà si grand et si cher pour ceux qui le connaissent, à propos d'un travail qui doit mériter si peu de gloire ; mais nous oserions encore moins parler

Ainsi, nous n'étudierons pas, comme Aristote, les institutions sociales du passé, puisque ce ne serait que de la mauvaise histoire naturelle appliquée au Monde moral; mais, nous étudierons les premiers éléments de cette institution sociale, dont toutes les autres, selon qu'elles sont plus ou moins parfaites, se rapprochent plus ou moins. Nous ne regarderons l'étude des publicistes que comme une affaire d'érudition, une pure archéologie de faits sociaux.

Mais la nature de cette institution ne doit-elle pas dériver de la nature de la Société? Il faut donc, avant de parler d'institution, étudier la Société pure, la Société véritable, celle dont toutes les autres, selon qu'elles sont plus ou moins parfaites, se rapprochent plus ou moins.

Mais la nature de la Société ne doit-elle pas dériver de la nature de l'homme? Il faut donc, avant de parler de société, étudier l'être libre et moral dans sa nature pure et véritable, et non point telle que la misère, le vice et ses dégradations nous en montrent les débris, trop nombreux, hélas! au milieu de nous.

Mais la nature de l'homme ne doit-elle pas dériver de la nature de Dieu? Il faut donc, pour retrouver la véritable nature humaine, retourner la prendre dans les données absolues de la raison.

Il faut suivre enfin ce précepte d'Aristote, si plein de philosophie, et qu'il aurait bien dû mettre en pratique le premier : « NON IN DEPRAVATIS, SED IN HIS QUÆ BENE

---

de tout ce qu'il y a de reconnaissance dans notre âme. Car, s'il y a eu de sublimes révélations à recueillir, une sollicitude touchante nous fut prodiguée, et comme l'on doit à sa mère plus que la vie, nous lui devons plus que la vérité.

« SECUNDUM NATURAM SE HABENT CONSIDERANDUM EST QUID SIT
« NATURALE. »

Ici s'ouvre le grand point de vue d'une science nouvelle ; je vais l'indiquer, plus tard on le comprendra mieux. Il faut étudier l'homme en Dieu ; la Société, dans l'homme ; et dans la Société, l'objet et le but de la Création. Par ce moyen, on résoudra un problème plus vaste qu'aucun de ceux qui aient été jamais posés, le problème définitif, et qui les contient tous.

Or, voici comment toutes les sciences morales ont leur source dans la raison pure. La Société repose sur la législation ; la législation repose sur le droit naturel ; le droit naturel repose sur la morale ; et la morale repose sur les notions ontologiques, c'est-à-dire sur les lois absolues de Dieu : or, les lois de Dieu, qui sont les lois de l'être, sont les principes mêmes de la raison. Nous étudions donc dans la lumière absolue que nous fournit la raison les lois éternelles de l'Être ; dans ces lois nous étudions la morale, qui est la loi de l'être déposé dans le temps ; et dans la morale se trouvent toutes les applications relatives à la Société.

Si, comme nous venons de le faire pressentir, la Société est la clef de la théorie de la création, l'homme est la clef de la théorie de la Société. Tant que nous ne connaîtrons point la véritable nature humaine, il est inutile de chercher à déterminer la véritable Société. Nous ne tiendrons compte de l'état actuel de dégradation où sa maladie générale tient l'humanité qu'après avoir trouvé l'idée pure de ce qu'elle devait être dans son état normal ; de manière à apprécier tout à la fois l'état où nous en sommes et les difficultés qui nous séparent de ce qui sera. La maladresse des publicistes est de déduire une existence sociale en rapport avec cette nature altérée; d'établir, par conséquent, une fausse société, en prenant pour base une fausse nature humaine; une société où le mal seul serait dans son état naturel. Les moralistes et les économistes nous comprennent.

C'est ici le cas de s'écrier avec Rousseau : « La plus utile et la moins avancée de toutes les connaissances humaines, me paraît être celle de l'homme. Car, comment l'homme viendra-t-il à bout de se voir tel que l'a formé la Nature, à travers tous les changements produits dans sa constitution originelle. Semblable à la statue de Glaucus, que le temps, la mer et les orages avaient tellement défigurée qu'elle ressemblait moins à un dieu qu'à une bête féroce, l'ame humaine, altérée au milieu des sociétés par mille causes d'erreurs, par le choc continuel des passions, a, pour ainsi dire, changé d'apparence. Une bonne solution de ce problème ne me paraîtrait pas indigne des Aristote et des Pline de notre siècle. Ce n'est pas une légère entreprise de demêler ce qu'il y a d'originaire dans la nature actuelle de l'homme. Ces recherches si difficiles à faire, et auxquelles on a si peu songé jusqu'ici, sont pourtant les seuls moyens qui nous restent de lever une multitude de difficultés qui nous dérobent la connaissance des fondements réels de la Société. Mais tant que nous ne connaîtrons point l'homme naturel, c'est en vain que nous voudrons déterminer la loi qu'il a reçue. » — Pour connaître cet homme naturel, qui n'existe plus dans le temps, il faut le reprendre dans la pensée de Dieu.

Maintenant qu'on sent l'avantage de l'ontologisme sur l'empirisme, que nous opposera-t-on ? Sans doute la dernière raison de ceux qui n'en ont plus : que nous ne faisons que de la théorie (1).... Quand on parle de bien faire à l'égoïsme, il crie que cela ne se peut pas ! On ne s'aperçoit point que c'est une méprise bien grossière que d'opposer sans cesse la pratique à la théorie. Ce sont ceux qui nous offrent sans cesse le réalisé, qui renoncent à toute réalisation. Que peut faire l'application de ce qu'elle a épuisé ? A l'application répugne le passé, comme à l'ouvrier l'ouvrage fait. Vraiment les gens

---

(1) Il y a dans le monde une classe d'hommes qui se laisserait appeler le *Positivisme*. Soit qu'ils ne puissent s'élever à la vérité indépendamment des sens, soit qu'ils aient des raisons pour ne pas le faire, ceux qui appartiennent au *Positivisme* veulent à toute force se renfermer dans le fait actuel, quel qu'il soit, parce qu'ordinairement le fait actuel leur est profitable. Puis ils se donnent le nom de *positifs*; ce qui signifierait que tous ceux qui ne pensent point comme eux sont dans l'imaginaire. C'était un excellent moyen d'attirer le bon sens de son côté, si le bon sens ne s'était aperçu que ceux qui se vantent d'être *positifs* n'étaient, en général, que des hommes passionnés et grossiers cherchant à discréditer la science, les idées, la morale, parce que la morale, les idées, la science, leur font honte. Ils ont vite pris le nom de *positifs*, afin qu'on ne leur donnât pas celui de négatifs ! Il semble, au moins, que, s'il y a quelque chose de positif, c'est ce qui est éternel, et par conséquent les améliorations qui tendent au vrai et au bien ; et que, s'il y a quelque chose qui ne le soit pas, ce ne doit être que le phénomène variable du temps, le produit passager de l'erreur et périssable comme elle. S'il s'agit d'une mauvaise institution, mais qu'elle existe, reposant sur un principe faux, mais qui ait cours dans le monde : « C'est du positif ! » Certainement il est positif que le mal, que l'égoïsme, que la corruption et la tyrannie existent encore sur la terre, et ce qu'il y a de positif encore, c'est que vous voudriez que ce positif le fût toujours ! Ce prétendu *positivisme* n'est qu'un système d'obscurantisme moderne en morale, en politique et dans les idées. Que voulez-vous ! en morale, c'est la réaction du vice contre la vertu ; en politique, de l'égoïsme contre le dévoûment ; et, dans les idées, de l'ignorance contre la vérité.

d'histoire ne devraient pas autant se vanter sur ce point : ce qu'ils appellent le positif n'est déjà plus ! le passé n'est qu'une chimère, l'avenir seul est une réalité ; car l'un n'est plus possible, et l'autre est nécessaire.

La pratique n'a pas de meilleure amie que la théorie : la théorie est précisément ce qui est à mettre en pratique. *Ce qu'il y a de plus utile dans la pratique*, disait Bacon, *n'est jamais ce qu'il y a de plus vrai dans la théorie.* C'est avec les utopies que la pratique n'a rien à faire. Toutefois l'empirisme a eu beau répéter le mot d'histoire, il ne l'a point encore assez dit, puisqu'il ne s'est pas aperçu de sa signification ! Mais ce qu'il y a de plus étonnant, c'est qu'il ait prétendu que ce n'était point lui qui faisait de l'utopie ; cependant, les revenants sont fantômes au même titre que les chimères de l'imagination.

Car nous ne repoussons l'histoire, observons le bien, que parce qu'indépendamment des raisons qui doivent la faire rejeter comme source de la science sociale, elle renferme des matériaux pour toutes les utopies. Est-il, en effet, une secte de morale, un système de philosophie, un parti politique, qui n'ait fait une histoire à son usage ? Il est bien reconnu aujourd'hui, par les exemples que nous en avons, que les événements se prêtent, sous la main des historiens, à toutes les interprétations. Rien n'est moins entêté que les faits de l'histoire ; on leur fait dire tout ce que l'on veut, et, si on les altère, ils ne sont pas là pour se défendre. On manie plus facilement l'histoire qu'on ne parvient à ébranler le sens commun en faveur d'une idée. Les esprits de peu de ressource savent bien ce qu'ils font quand ils s'adressent à l'histoire !

Les grands penseurs cherchèrent toujours à asseoir leurs doctrines sur la raison : ou ils en approfondissaient les axiomes éternels, ou ils en déduisaient les sublimes conséquences. Socrate, Platon, Descartes, Bacon, Pascal, Leibnitz, Kant ne s'adressèrent pas aux érudits, mais à tous ceux qui possèdent la raison ; aussi connait-on l'influence de ces grands hommes sur le monde ! Mais alors il fallait les méditations d'une vie entière et l'autorité d'un génie supérieur pour donner un système.

Aujourd'hui, on a trouvé le moyen de construire des systèmes sans avoir recours à la raison et sans beaucoup d'efforts. Celui qui rencontre la plus petite idée veut en faire un système ; alors, faute de certitude logique, il a recours aux preuves historiques. On n'a pas la raison pour soi, mais on prend l'expérience. Et comme il n'est pas de folie et de misère que l'histoire n'ait soigneusement recueillies, on y trouve toujours à s'appuyer. Il est fâcheux que le progrès des sciences historiques ait mis en faveur ce procédé. C'est, si l'on n'y prend garde, ce qui nuit le plus au progrès de toutes les études philosophiques en France. Quand, avec de la mémoire, on peut trouver une base à tout un système, à quoi bon se consumer en méditations ? d'autant plus qu'en se présentant avec un grand livre d'histoire, on est bien sûr d'en imposer aux sots.

Or, si déjà nous sommes obligés de repousser, comme base de la science sociale, la véritable histoire, que devrions-nous dire de l'histoire ainsi accommodée ?...

D'abord l'idée rationelle est déjà au dessous de la Réalité essentielle, qu'elle représente dans la raison humaine, puisqu'il y a entre elles toute la distance qui existe entre la raison divine et la raison humaine. Ensuite, la réalisation de cette idée rationelle dans le monde phénoménique est encore au dessous de la conception, puisqu'il y a entre elles toute la distance qui existe entre l'idée pure et son exécution ? Or, si la conception humaine est déjà au dessous de la Réalité, et si celui qui a la conception de la Réalité parvient déjà si difficilement à la manifester par l'exécution, que pourra être l'idée de celui qui, méconnaissant cette conception, déjà si au dessous de la Réalité, ira prendre pour modèle la chose exécutée, encore si au dessous de la conception?.. Je ne m'étonne plus que les hommes d'État, en général, nous méprisent autant.

C'est bien le moins que, dans une étude de cette importance, nous nous adressions à la représentation la plus pure et la plus exacte de la Réalité, aux conceptions immédiates du Vrai, du Bien et du Bon, que la raison nous fournit tout exprès pour les réaliser !

Car, si la raison a été donnée à l'homme, c'est pour qu'il s'en serve, c'est pour qu'il lui demande le type des actions qu'il doit accomplir. Car la raison, c'est, ni plus ni moins, le moyen que Dieu a choisi pour descendre en nous, et se trouver perpétuellement dans la présence intérieure de l'homme, afin que l'être qu'il a créé pour devenir semblable à lui par la félicité porte sans cesse en lui même l'idéal éternel qu'il doit atteindre. Par quel ridicule orgueil ou par quelle insigne folie, l'homme prétendrait-il laisser la lumière pure, que

Dieu envoie à son secours, pour se retourner vers les essais informes qu'il a pétris de ses mortelles mains !

Préférer l'expérience à la raison, c'est préférer les vacillantes lueurs de la terre à la lumière du Ciel, c'est commettre une sorte d'impiété ? La raison est bien moins à l'homme qu'elle n'est à Dieu : elle appartient à celui-là comme le rayon que lui envoie le soleil. La raison est divine en sa nature comme en sa source ; elle reste si pure de de tout alliage humain, que, d'après l'observation unanime des psychologistes, son caractère fondamental est l'impersonnalité. La raison est toujours infaillible, il ne s'agit que de savoir la consulter loyalement. La raison est de Dieu, l'expérience est de l'homme : au nom de la religion et de l'humanité, je vous rappelle donc à la raison !

Saint Augustin débute ainsi dans son livre admirable sur l'Ordre : « Avant que nous soyons sages, nous avons imprimée, dans la raison, une notion de la sagesse par laquelle nous pouvons devenir sages ; c'est pourquoi chacun de nous, interrogé s'il veut être sage, répond sans hésiter : Qu'il le veut. Il est donc constant que, si vous ne voyiez cette sagesse en aucune façon dans votre raison, vous ne sauriez nullement que vous voulez être sage, parce que vous n'auriez pas la notion de la sagesse. Ce n'est point par les sens extérieurs qu'on connaît la sagesse, pas plus que les principes des nombres. Cette connaissance étant la même immuablement dans tous ceux qui l'ont, où donc la voyons-nous si ferme et si inébranlable, si ce n'est dans la lumière intérieure, inconnue et inaccessible aux sens ? »

Malebranche termine ainsi un des ouvrages les plus

surprenants qu'ait laissés la Psychologie : « Si je rentre dans moi-même, et que je me demande, dans le silence de mes sens, ce que je dois préférer, j'entendrai une réponse claire et distincte de ce que je dois faire ; réponse éternelle qui a toujours été dite, et qui le sera toujours ; réponse qu'il n'est pas nécessaire que j'explique, parce que tout le monde la sait : ceux qui lisent et ceux qui ne lisent pas ; réponse enfin, qui n'est ni grecque, ni latine, ni française, ni allemande, et que toutes les nations conçoivent. J'entendrai cette réponse, et je me rirai des illusions de mes sens ; et j'obéirai à la voix de celui qui me parle si clairement dans le sein de ma raison. »

La raison, ou faculté de connaître le Bien, c'est là tout ce dont nous avons besoin ; car le bien n'est que l'application du vrai, et le vrai pour un être est le principe sur lequel repose sa réalité, c'est-à-dire la loi de ses conditions d'existence. Or que cherchons-nous, sinon la connaissance des conditions de l'existence et de l'avenir de l'humanité ? Si donc nous avons en nous la faculté de connaître le bien, nous portons sur nous les conditions de notre vie : il ne s'agit que de les déterminer, et c'est l'objet de la méthode rationelle.

Vous savez qu'on appelle Bacon le père des sciences physiques ; et, en effet, le *novum organum* dont il proclama l'usage, est l'*Induction*. La base qu'il lui donna est l'expérience, qui renferme les faits : puisque, comme nous l'avons remarqué, le monde physique ne se présente à nous que par le côté des faits, et que ne pas les voir serait ne pas vouloir les regarder. — Puis, cette méthode fut naturellement appelée, du nom de sa source, méthode expérimentale; ou du nom de son instrument, méthode inductive.

Mais vous savez aussi que le Monde moral s'offre à nous par le côté de ses lois, puisque l'homme les porte en lui et que ne pas les voir serait ne pas vouloir se regarder. La base des sciences morales est la raison, qui renferme ces lois : par conséquent le *novum organum* qu'il s'agit d'employer ici est la *Raison*. — Aussi cette méthode doit être naturellement appelée, du nom de sa source, méthode ontologique; ou, du nom de son instrument, méthode rationelle.

Et la méthode nouvelle deviendra également la mère des sciences morales, si nous savons comprendre sa nature, ses conditions, et toute sa portée.

Bacon a substitué l'induction, qui s'appuie sur les faits du monde physique, au syllogisme, qui ne s'appuyait que sur lui-même. Substituons la raison, qui repose sur les lois mêmes de Dieu, à l'empirisme, qui ne repose que sur ce qui ne doit plus être.

Bacon eut beaucoup de gloire à signaler ainsi le procédé avec lequel furent créées toutes les sciences physiques, parce qu'il fallut alors tout son génie pour jeter assez de lumière sur cette vérité. Mais aujourd'hui, nous qui pouvons si aisément constater pourquoi le procédé de Bacon a réussi, et pourquoi lui seul pouvait réussir; nous qui voyons en même temps pourquoi dans les sciences morales il faut précisément employer un procédé contraire, et pourquoi lui seul peut réussir; aujourd'hui, disons-nous, il n'y aurait pas de la gloire à le suivre, mais du déshonneur à ne le suivre pas.

Car les progrès de la philosophie, d'un côté, ceux des sciences, de l'autre, ont assez fait l'éducation de la raison, et il est trop facile maintenant de bien poser ces questions pour qu'on ait encore droit, sur ce point, à quelque indulgence. — Ne confondons pas! Je dis que celui qui ne saurait pas reconnaître que la méthode rationelle peut seule créer les sciences morales ne mériterait plus l'indulgence, mais non pas celui qui, nonobstant ses faibles moyens, va essayer ici d'en faire usage.... Ah! si, malgré cette insuffisance, j'arrivais à réaliser la pensée que j'ai en vue, la légitimité de la méthode n'en ressortirait qu'avec bien plus d'éclat....

La raison étant la connaissance du bien, le bien étant la réalisation du vrai, et le vrai étant pour un être le principe de sa réalité, il faut donc partir de la raison pure dans toutes les sciences morales, et, à plus forte raison encore, dans la Science sociale, qui est le but de toutes les autres.

Mais déterminons les résultats que nous devons espérer de la méthode nouvelle.

Sommaire. — Conséquences du fatalisme auquel aboutit la *méthode expérimentale* : elles sont contraires au bon sens de l'humanité, à la raison, à la révélation, à la psychologie, à l'histoire elle-même. — Il est de la nature d'un être spirituel et libre de trouver en lui même sa loi. — Rien n'est plus simple que la *méthode rationelle*, puisque l'homme porte avec lui la raison.

qui indique tout ce que nous devons faire. — Nous ne sommes pas le premier à proclamer cette méthode : idée de Kant, de M. Noirot. — Pour apprécier les institutions sociales, savoir ce que c'est que la Société ; pour connaître la Société, savoir ce que c'est que le Monde moral ; pour connaître le Monde moral, savoir ce que c'est que les êtres moraux ; et pour connaître les êtres moraux, les étudier tels qu'ils devraient être. Pour cela, les étudier dans la pensée de Dieu. — Qu'il faut étudier l'homme en Dieu, la Société dans l'homme, et dans la Société la théorie de la création. — Comment toutes les sciences morales ont leurs sources dans la raison pure. — On ne peut arriver à la connaissance de la véritable Société que par l'étude de la véritable nature humaine. — L'étude de la nature humaine altérée n'a conduit qu'à la société de Hobbes et de Machiavel : l'égoïsme seul prend la défense de ce point de départ. — Absurdité de ceux qui opposent la pratique à la théorie : comme si la théorie n'était pas ce qui est à mettre en pratique. — C'est l'utopie qui n'est rien à la pratique : nous ne repoussons l'histoire que parce qu'elle renferme des matériaux pour toutes les utopies. — On fait dire à l'histoire tout ce qu'on veut, au lieu qu'on ne manie pas ainsi la raison : on ne prend la première que losqu'on n'a pas la seconde pour soi. — Ne pas confondre les sociétés réalisées avec la véritable Société, puisque l'homme, dans l'exécution, reste toujours au dessous de la vérité. — 1° La perfectibilité de l'homme, 2° les suites de sa liberté, 3° l'affaiblissement de la vérité tombant dans la conception humaine, 4° l'affaiblissement de cette conception tombant dans la pratique humaine, ne permettent pas d'étudier la Société véritable dans les sociétés exécutées sur la terre. — Ne devons-nous pas nous adresser à l'idée la plus parfaite que nous ayons de la Réalité, à la raison que Dieu met exprès dans l'homme pour qu'il ait avec lui son modèle éternel ? Préférer l'expérience à la raison, c'est préférer la sagesse humaine à la sagesse de Dieu. — Idée de saint Augustin sur ce point, de Malebranche. — La raison est la connaissance du bien ; le bien, la réalisation du vrai ; le vrai est pour un être le principe de sa réalité : et comme nous cherchons précisément les conditions de l'existence de l'humanité, voilà pourquoi nous devons partir de la raison. — Les faits sont la source des sciences physiques, et l'induction, leur *novum organum* ; — les lois sont la source des sciences morales ; et la raison, leur *novum organum*.

CHAPITRE XI.

QUELS RÉSULTATS DEVONS-NOUS ESPÉRER DE LA MÉTHODE NOUVELLE ?

S'il n'y avait de vrai que ce que renferme l'histoire, lorsque saint Paul apporta pour la première fois dans le monde cette grande nouvelle : *Il n'y a plus de Juif ni de Gentil, d'esclave ni d'homme libre, plus d'homme ni de femme, car Dieu ne fait point acception de personne;* lorsque saint Paul, disons-nous, prononça ces immortelles paroles, il commit une grossière erreur historique; car précisément il n'y avait eu depuis le commencement, et il n'y avait encore dans le monde que des maîtres et des esclaves, des Gentils et des Juifs, des hommes et des femmes ?.. Cependant on vit l'esclavage disparaître, et le principe de saint Paul devenir l'axiome fondamental des sociétés humaines.

L'Évangile fut donc seul, un jour, contre tout le Monde! L'expérience ne pouvait que le convaincre de folie; le présent, qu'il attaquait dans ses vices les plus chers, ne pouvait que s'élever contre lui avec toutes les

fureurs de l'intérêt blessé et des passions frustrées ?..
Eh ! bien, c'est parce qu'il repoussa l'histoire du passé
qu'il créa celle de l'avenir.

Si la pensée humaine ne s'était perpétuellement arrachée de l'expérience pour venir nous éclairer sur le devant de la route, au lieu de marcher à ses fins, l'humanité se fût tranquillement assise au milieu de ses faux dieux, de ses vices et de ses esclaves.

Quittons donc l'expérience pour la Raison, c'est-à-dire laissons les faits pour ne voir que le Droit; car les faits n'ont de valeur que dans leur conformité avec le droit. Le fait sans le droit est un crime, et le droit n'a nullement besoin du fait pour se légitimer.

Comme nous sommes des êtres libres et raisonnables à qui Dieu a confié le soin de leur propre perfectibilité, ou de l'édification du Monde moral, sachons une fois, le mal et l'emploi de la force qu'il nécessite se retirant peu à peu de l'humanité, comment la justice seule les remplacerait. Ne confondons plus l'origine chronologique de la Société, c'est-à-dire les phases embryogéniques de sa formation, avec son origine logique, c'est-à-dire avec le principe scientifique qui nous expliquera la théorie de son existence. Comment les lois réelles du Monde moral dégagées de tout obstacle présideraient à la formation de la Société, voilà ce que l'homme a besoin de savoir. Parce qu'il a besoin que sa nature, complétement reconnue, puisse se placer dans la voie de ses destinées.

Quand la nature même des sciences sociales ne nous indiquerait pas la méthode à suivre, l'état présent de la question nous en ferait une nécessité. Voilà plusieurs siècles pleins de révolutions; les conflits religieux, sociaux, philosophiques, politiques, scientifiques, économiques déchirent l'humanité. Les systèmes et les faits ont été croisés au point qu'il est permis de dire qu'ils forment en quelque sorte une barricade devant la vérité. Ce n'est là, comme par toute l'histoire, qu'une confusion d'idées dont les unes sont la condamnation des autres. Lorsque les faits sont contradictoires, comment reconnaître ceux qui appartiennent aux lois absolues ; comment les distinguer des faits relatifs, produits momentanés du conflit des divers éléments de la Société ?

Il est nécessaire de s'élever à la conception pure des lois mêmes de l'Ordre moral. Ici nos yeux ne seront plus offusqués de ce qui est, ni de ce qui a été ; ils ne chercheront que ce qui doit être, ils ne seront frappés que du véritable.

Ce n'est point dans les sociétés existantes, pas plus que dans les sociétés du passé, qu'il faut chercher les principes fondamentaux de l'Ordre social, puisqu'elles ne sont que des tendances vers l'exécution des idées absolues qui forment le véritable but de toute expérience. Mais c'est dans la nature humaine telle que Dieu l'a faite, à qui la volonté peut faire violence, mais qu'elle n'a jamais changée dans ses éléments, qu'il faut chercher les principes de la Société humaine. Car tout être qui a un but, est doué inévitablement des moyens nécessaires pour y arriver ; et c'est par ce rapport entre les êtres et leurs lois, entre leurs instincts et leurs buts, que l'univers peut exister. Si l'homme, par sa nature, est fait pour la Société, il porte dans son sein, non seulement les besoins qui doivent lui en faire une nécessité, mais aussi, tous les éléments et tous les pouvoirs nécessaires pour la réaliser.

Nous ne devons donc pas nous occuper de telle ou telle société, maintenue par telle ou telle forme de police : les sociétés passées comme les sociétés existantes ne sont et ne peuvent être que des tentatives qui sont à la Société réelle ce que la pensée est au Vrai absolu, ce que la loi écrite est à la Justice pure, ce que l'action de l'homme est au type absolu du Bien, ce que l'art est à son idéal, ce que la tentative est à la réussite. Nous ne nous occuperons pas des sociétés qui ne sont, en un mot, que des ébauches de la Société véritable : mais nous étudierons

LA SOCIÉTÉ PURE,

C'EST-A-DIRE L'ENSEMBLE DES RAPPORTS IMMUABLES QUI DOIVENT EXISTER ENTRE LES ÊTRES MORAUX, D'APRÈS DES LOIS NÉCESSAIRES ET ÉTERNELLES LES CONSTITUANT,

AU MILIEU DU TEMPS,

DANS UN ORDRE DE DÉVELOPPEMENT QUI LES CONDUISE

AU DELA DU TEMPS.

La vie de l'humanité n'est que son inépuisable effort à réaliser cet Ordre.

Des lois éternelles et absolues de l'Être incréé, nous déduirons les conditions de l'être qu'il a créé, c'est-à-dire les éléments de la nature humaine. Des éléments de la nature humaine nous déduirons les propriétés du milieu qui doit la recevoir, c'est-à-dire la nature de la

Société ; de la nature de la Société nous déduirons le caractère de la puissance qui doit la protéger, c'est-à-dire la nature du gouvernement.

Il faut déterminer la seule Société véritable. Cette Société une fois donnée, l'ordre civil n'étant qu'une manifestation extérieure de l'ordre moral, et l'ordre politique, qu'une manifestation des besoins de l'ordre civil, la nature du pouvoir politique ne sera qu'une simple déduction à faire de la nature de la Société.

En un mot, la nature humaine étant déduite de la nature Divine, la nature de la Société de la nature humaine, et la nature de l'ordre politique, de la nature de la Société, notre pied ne quittera pas un seul instant le terrain de la réalité.

Au lieu de partir du relatif, de ce qui s'écoule avec le temps, et de donner ainsi la théorie du mal, nous partirons de l'absolu, de ce qui s'élève avec l'éternité, et donnerons ainsi la science de ce qui doit être selon les lois de Dieu. Il faut partir de l'absolu pour étudier, comme Dieu en est parti pour créer ; faire sortir la science de la création du sein d'où la création est elle-même sortie !

Les êtres ont été créés pour un but : à qui le demander, sinon à celui qui les a créés ? Ils ont des lois pour arriver à ce but : qui nous les apprendra, sinon celui qui les leur a données ? Les lois absolues de son être nous proclament les lois selon lesquelles les êtres ont été faits. Si Dieu a déposé l'homme sur la terre dans la Société, c'est que la Société doit le préparer à l'existence à laquelle il est appelé auprès de Dieu.

Je prévois qu'il sortira naturellement de notre méthode une étude de l'Être, une étude de l'homme, et une étude de la Société, ainsi que du but de la création. Une étude de l'Être? parce que, comme nous venons de le dire, il est l'origine, la loi et le but. Une étude de la Société? parce qu'elle est la voie qui conduit à ses fins le fils de l'Être, l'homme, ce précieux dépôt confié à la création. Et enfin, par rapport à la création, comme c'est dans la Société que l'homme accomplit ses destinées ici-bas, la fonction que la Société remplit dans le temps, par rapport à l'homme, doit nous indiquer le but auquel elle doit le conduire au delà du temps.

L'ontologisme nous fera tenir les deux bouts de la chaîne universelle. L'être absolu nous indiquera la nature de l'homme, et le motif pour lequel il a été créé; l'homme nous indiquera la nature de la Société, et la loi qu'elle doit accomplir. Car c'est dans la Société, qui nous apparaîtra sans nul doute comme le fait le plus universel de la création, qu'il faudra étudier le motif, l'objet, et le but de la création.

Cette fois, il ne s'agit plus de considérer l'homme par tel ou tel côté, la Société par telle ou telle face; de savoir isolément ce que c'est que la morale, ce que c'est que la législation, ce que c'est que la politique; il ne s'agit plus, comme au temps de Newton, de donner le système du monde physique, et de s'élever ainsi par des voies fragmentaires à la connaissance de l'Éternel. Mais il s'agit de descendre du sein de qui toutes choses descendent, de prendre dans son regard l'œuvre dont il a rempli l'espace et le temps, il s'agit de traiter le grand problème de la création. — Tels sont les résultats que nous devons espérer de la méthode ontologique.

Pénétrant ainsi au sein des lois de l'être, nous ne verrons que l'immuable, sans égard aux dispositions de l'époque. Nous ne voulons pas d'autre disposition intellectuelle que l'état d'un doute méthodique inspiré par l'espérance. Que nos yeux soient fermés sur tout ce qui se fait à cette heure, pour ne s'ouvrir que sur l'idéal qui est dans la raison ; si l'homme veut être raisonnable, il est temps de ne prendre conseil que de ses grands enseignements.

L'idéal, c'est-à-dire ce qu'atteint l'idée pure, c'est le vrai ; il est plus réel que toute réalité, il est plus positif que toute expérience. Il faut qu'une pensée soit idéale dans toutes ses parties pour qu'elle obtienne de la réalité dans tout son entier. La Société elle-même n'est qu'une idée qui ne tombe point sous les sens ; elle est cachée sous tous les évènements de l'histoire ; à mesure qu'elle se développe elle pose elle-même des faits, mais elle ne devient jamais un fait, parce qu'elle court continuellement à ses destinées, et entre dans un orbe que les astres ne connaîtront pas. Que dirais-je encore ? La Société est la plus belle pensée qui se développe au milieu du vaste univers, sous la voûte immense des cieux. C'est la grande idée que couve la création tout à côté de l'Éternel. Nous saurons où la Société doit aboutir......

La théorie de la Société, de même que la théorie des lois mécaniques, calcule d'une manière absolue la force des lois et la résistance des êtres, en laissant à la pratique le soin de l'application des vérités reconnues. Nous devrons calculer aussi d'une manière absolue la force des lois, des devoirs et des droits, sans nous inquiéter d'abord de leur application. Il y a une théorie pure du Monde moral, comme il y a une mécanique pure du monde physique, théorie qu'il faut d'autant mieux connaître qu'on veut plus parfaitement l'accomplir.

C'est précisément parce que les principes purs souffrent d'aussi fâcheuses restrictions dans la pratique, qu'il faut bien se garder d'aller corrompre jusqu'à ces principes mêmes ! Admettons que nous ne puissions encore réaliser toute notre loi morale : sera-ce une raison pour que la morale en souffre, et qu'un jour nos enfants soient privés de la tradition vierge qu'en reçurent leurs pères ? Ceux qui contestent aux principes leur caractère absolu ne le font que parce que notre pauvre nature humaine s'effraie de l'application; et ils le savent bien. Il est vrai qu'il n'y a peut-être pas encore une seule vertu, fût-ce celle de l'amour maternel, devant qui l'homme ne reculât, s'il fallait la réaliser dans toute sa perfection. Alors, que serait-ce donc de la Société pure, qui suppose l'application de toute notre loi, de toutes nos vertus?

Ah ! ce n'est pas celui qui entreprend cette étude qui viendra disputer à notre pauvre humanité les condescendances qu'on doit avoir pour elle ! Seulement il croit que, si nous ne sommes point arrivés à un développement qui nous permette de réaliser parfaitement notre loi, nous atteignons peut-être celui qui nous permet d'en porter toute la connaissance. La vérité nous ferait-elle encore peur; serions-nous toujours comme ces enfants de peu de patience à qui l'on cache par précaution la longueur de leur tâche; et ne pourrions-nous prendre dès le matin la feuille de route de la journée ?

Mais une fois cela reconnu, il faut que ceux qui craignent de voir la loi de l'être moral dans toute sa pureté, parce qu'ils ne se sentent point encore capables de l'accomplir, l'admettent à leur tour dans son intégrité.... Allons ! les empiriques voient bien qu'on n'ignore pas leurs petits secrets : nous savons tenir compte comme eux des misères de notre nature ; qu'ils se montrent de leur côté aussi raisonnables que nous le sommes, qu'ils ne cherchent plus à s'autoriser de l'expérience pour altérer la morale. Nous sommes de pauvres enfants qui connaissons tous la misère de la famille ; loin de chercher encore à nous justifier par le passé, avouons-nous plutôt en souriant que nous ne fîmes pas tout ce que nous aurions pu faire ; et si un repentir salutaire traversait notre cœur pour le purifier, nous nous consolerions bientôt en tombant dans les bras les uns des autres.

On conçoit que ceux qui ont reçu de Dieu la garde de cette loi se montrent inflexibles et roides comme la barre de fer ; ils le doivent : la lettre, qui renferme l'esprit, leur est confiée. S'ils étaient plus flexibles, si le feu sacré venait à pâlir entre leurs mains, ne se rendraient-ils pas coupables du crime effroyable de lèse-humanité ? Mais nous, si nous ne sommes point chargés comme apôtres d'imposer cette loi dans toute sa rigidité, soyons au moins de ces hommes de bonne volonté qui, s'ils reconnaissent leur négligence à réaliser la loi, se disent qu'ils l'admirent, qu'ils l'aiment, qu'ils cherchent à l'accomplir, mais ne seront jamais assez méchants pour la corrompre ou pour la nier !

Oui, il y a une Société pure comme il y a une mécanique pure. Les sociétés qui ont passé sur la terre ne se composent que de la partie de la Société pure qu'on est parvenu à réaliser jusqu'à ce jour, eu égard au degré de développement de la nature humaine; et, comme l'humanité est précisément en ce monde pour se développer jusqu'à son accomplissement, nous chercherons quelle est cette Société qu'elle a pour but de réaliser, quelle est sa fonction dans le temps, et son but au delà du temps.

Les grands principes exercent sur l'humanité la même puissance que le doigt de Dieu exerce sur la nature, ils donnent le mouvement. Tout homme qui énonce un principe vrai dépose dans le monde une force nouvelle pour le porter au bien. Ce n'est pas à dire que les vrais principes n'existent point encore, car le Monde moral, qui existe en partie, ne repose que sur eux. Mais l'intelligence humaine, préoccupée d'autres soins, en méconnaît de bien importants, et elle ne les méconnaît que parce qu'elle n'est point encore allée jusqu'à eux par le chemin de la science. C'est pourquoi il est si important de faire aujourd'hui la science de ce qui fut croyance jusqu'à ce jour (1).

---

(1) « Quelques personnes, ayant une haute opinion de leurs dispositions, dit S. Augustin, ne veulent pas s'appliquer à la philosophie : elles désirent posséder la foi seule, sans ornement ; et cela est aussi raisonnable que si elles s'attendaient à recueillir des raisins d'une vigne qu'elles auraient laissé sans culture. Il nous faut, au contraire, arroser, tailler et creuser ; nous ne recueillerons le fruit que par une culture assidue. » Si le même Dieu qui, d'après Bacon, a envoyé sa divine vérité par la révélation, est celui qui a créé le monde, qu'on étudie la première, ou qu'on étudie le second, l'on doit arriver a un même résultat. Si les idées que nous nous formerons du Monde moral ne sont pas des représentations exactes de cette réalité, elles disparaîtront devant les vé

De grands génies ont déjà amené de hautes croyances à cet état de démonstration plus approprié à la faiblesse de notre esprit ; continuons avec soin cette précieuse transformation qui consiste à faire passer dans la sagesse humaine, et à lui rendre propres, les lumières de la sagesse divine. « Dieu, dit Bacon, a envoyé dans le « monde sa divine vérité accompagnée des sciences, pour « que celles-ci lui servissent d'aides et de suivantes. »

Car, si la philosophie prend l'homme à l'état de science, lorsqu'il en est resté là, et l'élève à la croyance ; de même elle sait ramener la croyance à l'état de science. La philosophie est le médiateur qui établit l'union de la croyance et de la conception. C'est qu'effectivement la philosophie se fait avec la raison ; or, où est-il de plus proche parenté qu'entre la raison et la révélation ? Celle-ci, il est vrai, fut produite une fois, et celle-là descend continuellement vivante au sein de l'homme ; celle-ci est en dehors de nous, celle-là nous est intérieure ; mais aussi, toutes deux ne se cherchent-elles pas pour se correspondre du dehors au dedans ? Toutes deux, ne procèdent-elles pas d'une même origine ; toutes deux, ne s'adressent-elles pas à l'homme pour une même loi ; toutes deux, ne lui indiquent-elles pas un même but ; toutes deux, enfin, ne sont-elles pas pour se remplacer en cas d'absence, se suppléer quelquefois, et se corroborer toujours ? En effet, l'une renferme tout ce qu'il y

---

ritables découvertes de la science ; si elles sont vraiment la connaissance de cette œuvre de Dieu, elles n'auront pas de peine à se trouver conformes aux vérités qu'il a pu nous révéler sur ce point. Renoncer un instant à toute l'indépendance de la science, ce serait douter de la vérité de la révélation

a de sous-entendu dans l'autre, et la seconde complète tout ce que la première ne saurait contenir.

Certainement, du jour où la sagesse humaine, éclairée par ses propres lumières, adoptera d'elle-même le principe réel et fondamental sur lequel repose le Monde moral, qu'elle en fera sa croyance, que tout à la fois elle en reconnaîtra la théorie et en fera l'application ; de ce jour, un avenir de prospérité et d'avancement s'ouvrira pour l'humanité, parce qu'elle aura découvert elle-même le mystère de l'Ordre, que l'Ordre est l'état naturel des êtres, c'est-à-dire l'état où ils atteignent la perfection et le bonheur.

Puisque l'Ordre est pour tout être son état de perfection et de bonheur, et que le bonheur est à la fin de tout être, quel est l'Ordre véritable pour l'humanité? Telle est l'étude que nous entreprenons. Quel est le rapport entre le but de cet Ordre d'existence dans le temps et l'Ordre de l'éternelle existence? Tel est le résultat que nous espérons obtenir de cette étude.

Nous sommes au bout de nos Prolégomènes. Nous avons déterminé 1° l'objet de notre question, 2° la nécessité de l'étudier, 3° comment elle doit l'être, 4° la méthode qu'il faut suivre, 5° les résultats auxquels sont arrivés ceux qui ont pris une méthode contraire, et 6° ce qu'on pouvait espérer de la méthode ontologique ; en un mot, nous avons terminé la partie purement logique, en tant que la logique doit montrer l'instrument au moyen duquel on crée la science.

SOMMAIRE. — L'Évangile, qui eut un jour contre lui toute l'expérience du passé, créa l'histoire de l'avenir. — Quittons aussi l'expérience pour la Raison ou le fait pour le Droit. — Il faut que l'être libre et moral sache comment les lois réelles de la Société, dégagées de tout obstacle, présideraient à l'édification du Monde moral: il est donc nécessaire de s'élever à la conception absolue des lois mêmes de l'Ordre. — Tout être étant doué de moyens pour le conduire à ses fins, si l'homme est fait pour la Société, on doit retrouver dans la nature humaine les moyens qui lui donnent le pouvoir de la réaliser. — Les Sociétés passées sont à cette véritable Société ce que l'art est à son idéal, ce que les tentatives sont à la réussite. — LA SOCIÉTÉ PURE EST L'ENSEMBLE DES RAPPORTS IMMUABLES QUI DOIVENT EXISTER ENTRE LES ÊTRES MORAUX, D'APRÈS LES LOIS NÉCESSAIRES ET ÉTERNELLES QUI LES CONSTITUENT AU MILIEU DU TEMPS DANS UN ORDRE NATUREL DE DÉVELOPPEMENT QUI LES CONDUISE AU DELA DU TEMPS. Cette Société étant donnée, déduire la nature du gouvernement qui doit la protéger. Il y a une théorie pure de la Société, comme il y a une mécanique pure pour le monde physique : il faut la connaître avant de la mettre en application. — Pourquoi il est bon de faire la science de ce qui fut croyance jusqu'à ce jour. Parenté de la raison et de la révélation, conformité d'origine, de nature et de but. — La connaissance de la grande loi du Monde moral nous donnera le mystère de l'Ordre, qui est l'état de perfection ou de bonheur des êtres. — 1° Quel est cet Ordre pour l'humanité, 2° Quel est le rapport de cet Ordre avec l'ORDRE de l'éternelle existence : tels sont les résultats que nous devons espérer de l'étude qui va suivre.

FIN DES PROLÉGOMÈNES.

TABLE

DES PROLÉGOMÈNES.

CHAPITRES		PAGES
	Des objections qui ont été faites a la doctrine de ce livre	
	Préface.	1
I.	Ne faut-il pas déterminer la question de ce livre . .	59
II.	Quelle est la nécessité d'étudier la question de la Société ?	55
III.	Quelles sont les dispositions de l'auteur pour l'étude de cette question ?	69
IV.	Quelle est l'importance de la question de la Société, et comment doit-elle être traitée ?	79
V.	Quelle méthode faut-il suivre dans l'étude de cette question ?	95
VI.	Examen des résultats de ceux qui ont introduit la méthode expérimentale des sciences morales. — Aristote. — Machiavel. — Montesquieu.	117
VII.	Suite de l'examen. Du véritable esprit de la morale et de la politique. — Réfutation de l'idée d'Aristote. . . .	145
VIII.	Suite de l'examen. Du véritable esprit des lois. — Réfutation de l'idée de Montesquieu.	169

TABLE DES PROLÉGOMÈNES.

IX.	Suite de l'examen. Des écrivains modernes qui ont suivi les traces d'Aristote et de Montesquieu	185
X.	Les sciences morales n'ont-elles pas leur source dans la raison pure ?	207
XI.	Quels résultats devons-nous espérer de la méthode nouvelle ?	225

Voir l'analyse des questions aux sommaires qui se trouvent
à la fin de chaque chapitre.

FIN DE LA TABLE.

LIVRE PREMIER.

LA SOCIÉTÉ DOIT-ELLE EXISTER?

AVERTISSEMENT.

On a déjà prévenu dans les Prolégomènes que, par suite de la manière dont l'auteur doit procéder, il apportera moins ses idées dans cette étude qu'il ne les recevra de cette étude même; de sorte que le lecteur est tout-à-fait tenu de suivre la marche des idées, s'il veut réellement profiter de ce travail. On recommande surtout les Sommaires, où l'on a eu soin de conserver l'enchaînement logique, seule lumière qui puisse éclairer au milieu de cet ouvrage. En lisant le sommaire qui est à la fin de chaque chapitre, le lecteur y retrouvera la suite des raisonnements, qu'il rattachera alors bien plus facilement au chapitre suivant. Comme chaque chose, ici, ne trouve sa signification et son importance que dans le le tout, et que du reste une théorie ne se partage point, ce livre perdrait toute sa valeur si on étudiait les chapitres isolément.

LA SOCIÉTÉ
DOIT-ELLE EXISTER?

I.

Comment la question de la Société doit-elle être abordée?

Qu'est-ce que la Société? C'est là précisément le problème à résoudre; et si telle est la première question qui se présente, comme il ne nous est point permis de poser en fait et *à priori* l'existence de la Société, on ne peut trouver de réponse à cette question avant de savoir: S'il doit y avoir une Société? Et, s'il doit y en avoir une: Existe-t-elle? Et, si elle existe: Quelle est-elle?

Ce n'est qu'après avoir reconnu sa nécessité, découvert son objet dans la création, étudié sa nature, et déterminé son but, qu'il sera possible de définir la Société; car toutes les connaissances, que l'on possède sur un même objet, devant être renfermées dans sa définition, c'est le terme d'une science de parvenir à la définition complète de son objet.

Et d'abord, ce mot de Société ne présente-t-il pas l'idée d'une organisation parmi les hommes? mais les hommes doivent-ils être organisés? Et, s'ils le doivent, en quoi consiste une *Organisation?* Et quelle est celle enfin qui convient à la nature de l'homme?

Mais cette idée d'organisation représente un fait compliqué; ce n'est point une idée simple que la raison puisse immédiatement atteindre par l'un de ses axiomes; or, si ce fait échappe à toute conception rationelle primitive, il est donc nécessaire qu'il soit abordé par l'observation de ce qui existe. En effet, avant de décider s'il doit y avoir organisation dans l'humanité, il faut chercher dans le reste de la création si les êtres se trouvent disposés d'après un certain ordre nécessaire, c'est-à-dire, s'ils sont organisés; afin qu'ayant la connaissance de l'effet qui résulte pour eux de cet arrangement, on puisse examiner si une pareille manière d'être a quelque rapport, ou non, avec la nature des êtres qui composent l'humanité.

Mais l'observation ne nous fait venir aucune lumière du dehors, la connaissance de l'ensemble des phénomènes ne peut que déterminer les conceptions explicatives de notre propre raison. Car si quelquefois on retrouve le *comment* dans les phénomènes, jamais nous n'en trouvons le *pourquoi* que dans la raison : tous ceux qui ont fait de grandes découvertes le savent bien¹. Que de générations virent, avant Newton, des pommes tomber d'un arbre : pourquoi l'attraction, dont les effets se manifestent dans tous les phénomènes de la nature, resta-t-elle si longtemps inconnue, quand le plus simple et le plus ordinaire de ses résultats fut, pour l'esprit de cet homme, l'occasion de la découverte du système du monde? Et cependant si la loi de l'attraction fut si tardivement connue, ce n'était point faute de se révéler à nos sens par des milliers de phénomènes ?

Qui a vu une loi de ses yeux? Nous voyons bien les

---

¹ Lorsque Cuvier découvrit, dans les carrières de Montmartre, un fragment d'os, qu'il s'aperçut bien ne pouvoir appartenir à aucune espèce actuellement vivante, ne reconstruisit-il pas, sans sortir de sa pensée, et par les seules lois rationnelles de la constitution des êtres, les *pachydermes*? Ne distingua-t-il pas, sans autres témoignages extérieurs, deux genres dans cette espèce : le *palæotherium* et l'*anoplotherium*? et n'alla-t-il pas jusqu'à admettre plusieurs variétés auxquelles il appliqua le nom qui leur convenait? et puis, lorsque, plus tard, après que la charpente de ces animaux eut été ainsi reconstruite par la pensée, on en a retrouvé le squelette enseveli dans la terre, l'expérience ne vint-elle pas justifier alors ce que la raison avait découvert par suite de sa loi d'analogie ?

« Lorsque Galilée eut fait rouler, sur un plan incliné, des globes dont il avait lui-même choisi le poids, ou que Toricelli eut fait supporter, à l'air, ce poids qu'il savait, d'avance, être égal à celui d'une colonne d'eau à lui connue, ou que, plus tard encore, Sthal eut converti les métaux en chaux métallique, alors la lumière apparut à tous les physiciens. Ils comprirent que *la raison n'aperçoit que ce qu'elle produit elle-même avec dessein; qu'elle doit prendre l'avance, armée de principes, de jugements, fondés sur des lois constantes, et que, loin de se laisser conduire au gré de la nature, comme par la lisière, elle doit la forcer à répondre aux interrogations qu'elle lui adresse ; autrement, les observations fortuites, faites sans aucun plan arrêté d'avance, ne sont pas ramenées à une loi nécessaire, comme l'exige cependant la raison, et comme elle en a besoin. La raison, tenant ses principes, suivant lesquels seuls des phénomènes concordants peuvent valoir comme lois, doit aborder la nature pour s'en faire instruire, non pas comme un écolier qui se laisse dire tout ce que bon semble à son maître, mais comme un juge établi pour faire répondre des témoins à l'interrogatoire qu'il leur fait subir. »

Kant, *Critique de la raison pure*, préface, pag. 6.

êtres tout régis, mais jamais la force qui les régit. La connaissance des phénomènes arrive bien naturellement jusqu'à nous par le canal des sens, mais c'est pour venir y chercher leur loi, qui n'est jamais qu'une conception explicative de notre esprit. Voilà pourquoi nous sommes obligés de porter cette lumière intérieure sur tous les phénomènes que nous voulons connaître.

Ainsi les phénomènes ne nous disent point eux-mêmes leurs lois, leur disposition ne fait que nous attester la vérité de celles que nous leur imposons par l'induction, s'il est permis de parler ainsi; c'est-à-dire que nous ne découvrons dans le monde extérieur d'autre lumière que celle que nous y portons par notre esprit, et qu'enfin nous ne trouvons que ce que nous y cherchons. C'est que, par la raison, l'homme recèle en lui les lois de la réalité, car les conceptions rationelles sont les lois mêmes de l'existence, et pour reconnaître ces lois en lui, il n'est besoin que d'en retrouver les effets autour de lui dans le monde phénoménique; et c'est effectivement lorsqu'il les leur applique qu'il dit avoir une vérité. Ainsi l'homme doit faire parler sa raison pour en conférer ensuite avec la nature : car si c'est la nature qui interroge en offrant ses phénomènes, c'est la raison qui répond en les expliquant. C'est de cette manière que se fait, d'un côté, l'éducation de la raison, et, de l'autre, la science de la nature.

L'observation, par elle-même, ne nous donne donc aucune loi première, aucune conception explicative? Mais si elle ne les réveillait pas en nous, par le spectacle des phénomènes, ces notions resteraient endormies en nous, ainsi que chez l'ignorant, dont la paresse fait le sommeil de l'esprit; tout comme si nous n'avions pas en nous ces notions rationelles, la nature ne saurait pas mieux nous les donner qu'aux animaux, qui en restent éternellement privés, quoique au milieu de la nature, et doués de sens beaucoup plus fins que les nôtres.

Si donc nous ne jouissons, dans toute sphère de réalités, que de la lumière que nous y portons, comment pourrions-nous aborder immédiatement le Monde moral, n'ayant aucune lumière préalable sur ce que nous voulons y découvrir? Ne faut-il pas que notre esprit se pourvoie des données qui lui sont nécessaires, et que, pour cela il les puise dans une autre sphère de réalités dont il a déjà pris connaissance?

En effet, lorsque une réalité ne découvre pas d'elle-même sa nature, ses propriétés, les lois qui la régissent, qu'elle échappe aux conceptions rationelles, premières vues si nécessaires de la pensée; est-il une méthode plus sûre et plus simple à la fois que celle de l'aborder par esprit d'analogie avec d'autres réalités déjà connues, surtout quand ces réalités appartiennent à un même ordre, qu'elles font partie d'un même tout?

Or, qui nierait que l'humanité appartienne à la création? elle est bien, sans doute, une noble et indispensable portion de cette œuvre de Dieu? Et, en effet, l'humanité est une partie de la création, puisqu'elle existe; un être dans l'univers, puisqu'elle vit; une fonction dans le monde, puisqu'elle agit. Et elle n'est pas seulement une partie de la création, un être dans l'univers, une fonction dans le monde; elle est encore, comme nous le comprendrons plus tard, la partie essentielle de la création, puisqu'elle est la partie pour laquelle l'autre partie a été créée; l'être pour lequel les autres êtres ont été faits; la fonction pour laquelle les autres fonctions ont été établies; puisqu'elle est, en un mot, le but de la création. C'est cette vérité qui fit si souvent répéter à un ingénieux philosophe, qu'il faut *expliquer les choses par l'homme, et non l'homme par les choses.*

Effectivement, la nature et l'humanité ont bien cela de commun qu'elles appartiennent à une même création, que par conséquent elles n'existent point par elles-mêmes; mais la nature n'existe ni par elle-même, ni pour elle-même; nous verrons, plus tard, pour qui l'humanité existe : observons seulement ici que la nature n'existe que pour l'humanité. Car, « au sein de l'univers, qu'importerait la vie si nul être ne la sentait? Qu'importe au soleil l'éclat de sa lumière? il ne la voit pas; qu'importe au végétal le parfum de ses fleurs, la saveur de ses fruits? il n'en jouit pas; qu'importe aux globes répandus dans l'espace la raison, la science, les affections des êtres qui les habitent? ces globes eux-mêmes sont dépourvus d'affection, de science et de raison. » Les causes finales, disait Bacon, se rapportent entièrement à la nature de l'homme plutôt qu'à l'univers.[1]

Ainsi, l'humanité étant : 1° comme la nature, *un être*; 2° comme la nature, *un être créé*, c'est-à-dire, distinct de

---

[1] Quæ sunt planè ex natura hominis potius quàm universi. *Novum organum.*

LINNÉE disait aussi : Finis creationis telluris est gloria Dei, ex opere naturæ, PER HOMINEM SOLUM.

l'Être nécessaire ; 3° l'humanité, comme la nature, résultant d'une même Puissance créatrice, c'est-à-dire, également subordonnée, comme être conditionnel, à l'Être inconditionnel; 4° l'humanité, comme la nature, étant mutuellement subordonnées l'une à l'autre, par les rapports qui existent entre elles ; 5° l'une étant faite pour l'autre, c'est-à-dire, leur puissance créatrice commune n'ayant donné d'autre fin à l'existence de l'une que de servir de moyen à l'existence de l'autre ; enfin, la nature comme l'humanité appartenant, 1° à un même système de création, 2° à un même but de création établi par une même puissance créatrice qui les conserve et les régit l'une et l'autre, il est clair que la première pensée que nous devons nous former de la manière d'exister de la création, ou de son existentialité, c'est que les deux êtres qui la composent, ne recevant, l'un et l'autre, l'existence que par une participation de la substance de l'unique être incréé, sont nécessairement soumis, en tant qu'êtres conditionnels, aux conditions de l'existence, que l'être incréé a établies, pour que ce qui est être créé puisse subsister.

Car s'il n'y a qu'une substance incréée, c'est-à-dire, qu'une existence nécessaire, il n'y a qu'une création, c'est-à-dire, qu'une existence subordonnée : la création qui émane de l'être incréé, l'existence subordonnelle qui émane de l'existence essentielle. S'il n'y a qu'une création, qu'une existence créée, tout ce qui est du domaine des choses créées, tout ce qui appartient à cette création, participe nécessairement de cette existence ; en un mot, tous les êtres que nous appellerons pour cette raison les êtres *créaturels*¹ participent à une existence commune : à l'existence qui émane de l'existence incréée, seule nécessaire, essentielle, absolue.

De sorte que, 1° l'on peut étudier les êtres créés d'après les rapports qu'ils ont entre eux, sans sortir du domaine de la création : comme, par exemple, lorsque l'on observe la nature des êtres matériels par opposition à la nature des êtres spirituels ; 2° l'on peut étudier aussi la nature de l'existence créée tout entière, par rapport avec l'existence incréée : comme, par exemple, lorsque l'on observe les conditions de l'existence de la création, par opposition à celles de l'existence du Créateur. Et c'est là où nous en sommes.

Ainsi, avant d'arriver aux propriétés spéciales, et par conséquent aux différences qui distinguent les êtres créés, d'après les rapports qu'ils ont entre eux, en une multitude de genres et d'espèces ; avant même d'arriver aux

---

¹ On nous permettra l'usage de quelques mots qui ressortent nécessairement de notre pensée. Probablement le mot *nature* existait avant le mot *naturel* : le premier qui employa cette expression le fit sans doute par la nécessité où il se vit d'exprimer la manière d'être d'une chose qui est en tout conforme aux conditions de la nature ; de même, le mot *créature* existe, mais on n'a pas encore cherché à exprimer la manière d'être d'une réalité qui est en tout conforme aux conditions de la créature (qui est donc point exister par elle-même), par opposition à la Réalité dont la manière d'être est, au contraire, d'exister par elle-même. Or, en employant le mot *créaturel*, nous ferons observer que nous usons du même droit que celui qui, pour la première fois, fit usage du mot *naturel*. On ne cherche à éviter le néologisme que pour l'obscurité qu'il peut introduire : mais un mot nouveau, qui rapporte, au contraire, de la clarté dans la langue et de la précision dans une idée importante, doit être accueilli par la même raison qui fait repousser habituellement le néologisme. D'ailleurs, il ne faut point traiter une langue vivante comme une langue morte ; et comment serait-elle donc une langue vivante si, suivant l'expression de Malte-Brun, dans sa lettre ethnographique à M. Adrien de Balbi, on lui donnait, *cette fixité académique sous laquelle les Italiens et les Français cachent la paresse ou l'impuissance d'esprit ?*

propriétés plus générales qui distinguent l'une par rapport à l'autre les deux grandes familles d'êtres spirituels et d'êtres matériels qui se partagent le domaine de la création ; mais ne considérant, d'abord, que les conditions de l'existence créée en général, par rapport à l'existence incréée ; en ne s'occupant que de la nature de l'être conditionnel par rapport à l'être inconditionnel, et non pas de la nature des êtres conditionnels par les rapports qu'ils peuvent avoir entre eux ; en un mot, de l'être en tant qu'existence, nous voyons : que tout ce qui subsiste dans l'ordre des choses créées est subordonné à une existence, à l'existence qui émane de l'être inconditionnel unique, essentiel ; que tous sont, par conséquent, soumis à des conditions d'existence ; sans quoi, n'ayant pas, par eux-mêmes, l'existence, ils disparaîtraient ; que par cela qu'ils ont part à la même existence conditionnelle, émanant du même être inconditionnel, ils sont soumis aux mêmes conditions d'existence : les conditions d'existence auxquelles l'être incréé subordonne l'être créé.

Pour nous expliquer plus clairement : considérant l'existence créée, en général, par rapport à l'existence incréée, il résulte que la première existe par elle-même, et que la seconde au contraire n'existe point par elle-même ; qu'elle est conséquemment soumise aux conditions de l'existence sur lesquelles l'a établie celle qui fait qu'elle existe. Alors, quel que soit le nombre des êtres qui appartiennent à l'ordre de l'existence créée, quelles que soient les différences qui distinguent ces êtres entre eux, ils ont nécessairement ce rapport commun : que tous reposent sur les conditions d'existence, sur lesquelles l'être incréé établit l'être créé.

Les deux êtres qui composent l'ordre des choses créées ont donc de commun, en tant qu'existence, tout ce que peuvent avoir de commun deux êtres également subordonnés à une même puissance créatrice : 1° ne subsistant l'un et l'autre que par la soumission aux conditions d'existence sur lesquelles ils reposent; 2° existant l'un pour l'autre; 3° entrant l'un et l'autre dans un même plan de création, et concourant à un même but final. La différence ne commence à apparaître entre eux que lorsque faisant abstraction de leur manière commune d'exister, par rapport à l'existentialité essentielle, nous pénétrerons jusqu'à leurs natures spéciales, jusqu'aux propriétés particulières qui les distinguent, aux lois et aux buts différents qui tracent alors décidément une ligne de démarcation infranchissable entre ces deux classes d'êtres, et déterminent visiblement leur différence réelle.

Mais en ne les considérant préalablement qu'en tant qu'êtres créés ou subordonnés à l'alimentation substantielle d'un même être absolu, il résultera de cette commune existentialité que, si nous reconnaissons, pour les premiers, des conditions générales d'existence, cette loi qui est vraie, vis-à-vis des uns, étant, dans ce cas, vraie vis-à-vis des autres, nous saurons qu'il y a aussi à chercher, pour les seconds, des conditions générales d'existence. Ou, en un mot, malgré la différence qu'on retrouve entre la classe des êtres spirituels et la classe des êtres matériels que renferme le domaine de la création, comme tout, dans la sphère de l'existence créaturelle, n'est que par sa dépendance de la sphère de l'existence essentielle, seule nécessaire; ne faut-il pas, avant de remarquer laquelle de ces deux espèces d'êtres créés a été faite pour l'autre, reconnaître leur ressemblance en tant que nécessairement munies, l'une et l'autre, des conditions d'existence sur lesquelles l'être essentiel les a établies ?

Si donc l'humanité est en dedans de la création, elle a inévitablement un rapport d'analogie avec elle : *celui d'avoir été créée comme elle*, c'est-à-dire, d'être soumise comme elle aux conditions de l'existence. Les conditions de l'existence, en général, étant communes à tout ce qui est, combien en sera-t-il de même, à plus forte raison, des conditions de l'existence créaturelle ? et si c'est en vertu d'une loi que la création se conserve, ce sera donc en vertu d'une loi que l'humanité, qui en fait partie, se conservera; et si, pour rassembler toutes ses parties sous l'action d'une même loi, l'agrégation est indispensable dans la nature, ne prévoyons-nous pas qu'il y aura aussi association dans le genre humain, qu'il se réunira pour atteindre sa loi première et se placer, tout entier, sous sa puissance conservatrice?

Tout ce qui existe est le produit d'un seul être; c'est pourquoi il a frappé toute sa création d'un tel caractère d'universalité et d'analogie, que celui qui connaît l'esprit de Dieu, dans une de ses œuvres, tient en main une lumière qui l'éclairera au fond de toutes choses. Et si le monde physique s'est offert le premier à la science de l'homme, ce n'est, en quelque sorte, que pour former l'éducation de sa pensée et la dresser pour la conquête de la vérité. En lui livrant son secret, le monde physique lui donne la clé du système du Monde moral, de ce monde qu'il lui importe tant de connaître, et pour la science duquel l'esprit de l'homme semble, comme il est hors de doute, plus spécialement conformé [1].

L'homme n'a qu'une raison, parce qu'il n'y a qu'un Créateur à connaître et qu'une création à étudier : aussi, la connaissance d'une science est-elle un moyen de les pénétrer toutes, car c'est toujours le même esprit humain qui étudie et la même création qu'on étudie. L'homme n'a pas une raison pour comprendre la nature et une raison pour comprendre l'humanité; son intelligence, quoique diverse dans ses opérations, ne repose-t-elle pas toujours sur les mêmes principes fondamentaux; n'est-ce pas toujours l'emploi méthodique de ses facultés qui rend sa marche certaine? La logique n'est-elle pas toujours la logique, dans quelque circonstance qu'on la fasse servir? Des conséquences justes ne sont-elles pas toujours vraies, quand elles sortent d'un principe certain? Les propriétés, les lois et les rapports des êtres ne sont-ils pas toujours l'unique objet que poursuit la science, quelle que soit la sphère qu'elle étudie? Tous les êtres, à quelque sphère qu'ils appartiennent, ont donc des propriétés, des lois pour les régir, et des rapports entre eux? S'il n'y avait

---

[1] L'homme ne peut former sa pensée dans son intelligence que par le moyen des images fournies par l'imagination, et il ne peut l'exprimer que par le moyen de signes représentatifs fournis par le langage; imagination et langage se pourvoient dans la nature; le monde visible devient ainsi comme un vaste système de symbolismes à l'usage de la pensée humaine. « C'est par les lois manifestes du monde matériel que nous apprenons à connaître les lois intérieures de notre nature. L'univers est comme un miroir magique où viennent se réfléchir, pour notre usage, les vérités abstraites de la morale. Depuis la haute antiquité, toute religion, tout culte, toute instruction morale, philosophique, s'est produite sous la forme de symboles et d'images [*]. » Ce phénomène est ancien comme l'homme, parce qu'il repose sur les lois de l'esprit de l'homme.

[*] Creuzer. Des Rel. de l'Antiq. Introduction.

pas cette analogie de conditions d'existence, comment la même intelligence pourrait-elle étudier deux sphères différentes? Comment, par ses propres opérations, serait-elle parvenue à découvrir ce qui se passe dans l'une et dans l'autre, s'il n'y avait pas une profonde analogie dans la manière dont elles se comportent vis-à-vis du néant : analogie nécessaire entre tout ce qui appartient à l'existence, entre tout ce qui dépend d'une même cause créatrice?

Il est clair que la science de la nature n'est point la science de l'humanité; mais la science de la nature nous apprend les conditions d'existence d'une réalité et révèle par là même que toute réalité créée, comme elle, repose aussi sur des conditions d'existence; que, par conséquent, il y a dans le Monde moral des lois qui, quoique différentes, sont à l'humanité ce que les lois physiques sont à la nature; d'où il résulte qu'il y a aussi à chercher dans l'humanité des conditions d'existence et des lois. Car ne faut-il pas que l'humanité, pour son bien, se constitue, d'après ses lois, dans ces conditions essentielles d'existence? Or, comme le monde physique est achevé, et qu'il existe dans toute la plénitude de sa perfection, on conçoit qu'il puisse servir de type au Monde social. *Verus Ordo experientiæ accendit primò lumen, deindè per lucem demonstrat iter.*

Ainsi, de la constitution de l'univers, nous irons à la constitution du genre humain; des conditions de l'existence de la nature, comme chose créée, aux conditions de l'existence de l'humanité, comme être également créé.

N'est-ce pas ainsi que la question de la Société doit être abordée ?

Voyons donc quelle est la condition de l'existence du monde physique.

———

Sommaire. — On ne peut définir la Société qu'après avoir reconnu sa nécessité, sa nature, son objet et son but. — Le mot *Société* présente l'idée d'une organisation parmi les hommes : or, doit-il y avoir une organisation dans l'humanité ? — Ne devons-nous pas savoir, avant, s'il y en a une dans cette autre partie de la création qu'on appelle la nature ? — L'observation, en général, ne nous donne jamais que la connaissance des faits, et les lois sont toujours des conceptions explicatives de notre esprit. — De là, pour munir notre esprit des données nécessaires, nous devons aborder le moral par analogie avec le monde physique. — Au reste, l'humanité et la nature ne sont que les deux parties d'une même création : seulement, l'une est le but de l'autre. — Comme appartenant à la sphère des réalités créées, ces deux ordres d'êtres, quelle que soit leur différence en eux-mêmes, ont un rapport commun : celui d'être soumis aux conditions sur lesquelles l'être qui existe par lui-même a établi l'existence des êtres qui n'existent point par eux-mêmes. — En sorte que, si c'est en vertu d'une loi que la nature, réalité créée, se conserve, ce doit être en vertu d'une loi que l'humanité, réalité créée, doit se conserver. — Et si, pour rassembler toutes ses parties sous l'action de cette loi, l'agrégation est indispensable à la nature, ne prévoyons-nous pas qu'il doit y en avoir une dans l'humanité pour réunir tous ses membres sous l'action de leur loi ? — Le système du monde physique et celui du Monde moral, comme procédant d'un même Créateur, doivent être frappés d'un tel caractère d'analogie que la connaissance de l'un doit donner la clé de l'autre. — L'homme n'a qu'une raison parce qu'il n'a qu'un Créateur à connaître et qu'une création à étudier. — De là, la connaissance d'une science est un moyen de les pénétrer toutes. — La science de la nature n'est point la science de l'humanité; mais la connaissance des conditions d'existence de la nature, comme réalité créée, nous révèle qu'il y a aussi pour l'humanité, comme réalité également créée, des conditions d'existence à connaître; — qu'il y a, dans le Monde moral, des lois qui sont à l'humanité ce que les lois physiques sont à la nature. — Ainsi, nous irons de la constitution de l'univers à la constitution du genre humain.

II.

L'Ordre n'est-il pas la condition de l'existence du monde physique ?

Quelle est la pensée que l'univers exprime? L'antiquité a eu l'honneur de la découvrir, et, par conséquent, de lui donner son nom, la première : son grand philosophe l'a nommée Κοσμος *harmonie*. Κοσμος ou Uni-vers, c'est la même pensée exprimée de deux manières : le premier de ces mots signifie harmonie, le second, la diversité ramenée à l'unité; c'est toujours l'harmonie.

Oui, l'harmonie est le mot de la grande énigme du monde, car l'harmonie est le rapport de la cause à l'effet; c'est le rapport de la loi au moyen, et du moyen au but; c'est la convenance des lois avec les êtres, et des êtres avec leurs lois; c'est un enchaînement de moyens proportionnés pour arriver au but suspendu à une cause finale. Toute la création existe en vertu de ses lois, et ces lois se rattachent toutes à une seule et même loi. Ces lois de divers ordres se divisent encore en une multitude de lois, et cette multitude de lois se rattachent les unes aux autres jusqu'à ce qu'elles viennent toutes se suspendre à l'unique loi. Puis, il faut que toutes ces lois aient un rapport d'analogie avec cette loi dernière, comme il faut que cette loi dernière ait un rapport avec toutes ces lois, afin que Dieu n'ait besoin que d'une seule volonté pour toucher cette loi suprême et faire mouvoir le monde. « Dans l'univers, tout est clé de « voûte; chaque être, chaque rapport, s'appuient sur « tous les autres, parce qu'il n'y a qu'un principe et une « loi pour tous les êtres, tous les rapports. » [1]

Nous figurons-nous au plus haut de sa création, comme sur le sommet aigu d'une pyramide, l'Éternel appuyant sur la fibre principale du monde, et toute la création tressaillante se mouvoir dans son concert harmonieux?

Concevons-nous ainsi toutes choses se faisant unité, pour venir se ranger sous l'action de son Créateur, c'est-à-dire, pour en recevoir la vie? Car si Dieu a disposé les êtres avec unité [2], c'est pour les mettre en rapport avec lui. « La nécessité qu'il y ait union ou unité pour qu'il y ait résultat harmonique, dit l'auteur de *l'Esprit des choses*, est le principe de toute vie comme de toute science. Cet axiome majeur doit être regardé comme imprescriptible,

---

[1] *Idée précise de la vérité première.*
[2] Celui qui considérera les causes secondes séparées et désunies, pourra s'y borner et ne pas aller plus loin; mais s'il les observe liées et enchaînées les unes aux autres, il est forcé d'avoir recours à une sagesse infinie, qui a créé le tout, et qui en maintient l'arrangement

BACON. *Novum organum.*

car il n'y a rien dans tout ce qui existe qui ne puisse le justifier. L'ordre physique, l'ordre de l'esprit, la génération des êtres, la végétation, la santé, les plus sublimes conceptions, tout cela ne peut avoir lieu que par des jonctions d'unités. Il semble que l'unité primaire et régulatrice ne pouvant frayer qu'avec son analogue, ne se joint jamais qu'à des opérations ou des phénomènes qui sont déjà parvenus à l'unité, et a voulu que tout le cercle des choses ne pût exister et agir que sur cette loi, base de toute harmonie. Il en est de la vie comme des idées : elles ne viennent que de l'unité de concours des puissances génératrices déjà unes elles-mêmes; il faut deux puissances *une*, ou, si l'on veut, une unité de puissance pour produire tous les phénomènes. Et pour que ces deux puissances n'en forment plus qu'une, il en faut donc une autre qui vienne faire unité avec leur unité. Puis c'est en se liant, en se portant successivement les unes vers les autres, en suivant ce mouvement ascendant, que les unités secondes s'élèvent jusqu'à l'unité simple, dominante, qui peut vivifier toutes les autres unités; puis, c'est par une force générale descendante, qui va au devant de cette force ascendante, que tout se vivifie. Sans elle, tout procédant dans un seul sens, il n'y aurait aucune alliance et toutes les unités secondes demeureraient dans la stérilité. C'est à cette unité prédominante, sortant de ses propres puissances par l'attrait nécessaire qu'elles ont l'une pour l'autre, et par le besoin perpétuel de se produire elles-mêmes, que notre esprit est forcé de s'arrêter, et d'où il voit progressivement provenir toute la chaîne des productions. »

Mais aussi avec quelle joie ne parcourt-il pas, dans la création, les traces d'unité que l'intelligence divine y a laissées; il se consume à leur poursuite pour les admirer en attendant de posséder cette intelligence elle-même : noble instinct de l'esprit! Voilà pourquoi et la science, et la poésie, et les arts, sont pleins de la soif de cette unité! La science, étant le dépôt des harmonies et des unités découvertes, devient comme un miroir du monde dans lequel l'intelligence aime à le contempler; son but est de trouver le rapport des êtres entre eux, des êtres avec leurs lois; le rapport de ces lois entre elles, puis le rapport des êtres et des lois avec leur source; le rapport du multiple à l'unité et de l'unité au multiple; le rapport immédiat des choses finies avec la puissance infinie. La science, en un mot, atteste les souffrances de l'esprit de l'homme, elle cherche l'unité!

Car, de même que la loi première se propage en se divisant dans toutes les parties de la création, si la science tenait cette loi mère, elle descendrait infailliblement avec elle jusqu'à ses extrémités; elle envelopperait le monde du réseau de la pensée humaine.

Toutes les parties furent donc faites avec harmonie pour qu'elles pussent se constituer en unité, l'unité étant le but de tout être comme le but de la création entière : car l'unité, c'est la vie, et tout ce qui existe aspire à la vie. L'harmonie, sans laquelle il n'y aurait pas d'unité, est donc la condition de la vie: comment ne la retrouverions-nous pas dans tout ce qui existe? S'il était possible d'imaginer que le néant fût quelque chose, c'est là seulement que l'on pourrait trouver la désharmonie.

Oui, l'unité c'est la vie, car la mort n'est que la décomposition... L'unité est la loi de toute existence; elle est dans la cristallisation des minéraux, dans la formation des plantes, dans le mouvement de chaque système planétaire. Qu'est-ce que l'animal vivant, sinon un ensemble d'organes auquel préside l'unité du principe vital? Qu'est-ce que la destruction de l'animal, sinon la dissolution des organes entre eux, puis de leurs parties par la disparition du principe vital? Dès que l'on voit cette unité se dissoudre, c'est, dit-on, parce qu'il a perdu la vie. « Que peut être le bonheur, si ce n'est l'œuvre de la puissance qui compose, qui répare, qui construit? Et que peut être le malheur si ce n'est le fruit de la destruction? » Ainsi, partout la vie nous apparaît sous la forme de l'unité, et partout la mort, sous la forme d'une unité rompue. *Omnia desiderant bonum*, dit Boëtius, *ita desiderant unitatem, sine quâ esse non possunt*.

Alors, la création elle-même, qui renferme toutes les existences et toutes les vies, pourrait-elle être autre chose qu'une grande unité? « *Videmus*, dit Saint Thomas, *quod res repugnant suæ divisioni quantum possunt, est quod dissolutio uniuscujusque rei provenit ex defectu illius rei; cum enim finis gubernationis mundi sit quod est essentialiter optimum bonum, necesse est quod mundi gubernatio sit optima : optima autem gubernatio est quæ sit per unum. Cujus ratio est : quia gubernatio nihil aliud est quam directio ad finem quæ est aliquod bonum : unitas autem pertinet ad rationem bonitatis. Itaque mundus ab uno gubernetur.* »[1]

---

[1] *Summa theologiæ sancti Thomæ D. Angelici.* Quæst. CIII, art. 3.

Mais si nous remontons à la source de l'être, ce caractère général de l'existence nous apparaîtra plus nécessaire et plus évident encore. On entend par Dieu l'être existant par lui-même ; or, cette notion nécessaire implique l'idée de la plénitude de l'être : car s'il existe par lui-même, il est impossible qu'il lui manque quelque chose de ce qui constitue l'existence ; sans quoi, dépendant d'un autre être, quant à certaines conditions de l'existence, et se trouvant en ce point exposé à la dissolution, il ne serait plus l'être existant par lui-même. Si donc nous voulons avoir la notion de Dieu, il faut que nous ayons l'idée de l'être renfermant toutes les conditions de l'être ; autrement dit, de l'être qui possède toutes les *perfections*, comme, au reste, l'indique ce mot, de l'être *parfait*, achevé, complet ; et l'être complet, celui qui renferme toute réalité, toutes les conditions d'existence, qui est par conséquent la plénitude de l'être ou la perfection, est donc nécessairement essentiel et infini. Or, si Dieu renferme toutes les perfections, il est clair qu'il ne peut y avoir plusieurs Dieux, car s'ils étaient plusieurs, ils différeraient entre eux, il y aurait donc dans les uns des propriétés qui ne seraient pas dans les autres ; celui à qui il manquerait cette perfection, ne serait donc pas Dieu, ou bien, si celui-là était parfait, les autres ne le seraient pas, puisqu'il s'étendrait sur toute existence : comment plusieurs êtres à la fois pourraient-ils être infinis ? Ainsi la notion de l'être infini implique, de toute nécessité, la notion de l'unité de l'être. Dieu, étant la Réalité essentielle, par conséquent l'être directement opposé à la dissolution ou au néant, est donc essentiellement indivisible, essentiellement un ; et comme le définit avec une rare intelligence l'auteur du livre *de l'Amour de Dieu* : « En Dieu il n'y a qu'un seul acte, qui « est sa propre divinité. » Nous voyons que l'unité se retrouve dans la constitution de l'infini comme dans celle du fini. *L'unité, c'est l'être*, avait dit Aristote.

On conçoit que l'unité soit le caractère général de l'existence, quand on songe que la manière d'être de l'existence essentielle est l'unité et l'identité. En sorte que si l'existence suprême, l'existence inconditionnelle, la vie essentielle, est unité, c'est que l'unité est le caractère, la manière d'être fondamentale de l'existence; alors pour que le conditionnel, ou créé, participe de l'existence, ne faut-il pas qu'il participe de l'unité ?

Saint Augustin nous donne une preuve de cette vérité dans une superbe pensée: *L'unité*, dit-il, *c'est la forme de tout ce qui est beau!* Mais si le beau n'est que la splendeur du vrai, l'unité est donc la preuve de la vérité, ou la marque de l'existence? Alors il pouvait ajouter qu'elle est le caractère de tout ce qui existe. Aussi, comme le remarque Saint Denis l'aréopagite : « Il n'y a chose quelconque qui ait estre, qui ne participe de l'un. »[1]

---

[1] Le passage où S. Denis s'exprime ainsi est très remarquable : « Mais tant est-ce aussi parlé suffisamment de ces choses. Il nous reste ensuite que nous discourions de ce qui est le plus fort de l'affaire : car la sainte tradition loue celui qui est l'auteur de toutes choses, comme parfait et un. Il est parfait comme ne recevant point d'augmentation et toujours parfait et indiminuable, comme préayant toutes choses en soi, et regorgeant par dessus avec une largesse incessable et qui n'amoindrit point, par laquelle il perfectionne toutes choses parfaites et les surcomble de sa perfection. Il est appelé un, d'autant qu'il est uniquement toutes choses par la super-éminence d'une seule unité, et qu'il est cause de toutes choses, sans toutesfois sortir de l'un. Car il n'y a chose quelconque qui ait estre qui ne participe de l'un. Mais tout, ainsi que tout nombre, participe de l'unité et qu'on dit un binaire, une dizaine, etc., de même toutes choses, et ce qui est partie de toutes choses participent de l'un; pour estre un toutes choses sont. L'un, auteur

« L'unité, a dit un homme de génie, est ce qui donne à la création quelque chose d'infini, *c'est ce qui la rend digne de Dieu!* »[1] C'est-à-dire, que c'est à l'unité que l'on reconnaît l'œuvre de *Celui qui est*. « Dieu donc voulant rendre toutes choses bonnes et belles, dit Saint François de Sales, a réduit la multitude et distinctions d'icelles en une parfaicte unité, faisant que toutes choses s'entretiennent les unes aux autres et toutes à luy, qui est le souverain monarque; c'est Dieu qui, pour la beauté de la nature humaine, a donné le gouvernement de toutes les facultés de l'ame, à la volonté. »[2]

De sorte que le monde repose sur deux conditions : l'unité et la variété. Les rapports des êtres qui composent la variété forment l'harmonie, et l'harmonie produit l'unité. L'unité et la variété, puis, le rapport entre l'unité et la variété, ne sont pas seulement les conditions du monde en général : chacune de ses parties, comme nous le savons, est soumise à ces mêmes conditions ; c'est pour-

---

de toutes choses, n'est pas un d'entre plusieurs, mais est avant tout un et toute multitude, le définissant : tout un et multitude. Car il n'y a aucune multitude qui ne soit participante de l'un, puisque ce qui est plusieurs en ses parties est un en son tout ; ce qui est plusieurs par accident est un en son sujet ; ce qui est plusieurs en nombre et puissance est un en espèce et un en genre ; et ce qui est un en émanation et progrez est un en son principe. Il n'y a rien qui soit qui ne participe de cet un, qui en sa nature s'étend universellement sur toutes choses, voire même les opposées ; et, est bien vray que sans l'un la multitude ne serait pas, mais sans multitude l'un ne laisserait pas d'estre : tout de même que l'unité est auparavant tout nombre multiplié. L'un est le principe en toutes choses ; et si vous ostez l'un il n'y a plus ni tout ni partie, ni aucune chose. Aussi vous ne trouverez chose quelconque qui ne soit ce qu'elle est, et ne reçoive sa perfection, et ne soit maintenu par l'un, selon lequel toute divinité est dénoncée super-essentiellement. » — *Des noms divins de S. Denis* aréopagite, apostre de France, chap. 13. Du parfait et de l'un.

[1] DE LA MENNAIS, *Indifférence en matière de religion*, tom. 3.

[2] *De l'amour de Dieu*, liv. I, chap. 1.

quoi, dans chaque science, quelle que soit la partie du monde qu'elle ait pour objet, on retrouve ces mêmes principes constituants.

Bien mieux ; il est impossible à la raison humaine de le concevoir autrement. Si l'on essaie par la pensée de priver le monde de l'une de ces deux conditions, il devient aussitôt incompréhensible : si par exemple on veut nier l'unité pour ne voir que la variété, c'est-à-dire la divisibilité sans fins; cette divisibilité sans limites ne laisse pas même la possibilité de concevoir la molécule, sans la conception de laquelle, comme on sait, l'idée de la matière disparaît entièrement devant l'esprit, et conduit jusqu'à la dissolution complète des choses.

Mais, comme l'a dit un philosophe : *La divisibilité, ou expansion universelle, est le mouvement de l'unité à la variété* [1]. Aussi cette divisibilité à l'infini ne peut exister dans le monde, qu'à la condition d'une force opposée qui, agissant dans un sens inverse, rattache au contraire chacune des parties résultant de la variété ou divisibilité à un centre unité : cette force est l'attraction universelle, qui est *le retour de la variété à l'unité, comme l'expansion est le mouvement de l'unité à la variété*. Le point d'intersection de ces deux forces produit un juste équilibre; cet équilibre est l'harmonie établie entre l'unité et la variété. Ainsi nous ne trouvons rien dans le monde physique qui ne tienne de l'unité, mais nous trouvons des êtres dont les éléments sont variés. — La variété n'est donc point l'inunibilité.

---

[1] Cousin, *Introduction à l'Histoire de la philosophie.*

Ou bien, supposons que la variété n'existe pas; que serait la masse inerte du monde? que serait cette unité sans variété, sans divisibilité, c'est-à-dire sans expansion universelle, sinon une unité morte, enfermée sur elle-même, sans mouvement, sans développement, sans vie, et par conséquent sans but? Si le monde entier n'était qu'une unité, fût-il un million de fois plus grand, il ne lui resterait pas même la valeur de la plus simple molécule; parce que cette molécule, d'après ses propriétés, entre dans une organisation, et concourt à former cette variété de choses qui réunies et disposées donnent une vie. Mais le monde comme une seule molécule, par conséquent sans propriété, sans rapport avec nul autre être, par conséquent sans loi, est aussi difficile à concevoir que le néant. La valeur de l'unité consiste en ce qu'elle peut être divisée en elle-même, ou multipliée et associée : parce qu'alors elle suppose la variété; et que la variété rend possible l'organisation; et qu'enfin la variété organisée dans l'unité est la constitution générale des êtres. Ainsi, nous ne trouvons rien d'indivisible dans le monde physique, mais nous trouvons des êtres qui sont uns [1]. — L'unité n'est donc point l'indivisibilité.

---

[1] « *Tout le travail de la nature est une production d'individualités, hors du sein de l'ensemble, et un rappel de ces individualités dans l'ensemble...... Si l'on observe seulement le rapport qu'il y a entre les diverses influences qui secondent la procréation, on s'aperçoit qu'elles ont toutes quelque chose de commun, c'est de partir, en tant que motif de procréation, d'une force primordiale et de n'être que des formes différentes de sa manifestation, et l'on reconnaît que ce qui est déterminant dans le cœur humain, est aussi ce qui agit dans le penchant des animaux; que ce qui est déterminant pour l'animal agit aussi sur le végétal, et que ce qui influence le végétal se montre actif aussi dans le règne inorganique; il faudra en conclure qu'une seule et même force règne dans la nature et se révèle dans la multiplicité des phénomènes, et que la nature, dans son essence, est un tout unique,*

Le monde ne peut donc pas plus être une unité sans variété qu'une variété sans unité; puisque, dans la première hypothèse, la variété sans l'unité, c'est-à-dire sans rapport qui unisse entre elles les parties à un centre commun, ces parties vont se divisant jusqu'à la dissolution; à moins qu'elles ne forment autant d'unités indivisibles, d'unités séparées, sans rapport, d'unités mortes, qui n'auraient pas même la valeur du chaos. Car dans le chaos, dont la divisibilité est le caractère, sont toutes les propriétés des objets qui le composent; le chaos n'attend que les lois qui doivent régler ces objets, pour devenir le monde. Et puisque, dans la seconde hypothèse, l'unité sans variété est quelque chose d'incompréhensible, quelque chose de mort, sans analogue dans toute la création; qu'en un mot, l'unité demande à aussi grands cris la variété, que la variété elle-même peut demander l'unité.

L'unité et la variété étant les deux conditions du monde, les deux modes de conception sans lesquels la raison ne pourrait le comprendre, l'existence des substances inertes comme la vie des êtres du règne animal y est donc attachée. Et ainsi toute existence ne peut résulter que du combat ou plutôt que de l'accord de ces deux forces opposées : la divisibilité ou mouvement de l'unité à la

---

idéal et infini, dans lequel d'innombrables individualités ne sont que des formes de sa manifestation. »

E. LITTRÉ. *L'expérience.*

« Comme la partie naît du tout chez les êtres vivants, dit un autre physiologiste et qu'elle en porte le caractère, mais que l'être organisé est une partie à l'égard de la nature en général, nous concluons que l'univers est *l'organisme* proprement dit, et qu'il se répète dans les êtres organisés. Il suffit du coup-d'œil le plus simple jeté sur la nature pour y apercevoir diversité infinie et unité. »

HÉROUX, *Traité de physiologie* ; De l'essence de la vie, tom. IV.

variété, par le moyen de l'expansion; et l'unibilité ou le retour de la variété à l'unité, par le moyen de l'attraction. Le point d'intersection de ces deux forces opposées produit leur harmonie. Alors, de même qu'on juge du vrai par le beau, par la vue de l'harmonie on conclut l'existence.

L'harmonie est tellement la propriété générale de tout ce qui existe, que l'esprit d'analogie, qui ne repose que sur la croyance à l'harmonie, est dans la constitution de la raison humaine. Et, en effet, si la raison est la faculté de concevoir la réalité, il faut bien qu'il y ait entre la réalité et l'esprit humain un parallélisme, au moyen duquel, l'esprit, sans sortir de sa spéculation, puisse expliquer la disposition des phénomènes dans la réalité; d'où il faut que l'un et l'autre, s'il est permis de parler ainsi, aient été jetés dans le même moule, qu'ils soient sortis d'un même Créateur. Or, si l'esprit humain fut créé pour connaître l'univers, et que l'idée de l'harmonie soit parmi ses conceptions rationelles, c'est qu'il y a dans l'univers une harmonie à connaître.

Notre raison est tellement construite sur le plan du monde, il y a une telle convenance entre la Raison qui a créé et la raison qui découvre le monde, que celle-ci, livrée à elle-même, parvient à marcher pas à pas sur les traces qu'a parcourues la raison divine.[1]. Les

---

[1] « Un homme immortel a découvert les lois des mouvements célestes; il a comparé les temps, les espaces parcourus et les distances. Le nombre enchaîne tous ces mouvements; la lune même longtemps rebelle vient aussi se ranger sous la loi commune, et la comète vagabonde est surprise de se voir atteinte et ramenée, par le calcul, des extrémités de son orbite sur son périgée. L'homme,

sciences sont pleines d'exemples mémorables d'un pareil phénomène : qu'on lise l'histoire des grandes découvertes, d'après le récit de ceux qui les ont faites, entre autres celles de Newton [1], de Kléper [2], de Leibnitz [3], de Kant [4],

volant dans l'espace sur ce grain de matière qui l'emporte, a pu saisir tous ces mouvements, il en fait des tables; il sait l'heure et la minute de l'éclipse dont il est séparé par vingt générations passées ou futures; *il pourra sur une feuille légère tracer exactement le système de l'univers, et ces figures imperceptibles seront à l'immense réalité, ce que l'intelligence représentatrice est à la créatrice, semblable par la forme, incommensurable par les dimensions.* »

DE MAISTRE, *Examen de la phil. de Bâcon*, tom II, chap. 6, pag. 174.

[2] On demandait à Newton comment il avait fait pour découvrir la loi du monde physique, il répondit *que c'était en y pensant toujours.*

« Colomb a découvert l'Amérique avant d'y être arrivé; Newton, la loi de la gravitation universelle avant d'avoir vérifié le cours des astres. »

PH. HEFF, Science théorique, chap. 8 de l'*Essai sur la vie sociale.*

[3] « Impatient de connaître la cause des phénomènes, dit l'auteur de l'*Exposition du système du monde*, le savant l'entrevoit souvent avant que les observations aient pu l'y conduire; sans doute il est plus sûr de remonter des phénomènes aux causes, mais l'histoire des sciences nous montre que cette marche lente n'a pas toujours été celle des inventeurs; Kléper dut à la nature cet avantage, etc. »

DE LA PLACE, *Exposition du système du monde*, liv. V, chap 4. De l'astrom. de l'Europe moderne.

[3] Comment Leibnitz prédisait-il la nécessité de l'existence des zoophites, par l'idée seule d'une harmonie qui mît des rapports de transition entre les différents règnes de la nature, avant que l'observation de Trembley ne vint constater ces découvertes du génie?

[4] C'est ainsi que Kant a découvert, par la raison seule, *Uranus* que Herschell a retrouvé, plus tard, avec son télescope : « Il avait observé que l'excentricité des orbites des planètes devenait toujours plus considérable, à raison de l'éloignement du soleil; de sorte que depuis l'orbite de *Mercure* qui est le moins excentrique, l'excentricité allait s'augmentant avec la *Terre*, avec *Mars*, avec *Jupiter*, avec *Saturne*. Considérant ensuite, avec raison, que les comètes ainsi que les planètes réglaient leur excentricité d'après leur distance du centre du système du corps céleste auquel elles appartiennent; comparant donc l'orbite de la comète la plus voisine de *Saturne*, avec l'orbite de cette planète, la plus éloignée que l'on connût alors, il trouva une variation et une distance trop grande, il ne voulut pas croire à une lacune pareille dans la nature, il posa en fait qu'entre Saturne et la plus proche des comètes il y avait un, deux, trois, ou plus, d'autres corps célestes dont l'excentricité croissant graduellement, il devrait enfin s'en trouver un dont la marche tiendrait également de celle des planètes et de celle des comètes. *Conjectures* que Herschell a vérifiées vingt-six ans après, en découvrant *Uranus* à l'aide de ses télescopes. Il avait donc, non-seulement prédit *Uranus*, mais son idée est encore plus vaste, et l'on peut juger qui de Herschell, de Kant ou du roi Georges méritait le mieux de donner son nom au nouvel

de Cuvier et d'Ampère [1] qui se sont plus spécialement expliqués à cet égard.

Comment se trouve-t-il, par exemple, que l'étendue réelle soit soumise aux mêmes lois physiques que l'étendue, *à priori*, conçue par la raison? Comment se fait-il que l'homme, en étudiant le mouvement *à priori*, trouve dans sa propre pensée ce que lui atteste ensuite le mouvement expérimental? Comment se fait-il que l'esprit humain, en créant la géométrie, arrive en même temps aux lois absolues de la pensée et aux lois positives de la nature: il y a donc un rapport mathématique entre ses pensées et les lois physiques? Comment la mécanique, faite *à priori*, est-elle, comme l'a prouvé Cuvier, une explication exacte de la constitution de tous les animaux osseux et fibreux? Comment tout cela se ferait-il si la raison de

---

astre? Personne, après la découverte, n'a été plus frappé de la prédiction que *Herschell* même, il en a publié son admiration dans plusieurs de ses écrits. »

VILLERS, *Philosophie de Kant*, notice biographique, chap. 14.

« Qu'on n'imagine pas, dit Bailly, que l'astronome a tout fait, lorsque la célérité du coup-d'œil et la vitesse de la main lui ont procuré une observation exacte; car cette observation n'est qu'un moyen qui lui a été indiqué par son génie, et dont son génie lui prescrit l'usage. L'observation est placée entre les vues de la raison qui en ont montré l'utilité, et cette utilité même; mais cette prévision de l'esprit, ce pressentiment des phénomènes, n'est que le génie même; c'est par cette divination, c'est par cette manière d'interroger le ciel qu'on se rend digne des réponses favorables. Puis alors, quand l'astronome devient observateur, il l'est avec toute la dignité de l'homme; il suit le plan qu'il a lui-même tracé, il agit d'après ses vues et son génie, comme la main exécute la pensée. »

Histoire de l'astronomie moderne, tom. XI pag. 304.

C'est là l'histoire de toutes les sciences et de presque toutes les découvertes qui composent les sciences; on ne poursuit une chose par l'observation, que parce que l'on sait déjà qu'elle existe; si l'on ne s'en doutait pas, jamais on ne la chercherait. *Faire de l'expérience, c'est montrer aux sens ce qui existait déjà pour l'intelligence.*

[1] M. AMPÈRE ne nous a-t-il pas dit lui-même qu'il devait toutes ses découvertes à l'inspiration spontanée de son génie: qu'il commençait d'abord à se douter que telle chose devait être ainsi; puis, qu'il se servait de l'expérimentation physique et mathématique pour éprouver si ce qu'il avait d'abord pensé était vrai?

celui qui étudie le monde n'avait pas quelque chose de la sagesse de celui qui le créa?

Nous savons que le monde ne pourrait pas plus être une unité sans variété, qu'une variété sans unité : eh bien! nous voyons précisément que la raison humaine ne pourrait concevoir l'unité sans la multiplicité, non plus que la multiplicité sans l'unité; et que sa compréhension suppose la conception simultanée de l'idée de multiplicité et d'unité. En effet, aussitôt que nous pensons à la multiplicité, il nous est impossible de ne pas concevoir préalablement l'idée d'unité : parce que nous ne pourrions nous former l'idée de la multiplicité sans avoir celle des unités dont elle se compose, — la multiplicité étant une réunion d'unités; et quand nous pensons à l'unité, nous ne pouvons chasser de notre esprit l'idée de variété : parce qu'elle est la conception de la multiplication ou de la division de l'unité, — l'unité étant une réunion de multiplicité.

Ainsi nous ne pouvons pas concevoir l'unité sans concevoir la divisibilité, parce que nous ne pouvons pas avoir l'idée de l'unité sans avoir l'idée de la divisibilité; et nous ne pouvons concevoir la divisibilité sans concevoir l'unité, parce que nous ne pouvons pas avoir l'idée de la divisibilité sans avoir l'idée de l'unibilité.

Mais l'idée d'unité et de variété forme-t-elle la conception complète de la raison? Si nous ne concevons pas la diversité sans concevoir en même temps l'unité, et si nous ne concevons pas l'unité sans concevoir aussitôt la diversité, nous ne pouvons donc concevoir l'unité et la diversité sans concevoir en même temps le rapport qu'il y a entre la diversité et l'unité : or, ce rapport est l'harmonie. De sorte que toute conception humaine se compose indispensablement de ces trois éléments : 1° l'idée d'unité, mais de l'unité susceptible de divisibilité; 2° l'idée de variété, mais de la variété susceptible d'unibilité; 3° l'idée du rapport qu'il y a entre la variété et l'unité, entre la divisibilité et l'unibilité, autrement dit : l'idée de l'harmonie.

Toutes les sciences humaines, reposant sur des conceptions rationnelles, se composent donc nécessairement de trois choses : 1° connaître la variété des êtres et des phénomènes divers, 2° connaître l'unité ou le principe unique, la loi qui les explique tous, 3° enfin, connaître les rapports qu'il y a entre les êtres et leur loi, c'est-à-dire, entre la variété et l'unité, rapports qui sont les harmonies. Ainsi ces trois sortes de connaissances, celle de la variété, celle de l'unité, et celle de leur harmonie, complètent toute science. Et elles complètent toute science, parce qu'elles représentent les trois éléments irréductibles de toute conception humaine; et ces trois idées sont les éléments de l'esprit humain, son mode de conception nécessaire, parce qu'elles représentent les trois éléments nécessaires de la réalité. Au reste, l'esprit humain n'est-il pas la faculté de connaître la réalité? Or, sans ce parallélisme entre la constitution de la réalité et la constitution de l'esprit humain, comment l'esprit humain pourrait-il connaître la réalité?

Il y a donc un tel rapport entre l'ordre d'acquisition de nos idées rationnelles, et l'ordre des phénomènes tel qu'il existe dans la réalité, que de la constitution de la raison humaine, on pourrait déduire la constitution de l'univers; cette conformité nous explique les grandes découvertes des hommes de génie, les prophéties de l'inspiration poétique, et l'infaillibilité du bon sens de la multitude.

Bien mieux encore, ce n'est que par ces idées, qui forment la base de notre raison, que nous parvenons à la connaissance du monde. « L'homme a cherché et découvert *l'unité*, l'intelligence, l'ordre et la beauté, dans le chaos des êtres que les sens lui ont manifestés. » Cette vérité, incontestablement assise sur la science rationaliste, a été observée bien antérieurement aux découvertes de Leibnitz, de Fénélon, et de Kant. Saint Augustin explique que ce n'est point par les sens extérieurs que nous connaissons les proportions, l'ordre et l'unité, mais bien par la raison : « Quiconque fait une exacte attention sur l'unité, découvre certainement qu'elle ne peut être aperçue par les sens ; car tout ce qui devient sensible n'est plus unité, mais devient nécessairement un assemblage de plusieurs choses. On ne pourrait compter tant de différentes choses dans un corps, si elles n'étaient distinguées par le moyen de la connaissance de l'unité. Quand je cherche l'unité dans un corps, et que je ne l'y trouve pas, je connais pourtant certainement ce que je cherche dans ce corps, je connais ce que je n'y rencontre point; car si je ne connaissais l'unité, je ne pourrais la chercher dans un corps où je ne la trouve pas, ni compter plusieurs parties dans ce corps. Or, quelque part que cette unité me soit connue, ce n'est point assurément par les sens extérieurs que je la connais, puisque par eux je ne puis connaître que les corps, et nous sommes convaincus qu'un corps ne peut être purement et simplement un. Si nous ne connaissons point l'unité par les sens, aucun nombre possible ne nous est connu par eux; car, de tous ces nombres, il n'y en a pas un qui n'ait sa dénomination de la quantité d'unités qui le composent : si un nombre a deux unités, par exemple, on l'appelle deux; s'il en a trois, on l'appelle trois, etc.; il porte toujours le nom de la quantité d'unités qui le composent. Aussi, quand l'ame communique avec le monde par le moyen des sens, elle est frappée par ce nombre infini d'objets, et se voit réduite à une véritable indigence, parce que de sa nature elle se trouve contrainte à chercher partout cette unité que la multiplicité lui cache. Ainsi une ame déjà attachée à la philosophie, une ame à qui cette connaissance a déjà persuadé que la raison est en elle, ou qu'elle est elle-même la raison, s'entretient ainsi avec elle-même : Je puis, par un certain mouvement intérieur qui m'est propre, *diviser* et *réunir* tout ce que j'ai le pouvoir de connaître, et cette puissance s'appelle ma raison. Mais qu'a-t-elle à diviser, cette raison, sinon ce qu'elle croit unité? De même, pourquoi faut-il réunir quelque chose, sinon pour en faire une unité? *Ainsi, en divisant et en réunissant, c'est donc l'unité que je cherche, c'est donc l'unité que j'aime.* Afin qu'une pierre devînt une pierre, toute sa matière et toutes ses parties ont été rassemblées en un seul tout. Qu'est-ce qu'un arbre, et comment serait-il un arbre, s'il n'était pas un? Qu'est-ce que les membres et les organes d'un animal? si tout cela était dispersé et séparé de l'unité, ce ne serait plus un animal. Que cherchent autre chose les amis que l'union, et ne s'aiment-ils pas d'autant plus qu'ils sont unis ? Tout un peuple compose une seule ville : rien n'est-il plus dangereux pour elle que la division de ce peuple ? Qu'est-ce parmi les hommes que d'être divisés dans leurs sentiments, sinon n'en avoir pas tous un semblable ? On fait une armée de plusieurs soldats, et plus une multitude est réunie, moins il est facile de la vaincre ; aussi de là on a donné le nom de *coin* aux parties qui se terminent en une unité, comme qui dirait *co-unité*. Qu'est-ce que l'amour ? ne tend-il pas à devenir une seule chose avec ce qu'il aime, et s'il y parvient ne se fait-il pas aussitôt une unité ? Le plaisir même n'est si sensible et si vif que parce qu'il joint ensemble les objets qui s'aiment, et la douleur n'est si pénible que parce qu'elle tâche de dissoudre et de séparer ce qui n'était qu'un. De plusieurs choses dispersées confusément et sans ordre, je les rassemble sous une même forme, j'en fais une maison, c'est par là que je vaux mieux que les choses et que les bêtes. Ce n'est pas en faisant des choses bien proportionnées, comme l'abeille, mais en connaissant les proportions, que je suis au dessus d'elle; c'est qu'outre la vie, j'ai la raison, qui est le pouvoir de connaître et de jouir de la vue des proportions. Pour ce qui a rapport aux yeux, quand les proportions sont gardées avec raison dans les parties différentes, cela s'appelle communément beauté. A l'égard de l'ouïe, lorsque nous entendons une musique où non-seulement les sons nets et clairs sont bien distingués, mais encore, alliés de telle sorte les uns aux autres qu'il s'en fasse une juste consonnance et harmonie par le moyen de l'union qui est en leur distinction et de la distinction qui est en leur union; nous prétendons dire que cette musique est belle et pleine de douceur, et qu'il y a du génie ou de la raison dans un pareil concert. Il faut donc que, par le plaisir que l'on reçoit par l'entremise des sens, nous avouions que ce qui a rapport à la raison n'est qu'une certaine proportion et une certaine harmonie que nous y retrouvons. »

Ainsi la variété, l'unité, le rapport entre la variété et l'unité ou l'harmonie, sont non-seulement les conditions d'existence de toute réalité, elles sont encore les conditions d'existence de la raison humaine; puisque c'est par le moyen de ces notions, qui font partie de ses propres éléments, qu'elle forme la conception d'un monde qui ne se présente à elle, par le canal des sens, que comme une multiplicité confuse sans harmonie et sans lois.

Or, ces conditions de l'existence de l'univers font qu'il est dans L'Ordre; ainsi la variété, l'harmonie, l'unité, sont les éléments de l'Ordre. L'Ordre est ce qui résulte de l'accord de toutes les conditions de l'existence; il est par conséquent la manière d'être indispensable de l'existence.[1]

Si l'être est le contraire du néant, l'Ordre est le contraire du chaos. L'Ordre, c'est la situation de l'univers; c'est l'état dans lequel passe une chose qui n'était pas, au moment où elle est créée. Dieu a créé le monde, c'est par l'Ordre qu'il le conserve; c'est la continuation de l'exis-

---

[1] « L'union établie en la distinction fut l'ordre; l'ordre produit la convenance et la proportion; et la convenance de choses entières et accomplies, fait la beauté.
S. François-de-Sales.

tence, l'état de la conservation, parce que l'Ordre pour un être, c'est son organisation et sa vie se conservant; la mort ne fait que l'enlever à son ordre.

Si le mot *Création* signifie l'acte par lequel le monde fut tiré du néant, le mot *Ordre* exprime l'acte par lequel le monde est conservé. La création, ce n'est que le premier moment où l'Ordre a commencé, et l'Ordre, c'est la création se continuant. L'Ordre est donc la situation naturelle des êtres.

Comme l'Ordre se compose de l'enchaînement harmonique de toutes les lois; que les lois des êtres ne sont que les conditions d'existence que Dieu leur a imposées pour qu'ils se conservent : il en résulte que ce qu'on appelle l'Ordre est la combinaison et la réunion de toutes les conditions de l'existence ; c'est-à-dire que l'Ordre est ce que Dieu a pensé dans sa suprême intelligence, quand il voulut la création.

Dieu n'a mis les êtres dans l'Ordre que pour les maintenir en rapport avec lui : or, Dieu est la source de l'être. C'est pourquoi, se trouver dans l'Ordre, c'est se maintenir dans les rapports de création et de conservation qui nous rattachent à la source de l'être; aussi l'Ordre est ce qui renferme les conditions de l'existence.

Le concours de toutes les lois du monde, et l'effet qui résulte de leur action sur les êtres, c'est l'Ordre du monde, c'est ce qui l'éloigne de la dissolution, le préserve du néant. Dieu même ne peut s'échapper de son Ordre, parce qu'il ne peut s'anéantir, et moins que tout autre être : car, comment l'être nécessaire pourrait-il échapper aux lois éternelles et nécessaires qui le font être nécessairement, éternellement, infiniment? C'est pourquoi on trouve cette pensée dans le même Saint Augustin : « Dieu nécessairement aime l'ordre; il l'aime parce qu'*il vient de lui et qu'il est avec lui*, qu'il est le principe qui fait faire à Dieu toutes les choses qui existent. »

L'Ordre est la règle que le créateur suit dans la création et la conservation des êtres; et comme, pour créer et conserver, il faut réaliser les conditions nécessaires de l'existence, l'Ordre, qui est l'intelligente sagesse employée par le créateur dans la formation du monde, est donc l'ensemble des conditions de l'existence. Aussi, quel est l'objet de la science? de chercher la vérité. Qu'est-ce que chercher la vérité, sinon savoir : 1° comment les différents êtres sont situés dans la création, pour que l'on connaisse leurs rapports; 2° quelles sont leurs différentes lois, c'est-à-dire, comment ces rapports sont régis pour être dans leur ordre? Les sciences ne font donc que chercher à reconnaître l'Ordre?

Qu'appelle-t-on faire une découverte, sinon reconnaître une loi, c'est-à-dire, les conditions de l'Ordre par rapport à un être? Où tend la science, si ce n'est à découvrir une loi plus générale encore qui régisse un plus grand nombre de faits, et donne par là une explication plus simple de l'unité de l'Ordre? Si tous les savants proclament que la science doit nous amener à découvrir cette unique loi, explicative de tous les phénomènes; si la découverte de cette loi est le point de mire du génie depuis le commencement du monde : c'est qu'en ramenant toutes les sciences à l'unité, elle livrerait à l'esprit humain la connaissance de l'Ordre; c'est-à-dire, qu'elle construirait au dedans de nous un monde d'idées scientifiques à l'image des faits de la réalité. « Car l'univers, pour qui saurait l'embrasser d'un seul point de vue, ne serait, comme le dit d'Alembert, qu'un fait unique et une grande vérité. »[1]

Si le but de la science est la vérité, et si la vérité est la connaissance de l'Ordre, le but de l'art est la beauté : or, la beauté est aussi la connaissance de l'Ordre, du moins dans ses caractères phénoméniques. Car les plans de la création n'ont jamais été calculés, il est vrai, pour produire seulement la beauté ; toutefois leur réalisation présente à l'ame un spectacle qui l'élève à l'idée du beau. Puisque l'Ordre est ce qui renferme les conditions d'existence de toute réalité, que toute réalité participe, dans sa mesure, des attributs de l'existence suprême, il fallait bien que le beau fût la forme de l'Ordre !

Ainsi, l'Ordre est l'objet des recherches de toutes les sciences comme de tous les arts : par les premières, c'est sa constitution interne, par les seconds, c'est sa manifestation externe, que poursuit l'esprit humain.

---

[1] — Quand l'esprit est revenu à lui-même, il comprend quelle est la beauté de l'univers qui, sans doute, a pris son nom de l'unité ; de là vient qu'une ame trop répandue dans la multiplicité, ne peut rien découvrir de cette beauté du monde. S. AUGUSTIN.

— Nous avons trop vu de choses dans le monde, dit un de nos plus profonds chimistes, parce que nous avons oublié de nous y compter ; nous avons trop cherché au dehors de nous et pas assez au dedans de nous. Chaleur, calorique latent, lumière, etc., mêmes choses par rapport à elles-mêmes, ne sont choses différentes que par nos sensations. V. RASPAIL.

— Qu'est-ce que la plupart des axiomes dont la géométrie est si orgueilleuse, si ce n'est l'expression d'une même idée par des mots différents ? Il en est de même des vérités physiques et des propriétés des corps. Ces propriétés bien rapprochées ne nous offrent plus, à proprement parler, qu'une connaissance simple et unique. Si d'autres, en plus grand nombre, sont détachées pour nous et forment des vérités différentes, c'est à la faiblesse de nos lumières que nous devons ce triste avantage, et notre abondance, à cet égard, est l'effet de notre indigence même. D'ALEMBERT.

— L'Ordre et l'existence, c'est la même chose : car l'Ordre est le principe d'après lequel toute réalité est constituée; or, l'existence, c'est la manière d'être de la réalité.

— L'Ordre et le vrai, c'est la même chose : car l'Ordre est pour la réalité créée ou incréée l'ensemble de ses conditions d'existence; or, la vérité, c'est la connaissance de la réalité.

— L'Ordre et le beau, c'est la même chose : car l'Ordre renferme les conditions d'existence ou la manière d'être nécessaire de toute réalité; or, la beauté, c'est la manifestation phénoménique de la réalité.

Nous voyons que Platon avait raison d'appeler le beau *La splendeur du vrai!* Il aurait dû ajouter en même temps que le vrai est la splendeur de la réalité, c'est-à-dire, sa représentation dans l'intelligence humaine; et que l'Ordre est la règle du beau comme il est le principe du vrai; et qu'il est le principe du vrai, parce qu'il est la condition de l'être.

Les lois lient les êtres; par cette liaison elles les préservent de l'indépendance ou de la dissolution, elles les rattachent à leur condition de vie. Eh bien, l'Ordre est non-seulement la liaison de tous les êtres par leurs lois, mais encore la liaison de toutes les lois elles-mêmes; il les préserve d'une mutuelle indépendance ou de la dissolution en les rattachant à la racine de leur vie. L'Ordre est donc l'ensemble de toutes les conditions de l'existence, et par conséquent la manière d'être générale, la situation nécessaire de l'univers.

L'Ordre étant le résultat de l'harmonie, le mot harmonie exprime donc la grande idée scientifique de la création : c'est l'harmonie dans les éléments de la nature humaine qui constitue la paix du cœur ou le bonheur ici-bas ; c'est l'harmonie dans les différents éléments et les différentes classes de la société, qui constitue la paix sociale, c'est-à-dire, la stabilité de l'union et du bonheur dans la société humaine ; c'est l'harmonie des attributs de Dieu qui constitue l'identité infinie, c'est-à-dire, l'éternelle et intégrale félicité : c'est par l'harmonie enfin que s'explique la félicité dans le Ciel et la satisfaction sur la terre. C'est elle qui conserve les mondes ; c'est elle qui dans les êtres constitue la force ; c'est elle qui dans les formes constitue la beauté ; c'est elle qui dans les cœurs constitue la bonté ; c'est elle qui sort de tous les bruits de la nature ; c'est elle que toute oreille écoute, que tout œil cherche, que toute pensée désire, que toute ame poursuit, que tout poëte chante, que tout cœur aime en silence ; et la musique ne sait si bien détacher l'ame du corps par une extase divine, que parce qu'elle est harmonie : elle est comme un chant du départ pour la prisonnière de la création.

1° L'idée de l'unité, 2° l'idée de la variété, 3° l'idée de l'harmonie, qui dispose la variété dans l'unité, et 4° l'idée de l'Ordre qui est la variété harmonieusement ramenée à l'unité, seront la lumière avec laquelle nous pourrons aborder le Monde moral. Ces idées sont effectivement les données nécessaires et indispensables dont il fallait que notre esprit fût pourvu avant de pénétrer avec quelque assurance dans cette nouvelle sphère de réalités ; et elles y favoriseront parfaitement nos premières démarches, puisqu'elles expriment les conditions fondamentales et les caractères les plus apparents de l'existence.

L'Ordre est la condition d'existence du monde physique : voyons donc si le Monde moral comme le monde physique n'aurait pas l'Ordre pour condition d'existence.

Sommaire. — L'*Uni-vers* est, comme l'exprime ce mot, la variété ramenée à l'unité. — Toutes choses ont été disposées dans l'unité, pour qu'elles viennent se ranger sous l'action de leur créateur. — C'est de son unité que tout être tient la vie; la mort n'est que la décomposition. — La création qui renferme toutes les existences, peut-elle être autre chose qu'une grande unité? — La notion de Dieu implique celle de la possession de toutes les conditions de l'existence; la notion de la plénitude de l'existence implique celle de l'infini; la notion de l'infini implique celle de l'unité de l'être. — Si l'unité est la condition fondamentale de l'existence essentielle, on conçoit que tout ce qui existe repose sur l'unité. — Aussi, il n'est pas chose existante qui ne participe de l'unité. — Or, l'unité n'est point l'indivisibilité; non plus que la variété n'est point l'inunibilité. — La divisibilité, ou expansion universelle, est le mouvement de l'unité à la variété; l'unibilité, ou attraction universelle, est le retour de la variété à l'unité. — Le point d'intersection de ces deux forces est l'harmonie. — L'harmonie est tellement le caractère général de l'existence, qu'elle est une notion de la raison; elle forme, avec l'idée de l'unité et celle de la variété, trois conceptions inséparables dans la raison humaine. — Cette analogie de constitution, entre la raison qui a créé le monde et la raison qui le découvre, est la source de toutes les découvertes du génie. — 1° L'unité, 2° la variété, 3° l'harmonie qui établit le rapport de l'une à l'autre, constituent ce qu'on appelle l'Ordre. — L'Ordre est le contraire du chaos; c'est la situation nécessaire de l'univers; c'est le plan que Dieu a suivi en le créant. — Aussi l'Ordre est pour tout être ce qui renferme les conditions de son existence; Dieu même ne peut s'échapper de son Ordre. — Les sciences ne sont que la connaissance de toutes les lois qui constituent l'Ordre. — La vérité, c'est la constitution interne de l'Ordre; la beauté, c'est sa manifestation extérieure; il est le but de tout art comme de toute science. — C'est avec les notions, 1° de l'unité, 2° de la variété, 3° de l'harmonie disposant la variété dans l'unité, pour constituer l'Ordre, qui est la condition générale de toute existence créaturelle, que nous pourrons aborder la constitution du Monde moral.

III.

Le Monde moral, comme le monde physique, n'a-t-il pas l'Ordre pour condition d'existence ?

Mais si tout dans le monde physique est lié, harmonisé pour l'unité, ou ramené à l'Ordre, tellement qu'il semble que ces caractères de la vie soient aussi des axiomes de la raison, sans lesquels elle ne peut avoir sur lui aucune conception ; si rien n'existe, c'est-à-dire, ne possède les principes de l'existence qu'à la condition d'être lié, organisé, harmonisé, rendu à l'Ordre, il en résulte que les êtres qui composent cette partie de la création qu'on appelle l'Humanité, doivent être aussi liés, ordonnés, harmonisés pour l'unité ; qu'il doit y avoir entre eux des rapports, et au dessus d'eux des lois qui les constituent dans la situation de l'existence, puisqu'ils existent effectivement ; en un mot, il en résulte qu'il doit y avoir un ensemble de conditions d'existence, c'est-à-dire, un ORDRE pour le Monde moral comme pour le monde physique. Ne faut-il pas alors que l'humanité, pour sa vie, se constitue dans cet Ordre essentiel de toute existence ?[1]

S'il est au monde une vérité certaine, c'est assurément celle qui est prouvée par toutes les autres vérités; s'il est une idée certaine, c'est assurément l'idée sur laquelle reposent toutes les connaissances humaines : car cette vérité, cette connaissance jouit de toute la certitude dont l'esprit humain est doué, c'est-à-dire, de toute la certitude scientifique qu'il y a au monde.

Or, les sciences qui renferment entre elles tout le savoir humain ne sont-elles pas la connaissance 1° de la nature des êtres, c'est-à-dire des propriétés qu'ils renferment;

---

[1] Il paraît que cette idée d'un monde social, se construisant sur le plan harmonique du monde physique, avait fait de l'impression sur l'antiquité. « Le sens profond des dogmes propres au culte d'Apollon consiste à envisager l'univers entier comme régi par un principe créateur qui y maintient l'ordre et y établit dans un bel ensemble l'harmonie des forces, à laquelle fut donné le nom sacré de Kosmos (Κοσμος). Pythagore, dans sa philosophie, s'est attaché à développer les lois de cet ensemble de choses qui constituent le Kosmos.... Cette double école d'Apollon et de Pythagore *applique aussi sa théorie à l'État*; c'est dans ce sens qu'elle restaure et reproduit les constitutions primitives qui passent sous les noms fabuleux de Minos, de Lycurgue, et qui formèrent l'état social et politique de la race des Doriens....

L'idée mère de la constitution la plus ancienne du genre humain, qui se retrouve dans toutes les législations primitives de la haute antiquité, malgré la diversité des coutumes, *est l'idée du Kosmos, dont on aurait voulu reproduire l'image dans l'organisation première et native de la société humaine*.... Quelle que soit la forme extérieure du gouvernement, comme représentation de l'ordre social dont il est l'expression et la figure, le sens profond qui lui a donné la vie, l'idée qu'il représente, sont ceux du Démiourge ou créateur, dispensateur de la lumière, Λογος ou verbe parlant *qui règle l'harmonie sociale sur le modèle de l'harmonie qui préside au système de l'univers*. Tout ce qui environne, tout ce qui assiste dans l'état le pouvoir souverain se présente sous la forme de cette pensée qui domine l'ensemble des choses, etc. »

Le baron d'ECKSTEIN, *De l'ère primitive, etc. Passim.*

2° des lois des êtres, c'est-à-dire des rapports qui sont établis entre eux; 3° de la fin des êtres, c'est-à-dire du but vers lequel les lois qu'ils ont reçues les dirigent? Alors toute notion scientifique n'est-elle pas la connaissance de l'une de ces trois choses: la nature, ou la loi, ou la fin d'un être? Et l'ensemble de ces notions, ou la science intégrale, n'est-elle pas la réunion des connaissances de toutes les natures, de toutes les lois et de toutes les fins des êtres? Maintenant, si les êtres sont doués, 1° de propriétés ou de moyens en rapport avec leurs lois; 2° de lois ou de moyens en rapport avec leurs fins; si, 3° leurs fins sont en rapport avec leur nature et leurs lois; si ces rapports entre les propriétés d'un être et sa loi, entre ses lois, sa nature et sa fin, font ce qu'on appelle l'harmonie: comme toute idée scientifique constate une propriété, une loi, un but, le rapport d'une propriété avec sa loi, de sa loi avec son but: il en résulte que la science ne fait que constater l'ensemble de toutes les harmonies.

Toutes les sciences se composant de l'étude des différents êtres, sont autant de systèmes de preuves de l'harmonie; et la réunion des sciences humaines n'est qu'une longue démonstration de l'harmonie universelle.

Les sciences contenant l'ensemble des idées humaines, et toute idée n'étant que la connaissance d'une harmonie, l'idée de l'harmonie est donc de toutes les idées la plus certaine, la plus positive, puisque toutes les idées possibles ne sont que la connaissance de l'infinie variété des preuves de l'harmonie. Or, l'ensemble des idées scientifiques repose sur les fondements de certitude rationnelle de l'esprit humain; produites et éprouvées par l'esprit humain lui-même, ces idées ont toute la valeur objective dont fut doué l'esprit humain par celui qui le créa faculté de connaître.

L'idée de l'harmonie étant ainsi prouvée par la somme des idées humaines, ou plutôt la somme des idées humaines sur la nature ne prouvant autre chose que l'harmonie, l'idée de l'harmonie possède donc la certitude au même degré que l'esprit humain lui-même? c'est-à-dire que l'idée de l'harmonie a pour elle toute la certitude qui existe sur la terre.

Le développement des sciences, c'est-à-dire les découvertes successives des harmonies ont tellement habitué la raison humaine à ce phénomène, que le savant est averti de se mettre à la recherche d'une vérité toutes les fois qu'il se trouve une discordance; et tant qu'il ne rencontre que de nouvelles discordances, il poursuit toujours sa recherche, jusqu'à ce qu'il découvre une harmonie. Mais, dès qu'il croit l'avoir trouvée il se met de suite à la recherche des preuves extérieures, persuadé que la découverte est faite : tant il est pénétré que la connaissance d'une vérité est la connaissance d'une harmonie. Aussi, l'idée de l'harmonie est, de toutes les idées scientifiques, la plus certaine, la plus vraie, puisque la connaissance d'une vérité, ou la connaissance d'une harmonie, sont une seule et même chose.

Et, comme l'unité est le résultat de l'harmonie, il faut appliquer à l'idée de l'unité toutes les notions que nous fournit l'idée de l'harmonie. Alors nous devons retrouver dans la raison humaine le besoin de l'unité aussi bien que celui de l'harmonie; car dans les tendances de toutes choses comme dans les instincts de tout être on reconnaît le but pour lequel ils ont été faits : comment dans la raison ne retrouverait-on pas l'instinct de la vérité? Aussi cette propriété de la raison n'échappa point à Kant dans sa célèbre *Critique*. « Les idées de la raison, dit-il, lors même qu'elles ne se rapportent point aux objets de l'expérience, ont pourtant une utilité positive : elles donnent à nos connaissances de l'unité. Sans cette unité, nos connaissances seraient incomplètes. La raison n'est satisfaite que lorsqu'elle réduit une variété de connaissances à une seule idée : c'est ainsi que, dans les hypothèses, la raison préfère toujours celle qui présente une plus grande unité qu'une autre. C'est ainsi, par exemple, que des différents systèmes solaires nous préférons celui de Copernic, parce qu'il présente plus d'unité que les autres; nous ne saurions concevoir toute la tendance que la raison manifeste pour l'unité des principes. »

Mais comme l'état de variété apparente, dans lequel nous trouvons tous les êtres de l'univers, semble en opposition avec l'unité de plan, ces deux idées ne sauraient s'accorder s'il n'y en avait pas une troisième qui, établissant leur rapport, conduisît de l'une à l'autre : cette idée est celle de l'harmonie. Par l'harmonie, par l'observation du rapport des moyens avec leur fin, on arrive tout naturellement de la variété des êtres à l'unité de plan qui les renferme.

Si la réunion des sciences humaines n'est qu'une longue démonstration de l'harmonie universelle ; s'il n'est pas plus possible de nier l'harmonie de l'univers que de nier la vérité de la science ; s'il n'est pas plus possible de nier la vérité de la science que de nier la certitude de l'esprit humain : et en vertu de quel titre, de quelle certitude, l'esprit humain pourrait-il révoquer en doute la certitude de l'esprit humain? si enfin la connaissance d'une vérité, ou la connaissance d'une harmonie sont une seule et même chose : il est clair que de toutes les idées humaines, l'idée de l'harmonie est la plus certaine, qu'elle est la vérité des vérités scientifiques. Si donc, comme la propriété générale des corps est l'inertie, et la propriété générale des esprits, l'activité, de même la propriété générale de toute existence est l'harmonie; l'harmonie se composant des rapports entre les propriétés, les lois et les fins des êtres; ces rapports entre les différents êtres et les différentes lois ramenant la diversité à l'unité; l'unité établie dans la diversité par l'harmonie constituant l'Ordre de la création : l'idée de l'Ordre, c'est-à-dire, d'un état de conservation dans lequel la création est placée, est donc la plus positive, la plus irrévocable des vérités.

Ainsi, l'Ordre étant l'ensemble des conditions de l'existence, la situation nécessaire de tout ce qui existe et se conserve : puisqu'il y a existence et conservation dans le Monde moral comme dans toute autre partie de la création, il y a donc un Ordre pour le Monde moral, c'est-à-dire, un ensemble de conditions d'existence, une manière d'être nécessaire, comme pour le monde physique. « L'ordre est la loi naturelle des esprits, dit Malebranche, et rien n'est réglé s'il n'y est conforme. »[1]

---

[1] *Traité de Morale*, chap. 2. Intitulé : « Il n'y a point de vertu que l'amour de l'ordre, qui consiste dans les rapports de perfection qui sont entre les idées que renferme la Substance intelligible. » Tom. I, page 24.

C'est pourquoi les sciences qui ont pour objet cette nouvelle sphère ne se composent que de la connaissance de la nature des êtres moraux, et des lois d'après lesquelles leurs différents rapports entre eux s'établissent pour les constituer dans leur Ordre, c'est-à-dire, dans l'état naturel de leur existence. Assurément, si parmi les connaissances que nous possédons sur la sphère des êtres moraux, il en est une qui soit certaine, c'est la connaissance qui résulte de toutes les connaissances; et s'il est un principe positif, c'est celui sur lequel tous les autres principes reposent; or, les sciences noologiques n'ont-elles pas pour objet : 1° par la psychologie, de reconnaître la nature des êtres spirituels, c'est-à-dire, les propriétés ou facultés qu'ils possèdent? 2° par la morale, qui renferme la loi naturelle, la loi civile et la loi politique, de reconnaître les lois des êtres spirituels, c'est-à-dire, les rapports naturels, les rapports civils et politiques, qui doivent s'établir entre eux? 3° par la religion, de reconnaître la fin de ces êtres, c'est-à-dire, le but vers lequel leurs lois doivent les diriger? Toute notion sur la sphère morale étant donc la connaissance de l'une de ces trois choses : ou la nature, ou la loi, ou la fin des êtres moraux; puis le rapport de leur nature avec leur loi, de leur loi avec leur fin, et leurs rapports entre eux pour posséder leur nature, suivre leur loi et arriver à leur fin : il en résulte que les sciences noologiques ne font que constater l'ensemble de tous les rapports ou de toutes les harmonies du Monde moral.

S'il n'est pas plus possible de nier l'harmonie du Monde moral que de nier la vérité des sciences noologiques; s'il n'est pas plus possible de nier les sciences noologiques que de nier la valeur des opérations rationelles de l'esprit humain, dont elles sont le produit : la connaissance des rapports qui existent entre les êtres moraux, c'est-à-dire, de l'harmonie du Monde moral, étant le but de chacune des notions de ces sciences, cette connaissance est donc la plus positive, la plus irrévocable des vérités scientifiques de la sphère morale.

En effet, si les êtres moraux sont doués de propriétés ou de moyens en rapport avec leurs lois, de lois en rapport avec leur fin; si ces êtres ont des rapports entre eux, établis par leurs lois et dans le but de leur fin; si toutes ces propriétés, toutes ces lois, qui sont l'objet exclusif des sciences religieuses, morales, psychologiques, économiques, des sciences du droit naturel, du droit civil, du droit politique, du droit commercial et international, disposent les êtres moraux dans un certain Ordre qu'on appelle *association* par opposition à l'*agrégation*, qui est l'association des corps : il est clair que cette organisation des êtres moraux, ces rapports d'après lesquels ils se comportent entre eux, cet Ordre, en un mot, qui contient leur manière d'être essentielle, étant le but définitif de toutes les vérités que ces sciences renferment, il est clair, disons-nous, que l'idée de l'existence de l'Ordre dans le Monde moral est l'idée fondamentale dans laquelle toutes les autres viennent rentrer; qu'elle est la vérité des vérités du Monde moral.

C'est ainsi que les rapports des êtres et de leurs lois, l'harmonie de leur arrangement, étant la condition générale de tout ce qui appartient à la création, nous trouvons une organisation, un Ordre, ou ce qu'on appelle

Société, parmi les êtres moraux, qui composent l'humanité, comme nous avions rencontré une organisation, un arrangement, ou ce qu'on appelle tout simplement *Ordre*, parmi les êtres qui composent la nature. La Société est au genre humain ce que l'Ordre est à la nature.

L'analogie entre ces deux hémisphères de la création ne consiste pas seulement en ce que tous deux vivent de leurs lois et de leur constitution dans l'Ordre; ces deux Ordres eux-mêmes, quoique composés d'êtres dont la nature et les fins sont différentes, sont encore constitués d'après les mêmes lois d'harmonie. Ainsi, l'Ordre du Monde moral, ou la Société, est soumis aux mêmes conditions d'existence que l'Ordre dans le monde physique :

En effet, dans l'Ordre moral, il y a également variété et unité : — la variété s'y compose d'un ensemble d'êtres moraux, doués de la volonté et dont la personnalité est bien plus spécifique, et l'individualité plus indélébile que la diversité du genre et de l'espèce établie entre les corps de l'ordre physique; car si les objets qui composent le monde physique sont des agrégations inertes et brutes, qui passent insensiblement d'un règne à l'autre par des décompositions et des recompositions qui les renouvellent et les changent continuellement : les êtres qui composent le Monde moral sont des individualités spirituelles et actives (or, *individualité* signifie précisément ce qui ne peut pas être divisé), qui passent d'un temps à l'autre sans perdre leur identité, d'un lieu à l'autre sans perdre leur unité; des individualités en un mot, qu'il suffirait de toucher pour détruire. — L'harmonie de toutes ces volontés, leur direction vers un même but, par le moyen de leur loi, ramènent aussi, dans l'Ordre moral, cette variété d'individus à l'unité.

Ici, comme dans l'ordre physique, s'il n'y avait que l'unité produite par la prépondérance de la loi d'attraction sur les êtres moraux, leurs individualités effacées viendraient mourir dans une unité déjà morte elle-même. Ainsi, dans le Monde moral, comme dans le monde physique, et, à plus forte raison encore, par suite de la nature des êtres qui le composent, l'unité n'est donc point l'indivisibilité?

S'il n'y avait que divisibilité, que variété, sans unité, les individualités errantes, l'emportant sur la force de l'unité, dissoudraient le Monde moral; car chaque individu n'étant plus dans ses rapports naturels de conservation avec les autres individus, il en résulterait un contact destructeur où les individualités se briseraient mutuellement elles-mêmes. Ainsi, dans le Monde moral, comme dans le monde physique, et, à plus forte raison encore, par suite de la nature des êtres qui le composent, la variété n'est point sans l'unibilité.

Il y a donc, nécessairement, pour l'Ordre moral, de même que pour l'ordre physique, une force qui s'oppose à cette dissolution de la variété, une loi d'attraction universelle, qui opère le retour de la variété à l'unité, le mouvement de l'unité à la variété étant opéré par la force naturelle à chaque individualité. L'accord de la force qui conduit à la variété avec la force qui ramène à l'unité, c'est-à-dire, le point d'intersection entre l'individualité et l'unité, est l'harmonie. Ainsi l'accord entre la variété et l'unité, ou l'harmonie, constitue la Société, qui est au Monde moral ce que l'Ordre est au monde physique : c'est-à-dire, qu'elle est l'ensemble des conditions d'existence des êtres moraux, leur manière d'être nécessaire.

Aussi, est-ce là l'idée que s'en sont formée nos meilleurs philosophes : « La Société, dans le sens philosophique de ce mot, dit l'un d'eux, n'est autre chose que le concert et l'harmonie des volontés dirigées librement vers le même but : l'amélioration et le perfectionnement de la condition humaine. Ainsi l'idée de Société suppose unité et diversité : unité dans l'ensemble, diversité et variété dans les éléments. La variété seule ne suffirait pas pour former la société, si ses éléments ne sont réunis par un lien unique, s'ils ne forment un tout, un individu collectif; tout de même que les organes qui composent le corps humain ont besoin d'être associés par un lien commun, le principe vital, pour former le corps. Là où il y aurait des hommes, quel qu'en soit le nombre, il n'y aurait pas société, mais agrégation, juxta-position, s'il n'existait pas un principe commun, une pensée unique qui servît de lien et de direction à toutes ces volontés : c'est ce lien qui constitue le principe vital de la société. Dès que ce lien périt, les individus peuvent exister encore, mais la société est anéantie; ainsi lorsque la vie se retire des organes, chaque organe existe encore pendant quelque temps, mais le principe qui les animait étant disparu, il ne reste plus qu'un ensemble d'organes qui n'ont rien de commun. La société est donc un individu collectif, une véritable personne morale qui suppose deux conditions : diversité, unité. Aussi le problème le plus général dans l'art de la législation est-il celui-ci : Comment peut-on donner à la société la plus grande unité possible, en laissant à chacun de ses membres la plus grande liberté? toutes les questions peuvent être ramenées à celle-là. » [1]

Nous avions donc raison de dire que l'idée de l'unité, qui recompose la variété, l'idée de la variété, qui divise l'unité, l'idée de l'harmonie, qui dispose la variété dans l'unité, et l'idée de l'Ordre, qui est la variété harmonieusement ramenée à l'unité, seraient la lumière avec laquelle nous pourrions aborder le Monde moral, puisque les propriétés qu'elles expriment sont les conditions les plus fondamentales et les plus universelles de l'existence : qu'il s'agisse de l'existence de Dieu, de celle de la nature, ou de celle de l'humanité.

Puisque le Monde moral, comme le monde physique, a l'Ordre pour condition d'existence, et que ce qu'on appelle Société n'est autre chose qu'une réalisation extérieure des lois d'Ordre du Monde moral, nous devons retrouver le phénomène de la Société dans toute l'étendue de l'humanité.

Voyons si, en effet, l'expérience nous montre l'existence de la Société comme le phénomène le plus universel de l'humanité.

---

[1] M. Noirot, *Cours de philosophie.*

Sommaire. — Si l'Ordre est ce qui renferme les conditions d'existence de tout ce qui appartient à la création, le Monde moral ne doit-il pas reposer sur l'Ordre? — Cette idée d'un Monde moral s'organisant sur le plan harmonique du monde physique avait déjà frappé l'antiquité. — Comment la réunion des sciences cosmologiques n'est qu'une longue démonstration de l'harmonie du monde physique. — La vérité la plus certaine n'est-elle pas celle que l'on retrouve dans toutes les vérités? — Or, la connaissance d'une vérité ou la connaissance d'une harmonie, ne sont-elles pas une seule et même chose? — Profit que tire la raison humaine de cette remarque pour la recherche de la vérité; et à quoi elle reconnaît une découverte. — Ainsi, l'harmonie n'étant que pour constituer l'Ordre, l'idée de l'Ordre, dans le monde physique, est la vérité qui se compose de la réunion de toutes les autres vérités. — L'Ordre étant ce qui renferme l'ensemble des conditions de toute existence, puisque le Monde moral existe, il y a un Ordre pour le Monde moral. — Aussi toutes les sciences noologiques, à leur tour, ne sont autre chose que la connaissance des rapports d'harmonie qui constituent cet Ordre. — Ici l'idée de l'Ordre est donc également la vérité qui se compose de la réunion de toutes les autres. — Seulement, dans le Monde moral cet ordre prend le nom de *Société*: la Société est au genre humain ce que l'Ordre est à la nature. — L'analogie entre ces deux hémisphères de la création ne s'arrête pas là: dans le Monde moral, comme dans le monde physique, il y a unité et variété, puis rapport de la variété à l'unité, c'est-à-dire, harmonie. — La variété, dans le Monde moral, se compose de la multitude des êtres moraux, dont la diversité et l'individualité est bien plus spécifique encore, par suite de l'organe de la volonté dont ils sont tous doués. — L'unité s'y compose de la direction commune de toutes les volontés ramenées vers un même but, par le moyen de leur loi. — Dans le Monde moral, l'unité sans la variété serait l'anéantissement des individualités : l'unité n'y est donc point, non plus, l'indivisibilité. — S'il n'y avait que variété sans unité, les individualités perdant leurs rapports d'harmonie, se briseraient les unes contre les autres : la variété n'y est donc point, non plus, sans l'unibilité. — Il y a dans le Monde moral, comme dans le monde physique, une loi d'attraction universelle qui opère le retour de la variété à l'unité, le mouvement de l'unité à la variété résultant de la force personnelle de chaque individualité. — Le point d'intersection entre le mouvement qui emporte l'individualité et le mouvement qui porte à l'unité constitue l'harmonie. — Et cette harmonie n'est autre chose que la Société, qui est au Monde moral ce que l'Ordre est au monde physique, c'est-à-dire, ce qui renferme l'ensemble des conditions de son existence. — Ainsi la Société est l'harmonie des volontés dirigées librement vers un même but. — Nous avions donc raison de dire que l'idée de l'unité, de la variété, de l'harmonie et de l'Ordre, qui est la variété harmonieusement ramenée à l'unité, seraient la lumière avec laquelle nous aborderions le Monde moral, — puisque ces idées expriment les conditions fondamentales de toute existence : celle de Dieu, celle de la nature, celle de l'humanité! — Puisque le Monde moral a, comme le monde physique, l'Ordre pour condition d'existence, et qu'ici l'Ordre prend le nom de Société, l'expérience ne doit-elle pas nous montrer le phénomène de la Société comme le plus universel de l'humanité?

IV.

Retrouve-t-on la Société comme un phénomène universel de l'humanité ?

———

Si, 1° d'après les lois de notre entendement, 2° d'après les lois générales de toute existence, nous ne pouvons pas plus comprendre le genre humain sans une Société, que la nature sans un Ordre, puisque la *Société* est au genre humain ce que l'*Ordre* est à la nature, nous devons trouver dans l'expérience, qui est le terrain d'application des lois nécessaires, la contre-épreuve de cette vérité.

En effet, si la raison nous déclare ce qui doit être, en nous découvrant le nécessaire, l'expérience, qui est le champ où se manifeste le nécessaire, nous fait voir ce qui est : elle est une preuve, par les sens, de la réalisation du nécessaire. Où peut-il y avoir une plus grande certitude scientifique, que lorsqu'une telle expérience nous montre des faits que la raison nous a déjà démontrés ne pouvoir pas ne pas être? Mais aussi, nous n'entendons point par expérience quelques faits solitaires, apparus çà et là, produits bizarres et funestes des passions de quelques individualités, tels que les faits sur lesquels prétendent s'appuyer ceux qui veulent fonder les sciences morales d'après la méthode expérimentale; nous entendons, au contraire, par expérience, cette innombrable suite de faits que les hommes n'ont point produits de leur propre délibération (car nous ne récusons d'autre expérience que celle qui se compose des faits qui dépendent de la liberté humaine); cette suite de faits parmi lesquels il n'en est aucun capable de démentir les autres et de faire douter de leur légitimité, c'est-à-dire, de leur effectuosité comme produits naturels d'une loi nécessaire. Ainsi, il est bien au pouvoir de l'homme de produire des actes comme il l'entend dans la Société où il se trouve, parce qu'elle est la sphère d'exercice de sa liberté; mais il n'est pas en son pouvoir que la Société soit ou ne soit pas, parce que la Société, d'après ce qu'il paraît, appartiendrait aux plans de la création. Car l'homme peut bien aller contre son ordre, ruiner sa sphère d'existence individuelle, mais non pas attaquer l'Ordre universel, et détruire la sphère d'existence de l'humanité. L'être moral est libre, mais le Monde moral repose sur les lois toutes-puissantes de la création.

Eh bien! ne savons-nous pas précisément par l'expérience du présent comme par l'expérience de l'histoire, que l'existence de la Société, quels que soient sa nature et son degré de développement, est un fait universel ? Que ce soient de simples peuplades, ou des associations mieux formées, ou, enfin, de vastes États dans toute l'acception du mot, le fond est toujours le même ; il n'y a de différence que dans le degré, ou dans les formes extérieures. Mais pour ce qui est de l'existence d'une Société, c'est-à-dire, de la réunion des rapports sociaux nécessaires pour la production et la conservation de l'homme, on la retrouve dans le monde entier. Si haut que l'on remonte dans les temps, si loin que l'on aille sur la terre, l'histoire n'est que le récit de la naissance, de la vie et de la chute des sociétés ; et la géographie, que la science des surfaces du globe que recouvrent ces sociétés.

Aussi, à quelque page que l'on aille prendre l'histoire, l'on ne trouve point d'hommes antérieurement à la Société humaine. Partout les premiers législateurs, les conquérants, les chefs et les conducteurs de peuples, naissent au milieu d'elle ; c'est pourquoi, dans les préambules de leurs législations, ils la regardent comme un fait accompli et nécessaire dont ils ne parlent même pas ; comme un fait qu'ils peuvent tout au plus régulariser, modifier jusqu'à un certain point, mais dont l'existence ne peut pas même être mise en question. Ceux que l'on considère vulgairement comme fondateurs de quelques nations, n'ont jamais eu l'idée de se dire les fondateurs de la Société humaine. Elle était avant qu'ils ne fussent. La Société est aussi ancienne que l'homme.

Et, comment pourrait-il en être autrement ? Si l'Ordre en général est ce qui renferme pour un être les conditions de son existence ; si l'Ordre, pour le genre humain, est ce qu'on appelle Société, c'est-à-dire, si la Société est ce qui renferme, pour l'être humain, les rapports sociaux d'où dérivent son existence, sa conservation et son développement, partout où l'on trouve l'homme, on retrouve par là même la Société; puisqu'elle se compose des conditions qui sont nécessaires à l'existence de l'homme, et que l'existence de tout être suppose toutes les conditions d'existence de cet être.

Ainsi, dire que l'on rencontre l'être libre et moral sans Société, ce serait avancer une contradiction. Seulement, il est vrai que la Société n'a pas été aussi complètement réalisée dans toutes ces parties de l'espèce humaine qu'on nomme *peuples*; mais, à mesure qu'on la voit disparaître, ne voit-on pas disparaître, suivant la même proportion, la nature de l'être libre et moral; jusqu'à ce que descendant aux hordes sauvages, et n'y trouvant qu'à peine les plus faibles débris de société, nous n'y reconnaissions qu'à peine, également, les plus faibles débris de l'être libre et moral ? L'homme est partout en raison de la Société.

Si la Société est la réunion des rapports sociaux indispensables à l'existence, à la conservation et au développement de l'homme; il était donc impossible de rencontrer un temps dans l'histoire, un espace sur la terre, occupé par l'homme, sans y trouver la Société, à quelque degré d'ailleurs qu'elle y soit? Voilà pourquoi l'expérience nous montre l'existence de la Société comme un phénomène universel de l'humanité.

Pour le moment, il n'est pas question de la valeur respective de toutes ces sociétés; car demander si tant de sociétés furent parfaites et achevées, c'est demander si le genre humain a été, en tout temps et dans toutes ses parties, tout ce qu'il devait être : mais nous constatons seulement que partout où fut le genre humain, fut la Société; car sans elle il n'y eût pas paru. Il y eut autant de sociétés que de centres de générations humaines, autant de diversité parmi elles que de diversité dans l'existence et le développement de ces générations : mais il n'y eut jamais un seul homme sans société; parce que l'homme sans société est celui que sa mère abandonne et rejette de la société familiale au moment de sa naissance; et si celui qu'on abandonne ainsi n'est pas recueilli par la Société, il disparaît, comme la Société disparaît pour lui. La Société est aussi universelle que l'humanité; elle est à l'homme ce que tout corps est à l'espace qu'il occupe : partout où il est, elle y est.

De sorte que, envisagé sous le simple point de vue de la zoologie, au milieu de tant d'espèces qui habitent le globe terrestre, le genre humain se présenterait comme l'Espèce sociale [1].

Ainsi donc, parmi les sociétés, les unes reposent sur des rapports entièrement naturels, dans les autres sont établis beaucoup de rapports factices; les unes se composent

---

[1] Le plus grand physiologiste de nos jours a donc eu raison de dire : *L'homme ne vit que dans l'espèce.* Au reste, il faut montrer à quelle occasion il s'exprimait ainsi, et jusque dans quel cas il retrouve la destinée de l'homme : « Le but est la pensée de l'avenir, et comme tout dans l'embryon correspond à un but, tout aussi y est dirigé dans des vues d'avenir. Ici, sans doute, l'organe est antérieur à la fonction; mais la pensée de la fonction, c'est-à-dire de la direction de la vie qui lui correspond, existe avant lui; ainsi le cerveau s'allonge et se déploie en rétine parce que l'embryon doit percevoir les impressions du monde extérieur; les organes génitaux poussent du système vasculaire, parce que *l'individu ne vit que dans l'espèce.* »

Burdach, *Traité de Physiologie*, Origine des corps organisés, tom. IV, p. 138.

de tous les rapports possibles qui doivent exister entre les hommes, les autres ne possèdent que quelques-uns de ces rapports, à peine suffisants pour la conservation de quelques hommes; les unes ne sortent pas du cercle patriarchal, les autres prennent une existence nationale des plus étendues; les unes sont conquérantes, les autres sous le servage de la conquête; elles peuvent, selon leur caractère ou le période de leur développement, s'appeler famille, clan, tribu, peuplade, état patriarchal, état national, république, monarchie, empire, etc.; mais au milieu de cette variété de phénomènes, il y a un fait substantiel général, un fait universel : des individus réunis, une Société.

Il semble même que quelques sauvages misérables, ne sont jetés çà et là sur le globe, que pour attester cette loi et démontrer par cette sorte d'exception, toute la différence qui existe entre le dénûment de corps et d'esprit où ils se trouvent, et les développements de l'homme placé au milieu des rapports sociaux; quoiqu'il n'y ait nulle part des êtres humains purement sauvages (c'est-à-dire, assez complètement isolés de leurs semblables, pour n'avoir pas conservé les premiers rapports sociaux [1], sans lesquels ils périraient), puisque de toute nécessité ils sont nés d'un père et d'une mère, que leur conservation dans le premier âge résulte des rapports sociaux qui constituent la famille, la plus simple et la plus complète

---

[1] « On regarde comme peuples sauvages les tribus chez lesquelles les facultés de l'homme ont acquis le moins de développement, et *dont les individus ne tiennent les uns aux autres que par le moins de rapports possibles*, etc. » *Géographie* de Balbi, chap. 10, Classification du genre humain en peuples sauvages, peuples barbares et peuples civilisés, page 85.

des sociétés, du sein de laquelle il faudrait encore les supposer sortis. « Il est un fait hors duquel on ne peut concevoir un homme, dit un grand historien de nos jours; une condition d'existence dont on ne pourrait l'isoler sans l'anéantir : c'est la Société; sans elle, en effet, on ne comprend pas comment il viendrait au monde, ni comment il vivrait. » [1]

Une preuve que l'état sauvage, loin d'être le point de départ de la civilisation, en est tout le rebours, c'est la tendance manifeste à l'isolement, dans tout ce qui s'y fait, contrairement à la tendance à l'unité et à l'association, qui est, en quelque sorte, la loi commune de toute société; cette tendance se retrouve jusque dans les langues des sauvages, comme l'a remarqué un savant ethnographe. [2]

Le sauvage n'est qu'un être échappé à son espèce. De Maistre l'appelait une branche détachée de l'arbre social, et ne manquait pas d'observer que les langues sau-

---

[1] J. B. Becurz, *Introduction à la science de l'Histoire*, chapitre 1, page 45.

[2] Il s'est élevé parmi les nations sauvages une si grande variété de dialectes qu'on y peut à peine découvrir des affinités; c'est que l'état sauvage, qui isole les familles et les tribus, où le bras de chacun est toujours levé contre son voisin, suit essentiellement l'influence toute contraire de la civilisation, dont les tendances sociales sont de réunir. Cet état introduit nécessairement une jalouse diversité et des idiomes inintelligibles dans les jargons qui assurent l'indépendance des différentes hordes. « Les Papous, dit le docteur Leyden, qui a été surpris de cette puissance de désunion, semblent tous divisés en petits états qui n'ont presque point de rapports l'un avec l'autre. De là leur langage est brisé en une multitude de dialectes qui, par séparation et corruption orale, ont presque perdu toute ressemblance. » *Asiatick researches*, vol. X, page 162.

« Dans l'état sauvage, dit aussi M. Crawford, les langues sont en grand nombre : dans la société perfectionnée, elles sont peu nombreuses. L'état du langage, sur le continent américain et dans les îles indiennes, offre une démonstration convaincante de ce fait. Parmi la population grossière de l'île de Timor, on ne parle pas moins de quarante dialectes, et parmi la population cannibale de Bornéo, on parle plusieurs centaines de langues. » *Hist. of the Ind. Archip.*, vol. II, p. 79.

vages étaient des restes et non des rudiments de langues.[1]

Ainsi, même sans tenir compte 1° de la démonstration de l'existence de la Société, tirée de la loi générale de la création, 2° des preuves résultant des conceptions absolues de la raison humaine, le fait qui place l'humanité dans la condition de vivre en société étant universel, ce fait ne peut être que le résultat d'une loi nécessaire; tout comme la loi physique qui place les corps dans l'état d'agrégation, et les animaux dans l'état sauvage.

Le caractère de toute loi est la nécessité; car si la loi n'était pas nécessaire, c'est-à-dire, si les différentes modalités auxquelles elle soumet l'être qui lui est donné à régir, n'étaient pas, pour celui-ci, ses conditions nécessaires d'existence, elle ne serait point une loi; il est facile d'en voir la raison : en tant que Dieu veut la création, il est évident que les conditions qu'il emploie pour qu'elle existe sont nécessaires; or, la loi étant, vis-à-vis de l'être créé, la puissance qui le dirige selon les conditions indispensables de son existence, et les conditions d'existence de cet être étant nécessaires comme voulues de Dieu : il est clair que les lois, qui sont les moyens employés par la Volonté suprême et nécessaire pour l'existence de la création,

---

[1] Disons-le avec douleur, les sauvages ne sont pas au dessus, ils sont fort au dessous des brutes, parce que la nature de celles-ci est conservée chez elles, et qu'elles la suivent : tandis que la nature humaine est complétement dégradée, étouffée chez le sauvage. Elle y existe pourtant dans ses principes, qui se trahissent quelquefois et peuvent être retrouvés et ravivés. Ce n'est même que parce que le sauvage pourrait être autre chose, qu'il est si hideux, si monstrueux. Mais enfin comme ce n'est pas là l'homme, puisque c'est une négation de ce qu'il y a de positif et de caractéristique dans l'humanité, ce n'est donc pas là où l'on peut l'étudier. »

Essai d'induction philosophique d'après les faits.

sont nécessaires comme la Volonté et la Puissance de qui elles procèdent; d'où il résulte que tous les faits existants, par cela même qu'ils sont, prouvent qu'ils ne pouvaient pas ne pas être, c'est-à-dire, prouvent qu'ils viennent d'une loi. Le caractère de toute loi est donc le nécessaire.

Il est clair maintenant que pour découvrir si une chose est nécessaire, il ne s'agit que d'observer si elle existe universellement : car le nécessaire étant ce qui constitue indispensablement l'existence, tout être, par là même qu'il existe, a ses conditions nécessaires d'existence. Ainsi, le nécessaire d'un être ne pouvant disparaître sans que cet être disparaisse par là même, partout où il y a existence, il y a donc réalisation du nécessaire; or, l'existence s'étendant sur toute la création, il en résulte que le nécessaire est universel. La nécessité se reconnaît donc à l'existence; alors, à plus forte raison, ce qui existe universellement est une preuve infaillible du nécessaire.

Aussi, il est bien évident qu'on ne peut réellement trouver les principes de la condition de l'humanité en ce monde que dans les faits qui se manifestent universellement au milieu d'elle. Or, dès qu'on jette les yeux sur le globe qu'elle habite, le premier fait universel, le fait qui est le plus apparent et le plus considérable, n'est-il pas celui de la Société ? Maintenant, ce fait universel peut en renfermer plusieurs autres; lui-même, il peut varier plus ou moins dans son organisation, mais il n'en reste pas moins le fait le plus universel que présente l'existence de l'humanité sur le globe. Alors, comme tout fait universel prouve qu'il est nécessaire, et comme tout fait universel ou nécessaire prouve qu'il est produit par une loi, et enfin comme toute loi est pour un être ce qui renferme ses conditions d'existence : puisque la Société est un fait universel au milieu du genre humain, elle se présente donc comme le produit d'une grande loi de la création; en un mot, comme l'état qui renferme les conditions de l'existence du genre humain sur la terre.

De sorte que les êtres collectifs qu'on nomme famille, tribu, clan, peuple, nation, société, ne différant point quant à leurs éléments, c'est-à-dire, quant aux êtres qui les composent; ne différant point quant à leur nature, c'est-à-dire, quant aux lois et aux rapports qui s'établissent entre eux dans leur sein, mais seulement, quant au degré et à la pureté de leur socialisation, c'est-à-dire, quant à la réalisation plus ou moins parfaite des rapports qui doivent s'établir entre les membres qui composent ces corps organisés : il résulte que la Société, étant un fait universel, un état aussi général que l'espèce humaine, est infailliblement le produit d'une loi, c'est-à-dire, d'une puissance nécessaire, et qu'elle est alors une partie indispensable du plan de la création.

Ainsi, comme les lois sont les conditions indispensables de l'existence des êtres, il ne s'agit plus, d'après cela, de demander à l'homme s'il veut ou s'il ne veut pas de l'état de Société, c'est-à-dire, s'il veut ou s'il ne veut pas de la loi de son être : mais, s'il veut ou s'il ne veut pas de l'existence pour laquelle il a été créé.

Puisque la Société est le phénomène le plus universel de l'humanité, n'y a-t-il pas un autre moyen, en observant les éléments dont se compose la nature humaine, de savoir si nous avons été effectivement créés pour la Société? Et par ce moyen, non-seulement nous saurons, par une autre voie, si réellement nous avons été créés pour une société ; mais, comme nous étudierons les éléments de la nature humaine, ses lois et son but, n'apprendrons-nous pas en même temps pour quelle Société nous avons été créés ; c'est-à-dire, quelle est la Société qui correspond aux éléments de la nature humaine ; la Société dans laquelle elle peut réaliser ses lois, se développer et atteindre son but ; celle, en un mot, que nous avons appelée la véritable Société, et qui, seule, mérite une étude sérieuse ?

Sommaire. — Si la Société est au genre humain ce que l'Ordre est à la nature, nous devons la retrouver dans l'expérience comme un phénomène universel. — Car si la raison nous annonce le nécessaire, l'expérience est le champ où le nécessaire se réalise. — Il ne faut pas entendre par expérience les quelques faits produits par la liberté humaine, mais cette innombrable suite de faits que les hommes n'ont point produits, et qui ne dépendent point de leurs délibérations. — Or, effectivement, la Société, à quelque degré d'ailleurs qu'elle existe, ne se trouve-t-elle pas dans le monde entier? — L'histoire est-elle autre chose que le récit de la naissance, de la vie, et de la chute des sociétés ; la géographie, autre chose que la science des surfaces du globe qu'elles recouvrent? — Partout, les premiers législateurs et les conquérants n'ont-ils pas regardé la Société comme un fait accompli qu'ils ne pouvaient que modifier? — La Société est aussi ancienne que l'homme : comment pourrait-il en être autrement, puisqu'elle se compose des conditions indispensables de l'existence de l'homme ! — L'homme est partout en raison de la Société : plus elle se développe, plus il se développe; si elle disparait, l'être moral disparaît avec elle. — Sans discuter sur la valeur respective de toutes les sociétés qui ont couvert le globe, nous constaterons seulement que la Société est un phénomène universel de l'humanité ; — que partout où fut le genre humain, fut la société; que la Société est aussi universelle que l'homme ; que partout où il est, elle y est. — De sorte que, envisagé sous le point de vue de la Zoologie, au milieu des espèces qui habitent le globe, le genre humain se présenterait comme *l'Espèce sociale.* — Ainsi, à travers cette variété de phénomènes, tels que famille, clan, tribu, peuplade, état patriarchal, état national, empire, monarchie, république, qui ne sont que les différentes périodes d'un même phénomène, il y a un fait général : des individus réunis, une Société. — Il semble que les quelques sauvages jetés sur le globe sont là pour prouver, par leur exception à la loi générale, la différence qu'il y a entre l'homme de la Société et celui qui s'échappe des rapports sociaux. — Le caractère de toute loi est le nécessaire, parce que la loi, étant le moyen employé par la Volonté absolue pour l'existence de sa création, est inévitablement nécessaire comme la Volonté dont elle émane. — Pour savoir si un fait est nécessaire ou le produit d'une loi, il ne s'agit donc que d'observer s'il existe universellement. — Si tout fait universel prouve qu'il est nécessaire, si tout fait universel ou nécessaire prouve qu'il est le produit d'une loi, comme toute loi est pour un être ce qui renferme les conditions de son existence, puisque la Société est un fait universel au milieu du genre humain, elle s'offre donc comme le produit d'une grande loi de la création, celle sur laquelle reposent les conditions de l'existence du genre humain. — Il reste un dernier moyen de savoir si nous avons été créés pour la Société, c'est de faire l'étude des éléments de la nature humaine, afin d'observer s'ils ne trouvent réellement que dans la Société les conditions de leur existence et de leur développement.

V.

Ne faut-il pas chercher quels sont les éléments de la nature humaine ?

Si la Société, soit qu'on interroge 1° les lois nécessaires de la création, 2° les conceptions absolues de la raison, 3° l'expérience universelle, doit exister de toute nécessité, il reste encore un quatrième et excellent moyen de mettre à l'épreuve cette vérité :

Nous savons que d'après l'harmonie, qui est la propriété générale de la création, les êtres sont doués des moyens nécessaires pour arriver à leur fin; d'où il résulte que la nature des êtres indique leurs fins, puisque leur nature n'est que l'ensemble des propriétés qui leur sont données comme autant de moyens pour y arriver; nous savons de plus, que les lois qui les régissent, n'ayant pas d'autre but, sont en rapport, d'un côté, avec la nature ou les propriétés des êtres pour lesquels elles sont faites, d'un autre, avec leur fin, vers laquelle elles sont chargées de les conduire : nous pouvons donc prendre une marche inverse à celle que nous avons suivie : c'est-à-dire qu'au lieu de chercher, comme nous l'avons fait, si, d'après les lois de la création, l'état de Société ou Ordre de l'humanité, est un état nécessaire, nous examinerons, d'après l'observation des propriétés et des lois de la nature humaine, quelle est la fin indiquée par ces moyens; c'est-à-dire, quel est l'état naturel, l'ordre nécessaire, pour lequel elle a été formée.

Car, si Dieu a créé la Société, s'il l'a voulue comme l'Ordre indispensable, l'état de conservation et de développement de l'humanité, il faut bien qu'il l'ait rendue possible, en y conformant la nature des êtres qu'il doit placer dans ce milieu; en un mot, — nous venons de concevoir qu'il existe absolument une Société pour l'homme : voyons maintenant si l'homme est fait pour la Société.

C'est ainsi que dans le monde physique Dieu n'a pas seulement créé la grande loi d'attraction, mais il l'a rendue possible en imprimant aux molécules de l'affinité les unes pour les autres; de même, si Dieu a créé dans le Monde moral la grande loi de la sociation, il l'a rendue possible en imprimant dans la nature même des individus une affinité les uns pour les autres. Ici cette affinité prend le nom de *Sociabilité*, par suite de l'Ordre qui en résulte, que nous avons appelé *Société* par opposition au mot *d'agrégation*, qui signifie l'association des molécules des corps.

Ainsi la Sociabilité étant le caractère de l'être qui doit vivre en société, cherchons, par l'observation des éléments qui composent la nature de l'homme, si Dieu en a fait un être sociable; c'est-à-dire, cherchons si non seulement ses penchants et ses habitudes lui font un besoin de vivre en société, mais si sa nature est de telle sorte qu'elle lui en fasse une nécessité; et que la Société soit la condition de sa naissance, de sa croissance, de sa conservation, de son développement et de ses fins, quelles qu'elles puissent être.

Pour cela, il faut soumettre la nature humaine à la même analyse à laquelle les chimistes ont soumis la nature physique, afin d'arriver aussi à la connaissance des éléments dont elle est composée, des propriétés de ces éléments, de leurs produits et des principes qui les régissent. Cette connaissance est le fondement de la science sociale, comme tout le monde le sentira; sans elle, il n'est plus possible d'entreprendre l'étude de la Société.

En effet, si la nature de l'homme doit nous démontrer encore visiblement qu'elle a été formée pour la Société, ne faut-il pas qu'elle nous indique en même temps pour quelle espèce de société? Comment savoir quels doivent être la nature, les caractères et les lois de cette Société, si nous ne connaissons pas la nature, le caractère et les lois de l'être qu'elle doit contenir dans son sein?

Si tout nous force à admettre l'existence d'une Société, rien ne nous indique encore quelle sera cette Société; seulement nous concevons qu'il est nécessaire qu'elle soit en rapport avec l'être qu'elle doit entretenir. Car, si l'homme est formé pour vivre en Société, si par conséquent la Société est faite pour recevoir l'homme, le conserver et l'amener à ses fins, sans quoi elle ne saurait être l'état naturel, l'Ordre pour l'humanité, elle ne peut donc être fondée que sur le plan de la nature humaine. — Voilà pourquoi il faut chercher quels sont les éléments de la nature humaine.

Ainsi, le principe fondamental de la science de la Société est bien simple :

Pour savoir quels sont les éléments, les propriétés et les lois, en un mot, la nature de la Société humaine, il faut rechercher quels sont les éléments, les propriétés, les lois, la nature, en un mot, de l'être humain qu'elle doit contenir.

Car, si nous sommes obligés d'admettre un Ordre pour l'humanité comme pour la nature, rien ne nous montre encore quelle est la nature de cet Ordre; nous reconnaissons seulement qu'il existe de toute nécessité, puisque l'humanité existe, que par conséquent cet Ordre est de nature à renfermer toutes les conditions de l'existence de l'humanité. Ainsi, rien de plus simple : pour savoir de quelle nature doit être cet Ordre que nous avons appelé Société, voyons quelle est la nature de cet être qu'il doit conserver et conduire à ses fins. En effet, si nous nous rappelons les questions posées dans les Prolégomènes, nous avons dit qu'il fallait chercher d'abord :

S'il y a un Ordre d'existence pour l'humanité; puis, si cet Ordre naturel d'existence est une société : Quelle est cette société? enfin,

Si cette société est celle qui renferme toutes les conditions qui correspondent aux différents éléments de l'humanité : Comment reconnaître cette véritable Société? et, où peut-on l'étudier?

Or, nous venons précisément de voir qu'on ne pouvait étudier la véritable Société que dans les éléments de la nature humaine; et l'on conçoit que pour la science sociale tout autre point de départ étant hypothétique, les systèmes qu'on a pu élever dessus sont purement imaginaires. Voilà pourquoi, je le répète, il faut étudier les éléments de la nature humaine.

Pour bien faire, nous allons entreprendre cette étude sans nous préoccuper du parti que nous voulons en tirer; nous allons l'entreprendre comme si le sujet de cet ouvrage n'était autre chose que l'étude des éléments de la nature humaine. Puis, des résultats ainsi naturellement obtenus sur ce point, nous pourrons partir alors avec bien plus de confiance pour savoir quelles sont, dans le temps, les conditions de l'existence et du développement de ces divers éléments, et pour nous assurer si c'est véritablement la Société. De là, l'étude des éléments de la nature humaine va naturellement devenir l'objet du Livre suivant.

Mais auparavant, ne faut-il pas aussi que nous sachions quel est le point de départ que nous devons prendre dans cette étude? N'est-ce pas la première question qui vient se poser devant nous?

Sommaire. — Par suite de l'harmonie, qui est la propriété générale de la création, tous les êtres sont doués des moyens nécessaires pour arriver à leur fin. — De sorte que l'observation de la nature d'un être indique toujours sa fin; — car cette nature ne se compose que de l'ensemble des propriétés qui lui ont été données comme autant de moyens pour y arriver. — D'après cela, ne pouvons-nous pas, en étudiant les éléments de la nature humaine, examiner si ces éléments se présentent comme des moyens qui réclament la Société pour leur fin? — Ainsi, nous venons de reconnaître qu'il existe absolument une Société pour l'homme; voyons maintenant si l'homme est fait pour la Société. — Si Dieu a créé, dans le Monde moral, la grande loi de la sociation, il l'a rendue possible en déposant dans la nature même des êtres moraux, de l'affinité les uns pour les autres. — Cette affinité prend naturellement le nom de *Sociabilité* par rapport à l'Ordre qui en résulte, que nous avons appelé Société. — Nous chercherons donc par l'étude des éléments de la nature humaine, si Dieu les a faits en vue de la sociabilité, c'est-à-dire, de telle sorte qu'ils ne trouvent leur vie, leur développement et leur fin qu'en société. — De plus : si l'étude de la nature de l'homme nous prouve encore qu'il ait été fait pour la Société, ne nous montrera-t-elle pas, aussi, pour quelle espèce de Société? — Car si nous sommes persuadés, maintenant, que l'homme est fait pour vivre en société, rien ne nous montre encore quelle doit être la nature de cette société. — Or, n'est-il pas clair que si l'homme est fait pour vivre en société, si conséquemment la société est faite pour recevoir l'homme, le développer et le conduire à ses fins, elle ne peut être fondée que sur le plan de la nature humaine. — Ainsi : pour savoir quels sont les éléments, les propriétés, les principes et les lois de la Société humaine, il ne s'agit que de chercher quels sont les éléments, les propriétés, les principes et les lois de la nature humaine. — Mais avant de chercher quels sont les éléments et les principes de la nature humaine, ne faut-il pas savoir quel doit-être le point de départ d'une pareille étude?

VI.

Ne faut-il pas partir de l'absolu dans l'étude des éléments de la nature de l'homme ?

N'avons-nous pas déjà énoncé le motif qui nous porte à aborder avec tant de soin l'étude de l'homme, savoir : que la science de l'homme est la clé de la science sociale; que d'une nature humaine mutilée, on ne peut tirer qu'une société tronquée; que de la véritable science de la nature humaine on pourra seulement déduire la véritable Société, c'est-à-dire, l'Ordre qui renferme pour l'humanité toutes les conditions de son existence et de son développement, l'Ordre qui pourra seul la conduire à ses fins ?

D'abord, sachons qu'on pourrait étudier la nature humaine et reconnaître les éléments dont elle se compose, absolument comme on procède pour la nature matérielle : par l'observation de ses phénomènes. Car, les agents moraux ont leurs produits comme les agents physiques : ce sont, de part et d'autre, des causes qui se manifestent extérieurement. Les produits des agents physiques sont des *effets*, ceux des agents moraux sont ce qu'on appelle leurs *actions*; et comme on remonte des effets aux agents physiques pour juger de leurs propriétés, on peut également remonter des actions aux agents moraux, et déterminer ainsi les propriétés de leur nature. Cette méthode favorite de l'École rationaliste a déjà produit, au moment où nous parlons, des résultats qui sont même surprenants.[1]

Cependant, on conçoit que si cette marche est légitime lorsqu'il s'agit d'étudier les êtres physiques, elle n'offre plus les mêmes sûretés lorsqu'il faut connaître les êtres spirituels ; nous l'avons déjà remarqué : l'inertie, qui est l'impossibilité d'agir de soi-même, garantit les premiers de toute anormalie, tandis que la liberté, qui est au contraire le pouvoir d'agir de soi-même, fournit précisément aux êtres spirituels le moyen de s'échapper de leur loi, et, par conséquent, d'exposer leur nature à la dégradation. Alors, quels beaux résultats retirerions-nous de cette méthode expérimentale appliquée aux êtres spirituels et libres !... Mais ce n'est là que le premier inconvénient de cette méthode ; car,

Pour le sujet qui nous occupe, il ne nous faut pas non plus une psychologie qui s'intéresse seulement aux facultés que l'homme exerce dans le cabinet, mais bien plutôt une

---

[1] Surtout entre les mains de Kant, de Fichte et de Hégel, en Allemagne ; de Dugald-Stewart, et de Reid, en Angleterre; et en France, de MM. Royer-Collard, Cousin, Jouffroy, et des élèves distingués qui sortent de cette école.

anthropologie complète. L'école que nous venons de citer a laissé des merveilles sur tout ce qui regarde les facultés intellectuelles de l'homme, mais la partie la plus utile et la plus intéressante de cette science lui a échappé, l'étude du cœur. Il y a encore un autre fait, des plus importants de la nature humaine, qu'elle a également oublié, comme nous le verrons. Si donc, il ne s'agissait ici que d'étudier les facultés intellectuelles, la méthode d'observation de l'école rationaliste nous suffirait peut-être ; mais pour les résultats que nous avons besoin d'obtenir elle serait tout-à-fait insuffisante.... Mais ce n'est là que le second inconvénient de cette méthode ; car,

Pour faire une psychologie qui soit aux éléments de la nature humaine, ce que la chimie est aux éléments de la nature physique, ne faudrait-il pas posséder l'homme parfait, achevé, l'homme tel que le comportent les développements de sa nature? Or, où trouverions-nous ce sujet légitime de l'observation psychologique? Quelle est la société qui le porte dans son sein? Indépendamment des temps, n'y a-t-il pas une gradation générale de toutes les civilisations qui existent sur la terre? Quelle est alors la plus élevée de ces civilisations, celle qui doit nous fournir l'individu sur lequel on pourra faire la science complète de l'homme?

Et à supposer que nous la reconnaissions, quel est l'homme que nous devrons choisir au milieu d'elle? Tous les hommes n'y sont-ils pas à distance les uns des autres dans l'échelle de leur développement et de leur perfection? Par suite de la liberté morale, les ames plus ou moins vertueuses n'atteignent-elles pas à des perfections qui restent ignorées des ames encore en proie aux misères de la corruption? Les premières se développent et accroissent en elles les conditions de l'être, les secondes les diminuent; les unes s'édifient, les autres se détruisent. Une psychologie prise sur les peuples sauvages ressemblerait-elle à la psychologie que nous ferions sur les peuples civilisés? Enfin, une psychologie prise au milieu du temps, peut-elle être jamais autre chose qu'une embryogénie de l'être spirituel? Et c'est là le troisième inconvénient de cette méthode d'observation. — Nous ne pouvons donc pas décidément partir de l'expérience, dans l'étude des éléments de la nature de l'homme?

S'il nous est impossible d'obtenir la véritable notion de l'homme des faits contenus dans le temps, où tout est successif, conséquemment spécial, inachevé, relatif, incomplet; nous possédons, dans le temps, une lumière qui a conservé le caractère de l'absolu, de l'universel, du parfait, et que nous pourrons toujours interroger sur ce point. Car, si elle n'est pas conforme à ce que nous faisons, elle est la connaissance de ce que nous devons faire; si elle n'est pas ce que nous sommes, c'est une lumière sur ce que nous devons être : effectivement, la raison, par suite de son impersonnalité, c'est-à-dire de son indépendance de la liberté de l'individu, a seule conservé dans la nature humaine la lumière pure de l'absolu; elle seule, aussi, peut nous conduire ici-bas au milieu du torrent de notre imparfaite et trompeuse expérience! C'est-elle qui nous conserve précieusement les notions du Vrai et du Bien, c'est-à-dire, de *Ce qui doit être*.

Or, Ce qui doit être appartient à l'absolu, et ce qui tient à l'absolu repose sur les lois de la Réalité.

Ainsi, nous n'avons qu'à partir des lois nécessaires et essentielles de la Réalité; car, des conditions sur lesquelles repose l'Existence absolue, nous déduirons les conditions sur lesquelles doit reposer l'existence relative de l'être envoyé dans la création. Or, savoir les conditions de l'existence d'un être, n'est-ce pas en connaître les éléments, les lois et le but; n'est-ce pas en posséder à fond la nature? Mais, pour mieux nous assurer encore du résultat obtenu, après être parti du nécessaire pour descendre aux effets qu'il a dû produire, nous pourrons, prenant la méthode inverse, que d'abord nous avons repoussée, repartir de ces faits confrontés avec ceux que donne l'observation, et remonter aux principes nécessaires qui les déterminent : nous renforcerons ainsi la déduction rationelle de l'induction expérimentale. La première de ces méthodes est plus difficile et plus périlleuse pour celui qui l'entreprend, mais aussi combien n'offre-t-elle pas des résultats plus purs, et en même temps plus certains et plus fermes : elle qui part de ce qui ne peut pas ne pas être, et vient rencontrer dans le champ de la réalisation les faits qui y sont effectivement, faits dont elle possède la cause!

Puis, lorsque nous aurons ainsi obtenu la connaissance de la véritable nature humaine, telle qu'elle repose sur les lois absolues de la Réalité, telle qu'elle existe enfin dans la conception éternelle de celui qui l'a créée, ne faudra-t-il pas en prendre tous les éléments les uns après les autres, et chercher quelle est la condition de leur existence et de leur développement au milieu du temps? — Si nous venions à obtenir de tous la même réponse, n'aurions-nous pas découvert l'état naturel de l'homme, ou l'Ordre de son existence en ce monde?

Enfin, nous disions que l'homme n'est pas encore complètement développé, qu'il n'est pas ce qu'il doit être, qu'il ne jouit pas de tous les avantages de sa nature: nous pourrons donc alors vérifier dans quel état il se trouve actuellement, et chercher quels sont les obstacles qui le retiennent, le mal dont il est atteint, le remède qui lui convient, et le milieu dans lequel il doit se placer, pour que les soins qu'il réclame lui soient administrés.

Car, comment apprécierions-nous l'état d'imperfection dans lequel est encore la nature humaine, si nous n'avons aucune idée sur son état de perfection? Peut-on faire l'hygiène et la pathologie sans une physiologie pure? Comment se faire une idée de la maladie, si l'on ne connaît pas l'état de santé; comment apprécier dans un être ce qu'il y a de déréglé, de contraire à sa loi, si l'on ne sait pas comment il doit être lorsque tout en lui est réglé et conforme à sa loi? Et bien plus! c'est que, si nous ne distinguons pas ce qui appartient à l'état morbide de ce qui appartient à l'état normal, nous nous exposons à prendre l'état morbide pour l'état normal, le malade pour un être qui se porte bien; comme le font en général tous les psychologues de l'école rationaliste.

Les Sensualistes ont été bien plus loin, par suite de cette erreur, puisque dans l'application sociale de leur système, faite par les Saint-Simoniens, ils ont avancé que les passions étaient en nous des forces aussi naturelles, aussi légitimes, que toutes les forces possibles qui sont dans la nature; et que s'il n'eût pas été dans la destination de l'homme de satisfaire toutes ces passions, Dieu ne les lui aurait pas données; que, par conséquent, c'est pour nous un devoir de les satisfaire, et un droit d'exiger de la société qu'elle nous en procure tous les moyens... Eh bien! que penseriez-vous d'un médecin qui en dirait autant à son malade, sur une affection déréglée de ses organes; d'un médecin qui prendrait l'état pathologique pour l'état physiologique pur?... Or, n'est-ce pas là encore un quatrième inconvénient de la méthode expérimentale appliquée à l'étude de l'homme?

Partons donc de l'absolu; partons des notions pures de la nature humaine dans son état normal, dans son état de perfection, si nous voulons apprécier, plus tard, l'état d'imperfection et de maladie dans lequel elle se trouve aujourd'hui; faisons de la physiologie pure avant de descendre dans le labyrinthe d'une pathologie de l'être spirituel. Cette marche est indiquée par le simple bon sens; elle peut surprendre un peu dans la psychologie, où l'on ne fit jamais cette distinction si importante, mais elle a toujours été admise en physiologie. [1]

---

[1] « Douze moyens nous sont offerts pour parvenir à la connaissance des fonctions physiologiques : le premier est *l'observation des phénomènes qui se passent en nous dans l'état de santé*. L'on peut dire qu'un examen attentif de ce que nos fonctions présentent d'appréciable dans leur état d'intégrité, est l'un des moyens qui portent le plus de jour, et dans la physiologie de l'homme sain, et dans la physiologie de l'homme malade. Un grand nombre des actions qui appartiennent à la vie animale, comme le disait Bichat, sont presque exclusivement appréciées par cette étude.

« Le but le plus noble de la physiologie

Or, si l'on ne peut tirer la connaissance de la véritable Société, que de l'étude de la véritable nature humaine; et si l'on ne peut apprécier l'état d'imperfection dans lequel est encore la nature humaine, sans savoir ce qu'elle doit être dans son état normal pur; et si l'on ne peut savoir ce que l'humanité doit être dans son état normal pur, sans recourir aux lois absolues qui ont présidé à la création; et, si enfin prendre son point de départ dans ces lois absolues, dont la raison porte en elle les idées, c'est suivre ce que nous avons appelé la méthode rationelle : nous voyons maintenant combien nous avons eu raison de proclamer cette méthode et de récuser d'abord l'empirisme, tout en lui montrant le cercle dans lequel il est obligé de se renfermer, et le cercle dans lequel nous, au contraire, nous sommes obligés d'entrer.

En partant ainsi des lois absolues de la Réalité pour faire l'étude de l'homme, nous saurions : 1° ce qu'il doit

---

est d'éclairer la pathologie. Et d'abord nous ne pouvons nous faire une idée de la maladie, que lorsque nous connaissons la santé : nous serions inhabiles à apprécier la cause qui mettrait obstacle à une machine compliquée, si nous n'avions pas appris le mode suivant lequel se meuvent régulièrement les différentes pièces qui la composent. Si nous ne connaissions pas les modifications que peuvent éprouver les actions vitales, nous serions exposés aux erreurs les plus graves et les plus dangereuses; nous pourrions prendre l'état sain pour l'état malade, et les accidents les plus terribles pour des phénomènes peu alarmants. Quelles sont les bases de l'hygiène? peut-elle même être séparée de l'étude de l'homme en état de santé? comment pourra-t-elle chercher à conserver l'harmonie entre nos fonctions, si elle ne connaît quel est le type naturel du phénomène de la vie? et dans le cas où elle a pour objet de remédier aux différentes lésions, tout ce qu'elle sait n'est-il pas fondé sur l'hygiène de la santé? D'après ces considérations, nous voyons que les connaissances physiologiques sont de la première importance pour ceux qui se livrent au traitement des maladies ; etc. »

Dictionnaire des sciences médicales, tome XLII, à l'art. *Physiologie*.

Nous citons ce passage parce qu'il est parfaitement applicable à la physiologie, et qu'il faut toujours recevoir des lumières de ceux qui les possèdent. C'est ainsi que toutes les sciences doivent se soulager et se servir, tout en faisant l'éducation de l'esprit humain.

être; 2° ce qu'il est; 3° par conséquent, le rapport qu'il y a entre ce qu'il est et ce qu'il doit être, et le moyen pour y arriver. D'où il serait facile de déduire ensuite : 1° ce que la Société doit être pour favoriser le développement complet de l'humanité ; 2° ce qu'elle est actuellement ; 3° par conséquent, le rapport de ce qu'elle est avec ce qu'elle doit être, et le moyen pour qu'elle y arrive. Or, n'est-ce pas là justement ce que nous devons savoir !

C'est pourquoi, comme nous l'avons déjà observé, il ne faut pas prendre les hommes tels qu'ils sont, mais les prendre où ils en sont : or, c'est pour mieux prendre les hommes où ils en sont qu'il faut savoir ce qu'ils doivent être. — Voilà pourquoi, enfin, il faut partir de l'absolu dans l'étude de la nature humaine.

Oui, prenons garde de perdre la méthode que nous avons pris tant de soin à établir et à défendre dans nos Prolégomènes. Un conquérant disait : Il n'est pas de citadelle si inaccessible que l'on ne puisse y pénétrer avec une clé d'or. Eh bien ! de même, il n'est pas de vérité, si élevée, que l'esprit de l'homme ne puisse y atteindre avec la méthode légitime : elle est la clé d'or à laquelle la vérité ne résiste pas.

Ainsi, il faut donc que l'homme parte de l'absolu par la pensée, en attendant qu'il y retourne un jour lui-même en réalité ! Mais comme nous, qui étudions à cette heure, nous sommes dans la création, si nous voulons partir de l'absolu, ne faut-il pas commencer par nous y élever ? — Voici comment nous pouvons le faire : Vous et moi sommes persuadés que nous existons ;

mais nous nous apercevons en même temps que nous n'existons point par nous-mêmes : car, nous nous sommes trouvés en ce monde sans avoir demandé la vie, et sans même savoir qu'il y avait une vie, bien loin d'avoir pu nous la procurer à nous-mêmes. Enfin, nous nous y conservons et nous en sortirons sans que notre volonté y soit pour quelque chose.

Or, s'il est des êtres qui n'existent point par eux-mêmes, leur existence atteste celle d'un être par qui ils existent; et si cet être à son tour n'existe point par lui-même, et qu'il soit subordonné comme le premier, son existence n'atteste-t-elle pas celle de l'être par qui il existe? Et comme toute progression implique un premier terme générateur, l'existence de tous les êtres conditionnels, c'est-à-dire de tous les êtres qui n'existent point par eux-mêmes, n'implique-t-elle pas nécessairement l'existence de l'Être essentiel, absolu, c'est-à-dire, de l'Être qui existe par lui-même?

Puisqu'il y a des êtres qui ne peuvent exister par eux-mêmes, donc ils tirent leur existence d'un autre être; et ainsi en remontant jusqu'à ce qu'on arrive à la dernière et intarissable source de l'existence, à l'Être qui existe par lui-même, et par qui conséquemment les autres êtres peuvent seulement exister. Car l'existence absolue, seule, s'explique par elle-même.

De même, en remontant d'effets en causes, on arrive à la cause première; cause véritable, puisque seule elle ne fut jamais effet; cause qui trouve en elle-même la dernière et intarissable source de son action; cause qui est cause par elle-même, et de qui conséquemment toutes les autres causes doivent procéder. Car la causalité absolue, seule, s'explique par elle-même.

De sorte qu'en partant du fait de la création nous arrivons, premièrement à l'idée de la substance absolue : or, la substance absolue est ce qui ne suppose rien au delà de soi relativement à l'existence ; secondement à l'idée de la cause absolue : or, la cause absolue est ce qui ne suppose rien au delà de soi relativement à la causalité. Enfin, la substance absolue et la causalité absolue constituent la Réalité : or, la Réalité absolue est ce qui ne suppose rien au delà de soi relativement à l'être.

Ainsi, le créé existe, donc il y a l'incréé ; le conditionnel existe, donc il y a l'inconditionnel ; le fini existe, donc il y a l'infini ; le relatif existe, donc il y a l'absolu ; les choses inertes se meuvent, donc il y a une puissance qui meut sans être mue ; les effets existent, donc il y a une cause dernière ; l'imparfait existe, donc la perfection existe. Et la perfection, la causalité première, l'infini, l'inconditionnel, l'incréé, n'est pas autre chose que l'absolu, que ce que nous appelons la Réalité.

Car si cet Être n'avait pas la perfection, il lui manquerait donc des attributs de l'existence ? Et s'il n'avait pas toutes les conditions de l'existence, comment se conserverait-il par lui-même ? De sorte que la notion d'être par soi-même, implique la notion de la perfection ; la perfection, celle de l'infini ; l'infini, celle de l'éternité ; l'éternité, celle de l'absolu ; et la notion du nécessêtre, de la perfection, de l'infini, de l'éternité, de l'incréé, forme la notion complète de la Réalité absolue.

Partons donc des lois nécessaires de la Réalité absolue pour savoir sur quelles conditions doit être établie l'existence de l'être qui n'existe point par lui-même; c'est-à-dire, pour connaître les éléments de la nature de l'homme. Cette étude va faire l'objet du Livre suivant.

Sommaire. — La connaissance de l'homme est la clé de la science sociale : d'une nature humaine mutilée on ne peut tirer qu'une société tronquée. — Comme les agents moraux se manifestent par des actes, et qu'on peut ainsi remonter des faits aux causes qui les produisent, on a suivi jusqu'à présent en psychologie, avec assez de succès, la méthode d'observation. — Mais une pareille méthode suppose que l'homme, sujet de l'observation, est parfait, en un mot tel qu'il doit être : or, ne savons-nous pas que les êtres moraux ont, par la liberté, le moyen de s'échapper de leur loi; puis, que l'homme du reste est essentiellement perfectible, et alors essentiellement variable ? — D'ailleurs, dans quelle civilisation la psychologie choisirait-elle le sujet légitime de son observation ; et cette civilisation reconnue, quel est l'homme qu'elle choisira en elle, pour qu'il se rapproche le plus du type parfait de la nature humaine ? — Mais si nous ne pouvons pas nous fier à ce qu'on trouve dans l'expérience, où tout est relatif, spécial, incomplet, ne portons-nous pas en nous une lumière absolue, universelle, parfaite, que nous pouvons interroger ? — La raison, par suite de son impersonnalité, ne conserve-t-elle pas précieusement en nous les idées absolues du bien, du vrai, du beau, en un mot, de *Ce qui doit être*. — Nous avons donc ainsi un moyen de partir de l'absolu pour savoir quels doivent être les éléments de la nature humaine ; et après nous pourrons, pour mieux assurer nos résultats, repartir de ces faits, offerts alors par l'expérience, pour remonter aux causes absolues. — Lorsque nous aurons obtenu la connaissance de la véritable nature humaine, nous observerons dans quel état d'imperfection elle se trouve relativement à ce qu'elle devait être, et à ce qu'elle doit être un jour. — Nous ne pourrions pas apprécier l'état d'imperfection de la nature humaine, si nous ne savions pas auparavant quel est son état de perfection. — Peut-on faire de l'hygiène et de la pathologie sans posséder d'abord une physiologie pure ? — Erreurs dans lesquelles sont tombés surtout les Sensualistes, pour n'avoir pas fait cette distinction. — Or, prendre son point de départ dans les lois absolues qui président à la création, c'est suivre la méthode rationelle, parce que la raison porte en elle l'idée de ces lois. — Par là nous saurons : 1° ce que l'homme doit être, 2° ce qu'il est, 3° le rapport de ce qu'il est à ce qu'il doit être ; d'où l'on pourra déduire : 1° ce que la société doit être, 2° ce qu'elle est, 3° le rapport de ce qu'elle est à ce qu'elle doit être. — Comment on peut se placer dans l'absolu ; les êtres qui n'existent point par eux-mêmes n'attestent-ils pas l'existence de l'être par qui ils existent, et enfin, d'un être qui existe par lui-même, d'un être absolu ? — Nous arrivons ainsi, 1° à l'idée de la substance absolue, qui est ce qui ne suppose rien au delà de soi relativement à l'existence ; 2° à l'idée de la cause absolue, qui est ce qui ne suppose rien au delà de soi relativement à la causalité. — Notion de la Réalité absolue. Nous allons partir de ses lois pour faire l'étude des éléments de la nature de l'homme, objet du Livre suivant.

LIVRE SECOND.

DES ÉLÉMENTS

DE LA

NATURE DE L'HOMME.

DES ÉLÉMENTS
DE LA
NATURE DE L'HOMME.

I.

La Rationalité n'est-elle pas le premier élément de la nature humaine ?

Avant toute chose créée, lorsque le monde reposait encore dans la pensée de Dieu, il n'y avait que l'infini; le fini n'existait pas encore. L'infini, c'est ce qui existe de toute éternité, de toute nécessité, c'est ce qui existe par soi-même, c'est en un mot, la plénitude de l'être, c'est la Réalité. Le fini, c'est ce qui est contingent, subordonné à l'infini, c'est ce qui n'existe pas par soi-même. Avant donc l'être qui n'existe point par lui-même, était l'être qui par lui-même existe.

Le fini, qui est un moindre degré des conditions de l'existence, tient sa vie de ce qui possède au degré infini les conditions de l'existence ; car l'infini est ce à quoi rien ne manque, et le fini est un diminutif de l'existence; c'est un être à qui il manque l'existence essentielle, la vie propre qu'il reçoit. Or, l'Être à qui rien ne manque, qui est soi-même sa propre cause, étant le principe de l'être à qui la vie manque, lorsqu'on ne la lui donne pas, il est clair que celui qui n'existe point par lui-même se rejette instinctivement vers *Celui qui est*, vers celui qui existe par lui-même. [1]

Si avant la création, rien n'existait que l'Être infini, depuis, rien n'existe complètement et absolument que lui. La vie absolue étant celle qui se suffit à elle-même, il ne peut y avoir de vie absolue que pour l'Être qui trouve en lui-même la source de sa propre existence; or, la source de l'existence se trouve nécessairement dans l'Être qui existe par lui-même. De sorte que celui qui existe par lui-même peut seul subsister d'une manière complète, absolue, et posséder, en un mot, la plénitude de l'être ou la véritable réalité.

Il n'y a donc que l'Être qui s'engendre lui-même par une génération spontanée qui jouisse d'une vie indépendante et éternelle : car il ne saurait s'oublier lui-même ou tarir sa propre fécondité. Tandis que l'être qui reçoit

---

[1] Autem Ens primum non minus debet existere quam quæ ex eo fluunt? quodam magis, authupostaton enim est primus Ens et per hoc alia.
Bacon. *Novum organum*, liber. 1. pagina 323.

Est-ce que l'Être premier pourrait avoir moins, ne faut-il pas au contraire qu'il ait plus, que les êtres qui proviennent de lui? En effet, l'être premier est authypostatiquement, tandis que les autres n'existent que par lui.

l'existence doit nécessairement, aussitôt que cette communication est interrompue, cesser d'exister.

De sorte que si l'Être qui existe par lui-même, et dont rien ne borne la puissance et la fécondité, jouit de l'existence infinie : l'être, au contraire, qui n'existe point par lui-même, et dont la limite se trouve dans la mesure de ce qu'il a reçu, ne possède qu'une existence finie. Alors si l'Être infini est indépendant, l'être fini est dépendant, dépendant de celui qui lui communique l'être; et si l'Être indépendant possède l'existence absolue, l'être dépendant n'a qu'une existence relative, relative à celui qui la lui envoie.

Ainsi, tout être *fini* est un être *créé*, et par là même tout être *créé* est un être *fini*, c'est-à-dire, séparé de l'infini, mais ne pouvant vivre que par l'infini. La création est l'acte qui sépare l'être procréé du sein procréateur : c'est la parturition de la matrice éternelle sans rupture du cordon ombilical; c'est une demi-scission en vertu de laquelle l'être créé arrive à une existence spéciale, et distincte, mais dépendante de l'être créateur : c'est la plante qui vient de sortir de terre en y laissant sa racine pour y puiser la vie. La création d'un être est l'acte par lequel il est détaché de l'origine infinie, quoique retenu vers elle par le lien de la créoconservation, alors que l'infini le jette à l'espace. La matière a franchi cet abîme, mais elle l'ignorait : alors, elle s'est tue...

Mais pour la créature spirituelle?... Comprenons-nous cet instant où séparée de la substance universelle, elle sortit de l'éternité dans le temps? Faite pour la lumière infinie de la Réalité, elle se trouve tout-à-coup au milieu de ce qui est fini, c'est-à-dire de ce qui n'est que ténèbres pour elle!... Loin de celui qui est, isolée de l'existence absolue, séparée de la substance essentielle, supposons, s'il est possible, que Dieu ne lui ait pas laissé la faculté de connaître par excellence, pour communiquer encore avec la Réalité infinie; supposons que la créature spirituelle ne possède pas la Rationalité, qui est formée de la substance même de la Réalité infinie, dont elle semble conserver l'idée comme un souvenir; supposons, en un mot, que Dieu ne lui ait pas laissé ce lien de créoconservation par lequel il entretient son existence : et nous romprions la seule racine que l'être créé ait dans la Réalité nécessaire, la seule racine que l'homme ait dans le sein de sa terre natale, la seule par laquelle il aspire, dans le temps, les sucs de l'existence, pour entretenir sa vie spirituelle! L'homme, ainsi séparé de tout ce qui est, perdrait de vue tout ce qui est; c'est-à-dire qu'il ignorerait tout, et qu'il serait perdu pour lui-même.

Or, une pareille ignorance dans un être spirituel est précisément la mort; n'ayant plus de communication avec ce qui existe, l'homme n'existerait plus, c'est-à-dire, qu'il ne resterait de lui que l'animal, parce que son corps continuerait de communiquer avec la nature, qui est au corps de l'homme ce que la Réalité intelligible est à l'homme lui-même. Car, de même que le corps de l'homme est doué de l'estomac, comme d'une racine qui puise dans la nature la substance dont il est formé; ainsi, la puissance d'absorber la substance intelligible dont l'âme est formée, en un mot la racine de l'âme est la Rationalité.

Si les fonctions de la raison étaient suspendues, l'âme s'éteindrait; car tout être qui, une fois sorti de la Réalité essentielle, ne conserve pas le lien qui l'y rattache, se sépare de l'Être, et perd conséquemment l'existence, puisque au delà commence le néant. Ce lien est le canal, l'*organon*, par lequel la Réalité lui communique l'être.

Il est clair, d'ailleurs, que l'existence de l'homme implique nécessairement la notion de deux éléments indispensables : l'un, impersonnel, ou commun avec la Réalité essentielle, et qui le fait *être*; l'autre, personnel, et qui le fait *être créé*. Le premier, qu'il a en commun avec la substance de la Réalité absolue, dont il participe nécessairement en raison directe du degré de son existence; le second, individuel, et qui le constitue proprement, c'est-à-dire, qui le constitue un être distinct de l'être absolu, une réalité particulière qui n'est point la Réalité infinie. Le premier élément, celui par lequel il existe, est formé de la substance même de ce qui existe essentiellement; le second élément, celui qui lui est propre, le constitue être créé, c'est-à-dire : être qui existe d'une vie particulière et réelle, quoiqu'il soit détaché de la Réalité infinie, à laquelle pourtant sa vie est subordonnée.

Cette substance impersonnelle que l'homme a en commun avec la substance éternelle, est ce que les philosophes ont appelé la *Raison*, sans doute du verbe hébreu ראה (*Rao*), qui signifie voir face à face. Car, comme ils l'ont reconnu dans l'observation qu'ils ont faite de la raison humaine, c'est elle qui place l'idée de l'*être* sous le *paraître* phénoménal. En effet, les perceptions n'atteignent que les phénomènes : les sens sont pour nous une source d'apparences ou d'illusions, si la raison ne place par la notion de la substance sous toutes ces apparitions phénoménales, si elle ne nous fait pas connaître ce qui est invisible aux sens, c'est-à-dire, l'être. De sorte que nos sens n'atteignant qu'à l'apparence de l'être, et la faculté de concevoir l'être lui-même, étant alors réellement la faculté de connaître [1], de là, on lui a donné le nom de *Raison*, comme qui dirait : *Ce qui voit*, ce qui voit par excellence, ce qui voit l'être. Car voir malgré le voile des objets extérieurs, voir au travers des illusions des sens, voir par delà l'horizon des phénomènes, c'est le propre de la raison. C'est ainsi que Leibnitz, pour expliquer cette propriété fondamentale de la raison et le service quelle rend à l'homme, disait : « Dieu contient l'univers éminemment ; mais l'âme, étant comme un *miroir vital*, le contient virtuellement. »

Ainsi donc : exister c'est avoir quelque chose de l'être ; avoir quelque chose de l'être, c'est avoir quelque chose de Dieu. Or, ce quelque chose de Dieu, qui fait que nous existons, constitue en nous la Rationalité.

En créant, c'est-à-dire, en donnant aux êtres leur nature, le nombre et la quantité nécessaires des attributs de l'existence, qui sont les propriétés qui les composent ; les

---

[1] « La raison est cette faculté qui renferme certaines notions que nous apportons en naissant, et qui sont communes à tout le monde. La raison est, absolument parlant, *cette faculté naturelle dont Dieu a pourvu les hommes pour connaître la vérité*, à quelque ordre de matières qu'elle s'applique. »
ENCYCLOPÉDIE du dix-huitième siècle, tome XIII, article *Raison*.

rapports qui règlent leur contact entre eux, et leur influence réciproque; les lois qui les dirigent dans leur cercle de mouvement et de vie, en leur faisant observer tous les actes qui concourent à leur conservation : Dieu, n'a fait que communiquer à la créature une partie des conditions d'existence dont la réunion forme en lui la plénitude de l'existence, ou la réalité absolue, nécessaire, infinie. Et, certes, il doit s'entendre à l'existence et à la conservation des êtres, celui qui est l'existence absolue, et qui se conserve par lui-même !

Si c'est en vertu de sa puissance que Dieu a opéré l'acte de la création, l'attribut qu'il a communiqué à l'univers pour qu'il existe est ce qu'on appelle sa *Sagesse* [1]. Cette Sagesse ou cette intelligence, versée dans le monde physique, y prend le nom d'harmonie; c'est pourquoi l'on dit que, les harmonies du monde sont des traces de l'Intelligence qui l'a formé. Et c'est cette harmonie, comme nous le savons, qui le dispose pour l'Ordre.

Or, si cette Sagesse répandue sur les êtres physiques constitue leur harmonie, leur loi, leur ordre : versée dans les êtres moraux, elle constitue la rationalité; c'est pourquoi l'on dit que les idées du bien, du vrai et du beau, que nous trouvons dans la rationalité, sont des idées divines. Et nous allons voir que c'est dans cette rationalité que les êtres moraux trouvent aussi leur loi, ce qui les dispose pour l'harmonie, ce qui les rend à l'Ordre.

Le monde physique, tout empreint d'harmonie, c'est-à-dire, de la Sagesse du créateur, jouit du privilége

---

[1] C'est pourquoi les saintes Écritures disent : *Cœli et terra enarrant sapientiam*, etc.

particulier d'être immédiatement sous la main de Dieu ; car on peut dire que les lois physiques sont des membres divins qui s'étendent jusque sur cette partie de la création pour la régir. Aussi la nature n'étant et n'agissant que par l'opération divine, de là vient son caractère d'inertie et de brutalité lorsqu'elle est prise abstraction faite de ses lois. La nature n'avait pas à exister pour elle-même, il était inutile qu'elle agît par elle-même ;

Mais pour ce qui est de l'humanité, c'est tout autre chose : Dieu voulait une créature capable de partager avec lui le bonheur, qui est la possession du bien infini. Or comme, pour qu'elle fût susceptible de goûter ce bonheur, il fallait qu'elle s'y portât d'elle-même, c'est-à-dire, qu'elle le méritât ; et pour qu'elle le méritât, qu'elle fût douée d'imputabilité ; et pour qu'elle fût *imputable*, qu'elle eût la propriété d'agir d'elle-même, de produire des actes par sa propre puissance ; il en résulte que l'être humain ne pouvait plus, comme la nature, se trouver sous l'action complète de Dieu : il fallait au contraire qu'il fût libre de Dieu pour pouvoir agir par lui-même, et se faire un mérite de son acte.

Or, nous appelons *loi*, dans le langage de la science, l'acte par lequel la Sagesse de Dieu conduit un être dans les voies d'harmonie, où celui-ci trouve toutes les conditions de son existence, et parvient au but pour lequel il est fait : maintenant, si Dieu a délié un être de sa loi, je veux dire s'il a enlevé à son action conductrice et conservatrice le caractère de la force, qui est le moyen par lequel, comme créateur et conservateur, il rend immanquable l'effet de sa loi sur ses créatures ; ne fallait-il pas

DE LA NATURE DE L'HOMME.

de toute nécessité qu'il se départît, en faveur de cet être, d'un rayon de sa Sagesse, pour que cet être, dont la conservation ne repose plus sur d'irrésistibles lois, pût alors se diriger, lui-même, selon les voies de sa conservation et de son but, c'est-à-dire, selon les voies par lesquelles Dieu l'aurait pu conduire ? Ne fallait-il pas, en un mot, que cet être, tout spécial au milieu de la création, eût en lui-même de cette lumière et possédât de cette sagesse avec laquelle Dieu l'aurait certainement, mais fatalement conduit, comme les corps bruts, s'il n'en avait point voulu faire ainsi une créature méritante ?

Il est clair que tout être indépendant de sa loi et qui n'aurait pas en lui-même le moyen de la connaître, ne pouvant la suivre, c'est-à-dire remplir les conditions de son existence, serait aussitôt voué à la destruction. Il était donc de toute nécessité que l'être non fixé irrésistiblement à sa loi par la force, qui lie d'une manière inévitable les corps matériels à la leur, reçût de Dieu une partie de cet attribut de Sagesse avec lequel est gouvernée la nature, pour qu'il pût se gouverner lui-même ; et qu'il trouvât en lui ce que le reste de la création ne trouve qu'en Dieu. Il fallait, en un mot, que l'homme libre fût doué de la Rationalité, c'est-à-dire, qu'il fût possesseur d'un rayon de cette Sagesse absolue qui régit les êtres dans les voies de la conservation. [1]

Ainsi la raison est une participation humaine à la Sagesse divine. La raison est à l'homme ce que la Sagesse

---

[1] Ne savez-vous pas, dit Saint Paul, que vous êtes le temple de Dieu, et que l'esprit de Dieu habite en vous ? *Épître aux Corinthiens*, chapitre 3, verset 16.

est à Dieu, ce que l'harmonie est à la nature : c'est ce qui les constitue dans leur ordre spécial. C'est la même substance intelligible qui, dans la Réalité absolue, est la Sagesse divine, et, dans la réalité créée, la sagesse humaine. C'est la même substance dans Dieu, dans la nature et dans l'homme; mais avec cette différence que : infinie dans Dieu, elle conserve le nom de Sagesse : de pur effet dans la nature, on l'y nomme harmonie : communiquée à l'homme, elle prend le nom de raison. [1]

S'il est vrai que la raison soit la même substance intelligible qui, dans Dieu est la Sagesse divine, et dans l'homme la sagesse humaine, avec cette distinction qu'infinie dans le premier, elle conserve le nom de Sagesse, et qu'à l'état créé dans le second, elle y prend le nom de raison; s'il est vrai qu'elle soit un rayon de cet attribut de Sagesse que Dieu devait nécessairement communiquer à l'être libre, pour qu'en agissant par lui-même cet être trouvât conséquemment en lui, la lumière qui doit l'éclairer dans les voies de sa conservation et de son but; s'il est vrai, enfin, que la raison soit à la créature spirituelle et libre ce que les lois irrésistibles sont aux êtres bruts et inertes : la condition de leur existence, de leur développement et de leur fin, il résulte que,

Par la consanguinité, si l'on peut parler ainsi, qui

« [1] On a souvent confondu la raison et le raisonnement, ce sont cependant deux choses bien différentes : la raison est une faculté qui ne suppose pas nécessairement le raisonnement; le raisonnement, au contraire, est une opération qui suppose nécessairement la raison. Les conceptions, les idées spontanées, que nous fournit la raison sont toujours et nécessairement vraies, la raison pure n'admet point d'erreur; le raisonnement est au contraire faillible et souvent défectueux. Le raisonnement ne consiste qu'à partir des principes de la raison, pour déduire les conséquences que ces principes renferment. » N.

existe entre la Sagesse incréée et la raison humaine, et, par la destination de celle-ci, l'homme qui consulterait sa raison pure, en faisant taire et la voix des passions et celle de sa personnalité, parviendrait à connaître une partie de ce que Dieu connaît, et à vouloir une partie de ce que Dieu veut. Aussi, est-ce là ce qui arrive toutes les fois qu'on parvient soit à une vérité, soit à la réalisation d'un acte parfait de justice ou de charité. Car la faculté du bien absolu à laquelle on donne le nom de *sens moral* ou de *Conscience*; la faculté du vrai absolu à laquelle on donne le nom de *faculté de connaître*, ou d'*Entendement*; la faculté d'apprécier le beau absolu, connue sous le nom de *sens idéal*, ou simplement, de *Goût*, ne sont que les trois fonctions d'une même faculté, qui est la raison ; ce sont ses trois éléments constitutifs. On conçoit dès lors que, le bien étant le vrai dans l'ordre moral, et le beau, la splendeur du vrai ou du bien, la raison, faculté de concevoir la réalité, ait toujours en elle et l'idée absolue du vrai, et l'idée absolue du bien, et l'idée absolue du beau; pour que l'homme les trouve toujours en lui, prêtes à lui répondre quand il les interroge.

Le rapport entre l'ordre d'acquisition de nos idées rationelles et l'ordre des phénomènes de la réalité objective, cette conformité qui nous explique comment l'homme peut découvrir la vérité, c'est-à-dire faire marcher sa raison sur les traces de la sagesse créatrice, se conçoit alors tout naturellement, d'après cette consanguinité de la raison humaine et de la sagesse divine. Cette parenté nous explique pourquoi la pensée de l'homme et la pensée de Dieu se rencontrent dans la vérité; pourquoi le génie de l'homme devine le génie ou la toute-puissance de Dieu : car notre raison a appartenu à Dieu, puisqu'elle a fait partie de sa sagesse éternelle avant de descendre en nous par la création. « A peine croirait-on, si l'histoire ne le confirmait, s'écrie un célèbre philosophe, que la raison humaine a pu s'élever à de si grandes hauteurs, s'efforçant non-seulement de découvrir, mais encore d'imiter la divinité, qui crée et qui conserve. L'Être qui a créé toutes choses, a jeté un rayon de sa lumière, une émanation de son essence dans la poussière de nos corps; et quelque humble que soit l'homme, il peut se dire à lui-même : « J'ai quelque chose qui m'est « commun avec Dieu; je possède des facultés que l'Être « suprême, que je connais dans ses ouvrages, doit aussi « posséder; car cette ressemblance est le but où tend « toute la création terrestre. » [1]

Malebranche, avec cette netteté et cette clarté d'idée qu'on lui connaît, s'explique de même la nature et l'origine de la raison, dans une multitude de passages de son *Traité de morale*. « La raison qui éclaire l'homme, dit-il, est le verbe ou la sagesse de Dieu même. Car toute créature est un être particulier, et la raison qui éclaire l'esprit de l'homme est universelle. Ainsi, par le moyen de la raison, j'ai ou je puis avoir quelque société avec Dieu et avec tout ce qu'il y a d'intelligences; puisque tous les esprits ont avec moi un lien commun ou une même loi, la *Raison*. Aussi tout homme peut voir la vérité que je contemple, la vérité étant un bien commun à tous les

---

[1] Herder. *Idées sur la philosophie de l'Histoire de l'humanité*; ch. 4 : L'homme est organisé pour la liberté d'action. T. I, p. 216. Trad. de M. Edgard Quinet.

esprits. Cette société spirituelle consiste dans une même participation de la même substance intelligible, de laquelle tous les esprits peuvent se nourrir. En contemplant cette divine substance, je puis voir une partie de ce que Dieu *pense* : car Dieu voit toutes les vérités et j'en vois quelques-unes. Je puis aussi découvrir quelque chose de ce que Dieu *veut* : car Dieu ne veut que selon l'ordre, et l'ordre ne m'est pas entièrement inconnu. Supposez que Dieu agisse, je puis savoir quelque chose de la manière dont il agit : car ce qui règle sa manière d'agir, sa loi inviolable, c'est la sagesse éternelle, c'est la raison qui me rend raisonnable.... De sorte que si l'homme est raisonnable, certainement on ne peut lui contester qu'il sache quelque chose de ce que Dieu pense, et de la manière dont Dieu agit; car en contemplant la substance intelligible, qui seule me rend raisonnable, ainsi que tout ce qu'il y a d'intelligences, je puis voir clairement les rapports de perfection qui sont entre les idées intelligibles. Ces rapports sont l'Ordre immuable que Dieu consulte quand il agit : Ordre qui doit aussi régler l'amour de toutes les intelligences.... De là il est évident qu'il y a du vrai et du faux, du juste et de l'injuste, et cela à l'égard de toutes les intelligences; que ce qui est vrai à l'égard des hommes, est vrai à l'égard de l'ange, et à l'égard de Dieu même; car tous les esprits contemplant la même substance intelligible y découvrent nécessairement les mêmes rapports; et celui qui règle son amour sur ces rapports, suit une loi que Dieu aime invinciblement. Dieu est infaillible par sa nature, car il est à lui-même sa lumière et sa loi; la raison lui est consubstantielle. Aussi l'homme ne peut juger par lui-même, mais seulement par la raison universelle; raison, seule supérieure aux esprits et qui a seule le droit de prononcer sur les jugements qu'ils forment. Comme l'esprit de l'homme est fini, il ne voit pas tous les rapports qu'ont entre eux les objets de ses connaissances : il peut donc se tromper en jugeant des rapports qu'il ne voit pas; mais s'il ne jugeait précisément que de ce qu'il voit, il ne se tromperait jamais; car ce ne serait pas tant lui que la raison universelle qui prononcerait en lui-même les jugements qu'il formerait. Ainsi, d'où peut venir la diversité et les erreurs dans l'esprit des hommes, si la raison est toujours la même? C'est sans doute qu'on cesse de la consulter. Il faut tâcher de faire taire les sens et l'imagination, et ne pas s'imaginer qu'on puisse être raisonnable sans consulter la raison. Mais si la raison nous assure que Dieu seul répand la lumière dans les esprits, l'expérience nous apprend qu'il n'agit que selon certaines lois qu'il s'est faites et qu'il suit constamment; ainsi il a attaché la présence des idées à l'attention de l'esprit : car, lorsqu'on fait usage de son attention, la lumière ne manque pas de se répandre en nous, à proportion de notre travail; cela est si vrai que l'homme, stupide et ingrat, s'en fait un sujet de vanité; il s'imagine être la cause de ses connaissances, à cause de la fidélité avec laquelle Dieu exauce ses désirs. L'attention est la prière naturelle par laquelle nous obtenons que la raison nous éclaire; c'est donc une nécessité d'invoquer la raison pour en être éclairé. Car l'homme n'est point sa sagesse et sa lumière : il y a une raison universelle qui éclaire tous les esprits, une substance intelligible commune à toutes les intelligences; substance immuable, nécessaire, éternelle, que tous les esprits contemplent sans s'empêcher les uns les autres, dont ils se nourrissent sans rien diminuer de son abondance. Elle se donne à tous et tout entière à chacun d'eux, car tous les esprits peuvent, pour ainsi dire, embrasser une même idée dans un même temps et en différents lieux, tous la posséder également, tous la pénétrer ou en être pénétrés. Or, cette sagesse commune et immuable, cette raison universelle, c'est la sagesse de Dieu même, celle par laquelle et pour laquelle nous sommes faits. »

Nous voyons, quelle que soit la distance qui les sépare, l'analogie qu'il y a au fond entre la réalité absolue et la réalité créée; car c'est par une génération qui n'altère ni n'entame sa substance que la source essentielle a donné l'être à ce qui n'était point. Mais pour mieux comprendre que l'élément fondamental de la créature spirituelle est formé de la substance même de l'Être essentiel, il faut éviter un préjugé assez vulgairement répandu sur la notion de la création :

Pour bien faire saisir toute la différence qu'il y a entre l'homme, qui ne peut produire une œuvre sans qu'on lui en fournisse les matériaux, et Dieu, qui crée ce qui n'existait point encore, on a l'habitude de dire *qu'il a tiré la création du néant*. Or, cette image dont on se sert pour exprimer plus énergiquement l'opération divine, ne doit pas être prise à la lettre, car il est bien clair que le néant n'étant rien, on ne peut rien tirer du néant. C'est la matière qui n'est rien, comme nous le verrons plus tard, qui a été tirée du néant... D'ailleurs, par cette expression : *Dieu a créé quelque chose de rien*, on donne à entendre seulement que la puissance de Dieu consiste à créer quelque chose où il n'y a rien; c'est-à-dire, à créer réellement, et dans toute la force du mot; tandis que l'homme ne peut produire que là où il y a quelque chose.

Ainsi, comme de rien l'homme ne peut rien produire, cette expression a pour but de faire voir que là où il n'y a rien, Dieu avait eu la puissance de produire quelque chose; mais non pas qu'il a fait quelque chose avec *du rien*, et qu'il a réellement puisé le monde dans le néant; parce que Dieu ne fait pas ce qui est absurde et contradictoire. En effet, l'action créatrice de Dieu n'a pas de limite; elle ne peut être bornée que par ce qui implique contradiction, c'est-à-dire, que par ce qui est contraire aux lois absolues de l'être; or, comment l'être serait-il contraire à l'être, Dieu contraire à Dieu?

De même que Dieu ne peut pas faire qu'un triangle soit carré, à moins de faire du triangle un carré (mais alors il n'y a plus de triangle); de même qu'il ne peut pas faire que ce qui est le mal soit le bien, à moins de changer le mal en bien (mais alors il n'y a plus de mal); ainsi il ne peut pas faire que ce qui est *rien* soit aussi quelque chose, à moins de faire quelque chose où il n'y avait rien (mais alors le néant n'y est plus). Le néant n'a jamais fourni à Dieu la matière première de sa création; [1]

---

[1] « Quand on a dit que la création sortait du néant, on a seulement voulu indiquer par ces mots qu'elle était une création originelle, et non une simple transformation de la matière; c'est une pure image destinée à rendre compte de la non-existence de la matière. On a raison d'objecter que de rien il ne pouvait rien procéder; ce n'est pas dans le néant que la création originelle fut puisée, elle s'est élevée du sein de la divine plénitude.

Le Catholique, tome XII, par le baron d'ECKSTEIN.

ce serait bien mal comprendre le sens sublime de l'expression citée que de l'interpréter ainsi. C'est dans son propre sein que Dieu a puisé la sagesse et la puissance avec lesquelles il a fait exister un être où il n'y avait que le néant.

A cette heure nous pouvons mieux nous rendre compte de la pensée fondamentale de ce chapitre, et remarquer la justesse de cette observation de Bossuet : « Homme animal, il faut aujourd'hui que tu comprennes ta dignité, par les singularités admirables de la création. La première est d'avoir été fait non point comme le reste des créatures par une parole de commandement : *Fiat, Que cela soit,* mais par une parole de conseil : *Faciamus, Faisons.* Dieu prend conseil en lui-même, comme allant faire un ouvrage où reluisit plus excellemment la sagesse de son auteur. Encore un coup, Dieu a formé les autres choses de la création en cette sorte : *Que la terre produise des arbres et des plantes; que les eaux produisent les poissons; que la terre produise les animaux ;* et c'est ainsi qu'ils ont reçu l'être et la vie. Mais Dieu, après avoir pris dans ses mains toutes-puissantes la boue dont le corps humain avait été formé, il n'est pas dit qu'il en ait tiré son ame, mais il est dit qu'*il inspira sur sa face un souffle de vie, et que c'est ainsi qu'il en a été fait une âme vivante.* Dieu fait sortir chaque chose de ses principes : il produit de la terre, les herbages et les arbres avec les animaux, qui n'ont d'autre vie qu'une vie terrestre; mais l'âme humaine est tirée d'un autre principe, qui est Dieu. Ainsi l'homme a deux principes : selon le corps il vient de la terre, selon l'âme il vient de Dieu seul [1]. » — Or, c'est là précisément ce que nous apprend la notion de la création d'un être spirituel.

Ainsi l'homme, par cela même qu'il existe comme créature spirituelle, est doué de la rationalité; et la rationalité est le premier élément de la nature humaine.

Telle est la démonstration ontologique de l'existence de la rationalité humaine. Mais si en partant des lois nécessaires de la Réalité, nous sommes obligés de conclure qu'une créature en dehors d'elle ne peut subsister que par une participation de cette existence même; qu'un être, en un mot, ne peut exister sans posséder de l'être : comme si l'homme dans l'absolu, est doué de la rationalité, il doit l'être dans le temps, où il est entré par la création; voyons si l'on n'y retrouverait pas cet élément fondamental. Nous passerons ainsi de la démonstration ontologique à la preuve psychologique; et cela nous fournira l'occasion d'étudier les propriétés de cette faculté.

SOMMAIRE. — Avant le fini, avant l'être qui n'existe point par lui-même, était l'Infini, était l'Être qui par lui-même existe. — L'existence de celui-ci est celle à qui rien ne manque; celui-là n'a d'autre existence que celle qu'il reçoit du premier — Il n'y a que l'Être qui trouve en lui la source de sa propre

---

[1] Onzième *Élévation sur les mystères* : — *Singularités de la création de l'homme*.

existence, que l'Être qui s'engendre lui-même par une génération spontanée, qui puisse jouir de la vie absolue. — L'être, au contraire, qui ne puise point l'existence en lui-même, n'est doué que d'une existence relative, relative à celui dont il la tient. — Ainsi tout être relatif, fini, est un être créé. — La création d'un être est l'acte par lequel il est détaché de la substance absolue, quoique retenue vers elle par le lien de la créoconservation. — Si, au moment où Dieu a fait passer l'homme de l'éternité dans le temps, il ne lui eût pas laissé ce lien de communication avec lui, la créature spirituelle eût été privée de la seule racine par laquelle elle aspire les sucs de son existence. — Cette racine est la *Rationalité* qui, formée de la substance même de l'infini, conserve encore ici-bas toutes les idées du beau, du vrai et du bien absolu. — Ainsi que le corps de l'homme puise continuellement dans la réalité physique toute la substance dont il est formé, de même l'être spirituel puise dans la Réalité intelligible la substance dont il se compose. — L'existence de l'homme, ou de l'être créé, implique nécessairement deux éléments: le premier, impersonnel, et qui le fait *être*; le second, personnel, et qui le fait *être créé*. — L'homme a ce premier élément en commun avec la Réalité absolue, c'est ce qui le tient dans le domaine de l'existence; — le second lui est individuel, c'est ce qui le constitue, au milieu du domaine de l'existence, un être distinct de l'Être absolu. — Les philosophes ont donné à cet élément impersonnel le nom de *Raison*, sans doute du verbe ראה *Rao* qui signifie voir. — Effectivement, la raison, c'est *ce qui voit*, ce qui voit par excellence, ce qui voit l'être : car l'idée de l'être nous vient de la raison, les sens ne nous donnent que le phénomène. — Ainsi, exister c'est avoir quelque chose de l'être; avoir quelque chose de l'être, c'est avoir quelque chose de Dieu : ce quelque chose de Dieu que nous avons, est la Rationalité. — Comme Dieu voulait, par la création de l'homme, un être capable de partager sa félicité, il fallait que cet être s'y portât de lui-même, qu'il méritât; — pour qu'il méritât, qu'il fût doué d'imputabilité; —

pour qu'il fut *imputable*, qu'il eût la propriété d'agir par lui-même; — pour qu'il pût agir par lui-même, qu'il ne fût pas fatalement soumis, comme les êtres bruts, à l'irrésistibilité de sa loi, mais qu'il pût y obéir de lui-même; — pour qu'il pût y obéir de lui-même, qu'elle lui fût connue : en un mot, que Dieu se départît, en faveur de cet être, d'un rayon de cette sagesse, qu'il revêt ordinairement de force et d'irrésistibilité, pour régir, sous le nom de loi, les êtres physiques? — De sorte que c'est la même substance intelligible qui, dans Dieu, est la Sagesse éternelle, dans l'humanité la Rationalité humaine, et dans la nature l'Ordre universel; seulement, dans le premier cas, elle est à l'état incréé, et, dans les deux derniers, à l'état créé. — Par suite de la consanguinité de la sagesse divine et de la raison humaine, et de la destination de celle-ci, l'homme qui l'interroge avec sincérité doit connaître une partie de ce que Dieu connaît, et savoir une partie de ce qu'il veut : — Or, n'est-ce pas effectivement ce qui a lieu par le moyen de la *conscience*, de *l'entendement* et du *goût* (faculté du bien, faculté du vrai, faculté du beau), qui sont les trois fonctions de la rationalité. — Idée de Malebranche sur la nature et l'origine de la raison, conforme à celle que nous en donnons ici. — Ainsi l'être créé est formé de la substance même de l'être incréé, mais, il est vrai, par une génération qui n'altère ni n'entame la substance absolue. — Dieu n'a pas tiré l'homme du néant, il l'a tiré de lui-même : car Dieu n'a pas créé avec *du rien*; seulement il a créé là où il n'y avait rien, il a mis un être où il n'y avait que le néant. — Telle est la démonstration ontologique de l'existence de la rationalité, c'est-à-dire tel est le premier élément de la nature humaine auquel nous sommes arrivés en partant des lois de l'absolu; nous allons maintenant partir de l'observation des faits que nous offrira la nature humaine dans le temps : c'est-à-dire, nous allons entrer dans la preuve psychologique.

II.

Retrouve-t-on, dans le temps, la Rationalité, comme élément de la nature humaine ?

Pour savoir si l'on retrouve, dans le temps, la rationalité, comme élément de la nature humaine, il ne s'agit que d'en faire l'épreuve par l'observation. Or, un moyen bien simple de constater l'existence de la rationalité, c'est d'énumérer toutes les idées qui en dérivent exclusivement, c'est-à-dire toutes les idées qui ne peuvent avoir une autre origine. Mais d'abord nous devons bien nous attendre à ce que la raison, en nous donnant l'idée de la substance ou de la réalité (en ce que, comme nous l'avons remarqué, elle est elle-même de substance spirituelle), va nous fournir, par là même, les idées de toutes les propriétés qui composent la nature de la substance ou de la réalité.

Or, précisément, n'avons-nous pas en nous, d'abord, l'idée de substance, dont nous venons de parler; puis par conséquent toutes les idées qui représentent les propriétés de la substance : comme l'idée de l'unité, l'idée de cause, l'idée de l'infini, l'idée de loi, l'idée du nécessaire, l'idée de l'absolu, l'idée de l'immuable, l'idée de l'éternité, l'idée de l'ordre, l'idée de l'incréé, l'idée de perfection, l'idée du bonheur, l'idée du juste, l'idée du bien, l'idée du devoir, l'idée du mérite et du démérite?

Maintenant ne savons-nous pas,

1° Que l'idée de l'*Unité* ne peut nous être fournie par les sens, puisqu'au contraire, pour eux, il n'y a que variété?

2° Que l'idée de *Substance* ne peut nous être fournie par les sens, puisque pour eux il n'y a que des phénomènes?

3° Que l'idée de *Cause* ne peut nous être fournie par les sens, puisque pour eux il n'y a qu'une succession de phénomènes extérieurs?

4° Que l'idée de l'*Infini* ne peut nous être fournie par les sens, puisqu'au contraire, pour eux, il n'y a que des objets finis?

5° Que l'idée de *Loi* ne peut nous être fournie par les sens, puisque pour eux il n'y a que des effets divers et détachés?

6° Que l'idée du *Nécessaire* ne peut nous être fournie par les sens, puisqu'au contraire, pour eux, il n'y a que des faits contingents?

7° Que l'idée de l'*Absolu* ne peut nous être fournie par les sens, puisqu'au contraire il n'y a pour eux que des choses relatives?

8° Que l'idée de l'*Immuable* ne peut nous être fournie par les sens, puisqu'il n'y a pour eux que des faits inconstants et variables?

9° Que l'idée de l'*Eternité* ou de la durée absolue ne peut nous être fournie par les sens, puisqu'il n'y a pour eux que le temps, c'est-à-dire, ce qui a un commencement et une fin?

10° Que l'idée de l'*Ordre* ne peut nous être fournie par les sens, puisqu'il n'y a pour eux qu'une multitude de faits sans harmonie et sans but?

11° Que l'idée de l'*Incréé*, c'est-à-dire de l'être qui existe par lui-même, ne peut nous venir par les sens, puisqu'il n'y a pour eux que des êtres créés, c'est-à-dire qui n'existent point par eux-mêmes?

12° Que l'idée de *Perfection*, ou de la réalité infinie, ne peut nous être fournie par les sens, puisqu'il n'y a pour eux que des objets créés et bornés?

13° Que l'idée du *Bonheur*, ou de la félicité infinie, ne peut nous être fournie par les sens, puisque par les sens nous n'éprouvons que des plaisirs finis; quand nous n'éprouvons pas des souffrances?

14° Que l'idée du *Juste* ne peut nous être donnée par les sens et qu'ils nous fourniraient plutôt la notion opposée, puisque c'est à leur sollicitation que se commettent les actions injustes?

15° Que l'idée du *Bien* et du mal ne peut nous être fournie par les sens, puisqu'ils ne peuvent apprécier que des qualités de couleur, de son, d'odeur ou de goût. C'est, en effet, un événement incontestable que lorsque nos sens nous montrent une action, nous ne la jugeons pas ou verte ou bleue, ou sonore, etc., mais que nous la jugeons ou bien ou mal, ou juste ou injuste. D'ailleurs, dans le cas où c'est nous qui l'avons accomplie, la satisfaction intérieure ou le remords sont là, au besoin, pour nous avertir de sa nature.

16° Or, cette idée du bien n'est autre chose que la connaissance de notre loi de conservation, et l'idée du mal, que la violation de cette loi : voilà pourquoi nous ne pouvons avoir l'idée du bien et du mal sans concevoir à l'instant que l'un doit être fait et que l'autre ne doit pas l'être.

17° Enfin, nous ne pouvons avoir l'idée que le bien a été fait, ou qu'il ne l'a pas été, sans concevoir qu'il y a mérite dans le premier cas et démérite dans l'autre.[1]

Or, une faculté qui nous donne : 1° l'idée de substance, 2° l'idée d'unité, 3° l'idée de cause, 4° l'idée de l'infini, 5° l'idée de loi, 6° l'idée de l'ordre, 7° l'idée du

---

[1] « Que dans l'entendement humain il y ait l'idée du bien et l'idée du mal, tout-à-fait distinctes l'une de l'autre, c'est ce que l'observation la plus superficielle démontre aisément. C'est un fait qu'en présence de certaines actions, la raison les qualifie de bonnes ou de mauvaises, de justes ou d'injustes. Et ce n'est pas seulement dans quelques hommes d'élite que la raison porte ce jugement; il n'y a pas un homme, ignorant ou instruit, qui ne le porte : c'est une conception universelle de la raison, voilà pourquoi toutes les langues, ces images fidèles de la pensée, la reproduisent. Il y a plus : la raison ne peut concevoir la distinction du bien et du mal, du juste et de l'injuste, sans concevoir à l'instant que l'un ne doit pas être fait et que l'autre doit être fait : la conception du bien et du mal donne immédiatement celle du devoir. Puis, en même temps que nous concevons Dieu comme la cause et la substance du bien, et comme nous imposant une loi juste, nous ne pouvons pas ne pas concevoir que Dieu attache une peine ou une récompense à l'accomplissement de cette loi, ou à son infraction. L'idée du bien et du mal, reposant sur la raison, qui nous la révèle, est la condition de l'idée du mérite et du démérite. »

M. Cousin, dans sa réfutation de Locke.

nécessaire, 8° l'idée de l'absolu, 9° l'idée de l'immuable, 10° l'idée de l'éternité, 11° l'idée de l'incréé, 12° l'idée de perfection, 13° l'idée du bonheur, 14° l'idée du juste, 15° l'idée du bien, 16° l'idée du devoir, 17° l'idée du mérite et du démérite ; la faculté, disons-nous, qui est pour nous la source de toutes ces idées, existe donc bien nécessairement dans l'homme !

Si donc toutes ces idées ne peuvent nous être fournies par les sens, puisqu'elles sont en contradiction avec eux et viennent leur donner des démentis qu'ils sont bien obligés d'accepter, il faut alors les attribuer à une autre faculté que celle de sentir. Maintenant, on ne peut les attribuer qu'à une faculté *objective*, c'est-à-dire, à une faculté par laquelle nous prenions connaissance des *objets*, ou des réalités qui existent hors de nous. Or, comme il n'y a eu dehors de l'homme que deux sortes de réalités : la Réalité intelligible et la réalité physique, nous n'avons que deux sortes de facultés objectives : la *rationalité*, qui reçoit les impressions de la première, et la *sensibilité*, qui reçoit les impressions de la seconde. Si les idées précédentes ne viennent point par la sensibilité, elles nous viennent donc par la rationalité. La rationalité est la plus grande de nos facultés objectives, car elle nous ouvre un monde infini.

Et c'est là ce que nous avions reconnu dans le chapitre précédent. Si, en effet, la rationalité n'est autre chose que la substance essentielle à l'état créé, elle ne peut moins faire que d'apporter dans le temps la notion de cette substance : car, en tant que substance spirituelle, elle porte nécessairement avec elle l'idée de substance ; puis si elle a l'idée de la substance, elle a nécessairement aussi toutes les idées qui en représentent les différents attributs. — Nous tenons à présent le secret de ces prévisions du génie, dont nous citions tout à l'heure, pour exemple, les découvertes de Klepper, de Newton, de Leibnitz, de Kant, de Cuvier et d'Ampère ! Nous voyons pourquoi les lois de la géométrie ont été retrouvées dans les cristallisations, pourquoi les lois de la mécanique rationnelle sont conformes à celles de la mécanique expérimentale, etc.; nous le voyons, puisque la raison, avant de nous appartenir, a fait partie de la Sagesse éternelle qui créa les lois de la mécanique et de la cristallisation.

Mais non-seulement ces idées, que nous appellerons *Idées rationelles*, du nom de leur origine, ne nous sont point fournies par les sens ; non-seulement elles rectifient les idées confuses, superficielles, bizarres, incomplètes, que nous recevons des sens, mais ces idées rationelles sont même encore la condition de l'existence des idées sensibles. C'est ainsi que la raison nous donne :

1° L'idée de substance, sans laquelle on ne peut concevoir l'idée de phénomène, puisqu'on ne peut avoir l'idée d'un phénomène sans le concevoir aussitôt comme la manifestation d'une substance. L'idée de substance est donc la condition logique de l'admission de l'idée de phénomène. — On croirait bien plutôt qu'il existe une substance sans phénomène, qu'un phénomène sans substance.

La raison nous donne :

2° L'idée de cause, sans laquelle on ne peut concevoir l'idée d'effet, puisqu'on ne peut avoir l'idée d'un

DE LA NATURE DE L'HOMME.   119

effet sans le concevoir aussitôt comme le produit d'une cause. L'idée de cause est donc la condition logique de l'admission de l'idée d'effet. — On croirait bien plutôt qu'il existe une cause sans effet, qu'un effet sans cause.

La raison nous donne :

3° L'idée de l'infini, sans laquelle on ne peut concevoir l'idée du fini, puisqu'on ne peut avoir l'idée d'une diminution de l'être sans avoir l'idée de la totalité de l'être. L'idée de l'infini est donc la condition logique de l'admission de l'idée du fini.—On croirait bien plutôt que l'infini peut exister sans le fini, que le fini sans l'infini.

La raison nous donne :

4° L'idée de Dieu, sans laquelle on ne peut concevoir l'idée d'une création, puisqu'on ne peut avoir l'idée d'une création sans la concevoir aussitôt comme l'œuvre d'un créateur. L'idée de Dieu est donc la condition logique de l'admission de l'idée d'une création.—On croirait bien plutôt que Dieu peut exister sans la création, que la création sans Dieu.

La raison nous donne :

5° L'idée de loi, sans laquelle on ne peut concevoir l'idée de la constante répétition des faits, puisqu'on ne peut avoir l'idée d'une constante répétition de faits, sans la concevoir comme le résultat d'une loi. L'idée de loi est donc la condition logique de l'admission de l'idée d'une constante répétition de faits.—On croirait bien plutôt qu'il existe une loi sans être à régir, qu'un être sans sa loi.

La raison nous donne :

6° L'idée de l'éternité, sans laquelle on ne peut concevoir l'idée du temps, puisqu'on ne peut avoir l'idée d'une portion prise dans la durée sans concevoir la durée dans laquelle elle a été prise. L'idée de l'éternité est donc la condition logique de l'admission de l'idée du temps, qui n'est qu'un point de l'éternité. — On croirait bien plutôt que l'éternité existe sans le temps, que le temps sans l'éternité qui le renferme.

7° Enfin, c'est bien plus fort : la raison nous donne l'idée de l'espace, sans laquelle on ne peut même concevoir l'idée de corps ! puisqu'on ne peut avoir l'idée d'un corps sans le concevoir aussitôt comme occupant un espace. L'idée de l'espace est donc la condition logique de l'admission même de l'idée de corps ! — Car on croirait bien plutôt qu'il existe un espace non occupé par un corps, qu'un corps n'occupant pas d'espace, etc. Et, pour ne pas aller plus loin,

Puisque 1° l'idée de substance, l'idée de cause, l'idée de l'infini, l'idée de Dieu, l'idée de loi, l'idée de l'éternité, l'idée de l'espace, etc., nous sont données par la raison, la raison est donc la condition logique de l'admission de toutes les idées qui nous sont fournies par les sens [1]. Et, 2° puisqu'on croirait bien plutôt qu'il existe

---

[1] Maintenant, le corps, le phénomène, l'effet, la création, etc., peuvent apparaître à nos sens avant que l'idée d'espace, l'idée de substance, l'idée de cause, l'idée de Dieu se soient clairement manifestées dans notre esprit ; il se peut que les idées venues par les sens réveillent les idées rationelles, endormies et inexercées en nous : mais ce ne sont point les idées venues par les sens qui nous ont conduits à admettre les idées rationelles, puisque ce sont au contraire les idées de la raison qui nous expliquent les autres. De sorte que les idées qui nous arrivent par les sens ne peuvent être considérées que comme l'occasion du réveil des idées rationelles, tandis que ces idées rationelles deviennent aussitôt la condition de l'existence des idées qui nous arrivent par les sens. D'ailleurs, c'est ce que M. Cousin, dans son admirable réfutation de Locke, a prouvé évidemment par sa lumineuse distinction de l'origine logique et de l'origine chronologique de nos idées. « Deux idées étant données, a-t-il dit, on peut chercher si l'une ne suppose pas l'autre ; si l'une étant admise, ne pas admettre l'autre n'est pas encourir le reproche de paralogisme : c'est là l'ordre logique des idées.

une substance sans phénomène, une cause sans effet, l'infini sans le fini, Dieu sans la création, une loi sans être, l'éternité sans le temps, un espace sans corps; qu'un phénomène sans substance, un effet sans cause, le fini sans l'infini, la création sans le créateur, un corps sans espace : il en résulte qu'on nierait plutôt toutes les idées qui nous sont fournies par les sens, que celles qui nous sont données par la raison. Or, puisque l'esprit de l'homme ne peut les nier sans se nier lui-même; puisqu'il ne peut pas ne pas adhérer à leur croyance, par suite de la relation intime qui existe entre l'esprit et la vérité dès qu'elle s'offre à lui; enfin, puisqu'elles lui ont été données comme la condition et le fondement de toute certitude, ces idées sont donc

Certaines ; et telle est la première propriété de la raison.

Mais si ces idées sont certaines, c'est qu'elles s'offrent comme représentations évidentes de la réalité; si elles sont des représentations évidentes de la réalité, comme la réalité ne peut pas être autrement qu'elle n'est, ces idées,

---

C'est ainsi que l'idée d'espace est la condition logique de l'admission de l'idée de corps ; en effet, prenez tel corps que vous voudrez, vous ne pouvez en admettre l'idée qu'à la condition que vous admettiez d'abord l'idée d'espace. Mais outre le rapport de la filiation logique des idées, il en est un autre encore, c'est celui d'antériorité ou de postériorité ; on peut chercher l'ordre relatif de leur apparition dans le temps : c'est là l'ordre chronologique des idées. C'est ainsi que rationnellement, logiquement, si vous n'avez point l'idée d'espace, vous ne pouvez point avoir l'idée d'un corps ; mais enfin, il a fallu que vous ayez celle de corps, pour que l'idée d'un corps vous étant donnée, celle de l'espace qui le renferme vous apparût. Ainsi, l'idée de corps est la condition chronologique de l'idée d'espace, comme l'idée d'espace est la condition logique de l'idée de corps. »

Cette théorie s'applique à toutes les idées rationelles, telles que l'idée de l'infini, l'idée de substance, l'idée de cause, etc. Au surplus, sur un point si nouveau et si important, on ne peut se dispenser de lire le deuxième volume du *Cours de l'histoire de la Philosophie*, par M. Cousin.

pour la représenter dans l'esprit humain, ne peuvent pas être autrement qu'elles ne sont; si elles ne peuvent pas être autrement qu'elles ne sont, ces idées doivent être immodifiables de la part de l'esprit humain; si elles sont immodifiables, pour que nous ne soyons pas exposés à altérer une lumière dont nous ne pouvons nous passer, ces idées, à plus forte raison, doivent s'imposer fatalement à l'esprit humain, pour qu'il ne soit point exposé à ne pas les avoir. Aussi, c'est un des faits d'expérience précédemment signalé que, par exemple, à propos des phénomènes, nous ne pouvons pas ne pas avoir l'idée d'une substance; qu'à propos d'un effet nous ne pouvons pas ne pas avoir l'idée de cause; qu'en présence d'une action nous ne pouvons pas ne pas la qualifier de juste ou d'injuste, etc. Si ces idées se produisent en nous, indépendamment de nous et, en quelque sorte, malgré nous; s'il nous est impossible de les récuser ou de les rejeter; si enfin, nous ne pouvons pas ne pas les avoir, ces idées sont donc

NÉCESSAIRES; et telle est la seconde propriété de la raison. [1]

Mais si ces idées sont nécessaires, qu'elles se produisent en nous, en quelque sorte malgré nous; si nous ne pouvons pas les chasser sans qu'elles rentrent aussitôt

---

[1] Pour faire voir par un exemple que ces idées sont nécessaires, nous allons en examiner une, *l'idée d'espace*; puisque c'est celle que nous avons citée la dernière. Quand une fois nous avons l'idée de corps, nous pouvons supposer qu'un corps existe, mais n'est-il pas possible de supposer qu'il n'existe pas? Il n'y a aucune contradiction à penser que tel corps qui existait, n'existe plus. L'idée de corps est donc subordonnelle, conditionnelle, relative; c'est-à-dire que dans un cas nous aurons l'idée de l'existence de ce corps, et que dans un autre nous aurons l'idée de sa non-existence. De sorte que l'idée de corps est subordonnée à l'existence de

maîtresses de notre esprit; puisqu'il ne nous est point possible de les récuser; puisqu'enfin il ne dépend point de nous de ne pas les avoir, ces idées doivent exister dans tous les esprits et avec les mêmes caractères. Aussi, c'est un fait d'expérience que ces idées sont admises généralement, et que, bien opposées en cela aux idées acquises, qui dépendent de nos lumières, on les retrouve, indépendamment des temps et des lieux, chez tous les hommes qui tous, à propos de ces idées, sont considérés comme des êtres *Raisonnables* (ce qui a fait donner le nom à l'espèce), à moins que la folie ne les prive de cette qualité commune au genre humain. Aussi, nous nous apercevons bien, par l'expérience, que la même raison éclaire tous les hommes et leur donne à tous conséquemment, les mêmes idées fondamentales; car s'il en était autrement, jamais deux individus n'auraient pu s'entendre. Nous retrouvons dans toutes nos âmes les mêmes idées du bien, du beau et du vrai, absolument comme un seul cachet, par exemple, dont on aurait imprimé l'image sur une multitude de morceaux de cire. Et nous portons tous ainsi, sur nous, le chiffre de Dieu... Au surplus, que les idées rationelles, c'est-à-dire, l'idée de Dieu, l'idée du bien et du mal, du juste et de l'injuste, du vrai et du faux, etc., se retrouvent les mêmes chez tous les peuples, nous n'en serons pas étonnés, car ils n'auraient pu exister comme peuples s'ils ne

ce corps, elle a pour condition l'existence de ce corps, elle est relative à l'existence de ce corps. Mais si nous avons pu supposer ce corps comme n'existant plus, nous est-il possible de supposer l'espace qu'il occupait, comme n'existant plus? Pouvons-nous supposer que si cette maison ou cette épingle viennent à être détruites, l'espace ne restera pas tout prêt à recevoir la maison que l'on y reconstruira, l'épingle que l'on y remettra? Or, si nous ne pouvons pas supposer la non-existence de l'espace, l'idée d'espace, au lieu d'être contingente, est NÉCESSAIRE.

les avaient eues. Si elles se trouvent dans tous les hommes, ces idées sont donc

Universelles ; et telle est la troisième propriété de la raison.

Mais si ces idées sont universelles, qu'on les trouve admises généralement; si elles sont partout, indépendamment des lieux et des lumières acquises plus ou moins abondantes, parce qu'elles se constituent en nous, sans nous, et comme malgré nous; si non-seulement elles existent indépendamment de tout concours du moi, mais si encore elles restent immodifiables devant lui, la nature de ces idées ne doit point dépendre des différentes modifications de nos esprits soumis aux temps, aux lumières et aux lieux. Aussi, c'est un fait d'expérience que ces idées ont été reconnues dans tous les temps ; que les sciences, par exemple, quelles que soient les variations qu'elles ont pu subir, ont toujours reposé sur les axiomes éternels de la raison ; et que la morale, quelles que soient les erreurs des peuples qui l'ont faussée, n'a jamais considéré comme injuste ce qui est juste. Si, bien opposées aux connaissances scientifiques, qui ont changé selon les progrès de l'esprit humain, ces notions sont restées invariables quoique diversement appliquées, (et il faut que ces idées soient bien invariables, puisqu'elles ont résisté à tous les faux raisonnements, à toutes les pensées erronées, auxquels elles ont été exposées depuis le commencement du monde, et que rien n'a pu les ébranler dans nos esprits!) Enfin, si jamais elles n'ont pu changer parmi les hommes, ces idées sont donc

IMMUABLES ; et telle est la quatrième propriété de la raison.

Et, en effet, comment ces idées ne seraient-elles pas immuables, puisqu'elles sont en nous la représentation d'une Réalité immuable? Si elles n'étaient pas immuables, elles ne seraient point des vérités, c'est-à-dire, qu'elles ne seraient point des représentations de la Réalité. Mais si ces idées sont immuables, si elles sont des représentations exactes de la Réalité, elles ne peuvent point être mises en discussion. Les idées acquises, que nous avons formées nous-mêmes, toujours plus ou moins éloignées de la vérité, toujours exposées à être modifiées par le progrès des lumières, peuvent toujours être niées, combattues avec vraisemblance et sans contradiction. — Aussi, combien une expérience ultérieure en a-t-elle détruit! Tandis que les idées rationelles, que nous n'avons point formées, qui sont toujours la vérité même, ne peuvent jamais être niées ni combattues sans invraisemblance et sans contradiction. — Aussi, quelles sont les découvertes ultérieures qui ont détruit des axiomes rationels? Qui, sur des connaissances acquises, ne se souvient d'avoir pensé autrement dans son enfance, autrement dans sa jeunesse, autrement dans l'âge mûr? Mais, qui se souvient d'une époque de sa vie où son esprit aurait varié sur les axiomes rationels, à moins qu'il n'ait eu des instants d'aberration, et qu'il n'ait perdu momentanément la raison? Le contraire de la vérité scientifique est possible : il n'est pas d'idées si bien prouvées que nous ne puissions concevoir autrement. Le contraire de la vérité rationelle est impossible : il n'est pas un axiome dont on puisse concevoir l'opposé.

Aussi le contraire de l'idée scientifique est toujours concevable : c'est ce qu'on appelle le *faux* ; et le contraire de l'axiome rationel est toujours inconcevable : c'est ce qu'on appelle l'*absurde*. Loin d'avoir besoin d'être appris, les axiomes rationels sont, au contraire, ce avec quoi on apprend toute chose ; bien loin d'avoir besoin d'être prouvés, les axiomes rationels sont, au contraire, ce avec quoi on prouve toute chose ; enfin, bien loin d'être le résultat des efforts de l'esprit humain, les axiomes rationels sont le point de départ inévitable de toutes ses opérations. Ainsi, puisqu'elles ne peuvent être ni inventées, ni enseignées, ni modifiées, ni altérées, ni perfectionnées par l'intelligence ; puisque loin de lui appartenir, c'est l'intelligence qui leur appartient ; puisque loin de dépendre de l'esprit humain, ce sont elles qui le dominent et le gouvernent ; enfin, puisqu'elles sont libres de toutes sujétions temporelles, et qu'elles ne relèvent que d'elles-mêmes, ces idées sont donc

Absolues ; et telle est la cinquième propriété de la raison.

Si, 1° ces idées sont *Nécessaires*, qu'elles se produisent en nous, indépendamment de nous : il est clair qu'elles ne viennent point de nous. 2° Si ces idées sont *Immuables*, qu'elles soient toujours les mêmes à toutes les époques de notre vie, qu'elles ne subissent point les phases de notre pensée : il est clair qu'elles ne viennent point de nous. 3° Si ces idées sont *Universelles*, qu'elles soient exactement semblables chez tous les esprits, qu'elles se montrent dans tous, quelque divers qu'ils soient, avec les mêmes caractères : il est clair qu'elles ne viennent point de nous. 4° Si ces idées sont la *Certitude* même, qu'elles soient le principe, le fondement, la condition de toute vérité, comme ce n'est pas nous qui faisons vrai ce qui est vrai, ni faux ce qui est faux : il est clair que ces idées ne viennent point de nous. 5° Si ces idées sont *Absolues*, qu'elles ne puissent être ni inventées, ni enseignées, ni altérées, ni perfectionnées par l'esprit humain, qu'elles conservent invariablement les caractères suprêmes de la réalité qui les envoie pour la représenter : il est clair qu'elles ne viennent point de nous. 6° Si ces idées sont souveraines, qu'elles s'imposent à la personne comme la loi à laquelle elle doit obéir; si au lieu d'être constituées par l'intelligence, ce sont elles qui la constituent; si au lieu de dépendre de nous, ce sont elles qui nous dominent et nous régissent [1]; si ces idées prescrivent des ordres auxquels résiste même la personne, des ordres que souvent abolirait la personne, ou que du moins elle ne s'imposerait point aussi rigoureusement si cela ne dépendait que d'elle : il est clair que ces idées ne viennent point de la personne. Enfin, si elles ne viennent point de la personne, ces idées sont donc

IMPERSONNELLES; et telle est la sixième et dernière propriété de la raison, celle qui les renferme toutes; car,

---

[1] Comme toute loi a sa source dans la raison; soit qu'il s'agisse des lois qui doivent diriger la pensée pour la recherche du vrai, soit qu'il s'agisse des lois qui doivent diriger la volonté pour l'accomplissement du bien, soit qu'il s'agisse des lois qui doivent diriger les États pour le maintien de l'ordre; Montesquieu n'a pas laissé échapper cette vérité. Aussi, après avoir défini la loi, voici l'origine qu'il lui donne : « La loi en général est la « Raison humaine, en tant qu'elle gouverne « tous les peuples de la terre, et les lois « politiques et civiles de chaque nation ne « doivent être que les cas particuliers où « s'applique cette raison humaine. »

MONTESQUIEU, *De l'esprit des lois*, livre I, chapitre 3, Des lois positives.

Si la raison ne vient pas de l'homme, elle vient de Dieu. Si elle vient de Dieu, les idées qu'elle nous apporte sont incontestables, positives, infaillibles, il ne s'agit plus pour nous que de les bien reconnaître et de les recevoir telles que Dieu les envoie. Si elles venaient de l'homme, l'homme pourrait les contester, leur refuser toute adhésion, elles n'auraient aucune autorité sur lui : et l'homme chercherait sa loi. Si elles viennent de Dieu, l'intelligence leur doit son assentiment, et la volonté son obéissance; elles ont sur nous une autorité souveraine : et l'homme a trouvé sa loi. Voilà de quelle importance est la question de la nature et de l'origine de la raison [1], et conséquemment des principes qu'elle nous donne ! Nous verrons, sans doute, plus tard, quel moyen Dieu a ensuite établi sur la terre pour que nous ayons toujours la facilité de les reconnaître, de les conserver tels qu'il nous les envoie, et de les consulter avec certitude; mais d'abord, l'impersonnalité de la raison est certainement la plus précieuse des découvertes de la philosophie.

De sorte que 1° si ce n'est pas nous qui avons produit ces idées, et 2° si elles sont dans tout le monde avec les mêmes caractères, elles ne sont donc pas des idées personnelles, car ce qui est personnel est affecté à telle ou

---

[1] « Ou la raison humaine n'est qu'une chimère, ou elle dérive d'une raison supérieure, éternelle, immuable; car la vérité, si elle existe, a nécessairement existé toujours, et toujours la même. Aucune raison créée ne peut donc être qu'un écoulement, une participation de cette raison première et souveraine, *Mère et maîtresse* de tous les esprits. Vivre pour eux, c'est l'écouter, c'est lui obéir, et la plus parfaite obéissance constitue le plus haut degré de raison, puisque refuser d'obéir au delà de certaines bornes, c'est rejeter une partie du témoignage par lequel la vérité infinie nous est manifestée. »

De La Mennais. *Indifférence en matière de religion*, tome II, préface, page 71.

telle personne, et, conséquemment toujours spécial. Si ces idées ne sont pas personnelles, elles sont donc impersonnelles ; si elles sont impersonnelles, elles sont universelles, inconditionnelles, immuables, éternelles ; si elles sont universelles, inconditionnelles, immuables, éternelles, elles sont certaines, absolues, nécessaires, infinies ; si elles sont impersonnelles, universelles, inconditionnelles, nécessaires, certaines, absolues, immuables, éternelles, infinies, ces idées sont DIVINES... Τοῦ γε ἀνθρώπου λόγος πέφυκεν ἀπὸ τοῦ θείου λόγου. Et de là ces mots de Bossuet : *Les vérités éternelles sont quelque chose de Dieu, ou plutôt sont Dieu même !*

Or, c'est là précisément ce que nous avons reconnu dans le chapitre précédent, c'est-à-dire, ce à quoi nous a conduits la notion ontologique de la création. Ainsi, l'observation de la nature humaine, vue dans le temps, nous confirme la notion prise dans l'absolu; et la preuve psychologique de l'existence de la rationalité vient s'ajouter à la démonstration ontologique. — Telle est cette faculté dont nous avons, dans le cours de nos Prolégomènes, défendu les droits légitimes contre les prétentions de l'expérience ; et voyez si c'était avec justice, puisque loin de résulter de l'expérience, c'est elle, au contraire, qui commande aux faits humains et se trouve juge de l'expérience !

Ce sont là, aussi, les caractères et les fonctions que les psychologistes, en partant de l'expérience, ont reconnus à la raison. « La raison, dit M. Cousin, est impersonnelle de sa nature. Ce n'est pas nous qui la faisons, et elle est si peu individuelle que son caractère est précisément le contraire de l'individualité, savoir : l'universalité et la nécessité, puisque c'est à elle que nous devons la connaissance des vérités nécessaires et universelles, des principes auxquels nous obéissons tous et auxquels nous ne pouvons pas ne pas obéir. La raison n'appartient pas plus à tel moi qu'à tel autre moi dans l'humanité; elle n'appartient pas même à l'humanité. Par ses lois, elle domine et gouverne l'humanité qui les aperçoit, mais elles ne lui appartiennent point. On pourrait dire, avec plus de vérité, que l'humanité leur appartient.... La raison est un reflet pur encore, quoique affaibli, de cette lumière primitive qui découle du sein même de la Substance éternelle, laquelle est tout ensemble substance, cause, intelligence. Sans l'apparition de la raison dans la conscience, nulle connaissance ni psychologique, ni encore moins ontologique. La raison est, en quelque sorte, le pont jeté entre la psychologie et l'ontologie, entre la conscience et l'être; elle pose, à la fois, sur l'une et sur l'autre. Elle descend de Dieu et s'incline vers l'homme; elle apparaît à la conscience comme un hôte qui lui apporte des nouvelles d'un monde inconnu, dont il lui donne, à la fois, et l'idée et le besoin [1]. Si la raison était personnelle, elle serait de nulle valeur et sans aucune autorité hors du moi individuel. La raison étant la substance infinie en tant qu'elle se manifeste, est, à la

---

[1] « Cette raison que Fénelon retrouvait toujours au bout de toutes ses recherches, dont il essayait en vain de faire abstraction, sans pouvoir jamais s'en séparer, et qui, revenant sans cesse, malgré tous ses efforts, dans ses pensées les plus hautes comme les plus vulgaires lui arrachait ce soupçon sublime : « O raison, raison ! n'est-tu pas celui que je cherche? »

lettre, une révélation qui sert d'interprète à Dieu et de précepteur à l'homme. Aussi, quand nous parlons de Dieu, nous avons droit d'en parler, parce que nous en parlons d'après lui-même, d'après la raison qui le représente. » [1]

---

[1] « Dieu, dit de Maistre, parle à tous les hommes par l'idée de lui-même qu'il a mise en nous ; par cette idée, qui serait impossible si elle ne venait pas de lui, il dit à tous : C'est MOI ! »

Or, la raison est précisément cette faculté à laquelle Dieu s'adresse quand il nous parle de lui. Malebranche s'est exprimé, sur ce point, d'une manière admirable ; il place les paroles suivantes dans la bouche de Dieu s'adressant à l'homme :

« Je te parle maintenant en tant que je suis ta raison : rentre donc en toi-même et écoute-moi. Je suis, comme tu sais, la Raison, c'est-à-dire, la vérité, l'ordre immuable ; je suis la Sagesse de Dieu, sa loi universelle, et Dieu ne fait rien sans moi ; il m'aime invinciblement, et tu as appris dans mes Écritures que j'étais avec lui lorsqu'il étendait les cieux.

« Je suis cette souveraine Raison qui éclaire tous les hommes, cette lumière intérieure qui leur fait distinguer le vrai du faux, le juste de l'injuste. Ainsi, consulte-moi bien, et tu verras en moi, autant que tu en es capable, non-seulement la loi de Dieu, ou la règle de ses volontés, mais encore ses attributs essentiels.

« Aussi, ne vois-tu pas clairement dans ta Raison que Dieu est un être infiniment parfait, et que sa puissance est sans borne ? Tu le vois, sans doute ; mais prends-garde à ceci : N'y a-t-il point de loi qui règle sa puissance ? peut-il commettre le mal, faire quelque chose qui soit indigne de lui ? Il le pourrait, s'il le voulait : mais peut-il le vouloir ? Tu comprends clairement, par ma lumière, qu'il ne le peut, parce qu'il ne peut vouloir ce qui est contraire à l'Ordre, à la Raison.

« Dis-moi encore : Dieu peut-il rendre heureux ou malheureux un homme qui ne l'a point mérité ? Il le peut s'il le veut ; mais prends-garde : Peut-il le vouloir ? Dieu peut-il agir sans raison ? Or, quelle peut être la Raison de causer dans une âme du plaisir ou de la douleur, si ce n'est celle de récompenser ou de punir ? La loi éternelle n'est point arbitraire, c'est l'ordre immuable des perfections divines.

« Consulte donc sérieusement la Raison, et tâche d'apprendre par elle, dans le silence de ton imagination, quelque chose de la nature, des desseins et de la conduite de Dieu ; car c'est par ce moyen que les intelligences peuvent avoir commerce avec lui. Oui, lorsque Dieu suit la Raison, lorsqu'il obéit à l'ordre, il ne suit que sa propre lumière ; mais, comme la Raison est sa propre substance, lorsque Dieu se soumet à ses lois il reste absolu et indépendant.

« Maintenant, ne crois rien de ce que je viens de te dire de la nature et de la conduite de Dieu, si tu peux t'empêcher de le croire. Car, lorsque je parle à l'homme comme sa raison, il ne me doit croire que lorsque je l'y oblige par la force de l'évidence. Tâche donc de vaincre par ton travail la peine que tu as de contempler l'Ordre en lui-même. Que si tu es las de m'écouter comme vérité intelligible, alors soumets-toi à l'autorité de mes Écritures. »

MALEBRANCHE, *Méditations métaphysiques*, tom. II, Médit. xixe.

« Par la perception, dit un autre philosophe, nous ne connaissons que les phénomènes ; par la conception, nous concevons les substances, la réalité, quelque chose en quoi résident les phénomènes. Si l'homme était borné à la perception des phénomènes, il n'aurait que des notions relatives ; par la conception, il a des notions absolues, il voit autre chose que ce qui tombe sous les sens, soit internes, soit externes ; il n'est plus renfermé dans le cercle de l'expérience, il s'élève naturellement jusqu'à l'infini, il peut affirmer autre chose que des manières d'être ; il peut rattacher ces manières d'être à des substances. Or, la faculté de concevoir, c'est-à-dire, de connaître au delà de l'expérience, de donner un sens au mot *être*, s'appelle *Raison*. Si la sensibilité est en nous le représentant de ce que nous appelons la matière, la raison n'est-elle pas dans la conscience le représentant de Dieu ? Sans la sensibilité, la matière existerait-elle pour nous ? De même, Dieu existerait-il pour nous, sans la raison ? Le moi communique-t-il plus intimement, plus habituellement avec la matière qu'avec Dieu ? » [1]

Fénelon décrit aussi la raison avec les mêmes caractères : « C'est, dit-il, une lumière qui est en moi et qui n'est pas moi-même, qui me corrige, qui m'empêche de me tromper, qui m'entraîne par son évidence, qui me frappe par sa lumière ; c'est une règle qui est au dedans de moi, de laquelle je ne puis juger, par laquelle, au contraire, il faut que je juge de tout si je veux juger. Aussi, le premier caractère de la vérité est d'être générale et populaire, etc. »

---

[1] M. Nomor, *Cours de philosophie*: Qu'est-ce que la faculté de connaître ?

Maintenant que nous connaissons les propriétés fondamentales des idées rationelles, nous devons comprendre tous les noms qu'ont pu leur donner les grands philosophes qui les étudièrent dans le cours des siècles. Ces différences de dénominations qui souvent ont fait croire qu'elles s'appliquaient à des idées différentes, n'ont d'autres causes que les diverses faces sous lesquelles ces idées apparaissaient exclusivement à tel ou tel philosophe, selon le point de vue sous lequel chacun d'eux les abordait ; et elles prouvent, d'une manière merveilleuse, l'existence de cette raison que tous reconnaissaient et proclamaient sans s'être entendus.

Ainsi, nous découvrons pourquoi

Platon les appelait : *Idées par excellence* ;

Aristote : *Catégorie de l'entendement* ;

S. Thomas : *Intuitions intelligibles* ;

Descartes : *Idées innées* ;

Leibnitz : *Idées nécessaires* ;

Bossuet : *Vérités éternelles* ;

Reid : *Lois de croyance* ;

Kant : *Concepts de la raison pure* ;

Cousin : *Conceptions impersonnelles* ;

Les savants de tous les temps : *Axiomes* ;

Le Peuple : Principes de *Sens commun*,

Et pourquoi nous, nous les appelons ici, tout

simplement : *Idées rationelles* [1], c'est-à-dire, idées nécessaires, universelles, immuables, éternelles, infinies, absolues, comme la Réalité dont elles sont en nous la représentation. On reconnaît facilement, dans chacune de ces expressions, que ceux qui les employaient avaient en vue les mêmes faits ; et un pareil accord dans toutes ces dénominations proposées par des philosophes qui ne se doutaient pas de s'entendre aussi bien, nous prouve que ces propriétés on peut dire divines de la raison, ont frappé tous les esprits.

Ces idées 1° sur la nature, 2° sur l'origine, 3° sur les fonctions de la raison, ont été reconnues, comme on le voit, par tous les esprits profonds, je veux dire par tous ceux qui ont cherché à remonter jusqu'aux principes des choses, afin de s'en rendre compte définitivement. Et ce sont eux qui, en même temps, par leurs méditations fécondes, nous ont

---

[1] Aussi, je crois que pour défigurer le moins possible l'étymologie, il serait bon d'écrire le mot *rationel*, qui dérive du latin *ratio*, avec un seul n. D'ailleurs la logique et l'exactitude même de la langue française l'exigent absolument. On nous fera peut-être observer que les mots proportionnel, conditionnel, occasionnel, intentionnel, insurrectionnel, correctionnel, additionnel, etc., s'écrivent avec deux n ; c'est que précisément il existe les substantifs proportion, condition, occasion, intention, insurrection, correction, addition, auxquels il vous est bien permis d'ajouter la terminaison *nel* ; ce qui donne alors : *proportion-nel, intention-nel*, etc.; mais auxquels vous ne pouvez pas enlever leur dernière lettre pour en faire votre terminaison, ce qui altérerait ces mots et donnerait : proportio-nel, intentio-nel. Puisque le mot *condition* existe, si nous voulons un qualificatif, c'est à nous de le faire sans lui nuire, et d'écrire *condition-nel*. Mais comme le mot *ration* n'existe pas nous ne pouvons pas faire le qualificatif *ration-nel* ; à moins que l'on ne veuille parler de la portion congrue qu'on distribue chaque jour aux chevaux. De sorte que *rationel* signifie ce qui a rapport à la raison, tandis que *rationnel* signifierait ce qui a rapport à la portion de vivres qui revient à ceux qui sont rationnés. Aussi ne s'est-on jamais avisé d'écrire le ratio*nn*alisme avec deux n, parce que ce mot aurait signifié le système de ceux qui soutiennent qu'il convient de régler la *ration* des animaux : ce qui n'est pas du tout psychologique !

successivement conduits à cette connaissance de la raison, tels que :

Platon, qui en signala l'existence ;

Aristote, qui en détermina les lois ;

Malebranche, qui en fit voir l'origine ;

Kant, qui en découvrit les éléments ;

Cousin, qui en analysa le mieux les propriétés ; et

De La Mennais, qui l'a posée sur sa base en la retrouvant dans le genre humain entier, comme principe de certitude, sous le nom de Sens commun.[1]

Puisque la rationalité est le premier élément de la nature humaine, qu'on la retrouve dans le temps comme dans l'absolu ; puisque nous en connaissons la nature, les fonctions et l'origine, cherchons maintenant quel est le produit de cette première faculté de l'homme, et ce qui résulte pour elle d'avoir passé ainsi de la Réalité infinie dans la sphère bornée de la création.

---

[1] Et S. Augustin dans lequel on trouve ces mots : *Animam humanam, mentem rationalem, non vegetari, non beatificari, non illuminari nisi ab ipsa SUBSTANTIA DEI*. XXIIIe Traité sur S. Jean.

On peut voir aussi les chapitres intitulés : — Que le sens commun est au dessus des sens extérieurs, chapitre 5 ;

— Que dans l'homme la raison tient le premier rang, et qu'il n'y a que Dieu qui soit au dessus d'elle, chapitre 6 de son livre : *Du Libre arbitre*.

LIV. II. — DES ÉLÉMENTS

SOMMAIRE. — Pour retrouver la rationalité dans le temps, il ne s'agit que de recourir à l'expérience. — Pour cela, constater dans la nature humaine toutes les idées qui dérivent exclusivement de la raison. — Or, 1° l'idée de substance, 2° l'idée de cause, 3° l'idée d'unité, 4° l'idée de loi, 5° l'idée du nécessaire, 6° l'idée de l'immuable, 7° l'idée de l'absolu, 8° l'idée de l'éternité, 9° l'idée de l'ordre, 10° l'idée de l'incréé, 11° l'idée de l'infini, 12° l'idée de perfection, 13° l'idée du bonheur, 14° l'idée du juste, 15° l'idée du bien et du mal, ne peuvent nous venir par les sens, puisque ceux-ci nous fournissent des notions tout opposées : il faut donc attribuer ces idées à une autre faculté. — Pourquoi on ne peut les attribuer qu'à une faculté objective. — Comme il n'y a que deux réalités objectives, il ne peut y avoir que deux facultés pour les représenter en nous : la sensibilité et la rationalité; or si ces idées ne nous viennent pas par la première, elles nous viennent donc par la seconde. — De ce que la rationalité en tant que substance spirituelle, porte avec elle dans le temps l'idée de la substance, ne devait-elle pas avoir aussi toutes les idées qui en représentent les différents attributs ? — Les idées rationelles, loin de nous venir par les sens, sont encore la condition logique de l'admission des idées que ceux-ci nous fournissent. — De là, impossibilité de concevoir 1° l'idée de phénomène sans l'idée de substance, 2° l'idée d'effet sans l'idée de cause, 3° l'idée du fini sans l'idée de l'infini, 4° l'idée d'une création sans l'idée d'un créateur, 5° l'idée de constante succession sans l'idée de loi, 6° l'idée du temps sans l'idée de l'éternité, 7° l'idée de corps sans l'idée d'espace, etc. — Distinction de l'ordre logique et de l'ordre chronologique de nos idées. — Pourquoi la première propriété de la raison est d'être certaine, — la seconde d'être nécessaire, — la troisième d'être universelle, — la quatrième d'être immuable, — la cinquième d'être absolue, — la sixième d'être impersonnelle. — Si elles montrent toutes ces propriétés, les idées de la raison sont donc positivement DIVINES.

Ainsi, la preuve psychologique vient confirmer la démonstration ontologique de l'origine et de la nature de la rationalité. — Ce qu'ont dit Fénélon, M. Cousin et M. Noirot, sur sa fonction et sur son caractère. — Ce que la théorie de la raison doit 1° à Platon, 2° à Aristote, 3° à Malebranche, 4° à Kant, 5° à Cousin, 6° à de La Mennais. — Ne faut-il pas chercher quel est le produit de cette première faculté de la nature humaine ?

III.

Quel est le produit de la rationalité, et qu'en résulte-t-il ?

Par suite de la création, qui a détaché l'être fini du sein de l'être infini, seul essentiel, seul existant par lui-même; de la création, qui a séparé la rationalité humaine de la Sagesse divine, et l'a jetée hors de l'éternité, son espace naturel, dans l'espace fini du temps : il est clair que la raison, cette substance consubstantielle à la substance infinie, tend, d'après le mouvement propre et nécessaire de sa nature, à rentrer dans son état originaire, pour recouvrer toutes les propriétés de son essence; qu'elle cherche, en un mot, à retourner dans l'éternité afin de se réunir à l'existence absolue.

De là ces efforts continuels de la raison pour se porter vers la Réalité, qu'elle poursuit sous le nom de *Vérité*:

car si la raison est descendue sur la terre, la Réalité n'est-elle pas restée dans le Ciel ?... Lorsque nous voyons les calices des fleurs se tourner vers le soleil, les lèvres de l'enfant chercher le sein de sa mère, nous n'avons qu'une bien imparfaite image du mouvement naturel d'appétit qui porte la créature vers le sein infini qui lui donna le jour.

Cette faim naturelle de l'âme nous explique l'universalité et la perpétuité de ces ardentes aspirations vers la vérité, qui suscitèrent tant de milliers de savants, de penseurs et de philosophes, depuis que le genre humain existe; de ces pieux élans vers le beau, qui ont animé tant de poëtes et d'artistes; de ces brûlantes passions pour la justice, la charité et l'amour, qui soutiennent tant de cœurs et font les délices du genre humain entier.

En attendant le retour définitif de la raison dans le sein dont elle est sortie, que de fois, durant le temps, ne surprend-on pas en elle des efforts qui trahissent ses secrètes palpitations ? On la voit s'élevant sans cesse vers la Réalité infinie pour chercher les rayons de sa vivifiante lumière, et soulager un peu le besoin qu'elle a de rentrer dans la vie absolue ; car la vibration spirituelle que la rencontre de la Réalité intelligible produit en elle, est ce qu'on nomme la *Vérité*; la vérité ! qui est quelque chose de Dieu : aussi dès qu'elle la retrouve, s'y attache-t-elle pour toujours ! Cet acte d'adhésion de la raison à la vérité, est ce qu'on appelle *Croyance*. De sorte que la croyance est le seul moyen par lequel l'homme plongé dans le fini, élève sa tête au delà de l'espace étouffant, et va chercher sa respiration dans l'infini.

Alors nous concevons pourquoi il est dans l'homme une impulsion si forte vers la vérité, un désir de connaître et d'aimer aussi ardent que la vie : puisque cette impulsion et ces désirs brûlants naissent du besoin qu'il a de la vie absolue!

En effet, croire, pour l'homme, c'est respirer la vérité, c'est recouvrer la vie absolue. Aussi, l'ignorance est le sommeil de l'âme, et le doute son supplice, comme il est le supplice du Dam. L'homme a besoin de croire, parce qu'il a besoin de vivre; il a besoin de vivre, parce qu'il a été créé; il n'est donné à aucun être d'étouffer ce besoin. Ce besoin naturel de la vérité nous explique même pourquoi la crédulité est si ordinaire à l'homme : de quelque côté que souffle le vent, ne faut-il pas qu'il respire!....

La raison étant un besoin de posséder la réalité, c'est-à-dire, un besoin de connaître, puisqu'elle est faite par sa nature pour arriver au vrai, et qu'il y a, comme nous voyons, une affinité, une prédisposition, une corrélation établies entre elle et la réalité, de telle sorte que la raison adhère nécessairement à la vérité dès qu'elle lui apparaît; et cette adhésion étant un fait spontané, nécessaire, il en résulte que l'homme ne peut pas ne pas croire à la vérité. Il ne peut pas ne pas y croire, car la réalité, par son affinité avec la raison, provoque en elle ce mouvement naturel d'adhésion, connu sous le nom de croyance : mouvement qui s'opère en lui lors même qu'il voudrait le suspendre, et qui ne dépend pas plus de sa volonté que les phénomènes physiologiques de la circulation ou de la nutrition. Cette facilité avec laquelle la raison adhère à la lumière de la réalité, est si grande qu'elle peut même exposer à une méprise :

Les sens, ou les moyens de communication établis entre nous et la matière, nous mettent si immédiatement en contact avec elle, que lorsqu'on n'a point réfléchi sur la manière dont s'opèrent les sensations, on s'imagine ordinairement que, par exemple, le bruit est dans la nature comme nous l'entendons, la lumière, les couleurs, comme nous les voyons; tandis qu'il n'y a dans la nature qu'une vibration de l'air, produisant en effet sur nous la sensation du bruit, et une vibration du fluide lumineux, assez semblable à la première, produisant sur nous la sensation de la vue. Eh bien ! la raison, qui renferme les facultés de communication établies entre nous et la Réalité intelligible, nous met également dans un rapport si immédiat avec cette Réalité, que nous considérons vulgairement la lumière du Vrai, du Juste, du Beau et du Saint, qu'elle fait descendre en nous pour la substantialisation même de nos âmes, comme un produit positif de notre raison.

C'est ce qui fait que les rationalistes semblent souvent confondre la substance rationelle intelligible qui, descendant en nous, provoque la conception du vrai, du bien, du beau et du saint, avec la raison qui est au contraire la faculté de percevoir ce vrai, ce bien, ce beau et ce saint, et d'en former la conception; de même que l'œil produit la vision lorsqu'il reçoit la lumière matérielle. Oui, ainsi que la lumière physique existe indépendamment des yeux, et que tout œil a besoin d'être frappé et comme baigné par ce fluide, pour le percevoir et produire le phénomène physiologique de la vision : de même la lumière intelligible existe en dehors de nos âmes, et la raison a besoin d'être pénétrée par sa substance, pour la concevoir et produire le phénomène psychologique de l'intuition. La raison est l'œil dont la substance intelligible est la lumière ; et les idées rationelles sont la vision produite par la substance intelligible sur l'œil spirituel.

L'œil étant conformé pour s'empreindre de la lumière corporelle, comme la raison pour s'empreindre de la lumière intelligible, que nous appelons rationelle quand une fois elle est en nous : c'est la facilité de cette correspondance et de cette assimilation qui a fait confondre la lumière rationelle avec la raison, à ce point que les uns ont regardé celle-ci comme une faculté douée de l'éminente propriété de produire substantiellement le vrai, le juste, le saint et le beau, tandis qu'elle ne peut que s'en former les idées absolues.

Toujours par suite de cette naturelle analogie de la raison et de la lumière intelligible, d'autres ont cru que l'homme n'avait en lui aucune conception absolue ; et pour citer leurs propres expressions : « L'âme n'a point
« la puissance de former les idées, car la production des
« idées de la manière qu'on l'explique, serait une
« véritable création. Ce que l'homme prend pour ses
« idées, c'est Dieu même ; *car Dieu a en lui-même les*
« *idées de toutes les choses qu'il a créées, puisqu'autre-*
« *ment il n'aurait pas pu les créer. Et l'on peut dire que*
« *si nous ne voyions Dieu en quelque manière, nous ne*
« *verrions aucune chose ; car tous les êtres ne peuvent*

« être ainsi présents à l'esprit de l'homme aussitôt qu'il
« désire de les voir, que parce que Dieu lui est présent, lui
« qui renferme tous les êtres dans sa simplicité¹ »,....
et de là cette erreur de Malebranche, qui cependant au fond est presque une vérité, comme nous allons le voir; de là, dis-je, cette erreur : *Que nous voyons tout en Dieu.*

L'homme voit les choses en lui-même. Mais il ne peut les voir que par le moyen de la lumière que Dieu lui prête ; de sorte que si nous ne voyons pas tout en Dieu, il est vrai au moins, que ce avec quoi nous voyons est de Dieu. En effet, la raison ne peut pas plus connaître sans la lumière intelligible, que les yeux ne peuvent voir sans la lumière sensible. Si Dieu nous retirait la lumière rationelle, quoiqu'il existât encore, il se ferait pour nous la nuit intelligible, comme, lorsque le soleil disparaît, la lumière corporelle se retire, et il se fait pour nous la nuit physique, dans laquelle les corps ne s'aperçoivent plus. Mais aussi, comme l'œil ne voit pas toutes choses physiques dans le soleil, mais qu'avec la lumière que lui prête le soleil, il voit toutes ces choses et le soleil lui-même : de même la raison ne voit pas toutes choses spirituelles en Dieu, mais avec la lumière que lui prête Dieu, elle voit toutes ces choses et Dieu lui-même.

Il faut donc prendre garde, par suite de la relativité si parfaite qui existe et devait exister entre la raison, la lumière rationelle, et Dieu, de les confondre ensemble. Ainsi : 1° prendre la raison et la lumière rationelle pour Dieu, c'est tomber dans l'erreur de l'école panthéistique

---

¹ Malebranche, Recherche de la vérité, livre III, chapitre 3 et chapitre 4.

de Spinosa, qui nie toute création ; 2° prendre Dieu pour la lumière rationelle, c'est tomber dans l'erreur de l'école mystique de Malebranche, qui suppose que la création n'est point détachée de Dieu ; 3° prendre la raison pour la lumière rationelle, c'est tomber dans l'erreur de l'école rationaliste de Kant, qui non-seulement détache l'être créé de l'être incréé, mais suppose que son existence spirituelle en est indépendante. Tandis que l'être créé est, tout à la fois : 1° distinct, 2° détaché, 3° dépendant de l'être incréé, et qu'il se trouve vis-à-vis de lui exactement dans les mêmes rapports que le corps humain vis-à-vis de la matière. C'est-à-dire, qu'il en est : distinct, puisqu'il a une existence individuelle : détaché, puisqu'il se meut de lui-même : dépendant, puisqu'il lui emprunte incessamment la substance dont il s'entretient.

Pour éviter ces trois erreurs générales de l'esprit humain, qui viennent atteindre la théorie de la raison, rappelons-nous seulement que : 1° confondre la lumière rationelle avec la raison, c'est prendre la lumière pour l'œil ; 2° confondre la lumière rationelle, non plus avec la raison, mais avec Dieu, c'est prendre la lumière pour le soleil. Ainsi donc, la raison n'est ni Dieu, ni la lumière rationelle, mais elle est l'œil spirituel recevant la lumière rationelle que rayonne le soleil infini du Monde intelligible.

Ainsi donc, l'œil ne produit pas la lumière corporelle, mais avec cette lumière il opère le phénomène de la vision ; de même la raison ne produit pas la lumière rationelle, mais avec cette lumière elle opère l'acte de

DE LA NATURE DE L'HOMME. 145

l'intuition. Et, comme par la vision se peignent en l'œil les images de la réalité physique, par l'intuition se peignent en la raison les idées de la Réalité intelligible : les idées sont les images représentatrices qui se forment spirituellement dans la raison [1]. Le langage savait donc tout cela lorsqu'il a tiré le mot *idée*, du mot grec ειδος, qui signifie image !

De plus, nous savons quel est le caractère de ces idées : car, 1° la lumière intelligible étant absolue comme la source dont elle émane, et 2° la raison étant précisément faite pour recevoir cette lumière absolue sans la dénaturer, puisque l'effet en serait manqué, la raison alors la reçoit donc nécessairement telle qu'elle est, c'est-à-dire, absolue.

Or, ne venons-nous pas de voir précisément que l'acte par lequel la lumière intelligible est reçue dans la raison comme en un *miroir vital*, est ce qu'on nomme l'*idée* ? Et de là vient que tous les psychologistes qui ont étendu leurs observations jusque sur la raison, ont effectivement retrouvé dans son sein ce qu'ils appellent avec naïveté, *les idées absolues* du Vrai, du Juste, du Beau, et du Saint.

Mais il est encore beaucoup d'autres analogies très instructives entre la lumière dans l'ordre matériel, et la lumière dans l'ordre spirituel. Et même la théorie de la lumière corporelle coïncide d'une manière si frappante avec la théorie de la lumière intelligible,

---

[1] L'idée est comme une image dans l'esprit, des choses qui existent hors de lui. — C'est là la définition que l'on en donne ordinairement.

qu'il n'y a pas de meilleur moyen d'expliquer celle-ci que de prendre celle-là pour comparaison. Par exemple,

Dans l'ordre matériel, il y a trois choses : le soleil d'où partent les rayons de lumière, la lumière elle-même, et l'œil qui la reçoit. — Dans l'ordre spirituel, également trois choses : Dieu, d'où nous vient la lumière intelligible, la lumière intelligible elle-même, et la raison qui la reçoit.

Dans l'ordre matériel, la lumière pure ne se voit pas ; il faut qu'elle soit réfléchie par ce qui se trouve à la surface de la terre, pour devenir visible. — Dans l'ordre spirituel, la substance pure de Dieu ne se voit pas ; il faut que cette lumière intelligible se réfléchisse dans notre rationalité, avant de devenir visible pour nous.

Dans l'ordre matériel, les objets ne sont pas visibles par eux-mêmes, ils ne le deviennent que lorsqu'ils réfléchissent les rayons de la lumière qu'ils reçoivent ; et c'est alors seulement qu'ils apparaissent dans l'œil du corps, qui s'ouvre par le regard, pour recevoir les rayons que renvoient ces objets. — Dans l'ordre spirituel, les objets ne sont point par eux-mêmes visibles à l'esprit, ils ne le deviennent que lorsqu'ils reçoivent la lumière rationelle, et que l'œil de l'esprit se dirige sur eux par l'attention, qui est le regard de l'âme, pour recevoir la clarté que renvoient ces objets. Ainsi,

Dans l'ordre matériel, pour que l'œil du corps voie les objets, il faut qu'il y ait, entre eux et lui, de la lumière ; si la lumière venait à disparaître, il y aurait pour nous obscurité complète. — Dans l'ordre spirituel, pour que l'œil de l'esprit voie les réalités, il faut qu'il y ait, entre elles et lui, des idées ; si toutes nos idées s'évanouissaient, il y aurait pour nous éclipse intellectuelle [1]. Enfin,

Dans l'ordre matériel, l'œil ne voit l'objet physique que parce qu'il se peint en lui, et cet objet se peint dans l'œil, qui en a la vision, exactement tel qu'il est dans le monde physique ; de sorte que les images qui se forment en lui, sont la représentation des choses matérielles. — Dans l'ordre spirituel, la raison n'a l'intuition de l'objet intelligible que parce qu'il se peint en elle, et cet objet se peint dans la raison, qui en a l'intuition, exactement tel qu'il est dans le monde intelligible ; de sorte que les idées (ou images spirituelles), qui se forment en elle, sont la représentation des choses divines. Il est une autre analogie plus frappante encore, que nous retrouverons plus tard.

Mais nous parlons tant de l'idée : Qu'est-ce donc que l'idée, non pas dans son effet, puisque c'est ce que nous venons d'étudier, mais en soi-même et dans son essence ? Nous avons dit qu'elle n'est pas Dieu, qu'elle n'est pas le rayon intelligible, qu'elle n'est pas la raison, mais

---

[1] « Comment connaissons-nous le monde matériel ? Comment connaissons-nous le monde immatériel ? Voyons-nous le monde matériel ? Voyons-nous le monde spirituel ? Si toutes les idées qui existent actuellement en nous venaient à s'anéantir, toute réalité ne disparaîtrait-elle pas pour nous ? Y aurait-il encore, pour nous, des êtres matériels et des êtres immatériels ? Le principe pensant n'est-il pas autre chose que la pensée ? ou ne voit-il pas toute chose par la pensée ? N'y a-t-il pas, entre l'être qui connaît et la chose connue, l'ordre idéal, comme, dans l'ordre physique, la lumière se trouve entre l'organe physique et l'objet visible ? Sans les idées, ne serions-nous pas comme l'enfant qui vient de naître, qui ouvre les yeux, et ne voit rien ? Nous n'avons donc connaissance des objets que par les idées que nous en avons ? Où il n'y a pas d'idée, il n'y a donc nulle connaissance du monde physique, ni du monde spirituel ? Si toute idée s'anéantissait, il y aurait donc, pour nous, éclipse intellectuelle ? »

Questions recueillies au cours de philosophie de M. Noirot.

qu'elle est le produit de Dieu sur la raison, par le moyen du rayon intelligible : alors, qu'est-ce donc que ce produit? — « La lumière, dit Cuvier, se fait sentir à nous en frappant la membrane nerveuse de l'œil qu'on appelle la rétine, et elle nous procure une sensation conforme au corps d'où elle vient. Pour cet effet, il faut que tous les rayons qui partent d'un des points de cet objet, se rassemblent en un point de la rétine, et que tous ces points de réunion soient disposés comme ils le sont dans l'objet dont ils forment l'image. *Cette nécessité est une chose de simple expérience*; car il est aisé de concevoir que *nous ne connaissons pas plus la nature intime de la vue que celle de tous les autres sens*, et que nous ne pourrons jamais savoir pourquoi ce sont là les conditions des images qu'ils nous procurent. »[1]

De même, en psychologie, nous ne pourrons jamais en savoir davantage de l'intuition et de l'idée qui la suit, que ce que la physiologie sait de la sensation et de l'image qui en résulte. La lumière intelligible, pouvons-nous dire aussi, se fait sentir à nous en frappant l'œil spirituel, qu'on appelle raison, et elle nous procure une intuition conforme à l'objet d'où elle vient. Sans doute, pour que ce phénomène ait lieu, il faut que les rayons intelligibles tombent parfaitement sur la raison, et que la raison les laisse se rassembler en elle de manière que leurs points de réunion soient disposés comme ils le sont dans la réalité dont ils forment la représentation. Mais ce sont là, pour nous aussi, des faits *de simple expérience* ; car si la

---

[1] Cuvier, *Anatomie comparée*, douzième leçon : De la Vision, tome deuxième.

physiologie ne connaît pas plus la nature intime de la vision qu'elle ne connaît la sensation de tout autre organe : la psychologie ne connaît pas mieux l'idée, qui est la vision de l'œil spirituel, qu'elle ne connaît la nature intime de toute autre intuition.

Nous reconnaissons, puisque les faits sont là, que la lumière intelligible, dans son contact sur la raison, amène la vision spirituelle, ou ce que nous appelons l'idée; comme nous savons, puisque les faits sont là, que la lumière sensible, dans son contact sur la rétine, amène la vision corporelle, ou ce que nous appelons la vue : mais comment cela se fait-il?... Nous savons encore que dans cette opération deux phénomènes ont lieu à la fois, l'un passif et l'autre actif; car toute sensation suppose deux choses : l'objet que l'on sent, et l'être qui le sent. Il faut donc, d'une part, que le premier sorte de lui-même pour se communiquer, et que le second pénètre par son activité jusque dans le sein de l'objet qui lui verse son phénomène; qu'il y ait tout à la fois une introduction de la propriété de l'objet dans l'être qui la sent, et une pénétration plus grande encore de celui qui la sent, dans cette propriété : mais comment cela se fait-il?...

Nous savons bien encore 1° qu'il y a des propriétés inhérentes aux réalités diverses qui agissent sur nous, 2° qu'il faut bien qu'il y ait en nous des dispositions correspondantes à ces propriétés, pour que nous recevions distinctement et spécialement les impressions de chacune; car autrement, dans le premier cas, ces propriétés différentes occasioneraient toutes en nous la même sensation, et, dans le second, nous ne pourrions non-seulement en distinguer, mais même en éprouver aucune. C'est ainsi, par exemple, que, dans la rationalité, nous distinguons le sentiment du vrai, le sentiment du juste, le sentiment du beau, le sentiment du saint : ce qui nous prouve qu'il y a 1°, dans la Réalité divine, l'élément du vrai, du juste, du beau, du saint ; et 2° dans l'âme humaine, la faculté du vrai, celle du juste, celle du beau, celle du saint ; comme, dans notre corps, nous distinguons la sensation de la vue, la sensation du goût, la sensation de l'odeur, la sensation du bruit : ce qui nous prouve qu'il y a 1°, dans la réalité physique, l'élément de la lumière, celui du goût, celui des parfums, celui du bruit ; et 2° dans le corps humain, des organes qui correspondent à chacun de ces éléments.

Or, comment ces faits peuvent-ils s'opérer? comment la réalité objective peut-elle introduire son phénomène en nous? comment pouvons-nous pénétrer dans la manifestation qu'elle nous envoie ainsi? comment, par des facultés correspondantes, pouvons-nous apprécier et faire la distinction de toutes ses propriétés?... Ce sont bien là pourtant des faits certains et nécessaires, puisque nous en tenons les résultats; mais, de ce que nous en sommes persuadés, de ce que nous ne pouvons pas les nier, s'ensuit-il que nous les comprenions?... Croire et comprendre sont deux choses bien différentes! En effet :

Nous savons que l'idée est ce phénomène sans lequel rien ne nous serait connu; mais dire ce que c'est que l'idée en soi, c'est là que toutes les philosophies ont échoué, comme elles le devaient; car nous ne pouvons connaître ce que sont les choses en elles-mêmes. Tout ce que nous pouvons dire, c'est que l'esprit est la faculté de connaître ; or un acte ou une manière d'être de l'esprit, est un acte ou une manière d'être intellectuelle ; un acte ou une manière d'être intellectuelle, est un acte de connaissance, ou une manière de connaître ce qui est nous, comme ce qui n'est pas nous : eh bien ! l'idée, qui est l'acte de l'esprit, est précisément cette manière de connaître ce qui est nous, comme ce qui n'est pas nous. — Voilà tout ce que nous savons. C'est une évidence de logique et d'expérience qui nous convainc sans nous faire comprendre. L'esprit a des idées comme l'œil a des visions, comme la volonté a des désirs ; et il n'est réellement esprit que parce qu'il a des idées, comme l'œil n'est œil que parce qu'il voit, comme la volonté n'est volonté que parce qu'elle veut.

Pour l'esprit, avoir des idées, c'est exister, c'est agir. Mais demander comment l'esprit peut produire des idées, c'est demander comment la volonté peut produire des actes de désir, et l'œil, les phénomènes de la vision. L'esprit n'est esprit que parce qu'il a des idées, l'œil n'est œil que parce qu'il a la vue, la volonté n'est volonté que parce qu'elle a des volitions. L'optique énumère bien les différents mouvements de la lumière et les manières d'être de l'œil, qui précèdent le phénomène de la vision ; la psychologie énumère bien, aussi, les différentes modifications du moi, qui précèdent l'acte de la volonté et les différentes conditions de l'idée ; mais pour ce qui est de nous faire comprendre ce que c'est que la vue, la volition, l'idée, en elles-mêmes ; comment la première doit naître de l'œil, la seconde de la volonté, la troisième de l'esprit, ce sont les mystères de la substance : la science ne va pas là. Savoir plus loin, ce serait savoir les choses en elles-mêmes, au lieu que nous ne les connaissons que par elles-mêmes; ce qui fait que nous sommes dans le temps. L'esprit ne peut connaître les choses en elles-mêmes, parce qu'il entrerait dans Dieu.

Mais s'il ne faut pas confondre la lumière rationelle avec la raison, il ne faudrait pas non plus, dans le propre sein de la psychologie, confondre la raison avec la rationalité ; quoique jusqu'à présent nous ayions souvent donné le nom de raison, pour moins nous éloigner du langage ordinaire, à ce qui n'est réellement que la rationalité. — On va de suite nous comprendre :

La réalité physique, ou la matière, étant pour le corps ce que la Réalité intelligible, ou Dieu, est pour l'âme, les sens exécutent, dans leur rapport avec la matière, deux sortes d'opérations générales : l'une de réception et l'autre d'action. Que l'œil, par exemple, voie et qu'il regarde, que l'oreille entende et qu'elle écoute, que l'appareil nerveux, en un mot, jouisse de la double propriété de recevoir des impressions, et d'être lui-même centre d'activité : c'est ce que personne n'ignore. Or, ces deux propriétés sont la *sensibilité* et la *motilité* [1]. Eh bien ! il en est de même de l'âme : elle prend le nom de

---

[1] « Quelles que soient les idées que l'on se forme sur les propriétés vitales, qu'on les considère comme des êtres de raison, qu'on les envisage, au contraire, comme des propriétés de la matière organisée; qu'on voie en elles des lois opposées à celles de la nature inerte, ou bien qu'on ne les regarde que comme un composé de forces physiques ordinaires, revêtant des caractères différents, toujours est-il vrai que dans toutes nos fonctions on retrouve ces deux grandes propriétés : sentir, se mouvoir; *sensibilité*, *motilité*.

Dictionnaire des Sciences médicales, tome XLII, à l'article *Physiologie*.

sens moral (conscience), de *sens œsthétique* (goût), de *sens intuitif* (entendement), lorsque la substance intelligible frappe sur elle comme rayon du juste, comme rayon du beau, comme rayon du vrai : et c'est ici qu'elle est *rationalité*. — La rationalité est la *sensibilité* spirituelle de l'âme.

Mais lorsque l'âme réagit à son tour, qu'elle veut non plus voir, mais regarder par la méditation ce qui se passe dans la réalité intelligible, ou apprécier la nature des faits qui se réalisent dans le monde sensible, elle prend le nom de faculté. Ainsi, dans le sentiment du vrai, dans le sentiment du juste, dans le sentiment du beau, lorsque en un mot, elle est passive sous l'impression de la substance intelligible, l'âme exerce sa sensibilité; mais lorsqu'elle découvre la vérité, porte un jugement de justice, apprécie une chose belle, l'âme est réellement active, ses opérations ne sont plus des sentiments, mais des actes; elle n'agit plus comme sens, mais comme faculté : et c'est ici qu'elle est la *Raison*. — La raison est la motilité spirituelle de l'âme.

Ainsi, la rationalité est la propriété qu'a l'âme de recevoir la lumière intelligible, c'est une réceptivité, une sensibilité spirituelle; et la raison est la faculté qu'elle a de se servir de cette lumière pour éclairer les objets qui l'entourent dans la création. L'âme est une activité et une motilité spirituelles : en sorte que l'on peut dire d'elle, d'après ses deux propriétés générales, et selon qu'on la considère dans l'une ou dans l'autre, qu'elle est douée de *sens* moraux et de *facultés* morales; qu'elle reçoit et qu'elle rend; qu'elle reçoit, par ses organes; qu'elle rend par ses facultés[1]; on peut dire, en un mot, qu'il y a en elle, tout à la fois, réceptivité et activité, sensibilité et motilité spirituelles. C'est pourquoi il est nécessaire à l'exactitude de la science, de se servir du nom de rationalité dans le premier cas, et de réserver celui de raison pour le second.

La pureté du rayon d'incidence de la lumière intelligible dans la rationalité, nous explique tout naturellement pourquoi elle porte en elle, primitivement et immédiatement, les idées absolues du bien et du mal, du vrai et du faux, du beau et du laid, c'est-à-dire, pourquoi elle porte en elle ces idées, tout-à-fait indépendamment de l'expérience, et par l'essence même de sa nature : cette belle observation du rationalisme! En effet, lorsque la raison apparaît dans le monde phénoménique, loin d'emprunter aux faits la connaissance de leur signification relative, c'est elle, au contraire, qui apporte ses jugements formels au milieu des faits de l'expérience, et qui juge les actes

---

[1] C'est ici l'occasion de remarquer le sens profond que renferme l'étymologie de ces mots; nous verrons en même temps combien elle confirme la théorie que nous avons donnée de la nature et des fonctions ontogéniques de la rationalité. Organe est tiré du mot grec οργανον qui signifie tout simplement *tuyau*, *tube*, *canal*, *instrument par lequel on reçoit*, *réceptivité*; et en effet l'être qui n'existe point par lui-même doit être nécessairement composé *d'organes*, c'est-à-dire de tuyaux, de tubes récepteurs, par lesquels il reçoit la substance qui le fait exister. Toute la notion ontologique de l'existence de la créature est renfermée dans ce seul mot. Maintenant, si le mot *organe* exprime le fait de l'existence créaturelle dans son rapport avec l'existence essentielle, dont elle dérive, le mot *faculté* exprime le rôle que joue l'être créé en tant qu'il jouit de son existence. Faculté vient du latin *facere*, faire, produire, etc., et en effet cet être n'a été créé que pour agir, pour produire des actes. Ainsi, c'est par les *organes* que la créature reçoit l'existence, c'est par les *facultés* qu'elle agit, qu'elle profite de son existence. De sorte que, d'après cela, la rationalité serait plutôt un organe, et la raison, plutôt une faculté. Mais comment conserver ensuite cette distinction dans la langue?

dont elle se compose, en les comparant au type absolu qu'elle a toujours en elle : type absolu, puisqu'il n'est que la Sagesse divine à l'état créé, et que l'on pourrait rigoureusement dire, que l'homme qui écouterait sa raison avec simplicité et loyauté, deviendrait apte comme Dieu même, à porter de semblables arrêts.

Et d'ailleurs, s'il n'en était pas ainsi, comment l'homme pourrait-il apprécier ses propres actions, distinguer celles qui le conduisent à son bien, de celles qui l'éloignent de son but, pour approuver les premières et condamner les secondes? Et s'il ne pouvait distinguer ses bonnes de ses mauvaises actions, comment arriverait-il de lui-même à son but? Et s'il ne pouvait arriver à son but, à quoi servirait qu'il ait été créé?... Toute la création repose sur l'harmonie; l'harmonie se compose des moyens que les êtres possèdent pour arriver à leur fin ; et la raison est pour l'être spirituel un de ces moyens-là.

Mais si la raison ne tire point de l'expérience phénoménique ses conceptions absolues, il est vrai de dire que les faits extérieurs, comme étant tous plus ou moins bien ou mal, véritables ou faussés, beaux ou laids, selon qu'ils sont plus ou moins conformes à leur loi, ont naturellement le pouvoir, lorsque nos yeux s'ouvrent à la lumière de cette vie, de provoquer la raison à les apprécier. Or, pour apprécier ces faits, il faut qu'elle les compare entre eux, par rapport à ce type, à ce mètre intelligible qui est au fond d'elle-même, et fait partie de sa constitution. C'est ainsi que la scène du monde en passant devant la raison, l'exerce à porter ses jugements, et occasionne par-là son développement. Toute cette vie d'ailleurs, n'a d'autre but que l'éducation de la créature spirituelle.

La raison, comme l'avait remarqué Cudworth, conçoit immédiatement les idées du bien et du mal ; seulement ces idées ne s'éveillent qu'à l'occasion des actions humaines, absolument de même qu'à l'apparition des phénomènes, la raison conçoit l'idée de la cause qui les produit [1]. Ainsi, comme à l'apparition d'un phénomène, nous ne tirons pas de cette perception la conception de cause en général, quoique l'idée du phénomène devienne l'occasion du réveil en nous de l'idée de sa cause ; de même les conceptions du bien et du mal ne sortent point, pour nous, de l'observation des faits extérieurs ; ces faits ne peuvent que provoquer l'exercice et l'application du pouvoir qui est virtuellement dans la raison. Et ce pouvoir d'apprécier formellement le bien et le mal, le vrai et le faux, est essentiellement inhérent à la raison, parce que la lumière rationelle, comme nous le savons, émane de la substance même de Celui qui est le Vrai, le Bien, et le Beau absolu.

Les idées de la raison, loin d'être expérimentales, sont donc essentiellement absolues ; or, le même motif qui les rend absolues, les rend aussi impersonnelles, comme nous le savons ; c'est-à-dire, en un mot, que ces idées ne viennent ni de la nature, ni de l'homme, qu'elles ne reposent ni sur la force brutale de la matière, ni sur la volonté arbitraire de l'individu : et la cause en est bien simple, puisqu'elles viennent de la lumière intelligible, et, reposent sur l'autorité de Dieu. Ce n'est là qu'une

---

[1] M. Cousin a mis ce point hors de toute contestation, dans son *Histoire de la philosophie du XVIIIe siècle*, à l'examen du système de Locke.

démonstration ontologique; mais voici une preuve psychologique qui doit être familière aux philosophes :

Une preuve que la raison est impersonnelle, que ses idées viennent du rayon de la substance intelligible tombant sur la créature spirituelle, c'est qu'en jetant les yeux sur les autres éléments de la nature humaine, je m'aperçois qu'il n'est pas un de mes semblables qui puisse avoir la volonté que j'ai, éprouver le désir que j'éprouve, former la pensée que mon intelligence forme, souffrir la douleur que je souffre, enfin, éprouver identiquement tout ce qu'éprouve ce qu'il y a de personnel en ma nature, tout ce qui vient de moi et ne vient que de moi; tandis qu'au contraire tous mes semblables, non-seulement peuvent reconnaître, mais ne peuvent pas ne pas reconnaître la justice que je reconnais, les axiomes mathématiques que je crois, les idées du beau qui me le font retrouver sur la terre, et qu'enfin les hommes tombent universellement d'accord dans une seule sphère, celle du sens commun. (Là se ramasse, en effet, la raison générale, qui sert d'athmosphère ici-bas à l'esprit de l'homme.) — Ce qui prouve que ma volonté, mon désir, ma pensée, me sont personnels, qu'ils viennent de moi; tandis que les idées absolues que j'ai du juste, du vrai et du beau, me sont impersonnelles, qu'elles ne viennent pas de moi, mais de l'être absolu qui répand à la fois la lumière sur tous mes semblables.

L'unité de lumière intelligible ne peut pas ne pas faire pour tous les esprits, l'unité de vision rationelle, ce que nous appelons l'impersonnalité de la raison. Effectivement, comme tout le monde voit les corps de la même manière (rouge ce qui est rouge, blanc ce qui est blanc, etc.), parce qu'il n'y a qu'une lumière dans le monde physique ; de même, dans le Monde moral, tous les êtres spirituels ne voient de la même manière (juste ce qui est juste, beau ce qui est beau, vrai ce qui est vrai), que parce qu'il n'y a qu'une seule lumière venant de la sphère intelligible.

Les idées de la raison ne sont donc ni *expérimentales*, c'est-à-dire relatives, ni *personnelles*, c'est-à-dire arbitraires ; mais elles sont impersonnelles et absolues, c'està-dire universelles et légitimes. Nous verrons plus tard, quelle valeur leur donne, par rapport à l'homme, ce caractère d'impersonnalité et d'absoluité, et ce que nous deviendrions si nous ne possédions que des idées expérimentales, ou relatives, personnelles, ou arbitraires.

Or, la présence des idées absolues dans la raison, la conduisent à un acte particulier ; nous l'avons déjà nommé : c'est la croyance ; phénomène, par conséquent, absolu et impersonnel : absolu, comme l'objet qui le provoque, impersonnel, comme le sujet qui l'éprouve. La distinction que nous avons faite de la rationalité et de la raison, nous permet ici de ne pas confondre l'*intuition* avec la *croyance*. En effet, si l'intuition exprime le phénomène par lequel la lumière intelligible entre dans l'âme, la croyance exprime l'acte par lequel l'âme en prend possession. L'intuition est donc le phénomène de la rationalité, et la croyance l'acte de la raison.

Lorsque la lumière intelligible se présente à l'âme, la croyance est le regard que l'âme jette pour en absorber le rayon. La croyance est donc pour l'âme une possession spirituelle de la Réalité, et, conséquemment une grande satisfaction pour elle. La rationalité n'a qu'une manière d'être spirituelle, c'est l'intuition : tandis que la raison, qui réagit, qui adhère à la lumière, agit et produit la croyance. De là, l'ordre normal de l'organisme spirituel veut que la croyance suive l'intuition. L'homme croit ce qu'il conçoit, comme lorsque l'œil n'est pas appesanti par le sommeil, il regarde ce qu'il voit. Aussi, dire que nous avons la conception du vrai, du bien, et du beau, c'est dire que nous croyons au bien, au vrai, et au beau.

La croyance suit l'intuition, de même que l'intuition suit le contact de la lumière intelligible sur l'âme; et, comme il n'y a pas interception du rayon de la lumière intelligible à son entrée dans l'âme, que ce qui pénètre ainsi en elle est l'extrémité du rayon dont le commencement est en Dieu, nous sommes toujours sûrs de posséder la croyance aux véritables idées absolues du bien, du beau, et du vrai. Pour détruire la croyance, il faudrait que la raison se fermât sur elle-même par un effort continuel, et parvînt à intercepter ainsi le rayon intelligible.

Eh bien! de même que l'homme ne peut pas ne pas croire à la vérité lorsqu'elle s'offre à lui, de même, s'il est dans son état normal, il ne peut pas ne pas réaliser la vérité qu'il croit. La raison produit la croyance, la croyance conduit à l'action. Aussi la destination de l'homme est-elle l'action; c'est-à-dire que la loi de sa nature est de construire par ses œuvres un Monde moral réglé sur le plan du Monde de la Réalité intelligible, pour y mener une vie qui soit un apprentissage de la vie réelle, de la vie infinie.

Alors, comme par l'action, l'homme réalise ce qu'il croit, et que, par la croyance, il connait ce qui est: *L'action est donc la réalité descendant ici-bas par l'intermédiaire de la croyance et de la volonté humaine!..* Ainsi, c'est par la rationalité, qui produit l'intuition, par l'intuition, qui produit la croyance, par la croyance, qui produit la volition, et par la volition, qui produit les actes, que l'homme, pour s'abriter dans le temps, parvient à y construire un Monde moral qui soit à l'image du Monde intelligible, et à s'entourer ainsi, au fond de la création, des images de la Patrie!

Si l'homme n'avait pas la raison, qui est la faculté de reconnaître la réalité, il ne croirait rien; s'il ne croyait rien, il ne réaliserait rien, ce qui ne se peut pas, puisqu'il ne peut pas plus ne pas agir qu'il peut ne pas croire, et qu'il ne peut pas plus ne pas croire que le miroir peut ne pas représenter les objets qui se réfléchissent au dedans de lui. De sorte que : l'idée absolue, ou l'intuition, est le produit de la rationalité; la croyance, ou l'adhésion à cette idée, est l'acte de possession qui résulte naturellement de l'apparition de l'idée absolue dans la rationalité; et la rationalité est le premier élément de la nature humaine.

Ainsi, pour répondre directement à la question que nous nous sommes posée dans ce chapitre : La croyance est le produit de la raison; et il résulte pour la créature spirituelle, qui a passé du sein de l'absolu dans la sphère bornée du temps, que la croyance est le seul moyen qu'elle ait pour communiquer avec la Réalité infinie, et conserver une vue sur elle.

Puisqu'il est certain, maintenant, que la rationalité est le premier élément de la nature humaine; qu'on la retrouve dans l'absolu comme dans le temps; et qu'enfin elle a pour produit la croyance, qui est une possession spirituelle de la réalité : commençons par dire que, quel que soit l'état naturel de l'homme dans le temps, cet état, pour être son état naturel, doit être nécessairement celui dans lequel la raison humaine rencontrera toutes les conditions de son existence, de son exercice et de son développement.

De ce que l'homme possède la rationalité, qui lui donne la connaissance de son bien et de ses fins, il résulte qu'il doit nécessairement avoir une force motrice, un pouvoir d'agir, afin de pratiquer ce bien et de se porter vers ses fins; sans quoi la connaissance qu'il en a lui serait inutile, ainsi que le don de l'existence. — Alors, la rationalité étant le premier élément de la nature humaine, la causalité n'en serait-elle pas le second ?...

Sommaire. — Par suite de la création, qui a détaché l'être fini de l'être infini, la raison humaine de la sagesse divine, il est clair que celle-là tend, par le mouvement nécessaire de sa nature, à rentrer dans le sein de l'existence absolue, pour recouvrer sa vie originelle. — Ce besoin est attesté par les perpétuelles aspirations vers le vrai, le beau et le bien, des savants, des philosophes, des artistes, des poëtes, des hommes de bien et des saints. — La raison, pour soulager ce besoin, se porte vers la Réalité, qu'elle reconnaît sous le nom de *Vérité*; puis adhère et s'attache à elle, sous le nom de *Croyance*. — La croyance est le moyen qui reste à l'homme, plongé dans le fini, d'aller chercher sa respiration dans l'infini. — Croire, pour l'homme, c'est respirer la vérité, c'est recouvrer la vie absolue : aussi le doute est son supplice. — La raison, comme faculté de connaître, porte dans sa nature une telle affinité et une telle prédisposition pour la réalité, qu'elle ne peut pas plus ne pas croire à la vérité, lorsqu'elle la reconnaît, que l'œil peut ne pas voir, lorsque la lumière frappe sur lui. — Et même, la raison nous met dans un rapport si immédiat avec la Réalité, que, dans l'esprit des philosophes, les idées du vrai, du bien et du beau, passent pour un produit propre de la raison. — Il ne faut pas confondre le rayon rationel, tout intelligible, qui émane directement de Dieu et détermine en nous la conception du vrai, du bien et du beau, avec la raison, toute psychologique, qui est, au contraire, la faculté de concevoir ce vrai, ce bien et ce beau. — La raison est l'œil, la substance intelligible est la lumière, et la conception rationnelle est la vision produite par le contact de l'une sur l'autre. — Nous ne voyons pas tout en Dieu, mais seulement ce avec quoi nous voyons est de Dieu : la raison ne peut pas plus connaître sans la lumière intelligible que l'œil ne peut voir sans la lumière sensible. — Les erreurs qui existent sur ce point, se rattachent 1° au panthéisme, qui nie le fait de la création; 2° au mysticisme, qui soutient que l'être créé n'est point détaché du créateur; 3° au rationalisme, qui croit que l'être créé subsiste indépendamment de l'être absolu; — tandis que l'être créé est tout à la fois : 1° distinct, 2° détaché, 3° dépendant de l'être incréé. — Pour éviter ces erreurs sur la raison, se rappeler que : confondre la lumière rationnelle avec la raison, c'est prendre la lumière pour l'œil; et que : confondre la lumière rationnelle avec Dieu, c'est prendre la lumière pour le soleil. — Dans l'ordre matériel, la raison, de même que l'œil, ne produit pas la lumière ; mais avec la lumière s'opère en elle l'acte de la vision. — Dans l'ordre spirituel, de même que dans l'ordre matériel, la lumière pure ne se voit pas, il faut qu'elle se réfléchisse dans notre rationalité, pour devenir visible. — Dans l'ordre spirituel, de même que dans l'ordre matériel, les réalités ne sont pas visibles par elles-mêmes, elles ne le deviennent que lorsqu'elles réfléchissent la lumière que leur envoie l'esprit. — Dans l'ordre spirituel, de même que dans l'ordre matériel, pour que les objets soient vus, il faut qu'il y ait entre eux et l'œil spirituel, la lumière des idées. — Dans l'ordre spirituel, de même que dans l'ordre matériel, la raison n'a l'intuition d'une réalité spirituelle que parce que cette réalité se peint en elle ; — les idées sont ces images représentatrices qui se forment spirituellement dans la raison : aussi, le langage a-t-il tiré ce mot *idée* du grec ειδος qui signifie *image*. — Impossibilité de définir l'idée en elle-même ; la science ne va jamais jusque là, elle ne peut que constater et décrire les faits. — L'idée est la vision de l'œil de l'esprit ; l'esprit a des idées comme l'œil a des visions, comme la volonté a des volitions ; c'est sa fonction. — Sens profond et ontologique du mot *organon* par opposition au mot faculté. — Les sens exécutent deux sortes d'opérations vis-à-vis de la réalité physique, l'une de réception et l'autre d'action, l'une de *sensibilité*, l'autre de *motilité* : il en est de même de l'âme vis-à-vis de la Réalité intelligible ; — en tant qu'elle est passive sous l'impression de la substance intelligible, qu'elle en reçoit les sentiments du juste, du vrai, du beau, elle doit être considérée comme *sensibilité* ; et c'est ce que nous avons appelé rationalité ; — mais en tant qu'elle découvre la vérité, porte un jugement de justice, apprécie une chose belle, qu'enfin elle produit des actes, elle doit être considérée comme *motilité* ; et c'est dans ce cas que nous l'avons nommée la raison. — Ainsi, la *rationalité* est cette propriété qu'a l'âme de recevoir la lumière intelligible : c'est une sensibilité spirituelle; la *raison* est, au contraire, cette faculté qu'a l'âme de se servir de cette lumière pour s'en éclairer : c'est une motilité spirituelle. — La rationalité porte bien en elle les idées du bien et du mal, du vrai et du faux, etc. ; mais il faut pour que ces idées s'éveillent, qu'elles soient exposées au contact des faits de ce monde, qui s'y rapportent. — Malgré ce mode d'éveil, ces idées n'en restent pas moins absolues et impersonnelles : la preuve c'est que tous les hommes ne peuvent pas ne pas reconnaître ces mêmes idées, et qu'ils tombent universellement d'accord sur elles. — Or, ces idées absolues et impersonnelles conduisent la raison à cet acte spécial que nous avons nommé la croyance; mais il ne faut pas confondre la *croyance* et l'*intuition*. — L'intuition est le phénomène de réceptivité par lequel la lumière intelligible entre dans l'âme; la croyance est l'acte de motilité par lequel elle en prend possession : la première est le phénomène de la rationalité ; la seconde, l'acte de la raison. — La croyance suit l'intuition : l'homme croit ce dont il a l'intuition, comme l'œil regarde ce dont il a la vision. — Ainsi, la croyance est le produit de la raison, et ce qui en résulte, c'est que la créature spirituelle n'a que ce moyen pour communiquer avec la Réalité absolue. — Puisque la rationalité est le premier élément de la nature humaine, affirmons ici que, quel que soit l'état naturel de l'homme dans le temps, ce ne peut être que l'état dans lequel la raison, d'abord, rencontrera toutes les conditions de son exercice et de son développement. — Mais puisque l'homme possède la raison, qui lui donne la connaissance de son bien et de ses fins, ne faut-il pas que, pour pratiquer ce bien, et se porter vers ces fins, il soit doué d'une force motrice, d'une causalité

IV.

La Causalité n'est-elle pas le second élément de la nature humaine ?

Mais l'être de l'homme, comme nous l'avons vu, n'implique pas seulement la notion d'une substance impersonnelle, c'est-à-dire, d'une substance qui, étant commune avec l'être absolu, constituerait réellement l'homme dans l'existence. Car le caractère de l'être absolu étant d'exister par soi-même, si un être prenait part à la substance de l'être absolu, il s'ensuivrait que deux êtres auraient la même essence. Or, deux êtres qui auraient la même essence, ne seraient pas distincts l'un de l'autre ; ils ne seraient pas deux, mais un. Par conséquent, l'homme serait confondu dans le sein panthéistique de l'être absolu. D'où il résulte que, dès l'instant que nous reconnaissons l'existence d'un être qui n'est pas Dieu, nous impliquons, par là même, la notion d'une substance personnelle par opposition à la substance impersonnelle; d'une substance créée par opposition à la substance incréée; d'une substance finie par distinction de la substance infinie; d'une substance conditionnelle, spéciale, par distinction de la substance nécessaire, intégrale.

Cette substance personnelle, créée, finie, conditionnelle, est ce qui constitue proprement ce nouvel être, distinct de l'être impersonnel, incréé, infini, nécessaire; ce qui le constitue une réalité particulière, qui n'est point la Réalité absolue. Si, par le premier élément, il participe de l'attribut de la substance essentielle, qui est d'exister; par ce second élément, il est un être particulier, c'est-à-dire, un être qui, quoique distinct de l'être essentiel, existe néanmoins d'une vie propre.

Ainsi, pour que la créature existe, il ne suffit pas qu'elle participe de la substance de l'être essentiel; il ne suffit pas qu'elle ait une veine qui aille soutirer l'existence jusque dans le cœur de la vie essentielle : car, s'il faut que toute chose ait sa racine enfoncée dans l'être absolu, sous peine d'être redemandée par le néant, n'est-il pas nécessaire aussi, pour qu'il y ait création, qu'il y ait séparation, qu'un être distinct, qu'un individu, sorte de la Réalité absolue?

Il ne suffit donc pas qu'il y ait une cause et ses effets, que Dieu soit la cause et que l'homme soit l'effet : mais il faut encore que la Cause crée une autre cause, c'est-à-dire, un autre centre d'action; que l'Etre crée un autre être, c'est-à-dire, un autre centre de vie; sinon, l'effet appartenant à la cause, la vie de l'homme ne sera pas sa vie, son existence ne sera pas son existence, ses actions ne seront pas ses actions; ce seront l'existence, la vie, les actions de sa cause. Il est clair que s'il n'y a pas une substance qui, par la création, soit autre que la substance de Dieu, la substance de Dieu étant l'unique substance, tout ce qui est en dehors d'elle ne sera qu'une manifestation phénoménale de cette substance; et l'homme conséquemment n'existerait pas, puisqu'il ne serait qu'un phénomène de la substance unique, absolue, infinie. Enfin, aucun autre être que Dieu ne pourrait, en s'opposant à ce qui n'est pas lui, s'écrier : Moi !..... parce qu'il n'y aurait, au fond, qu'une seule existence, c'est-à-dire que la création ne serait point encore avenue.

Or, si l'homme a le sentiment de son existence, s'il pense, surtout s'il veut, s'il agit : il existe; car le néant n'a pas le sentiment de l'existence, il ne pense pas, il ne veut pas, il n'agit pas. L'homme existe, disons-nous, et c'est là un premier fait incontestable. Maintenant, si l'homme existe et s'il sent que son existence n'est pas infinie, puisque d'autres êtres, qui ne sont pas lui, existent en dehors de lui; — si l'homme existe et s'il sent que son existence n'est pas éternelle, puisqu'il y a eu un temps avant qu'il existât; — si l'homme existe et s'il sent qu'il n'est pas nécessaire, puisqu'il y a un temps où il n'a pas existé, et un temps où il n'existera pas sur cette terre, sans que pour cela les lois de l'existence universelle soient suspendues; — si l'homme existe et s'il sent que son existence est conditionnelle, subordonnée, puisqu'il ne s'est pas donné l'existence lui-même et qu'il ne lui est pas possible de se la conserver, que par conséquent il l'a reçue d'un autre être que lui, puisqu'il la possède ; — en un mot, si l'homme existe et qu'il ne soit pas la cause de son être : donc il a été créé. S'il a été créé, donc il est fini, contingent, subordonné ; s'il est un être créé, fini, contingent, subordonné, donc il est complètement distinct de l'être incréé, infini, nécessaire, absolu.

Or, si l'homme existe comme être fini, contingent, subordonné, en un mot comme être créé, distinct de l'être incréé, éternel, infini, nécessaire ; donc un autre être que Dieu peut, en s'opposant à ce qui n'est pas lui, s'écrier aussi : M o i ! et donner par expérience un sens au mot *être* ; ce qui est le caractère distinctif de l'homme, comme l'a remarqué Rousseau. Oui, Dieu et l'homme peuvent seuls dire : M O I ! car ce Moi signifie la *Personne* [1] dans l'être. — Nous allons voir quel doit être l'attribut de ce moi.

Si l'être essentiel, nécessaire, est celui qui ne tient l'existence d'aucun autre être, s'il est à lui-même sa propre cause, comme son être est infini, il faut donc qu'il soit une cause infinie ; de plus, l'être infini réunissant en lui toutes les conditions possibles de l'existence, il est clair que hors de lui il ne peut rien exister, si ce n'est ce qui vient de lui, puisque pour exister il faut participer à quelques-unes des conditions de l'être dont il est la totalité : si donc tout ce qui existe vient de l'être essentiel, il est, à la fois, la cause suprême et

---

[1] « Personne qui a *per se sonat*, » comme l'a dit M. de Bonald.

infinie de sa propre existence, et la cause toute-puissante de tout ce qui, hors de lui, compose la création.

Ainsi, Dieu étant 1° sa cause, 2° la cause de tout ce qui existe après lui, aussitôt que l'on considère l'idée de l'être essentiel, on ne peut moins faire que de concevoir simultanément l'idée de cause. L'idée de substance et l'idée de cause ne sont donc que deux manières de concevoir le même être essentiel ; ce ne sont que deux abstractions d'une même pensée : ainsi, par l'idée de substance, nous entendons Dieu en tant qu'il existe, et par l'idée de cause, Dieu en tant qu'il agit, ou qu'il se donne l'existence, ainsi qu'aux êtres qu'il a créés. La causalité n'est que la vie de la substance.

Or, comme le propre d'un être est d'exister, et comme le propre de l'existence est de produire des actes ou de vivre : puisque Dieu, l'être complet ou parfait, est essentiellement cause, toute autre existence ne pouvant subsister que par une participation et une conformation plus ou moins grandes à l'être essentiel, cette autre existence participe donc aux attributs de l'être essentiel, en raison de ce qu'elle participe de l'être ; si conséquemment, le propre de l'être incréé est d'être une cause infinie, le propre de l'être créé est d'être par là même une cause, quoique finie, puisque l'idée d'existence et l'idée de cause ne sont que les deux notions d'une même idée, l'idée de l'être. — L'être créé, alors, est donc doué de la *Causalité*, et tel est en effet le second élément de la nature humaine.

L'idée de substance et l'idée de cause, disons-nous, ne sont que les deux notions inséparables d'une même idée, l'idée de l'être. Aussi, Leibnitz disait-il : « Pour éclaircir l'idée de substance, il faut remonter à l'idée de cause ou de force. L'énergie active ou agissante, n'est pas la puissance nue de l'école, ce n'est pas une simple possibilité d'agir, ou qui, pour être réduite à l'acte, aurait besoin d'une excitation venue du dehors : la véritable force active, ou la substance, renferme l'action en elle-même, elle est entéléchie [1]; » c'est-à-dire, qu'elle est spontanéité; car la spontanéité est la faculté de trouver en soi-même la source de ses actes. La spontanéité est le pouvoir de la causalité, la causalité est la vie de la substance : la substance et la causalité constituent ce qu'on appelle l'être. Or, l'être essentiel et absolu est Dieu : mais cela n'empêche pas que l'être qu'il a créé, par cela même qu'il l'a créé, ne possède une véritable substance et ne soit une véritable causalité.

Or, le propre de l'être étant de produire des actes, si l'homme existe, il produit des actes, il est cause. Il est cause, disons-nous, puisque la cause est l'être en tant qu'il agit, et que l'homme est un être réel. C'est là précisément ce que l'expérience nous montre par rapport à l'homme : ainsi n'est-il pas le maître d'agir ou de ne pas agir; de se mettre en mouvement ou de rester en repos; de marcher ou de s'asseoir ; de parler ou de se taire ; de faire du mal ou de s'en abstenir ; de faire le bien ou d'y manquer ; de commencer un acte et de le suspendre ; de suspendre un mouvement, une pensée, un jugement; puis, de poursuivre ce mouvement, cette pensée, ce jugement ? n'est-il pas maître de commencer et d'inter-

---

[1] Leibnitzii *Opera*, tomus secundus.

rompre, de continuer et d'accomplir un acte aussi souvent qu'il lui plaît ; de changer ses résolutions, de changer ses actes, de persister dans ses résolutions, d'achever ses actes : n'est-il pas maître enfin, de produire par lui-même tous les actes qui sont dans sa sphère, et de les vouloir aussi souvent qu'il lui plaira ? Or, comme on entend par cause, tout être qui produit des effets, toute substance qui produit des phénomènes, toute puissance qui engendre des actes, si l'homme est une puissance qui engendre des actes, un être qui produit des effets, l'homme est donc une cause, l'homme est donc doué de spontanéité.

On conçoit qu'il ne pourrait pas en être autrement d'après les vues du Créateur ; car si Dieu voulait qu'il y eût en dehors de lui des existences, il fallait bien que ces êtres participassent premièrement de la substance même de l'être, ou ce que nous avons appelé la rationalité ; et pour qu'une pareille existence ne se confondît pas dans la sienne, il fallait bien secondement que ces êtres possédassent aussi une substance particulière qui leur fût exclusivement propre ; une substance finie, créée, contingente, qui, en les distinguant de la substance infinie, incréée, nécessaire, les constituât véritablement des êtres réels, particuliers, en un mot, des Personnes. Donc, si par la rationalité, le premier élément de leur nature, les êtres créés possédaient la faculté de connaître la réalité essentielle, qui est la fin de ces êtres, ou ce qu'on appelle leur *Bien* : ne fallait-il pas que ces mêmes êtres fussent doués d'un principe d'activité qui mit en mouvement des organes faits pour l'action, afin que par ce moyen l'homme, cette créature, réalisât des actes qui le conduisissent à cette fin ou à ce bien ? ne fallait-il pas, en un mot, qu'il fût doué d'une puissance par laquelle, après avoir pris connaissance de son but et de la voie par laquelle il faut l'atteindre, l'homme, pût se déterminer à opérer des actes qui le portassent vers ce but ?

D'où il est évident que 1° quant à son existence, l'homme ne saurait trouver sa personne au milieu de l'être et dire : Moi, s'il n'avait pas une substance particulière, séparée de l'être infini ; que 2° quant à son action, ou mise en œuvre de sa vie, il ne lui servirait de rien d'avoir la connaissance du vrai et du bien, dont la possession est la conservation, le développement et la fin de son être, s'il n'avait pas une substance particulière qui, par là même qu'elle est séparée de l'être infini, devînt cause comme toute substance, et cause distincte de l'être infini ; une substance qui fût un pouvoir de réaliser ce vrai et ce bien ?

Le fait est que l'élément absolu impersonnel, c'est-à-dire la rationalité, et l'élément relatif personnel, c'est-à-dire la causalité, sont tellement inséparables dans la nature et l'existence de l'homme, qu'on ne saurait dire lequel de ces deux éléments est l'indispensable, le fondamental. En effet, l'élément absolu fait que l'homme *est* : mais qu'est-ce que c'est que d'être sans être créé, sinon être confondu dans Dieu ? (or, ce n'est point l'existence de Dieu, qui nous inquiète !) tandis qu'en l'ajoutant à l'élément absolu, l'élément relatif fait que l'homme *est créé*. Mais, supposons aussi que ce dernier élément fût seul, qu'est-ce que c'est que d'être séparé de l'existence absolue, nécessaire, sinon ne pas exister? Car l'être absolu, nécessaire, essentiel, étant le seul qui puisse se suffire ou se faire exister par lui-même, et tout ce qui peut être après lui ne pouvant exister que par une communication, que lui fait l'être nécessaire, des conditions de l'existence dont il est la source : qu'est-ce que d'être séparé d'un tel être, sinon être séparé de l'existence? Qu'est-ce que d'être séparé de ce qui existe, sinon d'être voué au néant, puisqu'aucun autre que l'être absolu, n'a la propriété d'être à soi-même la cause de sa propre existence? Il faut donc que l'homme soit être, et être créé; c'est-à-dire, qu'il soit *un être* par opposition à celui qui est *l'Être*.

Ainsi, sans le premier élément, l'homme ne saurait être; sans le second, il ne saurait être lui-même, parce que encore enfermé dans le sein de Dieu, il ne s'appartiendrait point par la création, qui est le don de l'existence. Puis, maintenant, en descendant du domaine de l'ontologie pour considérer l'homme dans la sphère du temps : ôtez le premier élément, l'homme ne saurait quelle est son origine, sa nature et sa fin; ôtez le second, il ne pourrait accomplir sa destination en se portant de lui-même, selon les lois de sa nature, vers cette fin. Et si l'être créé ne possédait ni la connaissance de sa fin, ni la puissance d'y arriver, la création serait sans motif et sans but, elle ne serait point l'œuvre de Dieu.

On conçoit que le premier élément de la nature humaine, par cela qu'il est formé de la substance même de l'être essentiel, a une grande affinité avec cet être; cette affinité est de telle sorte que ce que l'on appelle la conception de la Réalité absolue, la connaissance de ce qui est, ou la possession de la vérité, n'est autre chose que le sentiment de l'existence infinie, étendant sa circulation jusque dans les régions des créatures spirituelles. En sorte que, par rapport à l'homme, il est tout simple que ce qui le fait être, en le faisant participer de l'existence absolue, le fasse participer du sentiment de cette existence; sentiment qui doit nécessairement se répandre et se faire sentir dans tout ce qui a existence. Il est tout simple, en un mot, que ce qui le fait être lui fasse aussi connaître l'être, c'est-à-dire le mette à même d'arriver à la vérité.

On conçoit aussi, que le second élément de la nature humaine, par là même qu'il est de nature créaturelle, qu'il est distinct, séparé de l'être absolu; par là même que toute substance réelle est cause, puisque la cause n'est que la vie de la substance ou la substance en tant qu'elle agit; on conçoit, disons-nous, que cet élément est de telle sorte que ce qu'on appelle causalité, ou liberté dans l'homme, n'est autre chose que la propriété inhérente à tout être de produire des actes ou de vivre; puissance qu'on retrouve dans tout ce qui est, dans l'être créé comme dans l'être incréé. D'où il suit que, par rapport à l'homme, il est tout simple que ce qui le fait être lui-même, en le faisant être particulier, être distinct, le fasse participer de la puissance de causalité, en le faisant participer de l'existence; puisqu'enfin la propriété indispensable de l'être doit se trouver partout où il y a de l'être, la causalité, partout où il y a la substance.

Ainsi, dès l'instant que vous reconnaissez une existence en dehors de l'existence de Dieu, cette connaissance implique 1° la notion, de quelque chose de l'être essentiel, absolu, sans quoi vous ne concevriez pas qu'il pût être; 2° la notion de quelque chose de spécial qui distingue l'être particulier de l'être absolu. Or, dès l'instant que vous reconnaissez l'existence d'un être spécial, distinct de l'être absolu, vous impliquez la notion d'une cause spéciale, distincte de la cause absolue; car être cause, étant comme nous le savons le propre de l'être, si vous confondiez ces deux causes distinctes, en rapportant l'une à l'autre, vous confondriez ces deux êtres distincts en ajoutant l'un à l'autre : s'il y a deux êtres, il y a, par conséquent, deux *personnes*, ou deux centres de vie, ou deux sources d'actes, ou deux causes. Rapporter une cause à une autre, c'est mêler un être à un autre être; distinguer deux êtres l'un de l'autre, c'est ne pas confondre deux causes l'une dans l'autre.

C'est pourquoi il n'est pas plus possible de concevoir un être réel [1] sans la notion de cause, que de concevoir une cause sans qu'elle soit un être, c'est-à-dire, de concevoir une cause sans concevoir qu'elle existe. L'idée de création impliquant l'idée d'une existence particu-

---

[1] Nous disons un être réel et non point un être phénoménique, parce qu'il y a des choses qui passent pour des êtres et qui ne sont que des manifestations de l'être, comme la matière, par exemple, qui n'existe que pour nos sens. Au reste, pour ce qui est de l'existence de la matière, nous verrons plus loin (au chapitre 10 de ce même livre), ce qu'il faut en penser.

lière, séparée de l'existence absolue, c'est-à-dire, d'une seconde sphère d'existence, Dieu étant la première ; — l'idée d'une existence séparée de l'existence absolue, impliquant l'idée d'une cause particulière, séparée de la cause absolue, c'est-à-dire d'une seconde sphère de causalité, Dieu étant la première ; — en un mot, l'idée d'une seconde existence, Dieu étant la première, impliquant l'idée d'une seconde cause, Dieu étant la première : il n'est pas plus possible de concevoir l'homme comme une seconde existence, comme un être véritable, comme une personne, sans qu'il soit cause, que de le concevoir comme cause, comme source de vie, comme centre d'actes, sans qu'il soit un être, une personne.

Par conséquent, on ne peut pas plus nier que l'homme soit cause, qu'on ne peut nier que l'homme soit créé, puisque la création consiste à faire un être distinct d'un autre être, qui est l'être absolu ; c'est-à-dire qu'elle consiste à rendre une cause distincte d'une autre cause, qui est la cause absolue ; et on ne peut pas plus nier qu'un être distinct de cet autre Être ne soit cause, qu'on ne peut nier que l'être en général ne soit cause ; et on ne peut pas plus nier que l'être ne soit cause, qu'on ne peut nier que l'être essentiel, nécessaire, infini, ne soit la cause infinie de son être ; et on ne peut le nier, sans admettre la contradiction manifeste, que l'être premier, nécessaire, indépendant de tout autre être, existant par lui-même, ne soit pas l'être premier, nécessaire, qu'il dépend d'un autre être, et qu'il n'existe point par lui-même ; sans admettre, en un mot, que Dieu ne soit pas Dieu ; qu'il ne soit pas la substance essentielle, nécessaire, absolue ?

De telle sorte que l'homme, être distinct de l'être absolu infini, est une cause distincte de la cause absolue infinie ; s'il est une cause distincte de la cause absolue, les actes qu'il produit sont donc distinctement émanés de sa propre personne, et non point de la cause absolue. Et s'il y a des actes distincts de ceux de la cause absolue, il y a donc des actes qui n'existeraient pas si la cause créaturelle ne les produisait par sa propre puissance ; et ces actes qui n'existeraient pas sans elle, sont donc alors ses propres actes, actes exclusivement émanés de son propre être, actes qu'on ne peut rapporter qu'à elle ?

Puis, comme on appelle volonté dans Dieu, l'attribut en vertu duquel il se détermine à produire des actes, et puissance, l'attribut qui les réalise en effet : de même on appelle *volonté* dans l'homme cette faculté qu'il a de se déterminer à produire des actes, et puissance de causalité, spontanéité ou liberté, cette propriété qu'a la volonté de se déterminer d'elle-même à réaliser des actes par le moyen des organes.

C'est pourquoi, sa volonté étant cause, on dit que la volonté de l'homme est libre, parce qu'on entend par liberté le pouvoir de se rendre indépendant de tout mobile, pour se porter de soi-même à l'action ; la liberté, en un mot, est la faculté de vouloir ; vouloir est un acte de liberté. Volonté, liberté, causalité, sont une même chose : la causalité est l'essence même de la volonté ; la volonté, c'est la causalité, en tant qu'elle se détermine à agir ; la liberté, c'est la nature de la causalité, c'est la manière d'être de la volonté.

Ainsi, l'homme est cause, et la causalité, connue sous

le nom de volonté, est le second élément de la nature humaine.

Telle est la démonstration ontologique de l'existence de la causalité humaine : c'est sans doute la démonstration la plus certaine et la plus positive, puisque pour l'obtenir, il faut partir des lois nécessaires de la Réalité absolue. Mais pour mieux nous assurer du résultat de cette démonstration, confrontons-le avec celui que donne l'étude de la nature humaine, dans le temps. Du principe nécessaire nous sommes descendus aux effets qu'il a dû produire : remontons de ces effets au principe nécessaire qui a dû les produire, pour renforcer ainsi, comme nous en avions prévenu, la déduction, qui procède de la cause absolue, par l'induction, qui part de l'effet réalisé : car si l'homme est libre dans l'absolu, il doit l'être dans le temps. Nous passerons ainsi de la démonstration ontologique de la causalité, à sa preuve psychologique. — Cela nous fournira l'occasion de reconnaître ses propriétés.

Sommaire. — Nous savons que l'existence de l'homme n'implique pas seulement la notion d'une substance impersonnelle, commune avec l'être absolu, et qui le constituerait dans le domaine de l'existence; — car, deux êtres qui auraient une essence commune, ne seraient pas distincts, ne seraient pas deux, mais *un*; et l'homme resterait confondu dans le sein panthéistique de Dieu. — Dès que l'on reconnaît l'existence d'un être qui n'est pas Dieu, on implique par là la notion d'une substance personnelle, créée, finie, spéciale, par opposition à la substance impersonnelle, incréée, infinie, intégrale. — Cette substance personnelle, créée, finie, particulière, constitue proprement ce nouvel être ; c'est ce qui le fait une réalité distincte de la réalité absolue. — Il ne suffit pas pour qu'il y ait création que l'être conditionnel participe de la substance de l'être essentiel ; il faut encore qu'il y ait séparation, qu'un être distinct, qu'un individu, sorte de la Réalité absolue. — Pour qu'il y ait création, il faut que l'Etre crée un autre être : c'est-à-dire un autre centre de vie ; que la Cause crée une autre cause : c'est-à-dire un autre centre d'action. — Sinon la vie de l'homme ne serait pas sa vie, ses actes ne seraient pas ses actes, et aucun autre être que Dieu ne pourrait, en s'opposant ce qui n'est pas lui, s'écrier : moi ! — Si l'homme a le sentiment de son existence, s'il pense, s'il veut, s'il agit ; s'il sent que cette existence est finie, contingente, conditionnelle, créée, et tout-à-fait distincte de l'existence infinie, nécessaire, essentielle, incréée, donc un autre être que Dieu peut, en s'opposant ce qui n'est pas lui, s'écrier *moi !* — Ce moi signifie la personne dans l'être ; voyons ses propriétés : — Dieu est la cause infinie de sa propre existence ; aussi toutes les fois que l'on conçoit l'idée de substance, on conçoit simultanément l'idée de cause ; — c'est que la substance est l'être en tant qu'il existe ; et la cause, l'être en tant qu'il agit : la causalité est la vie de la substance. — L'idée de substance et l'idée de cause ne sont que les deux notions de la même idée, l'idée de l'être. — Or, comme toute existence ne peut subsister que par une conformation plus ou moins grande avec l'être absolu : le propre de l'être étant d'être cause et de produire des actes, si l'homme est un être, il est cause, et, produit des actes. — C'est effectivement ce que nous montre l'expérience : l'homme est le maître de produire ou de ne pas produire toutes les actions qui sont dans sa sphère ; de faire le bien ou le mal, de commencer, d'interrompre, de continuer, etc., tous les actes qui lui plairont ? — Cela ne pouvait pas être autrement: si Dieu voulait qu'il y eût en dehors de lui des êtres, ne fallait-il pas qu'ils possédassent une substance propre qui les distinguât de la substance absolue, et les constituât des Personnes ? — De plus, si l'homme par suite de la *Rationalité*, son premier élément, jouit de la faculté de connaître ses fins ; ne fallait-il pas que, par la *Causalité*, son second élément, celui à qui il doit sa personnalité, il eût la faculté de se porter vers ces fins ? — Au fait, l'élément impersonnel, ou la rationalité, l'élément personnel, ou la causalité, sont tellement inséparables de la nature de l'homme, que la notion de l'un implique aussitôt la notion de l'autre. — Il faut donc que l'homme soit *être*, et *être créé* ; en un mot, qu'il soit : *un* être, par opposition à celui qui est *l'Être*. — Par suite de ce second élément, il est clair que ce qui le fait être particulier, le fait participer de l'attribut indispensable de l'être, la causalité. — Ainsi, reconnaître une existence en dehors de Dieu, c'est reconnaître une existence spéciale, distincte de l'existence absolue ; et reconnaître une existence spéciale, distincte de l'existence absolue, c'est reconnaître une cause spéciale, distincte de la cause absolue ; — car la causalité étant le propre de l'être, confondre deux causes, en les rapportant l'une à l'autre, c'est confondre deux êtres en les ajoutant l'un à l'autre. — Conséquemment, on ne peut pas plus nier que l'homme soit cause, qu'on ne peut nier qu'il soit créé : puisque la création consiste à faire un être distinct d'un autre être, qui est l'être absolu ; et une cause distincte d'une autre cause, qui est la cause absolue. — Si l'homme est une cause distincte de la cause absolue, il peut donc produire des actes directement émanés de lui, et non point de la cause absolue ; des actes qui n'existeraient pas sans lui ; des actes qu'on ne peut rapporter qu'à lui. — Comme on appelle *volonté* dans Dieu, l'attribut en vertu duquel il se détermine à produire des actes, on a également donné à la causalité de l'homme le nom de *volonté*. — Aussi la volonté est-elle réputée libre, c'est-à-dire, ayant le pouvoir de se porter d'elle-même à l'action indépendamment de tout mobile étranger. — Causalité, spontanéité, liberté, sont trois mots pour exprimer le pouvoir qu'a la volonté : le premier indique qu'elle produit des effets ; le second, qu'elle les produit d'elle-même ; le troisième, qu'en agissant, elle peut se rendre libre de tout mobile étranger. — Telle est la démonstration ontologique de l'existence de la causalité, c'est-à-dire, tel est le second élément de la nature humaine, auquel nous sommes arrivés en partant des lois de l'absolu ; — nous allons maintenant partir de l'observation des faits que nous offrira la nature humaine, dans le temps, c'est-à-dire, entrer dans la preuve psychologique.

V.

Retrouve-t-on, dans le temps, la Causalité, comme élément de la nature humaine ?

Pour savoir si l'on retrouve, dans le temps, la causalité, comme élément de la nature humaine, il ne s'agit que d'en faire l'épreuve par l'observation. Or, un moyen bien simple de constater l'existence de la causalité, c'est de chercher quels sont les effets qu'elle y produit.

Ainsi, d'après ce qui précède, dire que l'homme est une créature, ou qu'il est distinct de l'être absolu ; dire qu'il est une causalité ; qu'il a une volonté ; qu'il a le libre arbitre, c'est exprimer le même fait : c'est dire que l'homme a le pouvoir de se déterminer lui-même, en vertu d'un principe de causalité propre, inhérent à sa nature [1].

---

[1] « On appelle liberté cette faculté par laquelle toutes les choses nécessaires pour agir étant posées, la volonté peut, parmi plusieurs objets proposés, en

Et c'est précisément ce que l'homme nous prouve par l'expérience, quand il produit des actes de deux sortes; des actes qui ne diffèrent pas seulement, mais qui sont tout-à-fait opposés et contradictoires; des actes dont les uns sont la condamnation, l'anéantissement des autres; des actes dont les uns le conduisent à sa conservation, à son développement, à sa fin, et les autres à sa dégradation, et à sa destruction; en un mot, quand il produit des actes qui opèrent le *bien*, et des actes qui opèrent le *mal*.

Le bien et le mal étant incompatibles, si l'homme ne faisait que le bien, on pourrait penser qu'il agit en vertu d'une loi invisible mais irrésistible, qui le conduit à sa fin, comme cela a lieu pour les végétaux, les animaux et les astres : mais alors comment pourrait-il faire le mal? S'il ne faisait que le mal, on pourrait également penser qu'étant sans volonté, un mobile plus puissant que sa loi s'est, à son tour, emparé de l'homme, et le conduit à l'inverse de sa loi vers la destruction : mais alors comment pourrait-il faire le bien ? N'est-il pas absurde de penser qu'un être non libre, c'est-à-dire, non doué de la puissance de résister à toutes sortes de mobiles, et de s'échapper de sa loi, résiste cependant à un mobile, et s'échappe par lui-même de sa loi ? Ne serait-ce pas dire, en d'autres termes, qu'un être non libre est libre ?

Supposons que l'homme ne soit pas un être distinct de l'être absolu; que, par conséquent, la cause de ses

---

choisir un seul ou quelques-uns et rejeter les autres ; ou bien s'il ne s'en présente qu'un, le choisir, ou ne pas le choisir; agir, ou ne pas agir. — PUFFENDORF, livre I, chapitre 4 : *Du Droit de la Nature et des gens*.

actes soit dans la cause infinie ; que ce soit Dieu, en un mot, qui opère en lui l'acte pour le bien, il faudra donc nécessairement que ce soit une cause contraire qui produise en lui l'acte pour le mal : il y aura donc alors deux mobiles dans l'homme, par conséquent deux causes en dehors de l'homme, et supérieures à l'homme, imprimant en lui ces deux différents mobiles ? Il y aura donc enfin un Dieu du bien et un Dieu du mal, dont l'homme deviendra alternativement la proie ?... Et nous voilà contraints de retomber dans les absurdes systèmes du manichéisme, avec les sauvages et ces peuples abrutis dont la raison n'a jamais pu s'élever à la notion d'une causalité dans l'homme !

Aussi, quand bien même nous voudrions admettre l'existence de deux mobiles opposés se disputant la volonté de l'homme, de deux mobiles, non plus produits par la puissance du bien et par la puissance du mal, mais ce qui est plus vrai, le premier, produit par la Réalité intelligible au moyen du canal de la rationalité, et le second, par la réalité physique au moyen du corps, qui lui sert de canal pour arriver jusqu'à nous par les passions, le phénomène que nous avons cité, de l'homme faisant tantôt le bien et tantôt le mal, démentirait complètement aussi la toute-puissance de ces deux mobiles sur la volonté. Nous ne disons pas que ces mobiles soient sans influence, qu'ils ne soient pas des motifs de détermination pour la volonté ; mais seulement que, quelle que soit leur action sur elle, il lui reste la puissance de les repousser et de se déterminer d'une manière toute contraire; tout comme elle peut aussi, par intention, y céder volontairement, ou, par paresse, se laisser entraîner à leur inclination.

Ainsi, nous disons qu'il y a deux causes ou deux mobiles dans l'homme : mais d'où vient que l'homme suit tantôt l'un, et tantôt l'autre ? S'il suit deux mobiles opposés, il faut donc qu'il ait le pouvoir de choisir entre ces deux mobiles ? et s'il choisit entre deux mobiles, il faut donc qu'il ait en lui sa cause de détermination ? Car, si deux puissances se disputent sa volonté, sa volonté étant supposée sans pouvoir pour choisir l'un de ces mobiles et pour se déterminer par elle-même, il est clair que le plus puissant des deux doit l'emporter; puisque l'état de la volonté, dans cette supposition, n'est qu'un *équilibre*, c'est-à-dire un état de repos par la compensation de plusieurs forces; précisément comme dans une balance où les deux bras de levier étant égaux, l'équilibre est rompu par le poids le plus lourd. La volonté n'ayant alors aucune puissance de causalité en elle-même, sa manière d'être étant un repos d'équilibre entre les forces opposées de deux mobiles contraires, si l'un des deux l'emporte par sa puissance, l'équilibre se rompt, et la volonté est entraînée dans le sens du plus fort.

Mais si la volonté de l'homme est emportée par ce premier mobile, elle le sera toujours; ou si elle est emportée par le second mobile, elle le sera également toujours : car le motif qui l'a une fois attirée dans son sens, est nécessairement le plus puissant des deux; et s'il est le plus puissant des deux, comment l'autre, ou le moins puissant des deux, pourrait-il à son tour l'emporter sur lui ? Le plus puissant mobile ayant entraîné la volonté, il l'entraînera donc nécessairement toujours, si l'homme n'a par devers lui une *force*, quelque petite qu'elle soit, pour faire équilibre au mobile le plus puissant en joignant cette force qui lui est *propre* à celle du mobile le plus faible. Car sans cette force que nous nommerons alors *détermination*, il n'y aurait plus de raison pour que le plus puissant mobile n'attirât désormais infailliblement dans son sens la volonté de l'homme, puisque cette volonté n'étant pas libre, c'est-à-dire douée de causalité, ou de ce pouvoir de détermination, elle serait naturellement la proie du plus fort.

Mais précisément la volonté ne se porte pas toujours vers le mobile le plus puissant! Ainsi, les passions, qui sont la voix du mal, ont acquis par l'intermédiaire du corps, en se mettant au nombre de ses besoins primitifs, une puissance sur la volonté dont l'entraînement et la violence ne peuvent point être comparés à l'action toute paisible et toute délicate de l'intelligence : eh bien! cependant, la volonté ne laisse pas de résister à un pareil emportement, d'écouter la voix tranquille de la sagesse et de se décider pour elle!

Les conseils de l'intérêt bien entendu, de l'amour-propre et de l'égoïsme, veillant plus spécialement sur la conservation de chaque individu, ont pris sur la volonté un empire qui dépasse tellement celui qui leur avait été naturellement assigné, qu'ils sont devenus des causes de destruction pour l'individu lui-même :

eh bien! cependant la volonté ne laisse pas de résister à leur entraînement, d'écouter les douces inspirations de la conscience, et d'opposer la loi sévère du devoir à celle de l'intérêt bien entendu ; à l'amour-propre, l'amour ; à l'égoïsme, le dévouement ?

Il existe dans tout être un instinct invincible, celui de sa conservation. Le mobile dont il est la source est certes bien le plus puissant, le plus irrésistible de tous les mobiles : et, cependant, l'homme ne sait-il pas qu'il dépend uniquement de lui de céder ou de résister à ce mobile ? Oui, malgré la toute-puissance que l'instinct de la conservation exerce sur les êtres, la volonté humaine ne laisse pas d'y résister chaque fois qu'elle produit des actes d'héroïsme, de dévouement, de sacrifice ; chaque fois qu'elle préfère à cet instinct, l'inspiration de la gloire, de la vertu, et de l'amour !

Ces actes dans lesquels la volonté préfère la voix paisible de la sagesse à la voix entraînante des passions, la loi sévère du devoir aux séduisantes insinuations de l'amour-propre, la gloire, l'héroïsme, le dévoûment, le martyre, à l'instinct de la conservation ; ces actes fussent-ils plus insignifiants et plus rares, l'homme suit donc deux espèces contraires de mobiles ? S'il suit des mobiles contraires, il a donc le pouvoir de choisir entre ces deux mobiles ; s'il choisit entre ces deux mobiles, il a donc en lui sa cause de détermination ; il a donc, en un mot, le pouvoir propre de produire ou de ne pas produire des actes ?

Et la preuve qu'il choisit entre ces deux sortes de mobiles, c'est qu'il ne suit pas toujours le plus puissant; s'il ne suit pas toujours le plus puissant, il a donc une force par devers lui, qui le rend indépendant de ces mobiles ; si sa volonté se rend indépendante de ces mobiles, et agit même dans un sens qui leur est opposé, ce ne peut donc être que par sa propre action, par sa propre force, en un mot, comme on le dit : *par sa bonne volonté ?* Or si la volonté a une force propre, des actions qui lui soient propres, elle est donc une source d'effets, ou en d'autres termes : une cause ?

Ainsi, au milieu de deux sortes de mobiles, il paraît que l'homme combat, puisqu'il suit tantôt les uns, tantôt les autres; s'il combat les uns et les autres, il n'est donc ni l'un ni l'autre de ces genres de mobiles : mais il est lui, celui qui combat les uns et les autres pour suivre sa propre détermination ; il est lui, c'est-à-dire, sa propre cause accomplissant, par un principe d'activité qui lui est propre, des actes que l'on appelle le bien ou le mal, selon qu'il a choisi, selon qu'il a voulu, selon sa liberté.

Mais remarquons que dans l'hypothèse que nous venons de faire, celle où l'homme céderait au plus puissant mobile, nous supposions qu'un mobile est une force qui contraint nécessairement la volonté, ce qui n'est pas dans le fait. Car premièrement, il n'y a pas des *mobiles* dans l'intérieur de l'homme, il n'y a que des *motifs* : les mobiles n'existent que pour la matière dont ils sont la force motrice. Un mobile étant ce qui donne l'impulsion aux corps inertes : dans notre supposition de l'inertie de la volonté, nous avons appelé mobiles, pour l'exactitude de la comparaison et la clarté de la pensée, les causes morales qui peuvent provoquer notre volonté, les raisons qui peuvent engager nos déterminations; c'est-à-dire que nous avons appelé mobiles les divers motifs qui existent dans notre cœur. Il reste à voir si l'influence que les motifs exercent sur notre volonté, est comparable à la contrainte que les mobiles exercent sur les corps ! si les raisons, ou les inspirations qui nous excitent à vouloir, sont nécessaires, irrésistibles, comme les forces que les mobiles envoient sur la matière !

Pour cela il y a un moyen bien simple, c'est de chercher quel homme préférera se confier à l'action d'une force qui, par le moyen d'une machine, devrait le jeter dans un précipice, plutôt que de se confier à l'influence d'un caprice de sa volonté qui lui viendrait de s'y jeter lui-même en passant auprès. Quel est celui qui croira avoir le plus à craindre de l'action d'un pareil motif sur sa volonté, ou de l'action d'une pareille machine sur son corps ? Oui, quel est l'homme qui ne sait pas qu'il possède complètement le pouvoir de prendre, lorsqu'il sera au bord de ce précipice, une résolution contraire à la pensée de s'y jeter, à moins qu'il ne soit fou, c'est-à-dire, qu'il ne soit privé, par une maladie spirituelle, de l'usage de sa volonté ? Quel est l'homme qui ne sait pas qu'au bord de ce précipice, s'il prenait la fantaisie de s'y jeter, il ne dépendrait que de lui de prendre une résolution contraire; qu'il a le pouvoir de s'y jeter, mais qu'il ne s'y jette pas, parce que s'il s'y jetait, il se tuerait, et que comme tout être il tient à la vie; de même qu'il s'y jetterait dans le cas de suicide, c'est-à-dire, s'il ne tenait pas à la vie ?

Il n'est personne qui ne craigne moins l'idée de se détruire survenue dans son esprit, que l'effet d'une force matérielle disposée pour cela; parce qu'il n'est personne qui compare l'influence que les forces morales, ou les motifs, peuvent avoir sur nos déterminations, à la contrainte irrésistible que la force physique, ou les mobiles, possèdent sur les corps; parce qu'il n'est personne enfin qui confonde l'action d'un motif sur notre volonté avec l'action du choc d'un corps volumineux sur un corps plus petit, exposé à son impulsion?

Après tout, dire que notre volonté n'agit pas sans motif, c'est dire que notre volonté est raisonnable, qu'elle ne se résout pas sans raison, comme le fait la folie; mais qu'elle cherche au contraire un motif, une raison pour se résoudre : ce qui est si légitime à nos yeux, que lorsque notre volonté a agi indifféremment, nous cherchons aussitôt à lui donner un motif d'action pour nous prouver, ou pour prouver aux autres, que nous avions des raisons pour nous déterminer de la sorte, qu'en un mot, nous n'avons point agi sans raison. Seulement, si nous nous déterminons sur un motif, c'est toujours volontairement.

Mais si la volonté est libre, même sous l'influence des divers motifs, que dirons-nous de nos déterminations qui sont sans motifs, de ces actes de la volonté qui sont qualifiés dans la langue des noms de *caprice*, *d'entêtement*, *d'indifférence ?* Ainsi, dans l'indifférence, non-seulement la volonté ne fait pas de choix entre les différents motifs, mais elle est insensible à tous les motifs, elle est insouciante. Or, de combien de déterminations de cette espèce notre vie n'est-elle pas remplie?... [1] Et si *l'indifférence* est une détermination insouciante, parce qu'elle ne se préoccupe d'aucuns motifs, le *caprice* est une détermination bizarre, parce qu'elle est en dehors de tous les motifs; et l'*entêtement* est une détermination obstinée, parce qu'elle se roidit contre tous les motifs. Mais ce n'est point tout : il n'est pas un seul acte intellectuel produit par l'homme, qui ne soit aussi, comme nous allons le reconnaître, une preuve de sa liberté.

En effet, notre liberté se manifeste dans la perception de nos idées, dont chacune est le résultat d'un acte d'attention de notre esprit. Car l'impression, ou le contact de la nature sur nous, n'est absolument qu'une modification nerveuse, l'impression n'allant pas au delà de nos organes corporels. C'est pourquoi il peut arriver qu'un bruit se faisant dans la nature, la vibration s'en communique à notre oreille sans que nous l'entendions; qu'un corps passant devant nous, la vibration du rayon de lumière excitée par la couleur de ce corps, se communique à notre œil sans que nous le voyions;

---

[1] « Il est pourtant vrai que l'exercice de notre liberté ne paraît jamais plus que dans les choses indifférentes. Je sens, par exemple, qu'il dépend tout-à-fait de moi d'étendre ou de retirer la main ; de rester assis ou de me promener ; de diriger mes pas à droite ou à gauche ; si je dois un écu à quelqu'un qui le réclame, et que j'en aie plusieurs dans ma poche, de donner l'un plutôt que l'autre, etc., etc. Dans ces occasions où l'âme est entièrement laissée à elle-même, soit par le défaut de motifs extérieurs, soit par l'équilibre de plusieurs motifs, on peut dire que si elle se détermine à quelque parti, c'est par un effet de son bon plaisir, ou de l'empire qu'elle a sur ses propres actions. »

BURLAMAQUI, *Principes du Droit de la Nature et des Gens*, tom. 1 : — De la volonté de l'homme.

comme il arrive souvent qu'on nous parle sans que nous le sachions. Et tout cela parce que, comme on le dit : *notre esprit est ailleurs ;* parce que nous sommes *distraits* au lieu d'être *attraits*, si l'on peut parler ainsi.

C'est pourquoi la perception exige le concours de deux phénomènes : 1° que les objets à percevoir se présentent aux organes pour leur faire impression, 2° que l'esprit veille sur les organes pour saisir les modifications que ces objets leur font éprouver. Il faut donc que l'impression passe des organes à notre esprit, par le moyen d'un second phénomène qui, étant un pur acte du moi, dépend entièrement de notre volonté. Il est vrai que l'esprit ne peut opérer ainsi la perception sans que l'impression ait eu lieu sur les organes; mais l'impression n'aurait pas de suite si le moi ne s'empressait de la recueillir. De sorte que si l'impression a pour objet le monde extérieur et les organes des sens pour sujet, la perception a pour objet les impressions.

Cet acte de l'esprit s'appelle *attention*, du latin *ad tendere* qui signifie que l'esprit tend et se dirige vers un objet. Mais comme cet acte de l'esprit dépend de notre volonté (est attentif qui veut), la nature ne peut lui faire vouloir la perception d'un de ses corps, elle ne peut que provoquer et attirer cette attention. Ainsi l'attention, qui est l'acte par lequel l'esprit perçoit les impressions que la nature fait sur les organes, et par lequel il prend ainsi connaissance de cette réalité, a sa source exclusivement dans le moi.

De sorte que si l'homme se bornait à voir au lieu de regarder, à entendre au lieu d'écouter, s'il restait passif sous l'action des objets extérieurs, au lieu d'y porter son attention, le monde physique n'existerait véritablement pas pour lui. En effet quelles que soient les impressions des organes du corps, comment l'esprit connaîtrait-il un monde qui ne vient pas jusqu'à lui, et qu'il faut qu'il aille chercher lui-même? Comment sans l'attention, qui est à proprement parler le regard de l'esprit sur un objet, l'esprit pourrait-il connaître cet objet? Aussi, dit un philosophe : « La perception, ou l'idée produite par l'attention, est le premier élément de l'intelligence, le premier rayon de lumière intellectuelle qui pénètre dans le moi. Tant que cette lumière n'a pas brillé, rien n'existe pour le moi, il s'ignore lui-même, et il ignore tout ce qui n'est pas lui. L'attention est la condition absolue de toute idée. » [1]

L'attention est aussi indispensable à l'esprit pour saisir une réalité, qu'il est indispensable au corps de tendre la main vers un objet pour le saisir. Mais dans l'attention, comme dans toutes nos opérations intellectuelles, l'esprit porte toutes ses forces sur un même point, sur une même faculté, sur celle dont l'action doit amener le résultat qu'il attend. On conçoit que si, dans son état naturel de repos, l'intelligence laisse flotter ses facultés aux vents des impressions multipliées qui l'assiégent, abandonnant ces vagues et légères perceptions à l'activité spontanée dont elle ne peut se départir tout-à-fait, puisqu'elle est le caractère premier de sa nature ; on conçoit, disons-nous, que

[1] M. Noirot, Psychologie du Cours de philosophie : Qu'est-ce que l'attention?

cette concentration de l'intelligence exige l'effort le plus grand dont elle soit susceptible; et que cet effort suppose dans elle, une force motrice capable de le produire; tout comme l'emploi de cette force motrice, suppose à son tour un acte puissant de volonté, un acte tout empreint de causalité : or, c'est là précisément cette force que les psychologistes appellent l'*Activité*. De là, le chapitre fondamental de la psychologie est intitulé : *Qu'est-ce que l'activité volontaire et libre ?* L'activité, c'est la liberté dont jouit l'intelligence!

L'intelligence est obligée d'user de ce pouvoir d'activité toutes les fois qu'elle veut acquérir une connaissance, par la perception, par la comparaison, par l'analyse, par l'abstraction, ou par le raisonnement, etc. Or, comme l'attention est l'acte même de l'esprit, qu'elle intervient dans toutes nos idées, 1° dans la perception, 2° dans la comparaison, 3° dans le jugement, 4° dans l'abstraction, 5° dans la généralisation, 6° dans la mémoire, 7° dans l'imagination, 8° dans le raisonnement ; comme enfin l'attention, fille de l'activité, est la condition absolue de toute idée, soit sensible, soit intellectuelle, soit rationelle, (toute idée étant un acte de l'esprit), alors peut-il être une seule de nos connaissances qui n'implique un acte d'activité de notre intelligence ; qui ne témoigne par conséquent de sa causalité, de sa liberté ? Aussi n'est-il pas une notion, un art, une science, qui ne soit composé des produits innombrables de la liberté de l'esprit.

Les actes de pouvoir de notre liberté se manifestent

donc dans l'exercice de nos facultés intellectuelles, aussi bien que dans l'action de nos organes corporels ?

Ainsi non-seulement notre liberté se manifeste par l'expérience :

1° Dans ses déterminations par rapport au bien et au mal, quand l'homme suspend les mouvements des besoins nécessaires ou des passions de son corps, alors que leur satisfaction est contraire au devoir, à l'honneur, ou seulement à ses caprices ;

2° Lorsque pour rester ainsi fidèle à ses devoirs et à l'honneur, l'homme va jusqu'à s'exposer à la douleur et même à la destruction, plutôt que d'écouter les instincts de son égoïsme ou de ses passions ;

3° Dans nos déterminations, soit par indifférence, soit par caprice, soit par entêtement, comme nous l'avons remarqué ;

4° Dans tous les actes que peut accomplir notre intelligence, soit par rapport aux sciences, soit par rapport aux arts, comme nous venons de le dire ;

5° Dans nos jugements sur le vrai et sur le faux : ainsi nous savons que, par rapport au vrai, notre raison ne peut moins faire que d'y adhérer lorsqu'il se présente, lorsque l'évidence envoie sur elle une lumière que nous pouvons renier, mais dont la raison éprouve nécessairement la croyance au fond d'elle-même. Mais de là ne résulterait-il pas qu'aussitôt qu'une réalité aurait apparu à notre raison, de près ou de loin, sous un jour vrai ou sous un jour faux, c'est-à-dire, qu'aussitôt qu'une idée claire ou obscure, vraie ou fausse, serait née dans l'esprit : 1° comme le faux a son évidence aussi bien que le vrai, puisque sans cela personne ne prendrait le faux pour le vrai; 2° comme on ne peut savoir s'il y a une évidence plus claire pour une idée dont on n'a qu'une évidence obscure ; ne résulterait-il pas, disons-nous, que la raison se contenterait de l'évidence obscure, et s'en tiendrait à l'évidence fausse sans pouvoir faire autrement, si elle n'avait pas le pouvoir d'y revenir, d'interroger de nouveau la réalité, de la forcer à comparaître sous toutes ses faces, et d'en prendre une connaissance plus certaine par des coups répétés d'attention, en suspendant ainsi son jugement jusqu'à ce qu'elle se sente parvenue à une certitude achevée ?

S'il ne nous était pas permis de suspendre ainsi notre jugement pour examiner les choses à plusieurs reprises, de nous arrêter à chercher de nouvelles preuves, à provoquer une évidence plus claire, nous serions obligés d'être toujours convaincus par la première notion qui apparaîtrait à notre esprit; de telle sorte que nous ne pourrions jamais profiter de tout le degré de lumière qu'il est donné à notre raison d'obtenir, et nous ne posséderions aucune science ni aucune idée positive, soit en morale, soit en droit, soit en physique. De sorte que, s'il ne dépend pas de nous de refuser notre adhésion à une vérité évidente, parce que ce serait contradictoire à notre nature, nous sommes donc toujours libres de refuser cette adhésion à une pensée douteuse. Alors comme il est en notre pouvoir de faire naître l'évidence en multipliant notre attention sur les divers points d'un objet, (ce qu'on appelle faire l'examen, observer ou expérimenter), tout ce qu'il y a de principes évidents, d'idées précises, de propositions claires, de notions certaines, de vérités scientifiques, parmi les hommes, nous le devons à la liberté qu'a notre esprit d'arrêter à propos ses jugements sur le vrai et sur le faux.

Et puis, ne croyons pas que l'exercice de notre liberté n'ait pas lieu dans le jugement que notre esprit porte sur les vérités évidentes, ou, en d'autres termes, que notre esprit ne soit pas libre dans le fait de la croyance! Car ne dépend-il pas de nous d'arrêter notre attention sur ces vérités, pour nous en pénétrer davantage, et pour disposer ainsi la volonté à trouver dans ces vérités des motifs de détermination, ou à l'exposer du moins à toute l'influence qu'ils peuvent avoir sur ses délibérations ? Ou bien, ne dépend-il pas de nous, au contraire, de détourner notre attention de ces vérités, de crainte que notre esprit s'en laisse pénétrer, que notre volonté les prenne sérieusement comme des motifs de détermination, ou seulement qu'elle soit sous l'influence des scrupules qu'ils pourraient faire naître en elle ? Et c'est ce qui n'arrive malheureusement que trop souvent par rapport aux vérités évidentes, et aux principes formels et indubitables ! comme, par exemple, dans le mensonge, qui nous prouve la liberté qu'a l'homme de dire l'opposé de ce qui se passe dans son esprit; et dans la mauvaise action, qui prouve la liberté qu'a l'homme de faire l'opposé de ce qui se passe dans sa conscience.

Toutefois, par ce qui précède on voit à quel point l'activité volontaire et libre intervient dans nos opérations intellectuelles; à quel point elle est nécessaire pour que nous parvenions à la certitude de la vérité, et que nous ne tombions pas à chaque instant dans l'erreur; à quel point elle est indispensable à notre esprit, puisque, sans elle, l'intelligence nous serait plus nuisible qu'utile. — Que maintenant, à propos de l'esprit, au lieu de le conduire de manière à ce qu'il puisse s'assurer de la vérité, la liberté profite de l'occasion qu'elle a de pouvoir lui faire dire le mensonge; comme à propos de la volonté, au lieu de tout disposer de manière à ce que celle-ci fasse le bien, elle profite de l'occasion qu'elle a de pouvoir lui faire faire le mal : c'est là une suite de l'abus que l'homme peut faire de sa causalité; mais qu'il s'en serve selon l'usage pour lequel elle lui a été donnée, et il n'aura lieu que de s'en glorifier. La liberté est donnée à l'homme pour le rendre vertueux et non pour le rendre coupable. Or, pour que notre liberté eût le mérite de faire le bien, ne fallait-il pas qu'elle eût le pouvoir de faire le mal?

Et, à propos du mensonge, nous observerons que l'on retrouve la preuve de la liberté de l'homme jusque sur les traits de son visage. En effet : « les mouvements de la physionomie de l'homme signalent la dualité de son être, quand ils peignent au dehors des sentiments contraires à ceux qui l'agitent intérieurement; car si la volonté fait ainsi mentir les traits, c'est qu'elle est distincte de l'organisation dont elle dispose. De là, ces perfidies muettes, plus trompeuses que la parole, et qui seraient impossibles si l'âme n'était distincte du corps. Que faisons-nous en donnant à notre figure une expression opposée à nos sentiments ? nous séparons l'état de notre être moral de celui de notre être physique. Il est donc évident qu'ils sont distincts tous deux, » que la volonté est distincte du corps, qu'elle a une vie à elle, puisqu'elle s'oppose au corps et le régit à sa fantaisie.

Nous n'avons que trop de preuves de la distinction et surtout de l'antagonisme de la volonté et du corps! Eh! si la volonté n'était que le résultat de l'organisation physiologique, ou si elle n'était que préposée à la satisfaction des besoins du corps, comme chez les animaux, comme chez les animaux elle ne saurait jamais ordonner au corps de se détruire lui-même, et le mot de suicide n'eût pas été prononcé dans le monde : ce mot dont l'étymologie seule indique mieux que nous ne pouvons le faire, cette séparation de deux êtres distincts mais unis l'un à l'autre : SUI-SCINDERE. N'invoquons pas de si tristes témoignages en faveur de notre liberté, ce serait rappeler tout le mal que fait l'homme avec une faculté qui ne lui a été donnée que pour faire de lui-même le bien.

Voilà les effets de la causalité humaine, ainsi qu'ils se manifestent dans le temps, ainsi que nous les offre l'expérience.

Telles sont les preuves psychologiques de la liberté humaine. Ce sont sans doute les plus certaines, après celles que donne la démonstration ontologique, puisque, pour les recueillir, il faut partir de l'étude de l'être qui est doué de cette faculté ; mais pour mieux nous assurer encore de ces deux résultats, confrontons-les avec celui que donne l'observation des actes que produit la nature humaine au milieu de sa sphère. Nous avons dit que si l'homme était libre dans l'absolu, nous devions le retrouver libre dans le temps : ajoutons que si l'homme jouit de la liberté morale, elle doit se manifester dans la sphère où il vit, au milieu du temps ; il ne s'agit que de l'observer. La démonstration ontologique s'adresse à la raison ; la preuve psychologique, à l'intelligence ; l'observation phénoménique, aux sens.

SOMMAIRE. — Pour retrouver la causalité dans le temps, il ne s'agit que de recourir à l'expérience et, pour cela, constater les effets qu'y produit la causalité humaine. — D'après ce que nous venons de voir, dire que l'homme est une créature, qu'il est distinct de l'être absolu, qu'il est une causalité, qu'il a une volonté libre, c'est exprimer le même fait : — c'est dire que l'homme a le pouvoir de se déterminer lui-même à produire des actes en vertu du principe de causalité qui est en lui. — L'expérience nous le prouve, lorsqu'elle nous montre que l'homme produit deux sortes d'actes tout-à-fait opposés, des actes qui se répugnent et se condamnent ; qu'il fait, en un mot, le bien et le mal. — Si l'homme ne faisait que le bien, on pourrait croire que ses actes sont déterminés par une loi irrésistible qui le régit fatalement, comme sont régis les êtres physiques, et qu'il n'est point libre : mais alors comment pourrait-il faire le mal ? — S'il ne faisait que le mal, on pourrait également penser qu'étant sans volonté, un mobile plus puissant que sa loi s'est emparé de lui en le conduisant à sa destruction, et qu'il n'est point libre : mais alors comment pourrait-il faire le bien ? — S'il fait ainsi le bien et le mal, c'est que sa volonté, sous l'influence de deux mobiles, l'un venant de la Réalité absolue, l'autre de la réalité physique, repousse tantôt l'un et tantôt l'autre, ou bien se conforme tantôt à l'un et tantôt à l'autre, mais toujours volontairement. — Si, entre deux mobiles opposés, l'homme semble se conformer tantôt à l'un, tantôt à l'autre, il a donc le pouvoir de choisir entre l'un et l'autre; s'il choisit entre l'un et l'autre, il faut donc qu'il ait en lui la cause de sa détermination. — En effet, si la volonté est supposée privée du pouvoir de se déterminer d'elle-même, il est clair que le plus puissant de ces deux mobiles doit l'entraîner; mais si elle est emportée par ce mobile, elle le sera nécessairement toujours, car : — ce mobile ne l'a entraînée que parce qu'il était le plus puissant des deux; s'il est le plus puissant des deux, comment l'autre, c'est-à-dire le moins puissant, pourrait-il l'emporter sur lui ? — D'ailleurs ne sait-on pas que la volonté ne se porte pas toujours dans le sens du mobile le plus puissant ? ainsi, les passions, qui sont la voix du mal, n'ont-elles pas acquis sur nous une puissance dont l'entraînement et la violence ne peuvent être comparés à l'action toute paisible de la raison ? — Cependant l'homme ne résiste-t-il pas à ces violences pour écouter la voix tranquille de la sagesse ? ne repousse-t-il pas souvent les sollicitations de l'amour de soi-même pour suivre la loi du devoir ? ne repousse-t-il pas l'instinct invincible de la conservation, toutes les fois qu'il produit des actes d'héroïsme, de dévouement ou de sacrifice ? — Si l'homme ne se détermine pas toujours dans le sens du mobile le plus puissant, il a donc une force par devers lui qui annule l'action de ce mobile : et cette force propre n'est autre chose que la causalité! — Ainsi, l'homme combat tantôt l'un, tantôt l'autre de ces deux mobiles, il n'est donc ni l'un ni l'autre de ces deux mobiles : mais il est lui, celui qui combat l'un et l'autre, pour suivre sa propre détermination. — Encore faut-il remarquer que, dans l'hypothèse précédente de l'inertie de la volonté, nous avons pour l'exactitude de la supposition, employé le mot de *mobile*, qui signifie l'action irrésistible d'une force physique sur un corps brut qu'elle meut; — or, dans l'homme, il n'y a point de *mobile*, il n'y a que des *motifs*, des raisons d'agir. — Exemple prouvant que tout le monde reconnaît que le motif, dans les êtres spirituels, n'est pas nécessaire, irrésistible, comme le mobile chez les êtres bruts. — Si la volonté est déjà libre, même sous l'influence des motifs, que dirons-nous, à plus forte raison, des actes qu'elle produit sans motif, comme le *caprice*, *l'entêtement*, *l'indifférence* ! — Dans l'indifférence, la volonté n'est-elle pas insensible à tous motifs? Le caprice n'est-il pas une détermination bizarre, parce qu'il est en dehors de tout motif? L'entêtement n'est-il pas une détermination obstinée, parce qu'il se roidit contre tous les motifs? — Toute perception est le résultat d'un acte d'attention de notre esprit, car l'impression qui vient de la nature, ne va pas au delà de nos organes : alors il faut que l'esprit, par un acte spontané, vienne l'y recueillir. — Le monde physique ne vient pas jusqu'à lui, il faut qu'il aille le chercher; s'il se bornait à voir au lieu de regarder, à entendre au lieu d'écouter, à recevoir l'impression des objets extérieurs, au lieu d'y porter son attention, le monde physique existerait à peine pour lui. — Or, pour l'attention, l'esprit est obligé de concentrer toutes ses forces sur un même point; cet acte de concentration exige son effort le plus puissant; cet effort puissant suppose une force motrice, une cause active : aussi tous les psychologistes ont-ils appelé cette force l'*activité volontaire et libre*. — Alors, comme l'attention est l'acte même de l'esprit, qu'elle intervient dans tous nos actes de perception, de comparaison, de jugement, d'abstraction, de généralisation, de mémoire, etc.; et comme il n'est pas une idée dans le monde, qui ne soit le résultat d'un ou de plusieurs de ces actes intellectuels, il n'y a pas une seule idée au monde qui ne soit une preuve de la causalité de l'homme. — Comme notre raison est douée de la propriété d'adhérer à la vérité, mais que souvent nous prenons pour vraie une chose qui peut être fausse, si nous n'avions pas, par la liberté, le pouvoir de suspendre notre adhésion, pour faire un examen plus approfondi, provoquer et attendre une évidence plus certaine, nous n'aurions aucune science, aucune idée positive. — Tels sont les effets de la causalité que l'on retrouve dans le temps par le moyen de l'expérience. — Mais si l'homme jouit de la causalité dans l'absolu comme dans le temps, si l'homme enfin jouit de la liberté, elle doit se manifester dans la sphère où il vit ; c'est ce que nous allons voir.

VI.

Retrouve-t-on, dans le Monde moral, la liberté, comme élément de la nature humaine ?

L'homme étant libre par cela même qu'il est un être réel, un être positivement distinct de Dieu, ses actions doivent se trouver toutes empreintes de ce caractère de liberté, qui est le fond même de sa nature. Aussi, ne sera-t-il pas étonnant que l'expérience nous fournisse des exemples et des preuves de ce que la raison nous avait démontré d'abord, *à priori*, d'après ses conceptions nécessaires et absolues. Il ne sera donc pas étonnant non plus que les résultats d'un pareil fait remplissent tout le système de l'humanité. En effet, si nous jetions les yeux sur le Monde moral, nous verrions que tout y repose sur ce principe :

Qu'est-ce que la religion, si Dieu n'avait pas donné

à l'homme, le pouvoir d'arriver de lui-même à ses fins ?

Qu'est-ce que la morale, si l'homme ne peut, de sa propre volonté, exécuter les prescriptions qu'elle lui enseigne pour la conservation et le développement de son être ?

Qu'est-ce que l'éducation donnée aux jeunes hommes, s'il n'y a pas une volonté qu'il faut dresser à l'action, une liberté morale qu'il faut développer ?

Qu'est-ce que les institutions civiles, politiques, économiques, si l'homme n'a pas une liberté à faire respecter, une personnalité à faire protéger ?

Qu'est-ce que les condamnations de la Justice, si l'homme n'a pas produit lui-même les actions que les tribunaux répriment, c'est-à-dire, s'il n'est pas susceptible de culpabilité ?

Qu'est-ce que la vertu, le mérite et l'approbation, parmi les hommes, si l'homme n'a pas produit de lui-même les actions qui attirent l'estime et les félicitations de ses semblables ?

Qu'est-ce que l'amitié et tous les bons sentiments, s'ils ne dépendent pas purement du cœur de l'homme, et s'ils pouvaient se former en lui à son insu ?

Qu'est-ce que les promesses, les conventions, les contrats, ou, seulement, ces mots existeraient-ils, si l'homme ne peut pas compter sur sa volonté, si elle ne dépend pas entièrement de lui ?

Y a-t-il, parmi les plantes et les animaux, une religion à révéler ; une morale à enseigner ; des institutions pour protéger leur inviolabilité ; des tribunaux pour les condamner ; ou une opinion publique pour les approuver ?...

Aussi, à moins de s'être, par un intérêt quelconque, formé pour soi un système tout opposé à ce qui existe, il n'est personne qui puisse douter d'une chose que, si nous regardons au dehors, nous trouvons rigoureusement impliquée par tous les actes, sans exception, de la conduite humaine; et d'une chose dont, si nous regardons au dedans, nous trouvons le sentiment intime, profond, immédiat, permanent en nous-mêmes comme le sentiment de l'existence ; il n'est personne qui puisse douter d'un sentiment tellement le propre de notre être, que nous ne pouvons le nier à moins de nous nier nous-mêmes ? Aussi, semblable à cet ancien qui niait le mouvement, et auquel, pour toute réponse, un philosophe conseilla seulement de marcher, il n'y aurait peut-être pas de meilleure réponse à celui qui nierait la liberté de la volonté, que de l'engager seulement à vouloir?

Comme nous l'avons vu précédemment, les actes de l'homme émanant de sa propre nature et non pas de l'action d'un autre être agissant sur lui, il est donc vrai de dire que l'homme est libre, puisque ce qu'il fait est déterminé par sa propre nature; il est donc libre, puisqu'il est cause, c'est-à-dire qu'il est un être détaché de l'être absolu, une cause détachée de la cause absolue ; et qu'il est lui-même un centre de vie, un centre d'effets?

Si l'homme n'était pas une causalité, il n'existerait pas comme être distinct; parce qu'alors il rentrerait dans Dieu, et la création se refermerait. Ses actes ne seraient plus que les actes de Dieu, et l'homme ne serait pas plus responsable des actes que Dieu produirait par l'entremise de sa volonté, que la nature n'est responsable des actes que Dieu lui fait produire. On accuse l'homme de ses crimes, on le loue du bien qu'il fait : jamais on n'a regardé comme coupables les vents, la foudre ou la gelée; jamais on n'a loué la nature de nous préparer avec tant de soins des aliments, ou bien c'est qu'alors on la chargeait de porter nos bénédictions à celui qui l'oblige de nous fournir ainsi ce qui est nécessaire à la vie.

D'ailleurs, si l'homme n'était pas cause, il n'y aurait pour nous ni bien ni mal. Toute action, quelle qu'elle soit, serait indifférente par rapport à l'homme : puisque ce ne serait pas lui qui la produirait, ce n'est pas lui qui en serait responsable. Et comme rien ne peut se faire sans la volonté de Dieu, puisqu'en dehors de cette cause il n'y aurait point alors d'autre cause, les actes les plus criminels, les vices les plus ignobles seraient produits par la volonté de Dieu, et s'ils étaient produits par la volonté de Dieu, ces vices et ces crimes, au lieu d'être le mal, seraient précisément le Bien; le bien n'étant autre chose que ce qui est conforme à la volonté de Dieu.

Plus encore : il deviendrait inutile que nous agissions; car, si toutes les causes sont contenues dans Dieu, il ne peut se passer un mouvement sans qu'il l'ait produit; nous ne pouvons donc mieux vivre qu'en nous laissant aller par l'inaction, à tout ce que cette cause suprême voudra faire de nous..... Mais voici que la création de l'humanité n'a plus de sens; et tel est le résultat auquel nous arrivons chaque fois que nous poussons à ses conséquences l'hypothèse de la négation de la liberté.

Oui, je recommande surtout cette notion ontologique

de l'existence de la créature spirituelle, qui consiste à la considérer comme une causalité distincte et détachée de la Causalité absolue ; notion bien importante, car elle prévient l'illusion si facile du Panthéisme. Ce fut, par exemple, l'erreur où se laissa prendre LUTHER ; aussi fut-il conduit par la logique de ses principes à s'insurger contre le sens commun, en intitulant un livre : DE SERVO ARBITRIO ! livre dans lequel on lit ces mots : « *In nobis Deus omnia bona et mala operatur;* « Dieu fait en nous tout le bien et tout le mal. »[1]

ZVINGLE, qui était de la même école, se vit également obligé de dire, pour n'avoir pas compris la notion ontologique de la causalité humaine : « *Quando facimus* « *adulterium vel homicidium, Dei opus est motoris,* « *auctoris, impulsoris* : Quand nous commettons un « adultère, ou un homicide, ces actes sont l'œuvre de « Dieu même qui est le moteur, l'auteur, l'impulseur. »[2]

Ainsi qu'on le voit, la liberté n'est point une excroissance, ou un développement accidentel survenu dans notre nature, comme ont été portés à le penser quelques hommes qui n'avaient aucune notion ontologique des conditions sur lesquelles repose nécessairement l'existence d'un être réel vis-à-vis de la Réalité absolue, et qui, par là même, ignoraient complètement la nature de l'homme. Loin d'être une excroissance accidentelle, un fait tout contingent, la liberté est précisément ce qu'il y a de plus réalité, de plus positivement être au

---

[1] LUTHER, *De Servo arbitrio*, tom. II, page 455.   [2] ZVINGLE, *Explicationes*, art. 20.

milieu de la création ; puisque tout le reste n'est que phénomène, effet de la suprême cause, manifestation de la substance absolue. Car, comme l'a dit profondément Buffon : *La nature n'est que la partie de la puissance divine qui se manifeste.* La matière ne peut donc pas compter comme un être réel, comme un être doué de spontanéité, de causalité, de personnalité ?

La liberté ou la causalité, c'est cela seul qui élève l'homme à la vie essentielle, cela seul qui l'élève à *l'existence*, dans toute l'acception de ce mot ; hors de là il ne peut y avoir que des phénomènes qui ne s'appartiennent point, et qui, bien loin de pouvoir agir par eux-mêmes, ne savent même pas s'ils existent. L'homme n'est point, comme l'animal, comme la plante, comme le minéral, une chose qui s'ignore : mais, comme Dieu, une vie spirituelle qui se sait, et qui agit par elle-même.

Ainsi cette question : Sommes-nous ou ne sommes-nous pas libres ? revient à celle-ci : Sommes-nous ou ne sommes-nous pas cause ? Cette question, Sommes-nous ou ne sommes-nous pas cause, revient à celle-ci : Sommes-nous ou ne sommes-nous pas des êtres réels ? Cette question, Sommes-nous ou ne sommes-nous pas des êtres réels, revient à celle-ci : Sommes-nous ou ne sommes-nous pas des êtres distincts de l'être absolu ? Et cette question, Sommes-nous ou ne sommes-nous pas des êtres distincts de l'être absolu, revient à celle-ci : Y a-t-il ou non une création ?... Car nier la causalité, c'est nier l'homme ; et nier l'homme, c'est nier la création, c'est croire au tout panthéistique. Il est clair alors qu'il y aurait contradiction à admettre l'existence de l'homme et à nier en même temps sa causalité; puisque nier sa causalité, ce serait nier qu'il existe, nier ce qu'on affirme.

C'est pourquoi Euler disait : « La liberté est une propriété si essentielle à tout être spirituel, que Dieu même ne saurait l'en dépouiller, comme il ne saurait dépouiller un corps de son étendue ou de son inertie, sans le détruire comme corps, ou l'anéantir entièrement. Oter la liberté à un esprit serait la même chose que l'anéantir. En distinguant l'acte de la volonté, d'avec l'exécution, qui est l'acte du corps, l'acte de la volonté ne saurait être arrêté par aucune cause extérieure, pas même par celle de Dieu! Mais il y a des moyens d'agir sur les esprits par des motifs qui arrivent, non à contraindre, mais à persuader. »[1]

« La question de la liberté, dit un autre philosophe, n'est-elle pas la question même de l'existence de l'humanité ? La question de savoir si l'homme est libre ou s'il ne l'est pas, ne revient-elle pas à cette question : L'homme existe-t-il ou n'existe-t-il pas ? C'est-à-dire, n'y a-t-il qu'un monde physique dont l'homme fasse partie ? ou bien, est-il une force retranchée de la nature, qui s'appartienne ? Les philosophes prennent mal cette question, en considérant la liberté comme une faculté sur laquelle les uns disent oui et les autres, non. Car, la liberté, c'est l'homme lui-même; elle est le fond même de l'âme, et non pas un de ses accidents. Nier la liberté, c'est effacer un Ordre de choses, pour n'admettre que la nature. Cependant, il existe des faits qui ne dérivent pas de la nature : la pensée

---

[1] Euler, *Lettres à une princesse d'Allemagne*, sur différents sujets de physique et de philosophie, tom. II, Lettre XCI^e, traduction de Condorcet.

tout entière, c'est-à-dire, les arts, la poésie, les sciences, les institutions, l'histoire, etc.; or, si l'on retranchait les arts, les sciences, les institutions, tout ce qui vient de la liberté, il ne resterait que le règne minéral, végétal, et animal ; il n'y aurait plus humanité, etc. » [1]

Par quel moyen plus merveilleux la cause de toute existence pouvait-elle faire une créature susceptible de prendre du mérite à ses yeux, si ce n'est en lui donnant la liberté, en lui faisant le don de cause? Si la volonté n'était pas une cause, les œuvres de la créature auraient leur cause dans le créateur; alors, ou les créatures se seraient fatalement prosternées devant lui, ou bien, elles auraient fatalement détourné leur face de sa splendeur, et cela pour toujours, sans que leur suprême auteur retirât plus de joie de sa création, dans un cas que dans l'autre.

Dieu a placé le libre arbitre dans ses créatures, parce que la souveraine Beauté, qui les créa par un acte d'amour, était jalouse de l'amour et de l'adoration de la créature, fruit de son amour. Et cette jalousie étant dans son cœur, comment se serait-elle réjouie d'un hommage qu'elle eût forcé les êtres de lui rendre? Dieu ne prétend qu'à des hommages volontaires... Quand on parle de l'hommage que la nature rend à son créateur, c'est une sorte de langage pour exprimer la satisfaction que Dieu éprouve dans la vérité de ses œuvres; mais nous ne pensons pas qu'il écoute d'une oreille attendrie le bourdonnement des planètes dans l'espace, non plus que les cristallisations souterraines des minéraux.

[1] Notes prises au Cours de philosophie de M. Noirot.

Comment le souverain bien aurait-il connu l'amour que lui vouent, de leur propre cœur, les créatures spirituelles, s'il ne les avait pas créées avec le libre arbitre, qui fait de cet amour un acte de la créature et non point un acte du créateur? Nier la causalité! Nier la liberté! Remplir les sphères éternelles de brutes ou de végétaux, au lieu de les peupler des cœurs des hommes et des séraphins! Oh! Dieu s'entend mieux à créer des êtres dignes de lui, que les sages ne s'entendent à les concevoir; il s'entend mieux qu'eux en amour, et pour lui, et pour nous!..

Dites si la raison humaine peut concevoir quelque chose de plus sublime que la création de notre liberté? L'univers, il est vrai, est un grand et magnifique phénomène, la digne manifestation d'un attribut de Dieu [1]; son harmonie, si vous le voulez, c'est Dieu lui-même

---

[1] Si la nature était réellement une substance, un être réel, comme nous l'entendons, elle serait cause; si elle était cause, elle serait responsable, elle aurait des mérites et des démérites devant Dieu, elle aurait droit à une punition ou à une récompense. Si elle était une substance réelle, elle serait immortelle comme l'homme, parce qu'elle aurait reçu l'être de Dieu, et que l'être est ce qui ne passe point. Aussi, la nature n'est-elle qu'un phénomène de la substance divine que Dieu produit et qu'il suspendra quand il le jugera à propos; tandis que l'âme de l'homme étant une création véritable, l'existence qui en résulte est tellement immortelle, que les traditions ne nous enseignent pas que les âmes qui n'auront point mérité les biens infinis seront anéanties, ce qui nous semblerait plus conforme à l'idée que nous nous sommes formée de Dieu; mais qu'elles seront obligées d'exister dans la privation de ces biens infinis et éternels, c'est-à-dire, vouées à une éternité de privation ou de souffrance.

« La sainte Écriture, dit Bacon, « nous apprend bien qu'au commencement « Dieu créa LE MONDE (c'est-à-dire, les « lois d'ordre qui le constituent), mais « non la MATIÈRE, hylen. » — Hylen, tiré, d'après Bacon, d'un mot grec, dont les autres langues ne possèdent pas l'équivalent, signifie matière première, substantialité, ce qui existe abstraction faite des propriétés, des formes ou phénomènes: ce qui reviendrait à dire que Dieu, en créant la matière, ne créa pas de substance réelle, et que la matière, qui est pour nous un grand phénomène, n'existe peut-être point dans la réalité absolue.

chantant ses perfections; mais, donner l'être à quelque chose de semblable à soi, n'est-ce pas le chef-d'œuvre de la toute-puissance ?.. Aussi, après avoir fait le monde, Dieu le *trouva bien* ; mais après avoir créé l'homme, Dieu s'empresse de déclarer *qu'il l'a créé à son image*, c'est-à-dire, qu'il l'a fait cause comme lui. « C'est pour l'homme une chose assez glorieuse et assez consolante, dit l'auteur de l'*Esprit des choses*, qu'en lui donnant l'existence, la main suprême lui ait délégué le privilége de se dire : Je puis avec le rayon d'amour qui me « constitue, me rendre moi-même image et participant « de l'éternelle perfection ! » [1]

---

[1] « Je suppose, s'écrie un philosophe de nos jours, que l'homme, en sortant des mains de Dieu, eût été placé dans des conditions entièrement différentes de celles dans lesquelles il se trouve, dans des conditions qui l'eussent rendu immédiatement et complètement heureux sans le moindre effort de sa part : qu'en serait-il résulté ? c'est que l'homme serait resté une *chose*, c'est qu'il ne serait jamais devenu ce qui fait sa gloire, ce qui le rend semblable à Dieu, une *personne* ; notre nature eût été heureuse, j'en conviens (là l'auteur laisse échapper sa pensée), jamais elle n'aurait connu le mal, qui est la privation du bien, ni la fatigue qui, dans cette vie, en est la condition ; mais aussi jamais l'homme ne fût intervenu dans sa destinée ; jamais cette destinée ne fût devenue le fruit de ses œuvres, jamais il n'eût connu la gloire, jamais le mérite de l'accomplir.

« Et, en effet, c'est par l'obstacle que nous intervenons dans notre destinée ; c'est lui qui nous force à nous emparer de nous-mêmes, à devenir une personne. Et c'est en devenant une personne que nous devenons une cause dans la véritable acception du mot ; une cause libre, intelligente, qui a un but, un plan, qui prévoit, qui délibère, qui se résout et qui a le mérite et la responsabilité de ses résolutions ; quelque chose, en un mot, de semblable à Dieu, un être moral et raisonnable, un homme. Si, à cette destinée, quelqu'un préférait celle d'une montre sensible, qui sentirait s'accomplir en elle, sans obstacle et sans efforts, des mouvements dans lesquels elle n'est pour rien, je ne disputerai pas avec lui. Mais, quant à moi, je ne balance pas, et je préfère, sans aucune hésitation, la première de ces destinées à la seconde, et je remercie Dieu de me l'avoir donnée. »

Th. JOUFFROY, professeur de philosophie au collège de France, *Cours de Droit naturel*.

Comme on le voit, le philosophe rationaliste n'est pas du tout de l'avis de Bayle, qui se plaignait, au contraire, de la liberté, et disait : « Les bienheureux sont dans la bienheureuse impuissance de pécher, et cet état ne dégrade aucune

Et, ne pourrait-on pas défier Dieu de créer quelque chose de plus étonnant que la liberté, que la personnalité de l'homme ? Qu'il forme des cieux nouveaux, qu'il crée des mondes encore plus splendides d'harmonie, l'être absolu ne fera qu'apparaître sous un emblème plus frappant. Mais ici, c'est le créateur qui partage ses attributs avec la créature, c'est l'être qui crée un être, une substance, une cause (car qui dit substance, dit un être pourvu du don de cause), ici, disons-nous, c'est le créateur qui fait un second créateur. Et il y a désormais deux centres de vie, deux personnes, deux forces produisant des actes qui ne pourront plus être anéantis. Au commencement Dieu était.... maintenant il y a Dieu et l'homme.

Après avoir passé en revue tous les êtres que renferme la création, SCHLOSSER, dans l'introduction de son *Histoire universelle*, remarque « que, parmi tous les êtres, l'homme seul est destiné à composer un monde. Car il n'est point, dit-il, comme tous les autres êtres, soumis à la nature, il s'appartient à lui-même ; et

---

de leurs facultés. *Dieu, sans doute, pouvait, sans aucun inconvénient, placer l'homme dans le même état sur la terre*. Bayle y avait peu réfléchi ; et, à supposer que cette plainte partît de son cœur, est-ce là le langage d'un homme ! Comment lui, si fier de sa liberté, pourrait-il sérieusement consentir à être semblable aux brutes pour échapper aux fâcheuses conséquences qui ne résultent que de sa propre volonté ?

Dieu pourrait, sans aucun inconvénient, etc., c'est-à-dire, que le seul inconvénient était que l'homme créé brute, ou privé de sa liberté, eût été dans l'impossibilité de jouir du bonheur ; c'est-à-dire que Dieu n'aurait pas plus aimé l'homme qu'il n'aime les pierres, les plantes et les animaux, qui n'ont jamais pu le comprendre, l'admirer et l'aimer d'eux-mêmes ; c'est-à-dire, que l'homme n'eût jamais pu obtenir la félicité qui doit résulter de son amour pour la beauté infinie ; c'est-à-dire, que l'objet de la création n'eût pas été accompli si l'homme n'avait pas reçu la liberté : c'était là le seul *inconvénient !!!*

l'histoire de notre espèce montre que la nature humaine a apporté une force nouvelle dans l'univers. » — C'est la raison de ce phénomène que nous venons d'expliquer.

Herder, dans sa *Philosophie de l'histoire de l'humanité*, après nous avoir fait assister par son génie, au débrouillement du chaos et à la naissance du monde, depuis la plante qui germe jusqu'à ce qu'il appelle *l'épanouissement de la fleur de l'humanité*; après avoir montré la terre comme un immense laboratoire où se prépare l'organisation de l'homme, qui en est *la créature centrale*, Herder ajoute : « L'homme est organisé pour la liberté d'action. L'homme est, de toutes les créatures, la seule qui soit restée libre. Il marche droit, il tient la balance du bien et du mal, il peut examiner et choisir. Comme la nature lui a donné deux mains libres pour lui servir d'instruments, et un œil perçant pour diriger sa marche, non-seulement elle lui a donné le pouvoir de placer les poids dans la balance, mais elle a permis qu'il fût lui-même un poids dans le bassin. C'est un roi conservant l'apanage de sa liberté, même quand il en abuse de la manière la plus détestable. Faible, il est vrai, mais né libre, il est, sinon raisonnable, au moins doué du pouvoir d'atteindre à cette raison supérieure. » [1]

« Je ne vois dans tout animal, dit Rousseau, qu'une machine ingénieuse à qui la nature a donné des sens pour se remonter elle-même. J'aperçois précisément les mêmes choses dans la machine humaine, avec cette différence que la nature seule fait tout dans les opérations de la

---

[1] Herder, *Idées sur la philosophie de l'Histoire de l'humanité*. Traduction de M. Edgar Quinet.

bête, au lieu que l'homme concourt aux siennes comme agent libre. Ce n'est pas tant l'entendement qui fait, parmi les animaux, la distinction spécifique de l'homme, que sa qualité d'agent libre. La nature commande à tout animal, et la bête obéit. L'homme éprouve la même impression, mais il se reconnaît libre d'acquiescer ou de résister ; ce qui fait que la bête ne peut s'écarter de la règle qui lui est prescrite, même quand il lui serait avantageux de le faire, et que l'homme s'en écarte souvent à son préjudice. C'est surtout dans la conscience de cette liberté, dans le sentiment de cette puissance, qu'on ne peut expliquer par les lois de la mécanique, que se montre la spiritualité de son âme. » [1]

Nous concevons, alors, pourquoi tout être dans la nature garde le silence; pourquoi l'animal ne tressaille pas dans la joie de sa vie; tandis que le genre humain tout entier, tandis que l'homme, dans le plus profond de ses entrailles, s'émeut jusqu'au délire et bondit de folie et d'orgueil lorsqu'il peut dire : J'ai la liberté !.. Et l'homme est jaloux de sa liberté, au point de préférer le mal qu'elle peut lui faire au bien qui lui serait imposé, parce qu'il est jaloux de cela seul qui le fait *être*, qui le fait être à l'image et à la ressemblance de Dieu. [2]

Cet attachement invincible à la liberté est si naturel !

---

[1] Rousseau, *Discours sur l'origine de l'inégalité parmi les hommes.*

[2] « Le libre arbitre, dit Bossuet, est un des endroits de l'homme, où l'image de Dieu paraît davantage. Dieu est libre à faire ou ne faire pas au dehors tout ce qui lui plaît ; parce qu'il n'a besoin de rien, et qu'il est supérieur à son ouvrage. Il est maître ou de ne rien faire, ou de faire tout ce qui lui plaît ; le néant ou l'être lui est égal. Mais que l'âme raisonnable puisse aussi faire d'elle-même et du corps qui lui est uni, ce qui lui plaît, c'est assurément un trait admirable, et une admirable participation de l'être divin. »
Bossuet, *Élévations sur les mystères*. 3e Élévation.

il n'est pour la nature humaine que l'instinct de sa conservation. Quelle annonce, il y a dix-huit cents ans, *La-bonne-nouvelle* [1], est-elle venue apporter sur la terre, sinon que l'homme allait être racheté de l'esclavage; *Liberandus*, qu'il allait être rendu à la liberté ?

Aussi, gardons un sourire pour ceux qui croient que la liberté n'est qu'une faculté de la nature humaine, un développement accidentel, une excroissance survenue en quelque sorte à sa nature, et qu'il serait bon d'extirper dans son propre intérêt, comme dans celui de la société; gardons-leur un sourire, parce qu'ils ne savent pas que la liberté, c'est l'homme lui-même, et qu'on ne peut extirper ainsi l'homme de la création.

Mais une preuve physique de la liberté humaine, qu'on peut offrir aux esprits les moins exercés à la pensée, ce sont les traces qu'elle a laissées dans nos organes physiologiques. En effet, si l'organisation physique des hommes était entièrement soumise à sa propre loi, comme le sont, du reste, toutes les organisations animales; si, pour soustraire de temps à autre cette organisation à sa loi, la liberté n'était pas venue l'exposer à ses caprices et à ses inclinations, les phrénologistes n'auraient jamais créé leur science ni leur art. Car, dans l'hypothèse où l'organisation spéciale de l'homme aurait été placée sous la puissance irrésistible et sous la direction exclusive d'une loi, c'est-à-dire, où l'homme aurait été

---

[1] Ευαγγελίζω (*Evanguelidzo*), rapporter une bonne nouvelle, évangéliser. Ευαγγέλιον (*Evanguelion*), Évangile, bonne nouvelle.

tout-à-fait privé du pouvoir de modifier lui-même son organisation ; dans cette hypothèse, dis-je, quoi qu'il fût arrivé, quoi que l'on eût fait, ses penchants seraient toujours restés les mêmes, puisqu'ils auraient toujours été régis par leur loi. Par conséquent, cette loi aurait pu être tirée de l'observation d'un seul homme, et elle nous aurait donné la connaissance exacte de tous les hommes, sans en excepter un ; absolument comme lorsque nous disons : la loi des corps est que tous sont attirés vers le centre de la terre, nous connaissons le mouvement naturel de tous les corps, sans en excepter un. Qui dit une loi, dit une force immuable, invariable, toujours identique à elle-même; alors, dans toutes ses reproductions, dans tous ses développements possibles, sans cesse régis par cette loi invariable, l'homme n'aurait fait que se maintenir exactement le même dans son organisation primitive, et il serait au dernier jour tel qu'il a été au premier, sans qu'une fibre, une molécule se fût dérangée en lui.

Or, comme l'espèce humaine a commencé par une famille, et qu'il n'y a pas eu primitivement plusieurs races, il n'y aurait aucune raison pour que tels hommes se fussent insensiblement éloignés de leur conformité avec tels autres ; aucune raison pour qu'il y eût dans la même race, des hommes plus différents les uns des autres, que ne sont différentes entre elles les races même que l'on se voit obligé de reconnaître aujourd'hui ? Il n'y aurait pas de raison pour trouver des hommes dégradés et des hommes développés ; des hommes petits et des hommes grands ; des hommes laids et des hommes beaux ; des hommes naturellement portés au vice, au mal, et des hommes naturellement portés à la vertu, au bien, comme si c'était de leur race; enfin, il n'y aurait pas de raison pour trouver autant de tendances particulières que d'hommes : à moins de supposer que ce soit la loi immuable qui eût elle-même dégradé les uns, et développé les autres, corrompu les uns, et embelli les autres, conduit les uns au mal et les autres au bien ; ce qui serait une contradiction. Les animaux sont aujourd'hui ce qu'ils étaient hier; hier, ce qu'ils furent au premier jour. Il n'y a de différence parmi eux, qu'entre les diverses espèces ; tous ceux qui sont fixés dans la même espèce se ressemblent ; au milieu d'un troupeau de moutons, on ne fait d'autre distinction que celle de l'âge, ou celle de la grosseur. Il n'y a de développé, parmi les animaux, que les espèces domestiques que nous avons nous-mêmes croisées entre elles, et de dégradé, que ceux que nous avons épuisés par des travaux excessifs.

Parmi nous, au contraire, il y a autant de cœurs qu'il y a d'hommes ; et il y a autant de visages que d'individus. Si les hommes se voyaient par le cœur, au lieu de se voir par la figure, ils se reconnaîtraient tout aussi bien entre eux ; car, il n'y a pas une individualité qui soit identique à une autre, parce que l'individualité est le produit de la liberté. Les phrénologistes, qui prétendent nier la liberté, ne font précisément reposer leur science que sur les produits de la liberté; c'est-à-dire, sur l'appréciation de l'infinie variété des individualités qu'elle a formées, et sur la variété même des diverses parties qui composent chacune de ces individualités. Ils certifient la liberté, lorsqu'ils retrouvent des organes *déprimés*, et des organes *protubérants*, c'est-à-dire lorsqu'ils retrouvent des différences, des variétés non-seulement d'homme à homme, mais d'organe à organe entre ceux qui composent une même organisation ; car on sait que les organes mis à la disposition de notre volonté, en suivent toutes les vicissitudes : ceux qu'elle exerce se développent, ceux qu'elle néglige s'atrophient. C'est ainsi qu'il arrive que les cerveaux sont aussi variés et aussi différents les uns des autres, que les individualités qui, par un long emploi, les ont ainsi conformés. Ce qui a fait dire à un grand physiologiste, *qu'il n'est aucune région du corps où l'individualité s'exprime à un si haut degré.*

Si cela n'était pas, la même tête eût servi à étudier le genre humain ; tout comme le même animal, la même plante, le même minéral, sert, dans nos cabinets, à étudier toute une classe, toute une famille, toute une espèce. S'il est quelque chose de spécial, d'individuel, de personnel, quelque chose qui appartienne exclusivement à chaque être particulier, au milieu de cette innombrable quantité d'hommes, il y a donc, en chacun d'eux, une force spéciale, individuelle, particulière, qui le fait se conformer ou se détourner plus ou moins de son type et de sa loi ; qui le fait se développer dans un tel sens plutôt que dans tel autre ; une force particulière qui constitue son individu au milieu de l'espèce ; il y a donc, en un mot, une personnalité, une liberté dans chaque être humain ?... Ce sont ces différents degrés de liberté, ou de développement de la personne, qui nous expliquent la raison de la variété d'abord, puis de l'inégalité de fait qui existent parmi les hommes ; cette question qui préoccupait si vivement Rousseau.

Et c'est, en effet, une grande et importante question que celle-ci : Dans l'absolu, les hommes sont égaux devant Dieu par les droits de la conscience et de l'âme : comment se fait-il que, dans le temps, il n'y ait parmi eux qu'inégalité ?..

La liberté nous l'explique. Car, il est évident que si, tandis que, par une vie active et vertueuse, un certain nombre d'hommes accroissent la virtualité de leurs organes, d'autres au contraire, par une vie oisive et vicieuse, appauvrissent en eux cette virtualité physiologique ; il est bien évident, disons-nous, pour peu que les causes de supériorité des premiers se transmettent à leurs enfants par l'éducation, qu'au bout de quelques générations il se trouvera parmi les hommes une frappante inégalité. L'erreur de Rousseau, sur ce point, vient de ce que, dans son amour pour l'homme et dans son admiration pour l'œuvre du créateur, il s'en prenait constamment à la société de tous les maux qui sont sur la terre, et l'accusait d'avoir dérangé le plan de Dieu sur l'humanité. L'inégalité qui existe parmi les hommes ne vient ni de Dieu, ni de la société, mais de l'homme même ; c'est-à-dire de sa liberté.

Car, il faut partir d'un fait aujourd'hui incontestable, savoir : comme l'âme est soumise à toutes les vicissitudes de la liberté, qu'elle acquiert des vertus, ou se développe, et qu'elle contracte des vices, ou se dégrade, suivant la conduite de sa volonté : de même le corps est soumis à toutes les vicissitudes de l'âme; il acquiert de la force, ou se développe, il contracte des maladies [1], ou se dégrade, également selon la conduite de l'âme. Le corps se forme d'après l'âme, comme l'âme se forme d'après la volonté. L'âme ne peut se développer ici-bas sans que le corps se prête à ses développements; aussi le corps ne s'applique point sur l'âme comme un vêtement de fer inextensible : instrument ductile par excellence, le corps, au contraire, se développe ou s'amoindrit selon que l'âme s'agrandit ou se resserre; il en reçoit toutes

---

[1] Car la liberté n'est pas seulement la cause de l'inégalité physiologique qui existe parmi les hommes, par ses écarts, elle l'est en même temps, de toutes les maladies, ces puissantes modificatrices des organisations et des tempéraments.

Loruta faisait cette observation piquante : « *Mon fils, soyez rassuré*, dit Jésus-Christ au paralytique : *vos péchés vous sont pardonnés.* » — Qu'est-ce que cela signifie, sinon que ses péchés sont la cause de la paralysie et de toutes les maladies ? Il est une médecine plus haute que celle des médecins, dont il faut implorer le secours. »

« Dieu a versé l'âme dans le corps; et le corps s'imprègne des pensées et des affections de l'âme, comme un vase, des parfums qu'il contient. Heureux l'homme aux hautes pensées et aux saints désirs ! son corps lui sera docile, ses sens ne lui seront point rebelles, et son sang ne submergera point son âme.

« Heureux celui qui n'a point été engendré dans l'ivresse, et qui n'a point été conçu dans les convulsions du plaisir ! heureux celui dont le père n'a point épuisé ses flancs dans la débauche, et dont le premier repos n'a point été troublé par les fatigues du plaisir, ou par les abattements de la tristesse !

« Heureux celui qui n'a point reçu de son père un sang pauvre et décoloré, et à qui sa mère n'a point donné des sens plus forts que l'âme, et des nerfs plus prompts que la volonté !

« Un cœur chaste donne une chair souple et ferme : et la pureté de l'esprit éclaircit le regard ; l'innocence et la candeur de l'âme dilatent la paupière : la finesse et la ruse rétrécissent l'œil, et lui laissent arriver moins de lumière.

« L'habitude des hautes pensées élève le front, et en dilate les os : mais l'esprit qui se traîne sur la terre comprime le cerveau et en abaisse la hauteur. La sobriété rend le bras plus fort et le pied plus agile : l'intempérance agite la main et appesantit la marche.

« La jalousie et la défiance ralentissent l'estomac, et en affaiblissent le travail : la confiance et l'amour l'activent et l'aident. La miséricorde et la charité étendent la poitrine, et donnent aux battements de cœur plus de rhythme et d'accord : l'égoïsme et la haine rétrécissent le sanctuaire de la vie ; et le cœur enfermé dans sa prison, bat plus fort et plus vite, comme un captif qui se débat dans ses liens.

les inclinations, il en réfléchit toutes les faces, il en revêt toutes les formes, au point que l'on juge ordinairement du caractère de l'homme sur son aspect extérieur; tant il est vrai que son corps se moule sur son âme dont, suivant le proverbe, la figure est le miroir !

Alors, comme la volonté ne peut se résoudre sans entraîner l'âme avec elle, si la volonté dirige l'âme dans les voies de sa conservation et de ses fins, l'âme se développe et s'élève de plus en plus dans le bien; mais si la volonté abuse des facultés de l'âme, et la pousse, en sens inverse de sa destination, à toutes sortes de vices, l'âme se dé-

« La mollesse bleuit les veines, et l'oisiveté relâche le tissu de la peau : le courage grossit les artères ; et le travail brunit et endurcit l'épiderme. L'orgueil ébranle le cerveau, et y fait affluer le sang ; et le sang inonde la pensée ; et la raison périt dans ce déluge de la vie corporelle.

« L'âme se réfléchit dans le corps, comme le soleil dans un lac : nos vices deviennent des douleurs, et les maux de notre âme produisent les maladies de notre corps. Dès que le péché entre dans l'âme, il se fait jour dans quelqu'un de nos organes, et y dépose le germe de mort qu'il contient. A chacun de nos vices Dieu a donné un organe pour proie; et les péchés de notre âme rongent notre corps, comme le ver dévore le dedans du fruit dans lequel il s'est logé.

« Quelquefois le péché monte au cerveau ; et les illusions de l'orgueil produisent les hallucinations de la folie. D'autres fois il se glisse dans le sang, et le décompose ou l'altère ; il en précipite ou en retarde le cours ; ou, se mettant en embuscade, dans quelque coin de notre corps, il l'arrête subitement au passage.

« Tantôt le péché se jette sur le cœur; il le dilate ou le rapetisse outre mesure ; il le secoue comme s'il voulait le briser; ou il en diminue le mouvement, comme s'il voulait éteindre en lui la vie. Tantôt il pénètre dans les os ; il en dessèche la moelle, ou il les courbe comme un arc, ou il les rend mous et flexibles comme ceux d'un enfant, ou fragiles et cassants comme du verre.

« Ici, c'est aux nerfs qu'il s'attaque : il leur ôte leur vigueur et leur énergie, il les rend sourds à la voix de l'homme intérieur ; ou bien il les irrite et les arrache à l'empire de la volonté. Là, il se retire dans quelque viscère, et il y amasse des humeurs, qui disposent le corps aux fièvres, aux maladies et à la mort.

« Quelquefois la contagion du péché produit la contagion de la maladie : et l'homme qui n'a pas voulu se mettre en garde contre l'âme du pécheur, est obligé de se prémunir contre son corps, et d'éviter tout contact avec lui. Car c'est dans le temps des grands scandales que les pestes désolent le monde, et que le contact de l'homme devient un scandale corporel pour ses amis et ses frères. »

M. JOURDAIN, *Le livre des peuples et des rois*, tome I, chapitre 17.

grade et s'enfonce de plus en plus dans le mal. Or, par contre-coup, comme l'âme ne peut agir sans entraîner le corps, qui lui a été donné pour réaliser ses actes, si l'âme fait du corps, son instrument, l'usage qu'elle doit en faire, le corps se développe et devient de plus en plus apte à cet usage; mais si l'âme abuse des organes du corps, et le pousse, en sens inverse de sa destination, à toutes sortes d'excès, cet instrument se détériore, et il devient de plus en plus inapte au service de l'âme.

Ce n'est point, comme nous le voyons, la dégradation cérébrale et physiologique qui entraîne fatalement, ainsi qu'on le croyait, une dégradation analogue des facultés spirituelles; puisque ce sont, au contraire, les vices et la dégradation des facultés de l'âme, qui amènent insensiblement la dégradation des organes du corps; mais seulement, il est vrai, que l'âme, une fois enfermée dans le cercle diminué d'organes appauvris, ne peut plus franchir, sans des efforts inouïs et miraculeux, leur étroite limite. Car, si d'abord c'est l'esprit qui entraîne avec lui le développement ou la dégradation des organes cérébraux en particulier, ces organes, à leur tour, fixent l'homme pour longtemps dans l'état où ils se trouvent eux-mêmes. Il faut, sans doute alors, autant de générations vertueuses, descendant les unes des autres, pour ramener l'organisme physiologique à son plus bel état de développement, qu'il a fallu de générations vicieuses, descendant les unes des autres, pour faire tomber l'organisme physiologique, de l'état où il fut créé, à cet état de dégradation dans lequel l'âme ne peut presque plus s'en servir.

Ainsi, ce n'est point l'infériorité physiologique qui est

la source de l'infériorité des aptitudes morales et intellectuelles; mais c'est l'infériorité morale et intellectuelle qui est l'origine de l'infériorité cérébrale et musculaire; seulement l'infériorité cérébrale et musculaire, une fois qu'elle existe, emporte avec elle l'infériorité morale et intellectuelle. Il ne faudrait donc ni dire, comme les premiers élèves de Gall, qui, du reste, l'ont peu compris, que, parce que l'on ne pense point sans le cerveau et sans un développement convenable de ses organes, ce soit le cerveau qui pense; ni croire, comme on le fait vulgairement, que l'homme devient vicieux, parce que ses organes cérébraux sont peu développés : puisque c'est, au contraire, parce que l'homme est vicieux que ses organes cérébraux restent sans développement, quoique, par une réaction justement méritée, la dégradation des organes cérébraux entrave, à son tour, le développement de l'intelligence et de nos dispositions à la vertu.

Or, le corps étant l'instrument de communication de l'âme avec ce monde, et l'âme ne pouvant alors s'y manifester que dans la mesure que lui permet le corps (puisque l'âme, comme raison, quelque éclairée d'ailleurs que soit celle-ci, ne peut se servir de l'organe cérébral s'il est pauvre et énervé; et que l'âme, comme volonté, quelque énergique d'ailleurs que soit celle-ci, ne peut se servir de l'organe musculaire, s'il est maigre et fatigué), il en résulte que les âmes qui se trouvent munies d'un si mauvais instrument de réalisation, ne peuvent, dans un monde où tout ne s'opère et ne s'apprécie que par des actes et des résultats, rivaliser temporellement avec des âmes que la sagesse de leurs ancêtres a fait hériter d'organes cérébraux et musculaires merveilleusement propres à exécuter toutes les opérations de l'esprit et de la volonté. Car, ainsi que le dit un savant, voulût-on ne voir dans l'homme qu'*une pure intelligence servie par des organes*, serait-il possible d'admettre que cette intelligence est également puissante, quels que soient les organes qui la servent ? [1]

De sorte que, sans parler de ceux qui, également doués d'un bon instrument physiologique, et portant en eux des dispositions naturelles à peu près égales ; de ceux qui, disons-nous, emploient eux-mêmes leur propre liberté, ou à prospérer encore dans la vertu et à développer par là leurs organes cérébraux et musculaires, ou à dégénérer dans le vice et à ruiner par là ces mêmes organes : il est clair qu'en tenant compte seulement de la différence des dispositions natives, sans s'occuper des différences qui résultent ensuite des dispositions

---

[1] Si les phénomènes de l'intelligence ne dépendaient en rien de l'organisation physique, on ne remarquerait aucune coïncidence entre les lumières des peuples et le mode de leur conformation. On rencontrerait indistinctement dans toutes les races un même mélange d'habileté et d'impéritie, de prospérité et de misère ; les beaux caractères et les grands talents se montreraient en même nombre, toute proportion d'ailleurs gardée, dans les meilleures conformations comme dans les organisations les plus imparfaites. L'Éthiopien, le Mongol, l'Européen seraient au même point civilisés. Mais il s'en faut qu'il en soit ainsi. Il se trouve, au contraire, que la supériorité de civilisation coïncide généralement avec la supériorité d'organisation physique, et que les races les mieux faites sont aussi les plus intelligentes et les plus civilisées. Le Calmouk, au front écrasé, ne s'est pas, en général, beaucoup élevé au dessus de la vie nomade ; le Nègre, au crâne étroit et allongé, a toujours croupi dans un état de pure barbarie ; tandis que le Caucasien, dont le front est très développé et la figure presque verticale, est parvenu, à diverses époques, et surtout dans les temps modernes, à un degré, comparativement, très élevé de civilisation. »

Ch. Dunoyer, *Nouveau traité d'économie sociale*.

Voir *La science polit. fondée sur la sc. de l'homme*, par Courtet de l'Isle.

acquises, il se manifestera parmi les hommes une grande inégalité de valeur morale, intellectuelle et virtuelle. Car l'inégalité cérébrale parmi les hommes, porte avec elle l'inégalité d'intelligence et de dispositions morales, puisqu'elle en est le résultat, et la constatation physiologique.

Maintenant, comme la supériorité de l'homme au milieu de ses semblables, naît de son degré de moralité, d'intelligence et de virtualité, cette inégalité morale, intellectuelle et virtuelle, se traduit naturellement au milieu d'eux par une inégalité de valeur personnelle; et cette inégalité de valeur personnelle, se traduit nécessairement dans la société par une inégalité de rang. En effet, de deux hommes dont la virtualité est inégale, l'un produit davantage que l'autre, et tire conséquemment plus de fruits de ses bras. De deux hommes dont l'intelligence est inégale, l'un réussit mieux que l'autre et tire conséquemment plus d'avantages de son esprit. De deux hommes dont la moralité n'est pas égale, l'un est plus respecté que l'autre, et prend conséquemment une place plus élevée dans l'opinion de ses semblables.

Le rang que tout homme occupe parmi ses semblables vient donc de trois choses : vertu, talent, fortune. La vertu, par l'admiration; le talent, par la réputation; la fortune, par la considération. Or, ces trois choses : vertu, talent, fortune, sont en raison de ces trois autres : moralité, intelligence, virtualité; et la moralité, l'intelligence et la virtualité sont en raison de l'organisation cérébrale et musculaire, laquelle est en raison de la liberté. — Telle est la théorie de l'origine de l'inégalité parmi les hommes. Et certes, la liberté pouvait bien produire la variété et l'inégalité parmi les hommes, puisqu'elle a produit la variété et l'inégalité parmi les races d'hommes ! [1]

Que les gouvernements et les lois civiles soient venus ensuite consacrer les résultats de l'inégalité; qu'ils aient soutenu les forts, parce qu'ils avaient eux-mêmes besoin de la force; qu'ils aient opprimé les faibles, parce qu'ils avaient besoin d'opprimer encore la faiblesse; personne ne le conteste : mais ce ne sont point eux qui ont fait forts ceux qui sont forts, ni faibles ceux qui le sont. Les gouvernements, par exemple, ont pu entourer la propriété de garanties qu'ils n'accordèrent point aux fruits du travail des classes ouvrières : mais ce ne sont point eux qui ont fait le propriétaire. Les gouvernements et la société elle-même, ont entouré les hommes de génie, les hommes de guerre, les hommes d'état, les hommes d'art et de science, d'une protection qu'ils refusèrent aux malheureux artisans : mais ce ne sont point les gouvernements qui ont fait les hommes de génie, les hommes d'état, les hommes de guerre, les savants, les artistes et les grands industriels. Ce qui fait, au milieu des travailleurs, le propriétaire; au milieu des soldats, le capitaine; au milieu du peuple, l'homme de génie, c'est la supériorité individuelle; ce qui fait la supériorité individuelle, c'est la vertu, le talent, et la fortune. Or, vertu, talent, fortune, sont en raison de la liberté morale.

Où il y a inégalité d'aptitude individuelle, il y a néces-

---

[1] Voir la théorie des races, que nous avons donnée au chapitre 10, des Prolégomènes, pages 233. 234, 235, 236, 237 et 238.

sairement inégalité de position sociale, et, par suite, de prérogatives politiques. Dans le domaine de la force, les faibles sont peu écoutés. D'abord, les pères ont été mis justement dans l'esclavage ou dans la misère; puis, les enfants y ont été injustement retenus. Vous qui voudriez abolir l'inégalité parmi les hommes, et donner aux uns les prérogatives sociales, intellectuelles et industrielles que possèdent les autres, abolissez l'inégalité parmi les individus, et donnez aux uns les vertus conservatrices, l'habileté intelligente et l'activité industrielle que possèdent les autres ! Car, comment ferez-vous que celui qui travaille moins, et que ses vices engagent encore à dépenser au fur et à mesure le fruit de son labeur, ramasse de la fortune comme celui qui travaille sans cesse, et que ses vertus engagent à une modération dans les jouissances, qui condense en capitaux le fruit de son labeur ? Et maintenant, pour peu que les institutions viennent encore protéger la force, et traiter la faiblesse avec trop de rigueur, comment voulez-vous qu'il subsiste encore quelque égalité sur la terre !

Nous observions précédemment que l'homme est responsable, qu'il mérite, qu'il encourt toutes les chances de sa liberté. Eh bien ! vous le voyez, dès ce monde-ci, il est responsable, il mérite plus ou moins; dès ce monde-ci, il encourt déjà les suites de sa liberté ! C'est lui, par l'inégalité de ses efforts et de ses vertus, qui établit son inégalité de valeur individuelle, et, par suite, son inégalité de position sociale. Notre liberté est donc la source de cette pénible et déshonorante inégalité dont la liberté souffre la première, au milieu de la société !

N'espérons donc point des gouvernements qu'ils nous relèvent de notre propre assujétissement. Quand même ils rendraient aux classes malheureuses, comme il faut néanmoins l'espérer, les droits politiques et les droits économiques dont ils les ont privées, leur donneront-ils du travail, de l'intelligence et des mœurs; donneront-ils aux individus les prérogatives sociales, l'estime et la considération qui s'attachent à la valeur personnelle ? l'égalité politique fera-t-elle naître l'égalité sociale; et celle-ci engendrera-t-elle l'égalité morale?.. Le contraire est plus probable. « La liberté n'est point un placard qu'on lit au coin d'une rue ; c'est une puissance vivante qu'on sent en soi-même. » — Que ceci ne soit point pour les gouvernements un motif de poursuivre leur proscription barbare ; mais, que ce soit pour nous un avertissement de prendre les véritables moyens de n'en plus être la victime. Soyons, par nos mérites, tous égaux devant Dieu, et notre égalité apparaîtra sur la terre.

L'inégalité qui existe parmi les hommes a donc deux sources bien réelles : nous d'abord, les gouvernements ensuite. Nous, qui en portons sur nous-mêmes le motif perpétuel ; les gouvernements, qui ont bien été obligés de tenir compte de ce fait réel. Commençons par nous rendre tous de plus en plus égaux par nos mérites : il faudra bien ensuite que les lois et les gouvernements s'en accommodent ! Si nous voulons rétablir la véritable égalité qui doit exister entre les enfants des hommes, rendons tous à nos âmes la valeur que doivent avoir ces nobles filles de l'Éternel.

L'égalité morale porte avec elle l'égalité d'estime ;

l'égalité d'estime assure l'égalité sociale ; l'égalité sociale amène l'égalité politique ; et l'égalité politique conduit nécessairement à l'égalité économique. Tâchons, par une sublime concurrence de vertus, de faire rendre à notre liberté morale tous les mérites dont elle peut enrichir chacun de nous, afin de détruire ainsi peu à peu cet abominable état d'inégalité, dans lequel nous sommes selon la justice. Et, si cela ne suffit pas, la charité fera le reste. C'est elle qui portera le supérieur à s'incliner vers l'inférieur pour l'élever à lui. Et ainsi nous rétablirons notre égalité devant les hommes, comme elle existe devant Dieu. Liberté ! liberté ! tu tiens dans ta main le sort de l'homme en ce monde, comme sa destinée dans l'autre...

Oui, la liberté humaine a une telle puissance qu'elle brise et modifie à son gré une loi universelle de la nature, que toutes les espèces n'ont jamais pu enfreindre : la loi de la perpétuité du type originel dans une espèce ! Et cela va si loin sous ce rapport, que depuis longtemps, faisant abstraction de ce que nous dit l'histoire sur l'origine de l'espèce humaine, les physiologistes qui ont voulu résoudre cette question par la seule observation, ont été conduits sérieusement à reconnaître plusieurs races humaines. Il est vrai que le cachet particulier que le climat imprime à la longue à l'extérieur humain, a contribué aussi à cette opinion. Toutefois, il faut bien que ces races se soient présentées à eux avec des caractères distinctifs très remarquables, puisque plusieurs sont allés jusqu'à croire qu'elles étaient ainsi du fait même de la création ; c'est-à-dire, jusqu'à croire que Dieu avait créé tout exprès plusieurs races parmi les hommes, et qu'il les avait ainsi placées dans des dispositions inégales, pour que les unes pussent exercer sur les autres une naturelle suprématie, et que si elles ne se mangeaient point directement les unes les autres, comme cela se pratique entre races supérieures et races inférieures parmi les animaux, les races supérieures sussent au moins faire servir les races inférieures à pourvoir également à leur subsistance : l'esclavage dans l'antiquité, le servage dans le moyen-âge, le salaire dans les temps modernes.

Enfin, la liberté ne nous explique pas seulement la diversité et l'inégalité qui existent parmi les individus et parmi les différentes classes d'une société, mais aussi celles que l'on remarque parmi les nations. Car une nation, par sa communauté de croyances, de mœurs, de tendances, de lois et de territoire, devient tout à la fois comme un seul individu soumis, en général, aux mêmes causes de développement ou de dégradation.

Puisque la causalité est le second élément de la nature humaine, qu'on la retrouve dans le temps comme dans l'absolu ; puisque nous en connaissons la nature et les fonctions ; puisque tout, dans le monde moral, la suppose ou repose sur elle : cherchons maintenant quel est le produit de cette faculté de l'homme, et ce qui résulte pour elle d'avoir passé de la Réalité infinie dans les sphères de la création.

DE LA NATURE DE L'HOMME.

Sommaire. — L'homme étant essentiellement libre, il est clair que tous ses actes doivent être empreints du caractère de liberté; pour le voir, nous n'avons qu'à jeter les yeux sur le monde moral. — Qu'est-ce que la religion, si Dieu n'a pas donné à l'homme le pouvoir de se porter vers ses fins? — Qu'est-ce que la morale, si l'homme n'a pas le pouvoir d'exécuter les lois qu'elle lui prescrit pour le développement de son être? — Qu'est-ce que l'éducation, si l'homme n'a pas une volonté qu'il faut dresser à l'action, une liberté morale à développer? — Qu'est-ce que les institutions civiles et politiques, si l'homme n'a pas une liberté à faire respecter, une personnalité à garantir? — Où serait la justice des condamnations des tribunaux, si l'homme n'avait pas produit de lui-même les actes qu'ils répriment? — Qu'est-ce que l'approbation, la vertu, l'estime, le mérite, la gloire, etc., si l'homme n'a pas produit de lui-même les actes qui provoquent ces applaudissements? — Que signifieraient les mots de promesse, de convention, d'obligation, si l'homme ne pouvait compter sur sa volonté? — D'ailleurs, si l'homme n'était pas une causalité, un être distinct de Dieu, ses actes ne seraient plus que les actes de Dieu; puisque confondre deux êtres en les faisant rentrer l'un dans l'autre, c'est confondre deux causes en les rapportant l'une à l'autre. — Les actes de l'homme ne pourraient donc pas lui être rapportés; car on ne pourrait rendre l'homme responsable des actes que Dieu lui ferait produire. — Alors le mal, les vices les plus ignobles et les plus grands crimes, seraient le produit de la volonté de Dieu : telles sont les absurdités auxquelles conduit la négation de la liberté. — La liberté n'est donc point une excroissance accidentellement survenue à la nature humaine, puisque la liberté est le fond même de la personnalité de l'homme. — Ainsi, cette question : Sommes-nous libres, ou non? revient à celle-ci : Sommes-nous cause, ou non? Et cette dernière, à celle-ci : Sommes-nous des êtres réels, ou non? Et cette dernière à celle-ci : Sommes-nous des êtres distincts de l'être absolu ? Et cette dernière à celle-ci : Y a-t-il eu création ? — Nier l'existence de la liberté, c'est nier l'existence de l'homme. — D'ailleurs, par quel autre moyen l'Être absolu eût-il pu faire une créature qui prît du mérite à ses yeux, si ce n'est en lui donnant le don de cause ? — La Beauté absolue, qui créa les êtres moraux par un acte d'amour, était jalouse de l'amour de sa créature, fruit de son amour : comment se fût-elle réjouie d'hommages involontaires ? — C'est la liberté qui fait de notre amour et de notre reconnaissance, des actes de la créature et non du Créateur. — Regardez s'il serait même possible à Dieu de faire quelque chose de plus sublime ! Donner l'existence à quelque chose de semblable à soi ; être, et faire un second être, c'est-à-dire, un second créateur, n'est-ce pas le chef-d'œuvre de la toute-puissance ? — Aussi l'homme est jaloux de sa liberté au point de préférer le mal qu'elle peut lui faire au bien qui lui serait imposé. — Cet attachement invincible à la liberté est tout naturel : il n'est, pour la nature humaine, que l'instinct de sa conservation. — Il y a une preuve physiologique de la liberté; ce sont les traces qu'elle laisse sur le corps humain : si l'homme cédait irrésistiblement à une loi, comme les organes se développent en raison de l'exercice qu'on en fait, la conformité et la régularité de la loi eût produit, parmi tous les hommes, une conformité et une régularité semblables. — Ainsi les animaux sont aujourd'hui ce qu'ils étaient hier; ceux qui appartiennent à une même espèce se ressemblent tous : parmi nous, au contraire, il y a autant de cœurs que d'hommes, autant de visages que d'individus. — Aussi la même tête ne peut pas servir à étudier le genre humain, comme en histoire naturelle, le même animal, la même plante, peuvent servir à étudier toute une espèce, toute une famille. — Si tous les hommes sont si différents les uns des autres, si les individualités sont tellement tranchées, il faut donc qu'il y ait quelque chose de spécial, d'exclusivement propre à chacune, qu'en un mot, chaque individu use différemment de sa liberté. — Aussi, est-ce là ce qui nous explique pourquoi les hommes, créés égaux devant Dieu, se trouvent dans une si grande inégalité sur la terre. — Car, l'âme se développe ou se dégrade selon l'usage que la liberté fait de ses facultés, et le corps, en même temps, se fortifie ou s'épuise selon l'usage que l'âme fait de ses organes. — De sorte que, ce n'est point le développement ou la dégradation cérébrale et musculaire qui entraînent fatalement le développement ou la dégradation des facultés de l'âme, puisque c'est le contraire qui a lieu. — seulement, il est vrai que l'âme, une fois enfermée dans le cercle diminué d'organes appauvris, n'a plus le pouvoir de franchir, sans des efforts inouïs, leur étroite limite, et ne peut plus rivaliser temporellement avec les âmes douées, au contraire, d'organes cérébraux et musculaires merveilleusement développés. — Et, en effet, comme l'âme ne se manifeste en ce monde que par l'intermédiaire du corps (la raison et ses idées, par les organes cérébraux, la liberté et ses volitions, par les organes musculaires), il se manifeste aussitôt parmi les hommes une grande variété et une effrayante inégalité personnelles; surtout si ces dispositions se transmettent encore de génération en génération. — Or, comme la supériorité de l'homme parmi ses semblables, vient de son degré de moralité, d'intelligence, et de virtualité, cette inégalité morale, intellectuelle et physiologique se traduit au milieu d'eux par une inégalité de valeur personnelle; cette inégalité de valeur personnelle, par l'inégalité de position sociale, par l'inégalité de prérogatives politiques, et de droits économiques. — Car, le rang que tout homme occupe en société vient de trois choses : vertu, talent, fortune ; — ces trois choses sont en raison de ces trois autres : moralité, intelligence, virtualité ; lesquelles sont en raison de l'organisme psychologique et physiologique ; lequel est en raison de la liberté morale. — Les gouvernements et les lois n'ont donc fait que consacrer les résultats de l'inégalité parmi les hommes, ce ne sont point eux qui l'y ont établie. — Aussi, ne comptons point sur les gouvernements pour la faire disparaître ; l'égalité de valeur morale peut seule engendrer l'égalité sociale ; et celle-ci, l'égalité politique ; et celle-ci, l'égalité économique. — Soyons, par nos mérites, tous égaux devant Dieu, et notre égalité apparaîtra sur la terre. — Telle est la théorie de l'origine de l'inégalité parmi les hommes. — Ainsi la liberté humaine va jusqu'à briser une loi universelle, qu'aucune espèce n'a jamais pu enfreindre : la loi de la perpétuité du type originel dans une espèce. — Et cela va si loin que les physiologistes même y ont été trompés, et que plusieurs croient sérieusement qu'il y a plusieurs races humaines, du fait même de la création. — Ne faut-il pas chercher maintenant quel est le produit de la liberté, et ce qui résulte pour elle d'être au milieu du temps ?

VII.

Quel est le produit de la liberté, et qu'en résulte-t-il ?

Nous avons vu que l'acte ou le produit de la raison, est la *croyance*, qui est l'adhésion à la réalité; le produit de la liberté, ou de la volonté, est l'*action* proprement dite, qui est la réalisation de la croyance.

De ce que l'homme est une causalité, il ne résulte pas seulement qu'il a une existence réelle, distincte de l'existence de Dieu, et que sans cette causalité il ne serait point ; mais il en résulte encore que l'homme produit des actes qui ont une existence réelle, une existence distincte de ceux que produit la causalité suprême; des actes, par conséquent, qui ont une valeur par rapport à lui. Étant l'auteur réel de ses actions, il en est le seul comptable, elles ne doivent être imputées qu'à lui, c'est-à-dire qu'elles ne doivent être mises que sur son compte. Car tout effet doit être rapporté à sa cause, tout acte à l'être qui l'a produit. Chacun ne peut répondre que de ce qu'il a fait; l'homme ne peut mériter pour Dieu, ni Dieu être responsable pour l'homme.

Aussi, la responsabilité est-elle bien le caractère essentiel et reconnu de toutes les actions humaines; aussi tout homme, par cela qu'il est cause productrice, est-il regardé comme l'auteur exclusif de ses actes; et par cela qu'il est auteur de ses actes, est-il regardé comme responsable, c'est-à-dire, comme devant répondre des actes qu'il produit de lui-même! Et d'ailleurs, comment pourrait-il se récrier d'être responsable d'une action qu'il a produite par sa propre détermination, par sa propre volonté, par son propre pouvoir ?... De là, tous les faits qui se passent parmi les hommes, supposent ce principe communément adopté; le bon sens des masses n'a jamais tenté de nier la responsabilité, non plus que la liberté, dont elle est la conséquence. C'est sur l'imputabilité que repose l'Ordre dans lequel vit l'humanité ici-bas; sans l'imputabilité, la justice humaine périrait, et l'Ordre du Monde moral avec elle.

Pour que l'homme ne fût pas responsable, il faudrait qu'il ne fût pas libre; pour qu'il ne fût pas libre, que ce fût un autre être que lui-même qui produisît, par le moyen de ses facultés (sur lesquelles cet autre être agirait comme mobile), les différentes actions que nous imputons à la nature humaine! Alors, pourquoi deux phénomènes qui remplissent toute la vie de l'homme, lui auraient-ils été donnés comme les deux sauve-gardes indispensables de sa vie spirituelle : nous voulons dire le *remords* et la *satisfaction ?* Le remords qui, par une douleur spirituelle, avertit l'être moral que l'acte qu'il a produit le détourne de la nature et de la fin de son être ? La satisfaction qui, par un plaisir spirituel, l'avertit que l'acte qu'il a produit le fortifie dans sa nature et l'approche de ses fins ? Car le remords et la satisfaction sont à l'âme ce que la douleur et le plaisir sont au corps : sans la douleur, l'homme physique pourrait être mortellement blessé, ses membres pourraient être mutilés pendant ses moments de distraction ou de sommeil, et des maladies internes pourraient le détruire au dedans, sans qu'il s'en doutât, et sans qu'il pût y apporter remède. La douleur et le plaisir sont la garde du corps, comme le remords et la satisfaction sont la garde de l'âme. L'âme ne connaissant pas assez dans ce monde toute sa nature, ni tous les biens qui lui conviennent, pourrait sans s'en douter, produire à tout instant des actes qui amèneraient sa destruction, si le remords, qui est la douleur de l'âme, ne l'avertissait à temps. [1]

---

[1] « Toute action est accompagnée d'un sentiment particulier de satisfaction ou de peine ; il est impossible de voir faire une bonne action, sans avoir la conscience d'une affection bienveillante envers l'agent : et comme toutes les affections bienveillantes sont agréables, toute bonne action est une source de plaisir pour l'auteur et le spectateur. En outre, les sentiments agréables d'ordre, de paix, d'utilité universelle, s'associent à l'idée générale d'une conduite vertueuse ; et c'est ce cortége de sentiments agréables qui constitue ce qu'on appelle la beauté de la vertu. Comme le bonheur est une conséquence de la conduite vertueuse, le remords est un résultat nécessaire de la conduite coupable ; le remords atteste à la fois la liberté et la loi. Le remords diffère du regret en ce que le remords est nécessaire, et le regret, volontaire. Le remords serait inexplicable si la notion du juste et de l'injuste, du bien et du mal, n'étaient pas une notion nécessaire, une conception absolue. »

M. Noirot, *Cours de philosophie.*

« Chaque homme a au milieu du cœur un tribunal où il commence par se juger lui-même, en attendant que l'ar-

« Dieu, dit le docteur Pariset, nous a tellement organisés que, pour nous, les douleurs les plus pénétrantes sont celles qui naissent de la conscience, ou du jugement que nous portons sur le caractère de nos actions, lorsque ce jugement nous conduit à ce résultat, savoir : que nous avons été les ennemis des hommes, et que nous avons provoqué leur haine et perdu leur appui. Cette vue de l'esprit, c'est le repentir, le remords. »

Or, si l'homme n'avait pas la puissance de produire lui-même ses actes, de se déterminer pour les uns plutôt que pour les autres, qu'une force étrangère les produisît en lui, nécessairement, malgré lui, ou sans sa coopération : il est clair que la propriété du remords serait complètement inutile, puisqu'il ne pourrait profiter de ses avertissements. L'éducation, le repentir, les bonnes résolutions, la religion, la morale, les tribunaux, le Code pénal, n'ont plus de sens dans le système de la nécessité ; [1]

---

bitre souverain confirme la sentence. Pourquoi le remords est-il si terrible qu'on préfère de se soumettre à la pauvreté et à toute la rigueur de la vertu, plutôt que d'acquérir des biens illégitimes ? Pourquoi y a-t-il une voix dans le sang, une parole dans la pierre ? Le tigre déchire sa proie et dort ; l'homme devient homicide et veille. Il cherche les lieux déserts, et cependant la solitude l'effraie ; il se traîne autour des tombeaux, et cependant il a peur des tombeaux. Ses sens semblent devenir meilleurs pour le tourmenter ; il découvre le goût du poison dans les mets qu'il a lui-même apprêtés ; son oreille, d'une étrange subtilité, trouve le bruit où tout le monde trouve le silence ; et sous les vêtements de son ami, lorsqu'il l'embrasse, il croit sentir un poignard caché. O conscience ! ne serais-tu qu'un fantôme de l'imagination ou la peur des châtiments des hommes ?... Après avoir parlé du *remords* qui suit le crime, il est inutile de parler de la *satisfaction* qui suit la vertu ; s'il en est qui soutiennent que la vertu n'est qu'un amour-propre déguisé, et la piété qu'un amour de soi-même : ne leur demandons point s'ils n'ont jamais rien senti dans leurs entrailles après avoir soulagé un malheureux. »

M. de Chateaubriand, Génie du Christianisme, liv. vi, chap. 2.

[1] « Le principe qu'il faut tenir pour fondamental en matière de morale, c'est qu'on est responsable de toute action dont l'existence ou la non-existence a été en notre pouvoir. »

Puffendorf, Du droit naturel.

la considération, la louange, le blâme, la récompense, le châtiment, le mérite et le démérite, sont une dérision parmi les hommes, comme devant Dieu. « Car ce qui doit paraître merveilleux aux partisans de la nécessité, a dit de nos jours un philosophe, et ce qu'ils ne devraient pas se lasser d'admirer dans la sincérité de leur conviction, c'est que moi qui ne suis pas libre, d'après eux, moi qui aurai été, quelle que soit la résolution que j'aurai prise, fatalement déterminé à la prendre par le motif le plus fort, on me regardera, et je me sentirai moi-même responsable de cette résolution. Selon que je me serai arrêté à tel ou tel parti, je croirai avoir mérité ou démérité, je me jugerai absurde ou raisonnable, prudent ou irréfléchi ; en un mot, je m'appliquerai, à moi qui ai cédé nécessairement au motif le plus fort, certaines qualifications qui toutes impliquent, de la manière la plus décisive, que j'ai été libre d'y céder, de prendre arbitrairement tel ou tel parti ! Voilà, je le répète, ce qui est merveilleux dans le système de la nécessité, et ce qu'on ne saurait trop engager les partisans de ce système à nous expliquer. »[1]

Ainsi, Dieu ne pouvant être cause pour l'homme, Dieu ne peut être imputé pour l'homme, Dieu ne peut mériter à sa place. C'est ici que se montre bien clairement cette vérité que nous avons déjà émise : que, sans la liberté, la création n'a aucun sens. En effet, l'imputabilité ne peut résulter que de la liberté ; or, c'est sur l'imputabilité

---

[1] Th. Jouffroy, *Système de la nécessité.* 4ᵉ leçon du *Cours de droit naturel.*

que se fonde toute la valeur que l'homme peut acquérir, tout son mérite devant le bien suprême; c'est sur l'imputabilité que se fondent tous ses droits sur les biens éternels. C'est l'imputabilité qui attire sur l'homme l'amour et les dons de Dieu, comme elle lui attire la considération, l'estime et l'amitié de ses semblables : que serait donc l'homme sans imputabilité?..[1] Car, dire qu'un être n'a pas de mérite, c'est dire qu'il n'a de droit à rien; et celui qui n'a de droit à rien, n'a pas de droit aux biens réels et infinis. Or si l'homme ne doit prétendre à rien, pourquoi aurait-il été créé ? Il y a là un non sens : c'est le néant qui ne peut prétendre à rien.

Dieu ne peut avoir créé que pour un but ; les êtres qu'il a produits ont donc par conséquent les propriétés nécessaires pour tendre à cette fin, qui est la fin même de la création, ou le résultat voulu de Dieu. Si la liberté est, comme nous l'avons vu, la clé du système de l'humanité ici-bas, l'imputabilité, qui en résulte, est la clé du système de la création. C'est ainsi que la propriété méritoire dont Dieu a investi sa créature spirituelle, nous initie à sa pensée en nous découvrant les raisons qu'il a eues de procéder ainsi dans cette œuvre ineffable.

Car si nous voulions pénétrer un peu dans la Sagesse

---

[1] Puisque l'homme est l'auteur immédiat de ses actions, il en est comptable, elles peuvent raisonnablement lui être imputées. Le terme d'*imputer* est pris de l'arithmétique, il signifie proprement mettre une somme sur le compte de quelqu'un ; imputer une action à quelqu'un, c'est donc la lui attribuer comme à son véritable auteur, la mettre, pour ainsi parler, sur son compte. Or, il est bien manifeste que c'est une qualité essentielle de toute action humaine, que l'homme puisse en être légitimement regardé comme l'auteur. Il faut donc poser sur la liberté le principe incontestable et fondamental de l'imputabilité des actions humaines.

BURLAMAQUI, *Principes du droit naturel*, chapitre. 3.

de Dieu, qui est l'Ordre selon lequel toutes choses sont faites, nous sentirions parfaitement qu'une créature sans liberté, c'est-à-dire qu'une créature inerte à qui l'on aurait fait toutes ses destinées, n'ayant jamais connu la souffrance, qui est la privation de l'être, ou le mal, n'aurait jamais senti le bonheur, qui est la possession de l'être, ou le bien ; elle eût été aussi brute, aussi inhabile à la félicité, que brute et inhabile à la conquérir. Il fallait que la créature opérât elle-même ce bien pour pouvoir l'apprécier ; que la créature sût se changer elle-même en un être heureux : car Dieu est infiniment heureux, mais nous savons, aussi, qu'il est la toute cause de ses perfections, ou de l'infinité de son être. Mais une créature toute faite, une créature qui n'eût pas senti la faim du bonheur, une créature qui ne s'y fût pas portée de son propre mouvement !... c'eût été une statue dans le ciel.

Et effectivement, s'il est impossible qu'un être non libre s'écarte par lui-même de la loi qui lui est imposée, il est aussi impossible qu'il se rende coupable et qu'il soit puni ; s'il lui est impossible de s'écarter de sa loi, il lui est impossible de s'en approcher et de s'y conformer ; par conséquent, il lui est tout aussi impossible de se rendre méritoire, et d'être récompensé. C'est la liberté qui met l'homme en état de jouir de la félicité de Dieu.

Nous avons ici un exemple de ce fait : ce ne sont jamais les héritiers de la fortune qui savent apprécier ses dons ; ceux-là seuls qui consument leur vie à l'amasser, en sentent tout le prix et en jouissent. Il fallait de même que l'homme gagnât à la sueur de son front cette fortune éternelle, pour qu'il sût en jouir. Il fallait qu'il sût s'empreindre de plus en plus des propriétés de la vie absolue, se nourrir de la substance intelligible, et se l'assimiler pour établir entre elle et lui une affinité certaine ; il fallait qu'il se nourrît de celui qui a dit : « Je suis le PAIN VIVANT « qui est descendu du Ciel, et si quelqu'un mange de ce « pain, il vivra éternellement » ; il fallait qu'il s'introduisît ainsi de vive force dans le domaine du bien absolu pour en sentir tout le prix : *Les violents seuls le ravissent*, disent les Écritures.[1]

Par la création de la liberté, et conséquemment de l'imputabilité qui en résulte, Dieu a trouvé le moyen de faire que des êtres qui ne sont pas lui jouissent avec lui de sa félicité. En séparant des êtres de la substance même du bien, c'est-à-dire en les mettant dans le contraire de ce qu'ils sont, le fini et la souffrance, Dieu a vivement éveillé en eux le sentiment et le besoin de ce bien ; il a provoqué leur raison et leur volonté à s'assimiler de plus en plus (la première par ses pensées, et la seconde par ses actes), la substance intelligible du bien ; il nous a forcés de nous recomposer nous-mêmes tout entiers de cette substance éternelle, afin que, gros d'amour, de justice, de bien et de beauté, nous puissions, lorsque le corps se détachera de nous, rentrer par notre affinité naturelle, dans la vie absolue. L'homme ne prend une valeur par lui-même, que parce qu'il devient

---

[1] « Regnum cœlorum vim patitur, et violenti rapiunt illud. »   Jésus-Christ, d'après S. Mathieu. Chapitre. 11, v. 12.

le fruit de ses œuvres, car « *l'essence humaine existe, et « pourtant elle doit contribuer à sa raison d'être.* » [1]

Ces lois sont celles de la sagesse sur laquelle repose même l'existence de Dieu. Il ne peut vouloir contradictoirement; par conséquent, il ne dépend pas plus de Dieu de repousser de l'éternité l'être tout composé d'affinité pour elle, que d'y attirer ce que sa nature repousse invinciblement : parce qu'il est lui-même ce bien éternel qui attire tout ce qui est de l'éternité, ce bien suprême qui repousse tout ce qui est du néant.

Et d'ailleurs, comment imaginer que celui qui a porté dans son sein le cœur de nos mères et de nos sœurs, celui qui s'est plu à former le cœur de nos épouses, n'ait pas employé le moyen le plus tendre pour nous préparer à jouir avec lui d'une félicité qu'il ne pouvait se résoudre à goûter seul ? Au contraire, forcé de nous voir souffrir quelques instants séparés de lui, il y a de sa part un sacrifice divin, un abîme d'amour à faire tourner le cœur à l'homme.

Aussi, comme le dit un philosophe : « C'est certainement un voile bienfaisant qui sépare ce monde de celui qui le suit ; ce n'est pas sans raison que la tombe de l'homme mort est si muette, si immobile. Les hommes en général sont préservés dans le cours de la vie des impressions dont une seule briserait pour jamais la chaîne entière de leurs idées. *Fait pour la liberté, l'homme n'a pas été destiné à être le singe d'imitation d'êtres supérieurs ; mais partout il est conduit à retenir cette heureuse opinion*

---

[1] S. Ballanche. *Essai de Palingénésie sociale*, Orphée ; page 440, 2. édition.

qu'il agit de lui-même. Pour qu'il conservât le repos de son âme et ce noble orgueil qui soutient sa destinée, il a été privé de la vue d'êtres plus élevés que lui; car il est probable qu'en les connaissant il eût appris à se mépriser. L'homme ne devait donc pas contempler son état futur, mais seulement y donner sa croyance. » [1]

Ainsi, pour répondre directement à la question de ce chapitre : le produit de la liberté, c'est l'action; et il en résulte que l'homme est responsable de ses actions. De sorte que la créature spirituelle, en venant ainsi réaliser ses actes loin du sein de l'absolu, dans la sphère douloureuse du temps, peut, avec ces actes imputables et méritoires, obtenir par elle-même la vie absolue, c'est-à-dire l'existence bienheureuse : ce pourquoi Dieu entreprit la création.

Il pourrait se présenter une dernière difficulté à propos de la co-existence de la prescience divine et de la liberté; levons-la pendant que nous y pensons. On pourrait dire : si Dieu prévoit l'avenir, comme sa prévoyance ne saurait être vaine, les faits qu'il a prévus sont des faits décrétés, et ils arriveront nécessairement; s'ils doivent arriver nécessairement, que devient la liberté de la volonté humaine contrainte d'exécuter les actes que Dieu a prévus? La prévoyance de Dieu établit donc la nécessité?...

On pourrait être embarrassé de cette apparente incompatibilité, par suite de la bévue naturelle de notre intelligence, accoutumée à juger de ce qui est par la

---

[1] Herder, *Idées sur la philosophie de l'histoire de l'humanité.* Traduction de M. Edgar Quinet.

manière dont elle le pense, à se figurer l'éternité par le temps, la manière essentielle dont Dieu existe par le mode conditionnel de notre existentialité. Il suffit seulement de revenir à des notions un peu plus exactes sur ces choses, pour que cette difficulté disparaisse :

Nous savons que, si le temps est la demeure de l'homme comme l'espace est la demeure des corps, l'éternité est la demeure de Dieu comme le temps est la demeure de l'homme. Or, quand nous disons que l'éternité est la demeure de Dieu, c'est une façon de parler pour nous expliquer que l'état de l'existence de Dieu est l'éternité; car, au fond, le temps et l'espace n'existent pas dans la réalité; ce sont deux modes de conception de notre esprit, condamné à ne comprendre que le fini; le temps et l'espace ne sont, comme le disait Kant, que des formes de notre entendement.

L'éternité seule existe réellement. Le temps n'est donc qu'un phénomène passager, qu'une abstraction faite dans la réalité par l'esprit de l'homme. Bien plus, l'homme fait encore des abstractions dans cette abstraction : pour mieux mettre le temps à la portée de son esprit, il le divise en *passé*, *présent*, et *avenir*; et je doute même que nous comprenions bien cette nouvelle analyse du temps! Mais enfin, nous voyons qu'il y aurait un abus ridicule de l'intelligence à vouloir appliquer à Celui qui est de toute éternité, notre pauvre conception du temps, et surtout nos petites subdivisions de passé, de présent et d'avenir. En effet, que pourrait être le passé pour Dieu? On appelle passé ce qui n'est plus : il y aurait donc pour Dieu un état qui ne serait plus? On appelle avenir ce qui n'est pas encore : il y aurait donc pour Dieu un état qui ne serait pas [1] ? Mais Dieu, être infini, est immuable dans son éternité ; il la remplit, elle n'est pour lui qu'un présent perpétuel. Il ne saurait avoir de passé : parce que Dieu n'est pas Celui qui a été ; il ne saurait avoir d'avenir : parce que Dieu n'est pas Celui qui sera ; il ne peut avoir qu'une éternité toujours actuelle : parce que Dieu est Celui qui est, comme il s'est défini lui-même.

Sa vie est perennelle ; il vit. Il n'est pas comme l'homme, dans l'impossibilité de saisir l'instant de son existence. En effet, le présent échappe à tout effort de la pensée de l'homme, car le passé le glisse incessamment à l'avenir [2] ; s'il regarde dans le passé par la mémoire, il regarde où il n'est plus ; s'il regarde dans l'avenir par la déduction, il regarde où il n'est pas encore ; l'homme ne sait où se saisir : c'est vraiment un acte de foi que sa croyance à sa vie dans le temps. Dieu seul sent réellement son existence, parce que sa vie est dans le perpétuel présent de l'éternité.

Dieu assiste donc par un présent perpétuel à ce que les bornes de notre intelligence nous font appeler la durée successive du monde ; et, de ce qu'il y a un temps que

---

[1] L'être de Jéhova n'a ni siècles ni jours,
Son jour est éternel et s'appelle Toujours !
Son œuvre dans les cieux, qui n'est que sa pensée,
N'est donc jamais finie et jamais commencée.
. . . .
Le temps, qui n'a de sens qu'en la langue des hommes,
Ne nomme qu'ici-bas la minute où nous sommes,
Mais au delà du temps, et de l'humanité,
Le nom de toute chose est un : Éternité !

DE LAMARTINE.

[2] « Le temps n'est jamais qu'au passé et à l'avenir ; la langue hébraïque, fidèle expression de l'homme, n'a pas proprement de présent, et elle le compose avec le passé et le futur. »

Recherches philosophiques sur les premiers objets des connaissances morales, par M. de Bonald.

nous ne pouvons atteindre que par la pensée, nous nous imaginons que Dieu ne peut le remplir de son être, et qu'il est forcé d'y pénétrer aussi par l'induction, ou par ce que nous appelons, nous, la prévoyance ! Mais l'éternité, comme le temps, n'étant pour Dieu qu'un présent continuel, il voit actuellement ce que nous croyons qu'il prévoit dans l'avenir. Alors il est clair : *que nous n'agissons pas de telle manière, parce que Dieu l'a prévu ; mais que Dieu prévoit, ou plutôt,* VOIT, *parce que nous agissons de telle manière.* Dieu n'est donc que le spectateur des actes opérés par notre libre arbitre, loin d'être celui qui les décrète. Et ce que nous appelions sa prévoyance, n'est qu'une insigne bévue de notre esprit, qu'il faut bien nous garder de renouveler. En Dieu il n'y a pas *prescience*, mais *science* ; il n'y a pas *prévoyance*, mais *voyance*. Dieu voit tout à la fois.

Puisqu'il est certain que la causalité est le second élément de la nature humaine, qu'on la retrouve dans l'absolu comme dans le temps ; et qu'enfin elle a pour produit l'acte imputable et méritoire, qui nous donne des titres sur la Réalité infinie : commençons par dire que, quel que soit l'état naturel de l'homme dans le temps, cet état, pour être son état naturel, doit être nécessairement celui dans lequel la causalité humaine rencontrera toutes les conditions de son existence, de son exercice et de son développement.

A présent que nous sommes bien persuadés : 1° que nous sommes doués de liberté ; 2° que Dieu ne pouvait sans elle nous conduire aux fins qu'il nous a préparées ;

3° que le produit de cette liberté sur la terre est ce qu'on nomme l'action, comme on appelle croyance le produit de la raison ; 4° que l'action devient la réalisation de la croyance ; 5° que cette réalisation est un acte imputable et méritoire : supposons qu'il n'existe ni rationalité, ni causalité, et voyons s'il serait possible qu'une créature spirituelle, telle que l'homme, existât dans l'absolu sans la rationalité et sans la causalité ; cela nous donnera l'occasion de résumer un peu tout ce que nous avons reconnu jusqu'à présent.

Sommaire. — Si le produit de la raison est la croyance, le produit de la liberté est l'action, qui est la réalisation de la croyance. — Si, par suite de sa liberté, l'homme produit de lui-même des actes, ces actes ne peuvent être imputés qu'à lui : car tout effet doit être rapporté à sa cause. — Aussi l'imputabilité, ou la responsabilité, devient-elle le caractère essentiel et reconnu de toutes les actions humaines. — C'est sur la liberté, comme déjà nous l'avons observé, et sur l'imputabilité, qui en est la conséquence, que repose l'ordre dans lequel vit l'humanité ici-bas. — Si nous n'étions pas libres et responsables de nos actions, pourquoi deux faits qui remplissent la vie de l'homme, lui auraient-ils été donnés comme les deux sauve-gardes de sa vie spirituelle : le *remords* et la *satisfaction?* — Car le remords et la satisfaction sont à l'âme ce que la douleur et le plaisir sont au corps : le remords est une douleur spirituelle avertissant l'être moral qu'il s'éloigne de la loi de sa nature ; et, la satisfaction, un plaisir spirituel qui lui annonce, au contraire, que tout dans sa conscience est à l'état normal. — Or comme, pour nier l'imputabilité, il faudrait que l'homme ne fût pas libre, il est clair que si l'homme n'avait pas le pouvoir de produire de lui-même ses actes, le remords lui serait complètement inutile, puisqu'il ne pourrait profiter de ses avertissements. — Ainsi, Dieu ne pouvant être cause pour l'homme, Dieu ne peut être imputé pour l'homme, ni mériter à sa place ; c'est sur l'imputabilité que se fonde toute la valeur que l'homme peut acquérir. — Car c'est sur l'imputabilité que se fondent, devant Dieu, les droits que l'homme acquiert sur les biens absolus, comme c'est sur elle que se fondent, ici-bas, la considération, l'estime et l'amitié de ses semblables. — Si la liberté est la clé du système de l'humanité, l'imputabilité, qui en résulte, est la clé du système de la création : c'est elle qui investit la créature de la propriété méritoire. — Nous savons que Dieu est la toute cause de ses propres perfections, et conséquemment de sa félicité, ou de sa vie absolue ; il fallait donc également que l'être créé concourût de lui-même à sa perfection, et à la possession de la vie absolue : c'est la liberté qui rend l'homme susceptible de jouir de la félicité de Dieu. — Au reste, ce ne sont jamais les héritiers de la fortune qui savent apprécier ses dons ; ceux-là seuls qui consument leur vie à l'amasser, en sentent tout le prix et en jouissent : il fallait de même que l'homme gagnât à la sueur de son front sa fortune éternelle. — De sorte que, en s'assimilant, par les différentes vertus, la substance intelligible ; en devenant de plus en plus gros d'amour, de justice et de sainteté, l'homme prend une affinité naturelle avec l'être absolu. — C'est ainsi qu'au moyen de la liberté et de l'imputabilité, Dieu, par la création, réussit à faire que des êtres qui ne sont pas lui puissent jouir de sa félicité. — L'action libre est donc le produit de la liberté ; et ce qui en résulte, c'est que l'homme est responsable, et qu'il devient ainsi susceptible de mérite ou de démérite. — Il y a une dernière difficulté à propos de la liberté, c'est sa coexistence avec la prescience divine ; voici ce que l'on dit : — Si Dieu prévoit l'avenir, comme sa prévoyance ne peut être vaine, qu'alors les faits prévus sont des faits décrétés, comment la volonté peut-elle rester libre de produire les faits qu'elle voudra ? — Ce raisonnement résulte de la bévue naturelle de notre pauvre intelligence, condamnée à ne rien concevoir ici-bas que sous la notion de l'espace et du temps; de sorte qu'ayant ainsi divisé notre temps en *passé, présent* et *avenir*, nous appliquons ces idées à l'éternité en laquelle Dieu vit. — L'éternité, au contraire, est un présent perpétuel; d'ailleurs, comment Dieu pourrait-il avoir un passé : il y aurait donc pour lui un état qui ne serait plus ? Comment pourrait-il y avoir avenir pour Dieu : il y aurait donc pour lui un état qui ne serait pas, c'est-à-dire, il ne serait donc plus infini ? — L'éternité étant un présent continuel, Dieu voit au lieu de prévoir; de sorte que nous n'agissons pas de telle manière, parce que Dieu l'a prévu; mais Dieu prévoit ou plutôt *voit*, parce que nous agissons de telle manière. — Puisque la liberté est le second élément de la nature humaine, affirmons ici que, quel que soit l'état naturel de l'homme, dans le temps, ce ne peut être que celui dans lequel la liberté, d'abord, rencontrera toutes les conditions de son existence et de son développement. — Voyons s'il est possible qu'une créature spirituelle existe dans l'absolu sans la rationalité et sans la causalité; cela nous donnera l'occasion de résumer ce que nous avons reconnu jusqu'à présent.

VIII.

Sans la rationalité et sans la causalité, l'homme existerait-il en réalité ?

Si nous reprenons toutes les propositions auxquelles nous avons été amenés dans les deux chapitres précédents, nous voyons que toute création suppose deux conditions:

1° La possession d'une substance qui soit en analogie avec la substance essentielle, d'abord, afin que l'être créé ait les conditions de l'existence, et que sa communication avec le créateur soit possible ;

2° La possession d'une substance spéciale a l'être créé, qui le rende distinct de l'être incréé ; car si cet être n'est pas distinct de son créateur, il se confond avec lui, c'est-à-dire, que la création n'existe pas encore. Et lorsque la création se fait, c'est à condition que l'être créé participe de la nature de l'être incréé, de l'être essentiel, ou de Dieu : parce qu'avoir quelque chose de Dieu, c'est avoir quelque chose de l'être, c'est exister.

Enfin, il est nécessaire que cet être soit séparé, distinct de Dieu par la possession d'une substance et d'un pouvoir spécial : ce qui fait qu'il est créé; et qu'il tienne encore à l'être essentiel par la racine : ce qui fait qu'il se conserve. Le premier élément le fait *être* absolument parlant, le second le fait être dans la création.

C'est ainsi que la plante est distincte du règne minéral, où elle puise sa substance; si elle n'avait pas son existence spéciale, sa force propre d'absorption pour agir sur la nature, comment lui soutirerait-elle sa vie ? Car, si elle pouvait s'échapper de la terre pour vivre isolée, si elle n'en recevait plus la substance première, ne serait-elle pas si tôt épuisée ? ou bien, si sa propre substance, sa propre force cessait d'attirer dans son centre la substance de la nature, ne serait-elle pas déjà détruite elle-même ?

Il en est de même pour l'humanité : diminuez la puissance de la raison, c'est-à-dire, de l'organon qui établit un rapport et un lien entre la créature intelligente et le créateur intelligent, et l'être moral diminue d'existence dans la même proportion, il languit et meurt étouffé sous l'action de la vie terrestre; touchez seulement à la causalité, au libre arbitre, et l'homme s'anéantit comme créature, il est absorbé dans le sein de Dieu, ou ce qui lui reste de spirituel sur la terre est bientôt étouffé par les passions brutales.

Sans la rationalité et sans la causalité, l'homme ne saurait donc exister dans l'absolu, c'est-à-dire, réellement et positivement; sans ces deux facultés il n'existera plus que comme la matière, phénoméniquement et passagèrement.

Nous savons :

Que la rationalité, cet élément de la nature humaine qui participe de la substance même de l'être absolu, ne nous confère pas seulement une existence réelle, substantielle, mais qu'elle met aussi en nous le sentiment ou la conception de cette substance ; que, par conséquent, ce qu'on appelle connaître, n'est que la participation de cette partie de l'être que nous possédons, au sentiment de l'existence universelle, sentiment qui circule dans l'intégralité de l'être ;

Que, cet élément devenant pour nous l'idée de l'être, l'idée de cause, l'idée du vrai, l'idée du bien, l'idée du beau, en un mot, l'idée de la Réalité, dont il émane, les psychologistes l'ont considéré comme l'œil intelligible de l'homme, et de là le nom de *Raison* qui lui est resté ;

Que cette raison, par suite de sa nature et de son origine, est certaine, nécessaire, universelle, absolue, immuable, impersonnelle, et conséquemment divine ; caractères dont elle empreint toutes les idées qu'elle renferme ;

Que le monde physique n'existe que par la sagesse que Dieu y a versée, et que l'humanité ne peut exister que par cette même sagesse ; mais que, par cette dernière création, Dieu entendant faire goûter à un être qui n'est pas lui, sa propre félicité, il fallait que cet être pût s'y porter de lui-même par son propre mouvement, afin qu'il y eût une véritable affinité entre eux ;

Que, pour cela, il fallait que Dieu suspendît sur l'être spirituel la force avec laquelle il dirige la nature dans la voie de sa sagesse, afin que cet être devînt libre de sa loi; mais qu'alors, Dieu ne le dirigeant plus par la force, dans la voie de sa sagesse, il fallait qu'il se départît en sa faveur d'un rayon de cette même sagesse, pour que cet être, livré à son propre mouvement, reconnût au moins de lui-même, sa voie et ses destinées;

Que non-seulement c'est sur le premier élément de cet être qu'est fondée son existence absolue, mais que cet élément est en même temps la lumière qui doit l'éclairer dans le sens où Dieu l'aurait lui-même dirigé, s'il ne l'eût fait libre; lumière qui est dans l'homme ce que la sagesse est dans Dieu, ce que l'harmonie est dans l'univers; même substance qui dans Dieu, ou dans sa source, est la sagesse, qui dans l'univers est l'Ordre, et qui dans l'homme, est la raison;

Que de là résulte le mouvement naturel de la raison vers sa source, de l'être vers la plénitude de l'être, ou ce que les psychologistes, conformément à leur théorie, appellent le besoin de connaître; de là, l'acte principal de la raison, qui est de se porter vers la réalité et d'y adhérer, ce qu'on appelle croire ou posséder la vérité, et ce qui consiste pour la raison à prendre sa respiration dans l'infini, son atmosphère naturelle;

Que l'homme peut nier la croyance, mais qu'il n'a pas plus le pouvoir d'arrêter cette vibration intelligible de sa raison frappée par la lumière, que de suspendre les battements de son cœur;

Que la croyance, le mettant en possession de la

DE LA NATURE DE L'HOMME.

connaissance de son bien, ou des fins auxquelles il est destiné, doit être et se trouve effectivement secondée par un pouvoir d'agir capable d'exécuter les actes nécessaires pour le porter vers cette fin ;

Que si ce pouvoir spécial de la créature ne formait pas en elle une existence distincte de l'existence infinie, le don de cause, propriété fondamentale de l'être réellement créé, ou distinct de Dieu, n'appartiendrait point à l'homme : car la cause qui est le propre de l'homme, se confondrait dans la cause infinie ;

Que mettre une cause dans une autre, c'est confondre un être dans un autre ; que, par conséquent, nier que l'homme soit une cause, c'est nier qu'il existe comme être réel, mais supposer qu'il existe seulement au même titre que la matière, c'est-à-dire, comme simple phénomène ;

Que l'homme, ainsi confondu dans l'infini, n'existant pas pour lui-même, n'agirait pas par lui-même, et ne serait point alors comptable pour lui-même ; que, par conséquent, il ne remplirait point le but que Dieu attend de son œuvre ;

Que si l'homme existe, il est cause ; que s'il est cause, il produit des actes qui ne procèdent que de lui ; ce que nous retrouvons précisément dans l'expérience, qui renferme la mise en application des lois de l'être moral ; et ce qu'elle nous prouve de mille manières en nous montrant :

Que l'homme est maître d'agir ou de ne pas agir, et de produire successivement des actes tout-à-fait opposés ;

Que souvent les motifs les plus violents et qui peuvent

avoir la plus grande influence sur les déterminations de sa volonté, sont repoussés pour les motifs moins pressants de l'intelligence ;

Que souvent même la volonté ne choisit pas ses motifs; qu'elle agit spontanément, c'est-à-dire, sans tenir compte d'aucun d'eux, dans les actes connus sous le nom d'insouciance, de caprice, d'indifférence ;

Que, bien plus encore, elle agit quelquefois contrairement à tous les motifs, en persistant, par pure obstination, à agir exclusivement par elle-même, dans les actes connus sous le nom d'entêtement ;

Que l'homme tantôt suit sa loi et tantôt lui résiste; que s'il y était irrésistiblement fixé comme les animaux, il la réaliserait constamment ; ou que s'il avait une aversion constitutive contre sa loi (ce qui est absurde), il la repousserait constamment aussi; mais, de ce qu'il combat entre le mobile que lui présente sa loi et d'autres mobiles opposés, il n'est donc ni l'un ni l'autre de ces mobiles, mais, celui qui combat l'un et l'autre;

Que la même liberté, qui se montre dans nos actions extérieures produites par notre volonté, apparaît dans nos idées, qui sont les actes produits par notre intelligence; qu'elle apparaît dans le phénomène de l'attention, qui est la condition indispensable de toutes les opérations possibles de l'esprit humain, depuis l'acte le plus simple de perception, jusqu'à l'acte le plus compliqué d'induction et de raisonnement; et que même les psychologistes ont été tellement frappés de ce caractère de liberté qu'ils n'ont pas donné à l'intelligence de l'homme d'autre nom que celui d'activité volontaire et libre, ou simplement *d'Activité* [1]. L'activité n'est autre chose que la causalité de notre intelligence ;

Que cette liberté paraît jusque dans le sein impersonnel de la raison, à propos de nos jugements sur le vrai et le faux : 1° en ce qu'elle nous donne le pouvoir de suspendre notre assentiment sur l'un et l'autre jusqu'à ce que nous soyons parvenus à une certitude complète, et que dans ce seul phénomène est la source de toute science, de toute idée positive ; 2° en ce qu'elle prend soin de retenir notre attention sur la vérité, pour tâcher d'en pénétrer notre volonté ; ou bien, au contraire, lorsqu'elle détourne notre attention de la vérité, de peur que son impression ne nous inspire la velléité du bien ; 3° en ce qu'elle paraît enfin dans le pouvoir qu'a l'homme de dire autre chose que ce qu'il croit en son esprit, et d'agir contrairement à ce qui est en sa conscience ;

Que, sous quelque face que nous envisagions le Monde moral, tous les phénomènes qu'il renferme ne reposent que sur ce principe ; car la religion, la morale, l'éducation, le droit, supposent que l'homme a le pouvoir d'agir par lui-même : autrement il n'aurait que faire de leurs prescriptions ;

Que la même liberté paraît dans les rapports que les hommes ont entre eux : la vertu, l'amitié, le mérite, l'approbation, la gloire, les sentiments d'affection, supposent bien que l'homme agit de lui-même ! Les promesses, les conventions, les contrats n'existeraient point, si l'homme ne comptait pas sur le pouvoir qu'il a de se déterminer et d'être le maître de sa volonté ;

[1] L'école rationaliste a fait passer ce mot dans la langue avec ce nouveau sens.

Que, sans la responsabilité, qui naît de cette liberté, les tribunaux de la justice humaine ne pourraient pas plus exister que le tribunal de la justice divine ;

Que, sans le pouvoir d'agir par nous-mêmes, le remords et la satisfaction ne seraient point dans notre âme comme une douleur ou comme un plaisir, pour nous avertir des biens qui vivifient notre âme et des maux qui l'empoisonneraient ;

Que, sans la liberté, il n'y aurait pas cette variété infinie d'individus qui font autant de personnalités différentes qu'il y a d'hommes ; car si l'homme était invariablement fixé par sa loi, quant à l'esprit, celui qui connaîtrait l'un de nous, nous connaîtrait tous ; et s'il y était invariablement fixé, quant aux corps, la médecine faite sur l'un de nous pourrait servir à l'espèce entière. Enfin,

Que, sans la liberté, qui donne à chacun de nous le pouvoir de faire le mal comme le bien, c'est-à-dire qui donne à chacun de nous le pouvoir de se dégrader ou de se développer plus ou moins, il n'y aurait pas une pareille inégalité parmi les hommes.

La conclusion générale de tous ces faits est que la raison sans la liberté, n'a pas plus de sens que la liberté sans la raison ; que la découverte de la raison, dans l'homme, nous amène inévitablement à la découverte de sa liberté ; tout comme la découverte de sa liberté doit nous amener également à la découverte de sa raison, parce que :

Non-seulement la raison et la liberté s'impliquent

nécessairement pour qu'il y ait existence d'une créature, c'est-à-dire, pour que l'existence de l'homme soit possible dans la réalité absolue; mais elles s'impliquent encore aussi nécessairement pour que l'homme puisse atteindre son but dans la création. Ou, en d'autres termes, que la co-existence de la raison et de la liberté, est la condition de l'existence de l'homme dans la Réalité absolue, comme elle est la condition de son existence dans la réalité relative, ou le temps; et qu'elle est la condition de l'existence de l'homme dans le temps, comme elle est la condition de son existence dans l'absolu : ce qui, en nous donnant une haute idée des rapports d'harmonie établis entre le Monde moral, que l'homme est appelé à construire, et le Monde intelligible, auquel le premier sert de vestibule, doit révéler à notre admiration la grandeur et l'unité des plans de Dieu !

Puisque, sans la raison et sans la causalité, l'homme n'existerait pas en réalité, voyons maintenant ce que deviennent la raison et la causalité déportées ensemble, par la création, hors de la Réalité infinie ; voyons quels sont les caractères qu'elles y prennent et les propriétés qu'elles y confèrent à l'homme.[1]

---

[1] Ce chapitre, qui est lui-même une sorte de sommaire des sept chapitres précédents, peut se dispenser d'en avoir un.

IX.

Que deviennent la raison et la volonté ainsi déportées, par la création, hors de la Réalité absolue ?

Nous avons vu comment la rationalité et la causalité s'impliquent nécessairement dans l'absolu, afin que l'homme existe réellement et conformément aux fins de la création; eh bien ! ces deux éléments s'impliquent aussi nécessairement dans la vie du temps; car il est clair :

1° Qu'il ne servirait à rien d'avoir donné à la créature spirituelle la raison, pour l'éclairer à se conduire vers ses fins, si la créature ne possédait pas, en elle-même, la puissance propre de s'y porter;

2° Qu'il ne servirait pas davantage de lui avoir donné la puissance d'agir pour sa conservation et ses fins, si elle ne possédait aussi, en elle-même, une sagesse qui l'éclaire sur les actes qu'elle doit opérer, et sur la voie qu'elle doit suivre pour arriver à ces mêmes fins ;

8° Qu'il ne servirait pas davantage d'avoir ainsi doué l'homme 1° de la raison, pour l'éclairer sur les actes qu'il doit accomplir afin d'atteindre à sa destination ; 2° de la puissance d'agir, pour réaliser les actes qui doivent le conduire à cette destination, s'il n'avait pas une œuvre à faire; et si, détaché du sein de l'infini par la création, il n'était pas placé, par cette même création, dans une sphère de réalisation, pour opérer les actes dont l'accomplissement sera la réalisation même de cette œuvre. — Nous verrons tout à l'heure quelle est cette nouvelle sphère, et quelle est cette œuvre que l'homme doit y accomplir.

Et d'abord, disons-nous, l'homme est doué de la puissance d'agir pour réaliser les actes qui doivent le conduire à ses fins : car la liberté, il faut le remarquer, a bien le pouvoir de faire le mal, mais elle n'en a pas le droit. Et même, elle n'a ainsi la facilité du mal que pour avoir le mérite du bien ! le mérite du bien, parce qu'elle le choisit, parce qu'elle se porte vers lui, quand il lui serait possible de s'abandonner à la violation de sa loi, c'est-à-dire, de se jeter vers le mal.

De sorte que l'on pourrait dire que le pouvoir du mal n'a été donné à la volonté que pour qu'elle fît mieux le bien ; ou du moins, pour qu'elle en recueillît tout le prix. Aussi, dans son expression la plus juste, — la liberté est le devoir d'accomplir le bien quand on aurait le pouvoir de faire le mal. — St. Pierre nous a donné à entendre cette véritable notion de la liberté, lorsqu'il a dit : « Vous êtes libres, non pour vous servir de votre

« liberté comme d'un prétexte qui couvre vos mauvaises
« actions, mais pour agir en serviteurs de Dieu. »
Notre liberté n'a le pouvoir de mal faire que pour avoir
celui de bien faire. Alors, comme Dieu n'a donné la
liberté à l'homme que pour qu'il eût ainsi la prérogative
sublime de FAIRE LE BIEN, quand l'homme fait le mal, il
dégénère de Dieu.

Ce qu'on nomme le bien, c'est la réalisation de la loi ;
ce qu'on nomme le mal, c'en est la violation. Or, comme
la loi d'un être est ce qui renferme pour lui les conditions
de son existence, la réalisation de sa loi conserve par conséquent l'être libre, le développe et l'amène à ses fins ;
tandis que la violation de sa loi le conduit naturellement
à sa destruction. Alors on conçoit parfaitement que Dieu
n'aurait pas constitué libres ses créatures pour le plaisir
de les voir ensuite se détruire elles-mêmes ; c'est-à-dire,
qu'il ne leur aurait pas conféré la liberté pour qu'elles
profitassent de l'occasion que la liberté leur donne de
faire le mal, d'aller à contre-sens du but de la création.

Si la liberté est donnée à l'homme pour qu'il devienne
vertueux, et non pour qu'il devienne coupable, prenons
garde que Dieu ne nous dise comme aux Juifs : *Vous
m'avez fait servir à vos iniquités !..* c'est-à-dire, vous
vous êtes servis de mon bien pour en faire le mal ; vous
avez employé à vous dégrader, la force que je vous ai
donnée pour vous développer !

La loi de l'homme lui est donc proposée par sa raison ;
et, de ce qu'elle ne lui est pas imposée comme aux corps
bruts de la nature, cette loi perd le caractère spécial de

la puissance sur les corps, qui est la *force*, pour prendre le caractère spécial de la puissance sur les esprits, qui est *l'obligation*.

Ainsi, la puissance de la loi des êtres bruts ou non libres, est la *nécessité* : parce que Dieu n'ayant point, dans ce cas, de liberté à conserver, ni de mérite à ménager, agit immédiatement par voie de *contrainte*; la puissance de la loi des êtres spirituels ou libres, est *l'obligation*, qui est la nécessité spirituelle : parce que Dieu, ayant alors des libertés à conserver, des mérites à ménager, agit médiatement par voie de *conviction*, laquelle est une acceptation volontaire, de la part d'un être libre, de la loi qui lui convient. Si Dieu agissait sur eux par voie de contrainte, il renverserait tous les résultats qu'il attend de son œuvre.

De sorte que, si le caractère des lois de la nature physique est la force, le caractère des lois de la nature humaine est l'obligation. D'où il résulte évidemment qu'il serait aussi absurde de dire que les lois du Monde moral ne sont pas obligatoires, que de soutenir que les lois du monde physique n'ont ni force, ni irrésistibilité. La loi étant ce qui régit l'être, toute loi qui ne serait pas, selon la nature de l'être qu'elle aurait à régir, ou irrésistible, ou obligatoire, ne serait point une loi. Il y aurait donc une contradiction manifeste à dire que la puissance physique qui régit les corps, n'est pas nécessaire, ou que la puissance morale qui régit les êtres moraux, n'est pas obligatoire; parce que ce serait soutenir, en d'autres termes, que la loi n'est pas loi.

Aussi entend-on universellement par lois, dans le

monde physique, les forces fatales qui dirigent les êtres bruts ; et par lois, dans le Monde moral, les prescriptions obligatoires qui doivent diriger les êtres moraux. Dire qu'une chose est obligatoire, c'est dire qu'elle est contenue dans notre loi. Car, par *Loi*, on entend ce qui nous *lie*, et par *Ob-ligation*, l'effet que la loi produit sur nous, c'est-à-dire de nous lier.

La loi étant la règle obligatoire des actions de l'être moral, et ces actions de l'être moral n'ayant de valeur que dans leur rapport avec leur loi, qui est par conséquent une loi morale, on confronte donc ces actions à leur loi ; puis, selon qu'elles lui sont conformes, ou qu'elles lui sont opposées, on dit, dans le premier cas, que ces actions sont *morales*, et, dans le second, que ces actions sont *immorales* : expressions sublimes du langage, qui appellent du même nom, et ce qui est conforme à la loi, c'est-à-dire au bien, et l'être dont cette conformité à la loi fait le bien ! Par là elles nous donnent à entendre que le bien, qui est la fin d'un être, et, que sa conformité à sa loi sont tellement son état naturel, que son bien et lui sont tellement une même chose, qu'il faut leur donner le même nom. Et, en effet, l'être moral n'a pas de mot plus vénérable pour exprimer le caractère des actes qu'il opère conformément à son bien, ou à sa destination, que de les désigner par son propre nom !

L'action conforme à la règle obligatoire, c'est-à-dire, comme nous venons de le voir, l'*action morale*, ou l'action naturelle de l'être moral, lui est imposée par sa loi aussi rigoureusement que les actes physiques sont imposés aux corps par les forces matérielles : avec cette différence que les premiers actes sont imposés par la conviction, et les seconds, par la contrainte ; ce qui fait qu'on a voulu distinguer ces deux différents modes d'action, en disant que la loi de l'être moral lui est *proposée*, tandis que la loi des êtres physiques leur est *imposée*. Mais on n'a jamais voulu dire que, parce qu'il est dans le pouvoir de l'homme d'accomplir ou de rejeter sa loi, il soit également de son devoir de la rejeter, comme il l'est de l'accomplir.

La loi qui dirige les êtres moraux vers la possession de leur bien, a donc un caractère de nécessité aussi entier, aussi rigoureux vis-à-vis de l'être moral, que la loi physique vis-à-vis de l'être physique. Et même d'après ce caractère si rigoureux de nécessité et d'irrésistibilité, nous devons prendre une idée de ce que doit être l'obligation par rapport à nous : car, si l'on tient à employer dans l'ordre moral le mot *obligatoire*, préférablement au mot *nécessaire*, c'est simplement pour ne pas confondre cette nécessité spirituelle qui s'adresse à la liberté de l'être moral, avec la nécessité fatale qui subjugue la matière.

C'est pourquoi cette expression ne laisse pas d'être quelquefois employée pour revenir au sens fondamental, ainsi que nous le voyons dans cette superbe observation de l'auteur *Des principes du droit de la nature et des gens*: « Comme l'on est indispensablement obligé de faire tout ce qui est ordonné, et de s'abstenir de ce qui est défendu, les jurisconsultes considèrent les actions prescrites, comme des actions *nécessaires*[1], et les actions défendues, comme *impossibles*. Ce n'est pas que l'homme n'ait le pouvoir physique d'agir contre la loi, et qu'il ne puisse, s'il le veut, faire usage de ce pouvoir; mais comme il agirait en cela d'une manière opposée à la droite raison, on présume qu'un homme raisonnable et vertueux, demeurant tel et agissant comme tel, ne saurait faire un si mauvais usage de sa liberté; et cette présomption est en elle-même trop rationelle et trop honorable à l'humanité, pour n'être pas approuvée. Tout ce qui blesse l'affection naturelle, la réputation, l'honneur, et en général les bonnes mœurs, doit être présumé impossible, disent les jurisconsultes romains. »[2]

Puisque la loi de l'être moral est obligatoire, nécessaire, il faut que nous connaissions maintenant l'origine de cette obligation, ou nécessité morale, et par conséquent le principe de son étendue et de son autorité: « Il n'y aurait point d'obligation pour l'homme, c'est-à-dire de nécessité d'obéir au sens moral, de conformer ses actes extérieurs à une règle absolue, si cette règle ne lui était donnée. L'idée d'obligation suppose que la règle ne

---

[1] Les philosophes conservent aussi cette expression pour donner plus de clarté et de rigueur à cette idée : « La conformité des actes produits par le moi avec la loi qui doit le régir, dit M. Noirot, est dépendante de la volonté libre ; mais il y a nécessité morale pour la volonté, de se conformer à cette loi, et c'est cette *nécessité morale* que l'homme peut méconnaître, mais à laquelle il ne peut se soustraire sans crime, qui constitue l'obligation. *L'obligation* diffère donc de la *nécessité* d'une manière purement accidentelle, mais non pas d'une manière absolue. »

[2] Nam, quæ facta lædunt pietatem, existimationem, verecundiam nostram et (ut generaliter dixerim) contra bonos mores fiunt nec facere, nos posse credendum est.
L. 15. *Dig. De condit. institut.* »

vient point de l'homme, qu'elle ne lui appartient point, qu'il ne l'a point faite, mais qu'il la trouve en lui-même. Il n'y a pas à examiner si l'obligation de conformer nos actes à des règles, existe ou non pour chacun de nous : c'est un fait de conscience, une notion nécessaire. L'idée du devoir, qui est la même que celle de l'obligation, ne peut se rattacher à aucune de nos facultés personnelles ; la sensibilité et l'activité nous font apprécier l'action sous le rapport de l'*utile* ou du *nuisible*, et sous le rapport de l'intérêt ; mais ce n'est point par ces facultés que nous arrivons à la notion du juste et de l'injuste, du bien et du mal : telle action est condamnée par le sens moral, qui est appréciée autrement par la sensibilité.[1]

---

[1] « Introduire la règle dans la conduite de nos facultés, en fixant la fin suprême qu'elles doivent atteindre et la marche qu'elles doivent suivre pour y arriver, c'est là ce que fait la raison. L'intérêt bien entendu est la conception du bien de l'individu, elle n'est pas celle du bien en soi. Le jour où la raison aperçoit que de même qu'il y a du bien pour nous, il y en a pour toutes les créatures quelles qu'elles soient, qu'ainsi le bien particulier de chaque créature n'est autre chose qu'un élément du bien absolu, ou de l'ordre universel ; ce jour-là l'idée du bien ainsi dégagée, élevée à l'absolu, apparaît à notre raison comme obligatoire pour elle. Dès-lors, un nouveau motif d'agir, un nouveau principe de conduite se révèle à nous et s'introduit dans le mécanisme de nos déterminations. Ce principe est un principe obligatoire, est une loi. Le premier motif, ou celui de l'intérêt bien entendu, est le résumé de ce que veulent les tendances de notre nature ; il n'a pas une autre autorité que la leur, et ne l'emporte sur elles que parce qu'il fait comprendre ce qu'elles veulent. Mais le second motif, ou le second point d'appui donné par elles à la liberté, est bien plus puissant ; c'est l'idée du bien en soi, laquelle idée du bien en soi ne résume plus la fin des mobiles, leur intérêt bien entendu, mais une fin, un intérêt profondément impersonnel, la fin universelle de la création, qui est le bien absolu, qui est l'ordre. Or, il n'y a qu'une telle idée, qu'une telle fin, qu'un tel bien, qui puisse avoir le caractère obligatoire ; car ce qui est personnel n'étant pas supérieur à la personne, ne peut, en aucune manière, l'obliger. L'idée de loi implique quelque chose d'extérieur et de supérieur à la personne, quelque chose d'universel qui comprenne et qui domine le particulier. Telle est l'idée du bien absolu, ou de l'ordre universel, à laquelle s'élève la raison, et qui lui apparaît immédiatement comme un motif législatif et obligatoire. »

M. JOUFFROY, *Cours de droit naturel. Faits moraux de la nature humaine.*

Toutes les langues, tous les peuples ont eu une expression différente pour désigner *l'utile* et pour désigner le *juste* ; il serait donc tout-à-fait oiseux d'insister sur cette distinction : nous n'avons pas à l'établir mais à la constater. Or, si le juste diffère de l'utile, nous ne pouvons en rapporter la notion à la même faculté ; et si c'est par des facultés personnelles que nous apprécions telle action comme utile ou nuisible, c'est par une faculté impersonnelle que nous apprécions la même action comme juste ou injuste. Cette distinction n'est donc point notre ouvrage, elle est nécessairement, absolument vraie, elle est par conséquent obligatoire. La raison fournit des axiomes au moyen desquels l'homme apprécie ses actes d'une manière absolue. » [1]

Comme nous le voyons, d'après ces explications, par cela même que la raison renferme notre loi, elle renferme aussi le principe d'obligation, ou la nécessité morale, qui n'est que sa propriété fondamentale, le caractère propre, nécessaire, indispensable, sans lequel notre loi ne serait plus loi. Aussi, dès l'instant que la raison nous offre la notion nécessaire du bien et du mal, elle nous donne à l'instant même, et aussi nécessairement, la notion obligatoire de faire le premier et d'éviter le second. Ce sont là des faits constatés par l'observation psychologique. La raison renferme donc notre loi elle-même : elle est le tabernacle auquel Dieu l'a confiée.

Mais n'allons pas si vite, ni si loin : faisons un peu comme les psychologistes qui, trouvant la loi de l'être

---

[1] M. NOIROT, *Cours de philosophie*.

moral dans la raison, la considèrent comme la loi elle-même, comme son principe et sa source ; nous, interrogeons-la pour savoir comment elle peut certifier de l'intégrité du dépôt qui lui a été confié. Il est bien naturel que nous lui demandions si elle renferme toute l'autorité nécessaire pour prescrire de pareilles obligations, pour imposer une nécessité morale ! Car, l'homme est libre : il lui importe donc bien de savoir d'abord, à qui il doit obéir, pour ne pas exposer sa nature ; ensuite quelle est l'étendue et la valeur de cette autorité, pour y mesurer l'étendue de son obéissance.

La raison étant un élément de la nature de l'homme, élément qui se manifeste en lui comme une de ses facultés, il est clair que cette raison, en tant qu'elle fait partie de la nature de l'homme, n'est point un être extérieur et supérieur à l'homme ; il est clair enfin qu'elle n'est point l'être qui l'a créé, puisqu'elle est, au contraire, de l'être avec lequel il a été créé. Alors il faut donc que l'homme sache de qui la raison peut tenir cette loi, ainsi que l'autorité morale dont elle se prévaut devant lui ! Que signifie de dire, par exemple, que c'est une loi impersonnelle, c'est-à-dire, une loi qui n'émane point de la personnalité ; qu'elle n'a été faite conséquemment par aucun homme ; qu'elle est la même pour tous ?... Mais alors suffit-il qu'une loi soit impersonnelle, ou qu'elle ne vienne pas de l'homme, pour qu'il soit obligé de lui obéir ?..

Quand on qualifie la loi d'impersonnelle, on ne veut donc pas dire seulement qu'elle n'est point le produit de l'homme, qui peut errer, et qui n'a pas le droit de gouverner un autre homme; on ne veut pas dire seulement qu'elle est la même chez tous les hommes : car, pourquoi, si un homme peut errer, et n'a pas le droit de gouverner un homme, tous les hommes auraient-ils le droit d'en gouverner un ? Si la liberté enlève tout homme au pouvoir de son semblable, par cela qu'il est homme, ne l'enlève-t-elle pas, au même titre, au pouvoir de tous; car, vis-à-vis de tous, n'est-il pas toujours le même homme ?

Mais si cela est, pourquoi dit-on que c'est l'universalité des axiomes de la raison et des prescriptions de la loi, qui fait leur autorité ou leur certitude? Ne serait-ce point que ces prescriptions et ces axiomes attesteraient, par leur universalité, qu'ils viennent de l'humanité; et que l'on reconnaîtrait à l'humanité le droit de prescrire, le droit de commander à l'homme?... Nous allons voir que ce n'est point l'humanité, au fond, qui a par elle-même cette autorité, mais que seulement l'humanité l'a reçue dans la faculté impersonnelle de chacun de ses membres; et que l'humanité, loin d'être le législateur, n'est que le tribunal auquel a été confiée la loi.

Aussi n'attache-t-on plus de certitude à l'autorité de la raison dans l'humanité qu'à l'autorité de la raison dans l'individu, que parce que tous les hommes ne peuvent fausser cette faculté impersonnelle sur un même point : l'universalité des prescriptions de la raison générale offrant plus de probabilités pour que la loi qu'elle constate et proclame soit restée toute pure, que si cette loi n'était attestée que par une seule intelligence.

Cette raison législatrice ne tire donc pas plus son autorité réelle de l'humanité entière, qu'elle ne la tire de l'individu ! ce qu'elle tire de l'humanité, c'est de la certitude, c'est la garantie de l'authenticité de son origine. — Et nous verrons plus tard qu'elle a sur la terre un autre moyen de certitude peut-être encore plus directement infaillible que celui-ci.

Maintenant, pour ce qui est de savoir quel est le principe, l'origine et le titre de l'autorité législatrice de la raison pure, nous n'avons qu'à nous rappeler ce que nous avons reconnu sur la nature, l'origine et les fonctions de la raison, lorsque nous l'avons étudiée. En effet, rappelons-nous que si nous avons nommé cette raison, *Impersonnelle*, dans son rapport avec l'individu; en elle-même et dans son rapport avec sa source, nous l'avons reconnue *Divine*, c'est-à-dire émanée directement de la Réalité créatrice. Divine, disons-nous, puisqu'elle se montre comme la même substance intelligible qui, dans Dieu, est la sagesse; qui, répandue dans l'humanité, constitue sa loi, ses axiomes, son patrimoine universel de vérité ; et qui, manifestée dans la nature, constitue l'intelligence, l'ordre et l'harmonie par lesquels, dans lesquels, et avec lesquels l'univers se meut et se conserve.

Ainsi, l'on dit que la raison est universelle et impersonnelle, en tant seulement qu'elle est considérée dans son rapport avec l'individu, avec la personne, dont elle n'émane point. Mais, lorsqu'on la considère en elle-même, dans son rapport avec son origine, avec la source dont elle émane, elle prend alors le nom d'absolue, de nécessaire, de divine ; en un mot, elle prend le nom de tous les attributs de la substance éternelle. Car la raison étant, dit M. Cousin, la substance infinie en tant qu'elle se manifeste, elle est à la lettre une révélation qui sert d'interprète à Dieu et de précepteur à l'homme.

Aussi, dès que l'on porte la même question sur l'humanité, dès que l'on demande si la raison est personnelle à l'humanité, c'est-à-dire, si elle procède de l'humanité, on voit reparaître le même fait, et conséquemment la même observation que pour l'individu, à savoir que : si la raison était personnelle à l'humanité, si elle émanait de son sein, elle n'aurait point de caractère obligatoire pour l'humanité. Car, *ce qui est personnel à un être, ne lui étant pas supérieur, ne peut en aucune manière l'obliger ; l'idée de la loi impliquant quelque chose d'extérieur et de supérieur à l'être.*

L'espèce entière n'a donc par elle-même aucune autorité sur elle-même, non plus que sur aucun de ses membres ; parce qu'ils sont tous libres au même titre, et que toutes les libertés se valent. La raison ne renferme les prescriptions obligatoires de l'humanité, c'est-à-dire, ne renferme sa loi, que parce que précisément la raison ne relève point d'elle-même, qu'elle est impersonnelle par rapport à la personne de l'humanité, comme elle l'est par rapport à la personne de l'individu ; en un mot, la raison ne renferme la loi de l'homme que parce qu'elle dérive en ligne directe de celui qui a créé l'homme. Il n'y a que celui qui a fait un être qui puisse lui donner sa loi : car, la loi d'un être est ce qui renferme les conditions de son existence.

L'homme n'est pas lui-même son propre souverain : qui pourrait l'être?.. L'homme n'a pas même le droit de s'obéir à lui-même, car son devoir est d'obéir à sa loi, et non à ses caprices. Puisqu'il n'a pas le droit de se commander à lui-même : qui l'aurait parmi ses semblables?. Personne ne peut donner ce droit, personne ne peut le prendre. Parce que personne ne peut donner plus de pouvoir sur lui qu'il n'en possède lui-même ; et que personne ne peut prendre sur son semblable plus de pouvoir qu'il n'en a sur lui-même.

Tout être, et ceci est une vérité de la plus profonde ontologie, tout être ne doit obéir qu'aux conditions de son existence ; conséquemment, qu'à la loi qui renferme ces conditions ; conséquemment, qu'à Dieu qui lui donne cette loi par là même qu'il lui donne l'existence.

Car si, lorsque la raison enseigne à l'homme la loi qui a été faite pour son être, l'homme ne savait pas que la raison est la voix de Dieu, l'homme ne devrait pas obéir à la raison. Et si, par la raison, Dieu n'avait pas trouvé un moyen de faire arriver avec sûreté sa voix jusqu'à nous, l'homme ne devrait obéir à aucune puissance sur la terre. En effet, s'il n'y avait pas, pour l'homme, ce moyen infaillible de reconnaître sa loi, il n'y aurait pas de pouvoir au monde qui eût autorité sur la volonté humaine : l'homme ne doit obéir qu'à Dieu. — Il n'est pas un seul être dans l'univers entier qui n'ait l'honneur insigne de n'obéir qu'à son créateur : serait-ce pour l'humanité que Dieu eût dérogé à cette sublime loi !...

Non, homme cause, homme qui as été créé semblable à Dieu, tu es trop près de ton créateur pour qu'aucun être puisse se placer entre vous deux, et prendre autorité sur toi. Noble vassal ! tu ne relèves que de l'Éternel. Prends y garde : lorsque tu obéis sur la terre à un ordre que prononce la bouche de l'homme, à une loi qu'a écrite sa main, tu n'y obéis, et tu ne dois y obéir que parce que cet ordre est conforme à la raison, c'est-à-dire, que parce que cet ordre vient de Dieu. C'est ainsi, par exemple, que tu obéis à ton père. Car, remarque-le bien, ce n'est pas à ton père que tu obéis, tu obéis à Dieu te parlant par la bouche de ton père. Dieu l'a placé auprès de toi comme une raison vivante, jusqu'à ce que tu possèdes la tienne. Mais pour celui qui prétendrait te commander en son propre nom, il usurperait un pouvoir qui n'appartient qu'à Dieu, et tu aurais droit de le citer comme coupable du crime de lèse inviolabilité humaine.

Ainsi, c'est la raison qui sauve la liberté. Sans la raison, ô homme ! tu ne serais pas libre, parce que tu ne saurais comment faire pour obéir à Dieu. Oui, si cette raison n'était conservée impersonnelle dans le sein de l'individu, et attestée universelle dans le sein de l'humanité, ne te trouverais-tu pas exposé à obéir à d'autres ordres qu'à ceux de celui qui t'a créé ?.. Ah ! tu es grand et libre, va ! Dieu a pris plus de soin de ta liberté que tu ne penses...

La raison est donc impersonnelle à l'individu, en ce qu'elle ne vient pas de lui, et qu'elle lui est commune avec l'humanité, qui la lui certifie; et, impersonnelle à l'humanité entière, en ce qu'elle n'émane pas davantage de l'humanité, et qu'elle lui est commune avec l'Être absolu, qui la lui envoie. L'humanité est donc à l'être absolu, d'où lui vient sa loi, ce que l'individu est à l'humanité, d'où lui vient sa raison. Et la supériorité de la raison de l'humanité sur la raison individuelle ne résulte absolument que de la garantie de pureté et de certitude qu'offre la première sur la seconde. Or puisque la raison prescrit positivement une loi impersonnelle et supérieure à l'humanité, cette loi, portant dès-lors tous les caractères de l'être absolu dont elle dérive, devient par là même obligatoire à la volonté de l'homme.

Conséquemment, la loi étant obligatoire pour l'individu, en ce qu'elle émane de la raison, qui est supérieure et impersonnelle à l'humanité; et cette même raison étant supérieure et impersonnelle à l'humanité, en ce qu'elle émane de la Raison infinie de l'être absolu : que l'individu prenne sa loi dans sa propre raison, éprouvée à la raison de l'humanité, et que l'humanité prenne en elle cette loi, évidemment la même, cette loi a, pour l'espèce comme pour l'individu, le même caractère, la même puissance d'obligation, parce qu'elle a, pour l'une comme pour l'autre, ses titres de divinité.

De sorte que l'homme qui obéit à sa raison, garantie impersonnelle par l'humanité, n'obéit purement et exactement qu'à Dieu. Aussi l'obéissance est-elle l'acte le plus pur de liberté : les êtres non libres cèdent, ils n'obéissent pas. Or, comme le bien suprême est la fin, le but, l'idéal, le terme de la perfection et du développement de la créature spirituelle, et comme toutes les fois que nous obéissons ou que nous réalisons notre loi, nous nous rapprochons de ce but, de cette fin, de ce bien suprême, pour la conquête duquel la liberté nous a été donnée : il en résulte qu'obéir à la loi que Dieu nous transmet par la raison impersonnelle, c'est accomplir tout à la fois et l'acte de la liberté la plus complète, et l'acte de l'obligation la plus absolue. Car si l'obligation consiste à régir la liberté, la liberté consiste à n'obéir qu'à Dieu.

Ici nous venons de rencontrer une de ces harmonies sublimes, où l'être créé est ramené vers l'être absolu, où le bien individuel se confond avec le bien universel, la volonté avec la loi, la liberté avec l'obligation; une de ces harmonies qui font le désespoir de la contradiction, et laissent si loin en arrière les esprits qui, retenus par les oppositions apparentes de la science, finissent par se laisser mourir de scepticisme ! Le scepticisme est l'abîme où se jettent ceux qui ont désespéré de la vérité ; c'est la morgue des intelligences : là se retrouvent, pêle-mêle, victimes de l'incroyance, toutes celles qui périrent faute de vérité.

Maintenant concluons, pour apprécier la puissance de l'obligation de la loi offerte à la liberté, que :

Si l'obligation que la loi impose a précisément la même étendue 1° que le droit de celui qui l'impose ; 2° que le besoin qu'a de sa loi celui à qui on l'impose ; et si le droit de celui qui nous l'impose a précisément la même étendue que la convenance ou le rapport que les prescriptions qu'elle nous impose, ont avec notre conservation, notre développement et notre fin ; comme la loi que l'être absolu, créateur et conservateur, nous impose, est la loi même de notre conservation, de notre développement et de notre fin, qui est la possession des réalités absolues; concluons, dis-je, que *l'étendue de l'obligation que la loi nous impose*, est ABSOLUE. Absolue, comme celui qui nous l'impose; absolue, comme les biens pour lesquels il nous l'impose. Donc enfin, l'obligation ne souffre aucune infraction, elle est nécessaire, universelle, imprescriptible, elle possède l'irrésistibilité spirituelle.

On a souvent parlé des Droits de l'homme, et aussi, de ses Devoirs : à présent que nous savons ce que c'est que la liberté et la loi, nous allons voir ce que c'est que le droit et le devoir. Le *Droit* de l'homme est le pouvoir qu'il a de se servir de sa liberté pour accomplir sa loi, ce qui est de son devoir; et le *Devoir* de l'homme est l'obligation qu'il a d'employer sa liberté pour accomplir sa loi, ce qui est de son pouvoir.

Le droit dérive donc plus spécialement de la liberté, et le devoir ou l'obligation, de la raison de l'homme; mais, au fond, ils s'unissent et ne font qu'un : car le droit n'est réellement qu'un pouvoir raisonnable de la liberté, et le devoir, qu'une obligation libre de la raison. C'est pourquoi l'on répète généralement, d'après l'expérience, que le droit et le devoir sont deux termes corrélatifs, deux notions qui nécessairement s'impliquent. Ainsi que le dit le philosophe-poëte : le droit et le devoir sont comme deux palmiers qui ne portent point de fruits s'ils ne croissent à côté l'un de l'autre.

Le devoir et le droit s'impliquent nécessairement : car

celui-ci, étant la faculté de faire, suppose le devoir de faire; et celui-là, étant le devoir de faire, en suppose la faculté. Et ces deux notions qui, en dedans de l'homme, représentent ses deux éléments (la raison et la liberté), se retrouvent pareillement en dehors de l'homme, dans les rapports que les individus ont entre eux. Puis, selon que les uns se trouvent dans le cas de représenter la raison et les autres, de représenter la liberté, les premiers ont pour eux le droit, et les seconds le devoir. Ainsi, comment un père pourrait-il user de son *droit* de diriger l'éducation de ses enfants, si ses enfants n'avaient pas le *devoir* de se soumettre à sa direction?

Il en est de même de tous les autres rapports entre les hommes : le devoir de l'un est un droit pour l'autre, et le droit de celui-ci implique un devoir chez celui-là. Ce qui fait que nous jouissons d'un droit, c'est le devoir qu'a envers nous un autre de nos semblables; et ce qui fait que notre semblable jouit d'un droit, c'est notre devoir envers lui. Si je n'accomplissais aucun devoir, je violerais à chaque instant les droits de mes semblables; si mes semblables n'accomplissaient aucun de leurs devoirs, mes droits seraient sans cesse violés. Car les devoirs sont en général l'accomplissement de la justice, le respect dû à la personnalité humaine, et à la propriété, ainsi que toutes les obligations de la famille, obligations sur lesquelles même repose son existence.

Mais, observons le bien : de ce que le devoir et le droit s'impliquent réciproquement dans le fait, c'est-à-dire, de ce que le devoir de celui-ci fait précisément que je jouis de mon droit, et de ce que mes devoirs font que ceux qui m'entourent jouissent de leurs droits ; de ce que cela se passe ainsi *dans le fait*, il ne s'ensuit pas que *dans le droit* ces deux termes s'impliquent de même, et de telle sorte que l'un ne doive jamais marcher sans l'autre ; c'est-à-dire qu'il ne suit pas, de ce que mon semblable n'accomplit pas ses devoirs envers moi, que je ne doive point accomplir les miens envers lui. Le devoir, au contraire, est tout personnel, il regarde chaque individu. Chacun doit l'accomplir, parce que c'est là sa loi, son obligation absolue. Si mon semblable n'accomplit pas le sien, tant pis pour lui : mais moi, je cherche précisément à ne point me mettre dans le même cas. Bien plus, c'est que ma loi, au lieu de m'engager à suspendre la réalisation de mes devoirs vis-à-vis de ceux qui n'en réalisent aucun vis-à-vis de moi, me prescrit au contraire un redoublement de devoirs envers eux ; puisqu'elle veut que j'emploie tous les moyens pour les ramener au bien, c'est-à-dire, pour les faire se conformer à leur loi, ou remplir leurs devoirs.

La loi obligatoire est naturellement la mesure des droits et des devoirs ; c'est dire, en d'autres termes, que les droits et les devoirs sont absolus. Ils ne peuvent être ni restreints, ni étendus ; aucune puissance humaine ne peut les modifier : ils sont comme la raison même. Et connaître la loi qui doit conduire l'homme, c'est connaître ce qu'il doit faire, c'est connaître ce qu'il est de sa liberté et de son devoir d'accomplir, c'est connaître son obligation, c'est connaître son bien.

Dieu nous ayant créés pour nous faire jouir un jour de sa vie absolue, ce qui est pour tout être le plus grand bien possible ; et l'homme ayant reçu exprès les moyens pour arriver à ce bien, qui est le bonheur infini, nous devons donc, suivant les désirs de Dieu, et suivant les besoins de notre être, opérer les actes qui doivent nous y amener. — Telle est l'origine et telle est la nature de l'obligation pour l'homme : elle n'a pas d'autre but que l'accomplissement de la fin de l'homme et la réalisation de la volonté de Dieu, révélée par la raison agissant sur notre volonté par voie de conviction.

Lorsque notre volonté obéit à cette nécessité morale, elle devient conforme à la volonté de Dieu même. Car la raison procédant de la sagesse de Dieu, si notre volonté se conforme aux prescriptions de notre raison, elle se trouve donc nécessairement d'accord avec la volonté de Dieu. C'est ce qui fait que les jurisconsultes, en cherchant l'origine de l'obligation, s'arrêtent à la raison ; ils pensent que l'obligation est uniquement produite par notre propre sens moral alors qu'il juge que telle action est bonne ou mauvaise ; ou, comme le disent les psychologistes, qui considèrent les faits moraux non point quant à leur origine, mais seulement quant à leurs effets et à leurs caractères dans la nature humaine : « L'obligation est produite par l'autorité du sens moral, « ou de la raison. »

Or de ce qu'il existe une loi obligatoire pour l'homme, quand la volonté s'y conforme par ses actes, il y a mérite ; quand elle s'y refuse, il y a démérite.

Ainsi, puisqu'il y a, d'un côté, le bien à faire par la réalisation de la loi, et, d'un autre, le mal par la non-réalisation de la loi, le phénomène de mérite ou de démérite se complète.

Le mérite et le démérite résultent nécessairement de la responsabilité; la responsabilité résulte de l'imputabilité; et l'imputabilité résulte de la liberté.

De ce que l'homme possède la raison, c'est-à-dire la connaissance de sa loi, il possède la liberté, ou le pouvoir de réaliser sa loi. De ce qu'il possède la liberté, il est doué d'imputabilité, ou du pouvoir de recueillir les fruits de sa liberté. De ce qu'il est imputable [1], il a la responsabilité de ses actes. Et de ce que l'homme est raisonnable, libre et responsable devant Dieu de ses actes, personne au monde ne peut avoir la faculté d'intervenir dans ses actes, à moins de violer la loi obligatoire, en détournant les plans de Dieu. Or de ce que personne ne peut intervenir sur sa volonté, l'homme est donc INVIOLABLE.

---

[1] Dans notre langue, le mot *imputable* n'a été appliqué, jusqu'à présent, qu'aux choses; on n'a, sans doute, pas encore senti le besoin de l'appliquer aux personnes. On dit qu'une action est *imputable* à telle personne, pour signifier qu'elle doit lui être imputée; mais pour exprimer la qualité qu'a la personne de rendre toutes ses actions imputables, pour exprimer la qualité de la personne comme douée d'imputabilité, on n'a point dit encore : *qu'elle fût imputable*, ainsi que pour exprimer que la personne est douée de responsabilité, l'on dit : *qu'elle est responsable*. Cependant le mot *responsable* s'interprétant surtout en mal, et l'homme n'ayant pas seulement reçu la liberté pour encourir la peine de ses crimes, mais aussi pour obtenir la récompense de ses bonnes actions, le mot *responsable* porte avec lui une signification trop étroite et trop exclusive. Si l'homme ne devait être que puni quand il a fait le mal, et non pas récompensé quand il a fait le bien, le mot *responsable* serait suffisant. Ainsi, devant les tribunaux, devant ses semblables, l'homme est responsable; mais devant Dieu, l'homme n'est pas seulement responsable, il est imputable pour tout ce qu'il a fait. — Dans le cas où la langue n'autoriserait pas l'emploi de cette expression en ce sens, que l'on me permette de l'employer à l'avenir pour rendre ma pensée.

Voilà (pour répondre directement à la question de ce chapitre) ce que devient la créature libre et raisonnable lorsqu'elle est déportée, par la création, hors des sphères de la Réalité infinie : la raison devient sa Loi et son Devoir ; la liberté, son Droit et son Inviolabilité.

Il résulte donc de l'observation de ces deux éléments de la nature humaine dans le temps, que l'homme est :

1° Raisonnable,
2° Libre,
3° Responsable,
4° Inviolable.

Alors, ne faudra-t-il pas que nous retrouvions toutes ces propriétés manifestées dans la nouvelle sphère où l'homme est appelé à vivre par suite de la création ?

Aussi, quel que soit l'état naturel de l'homme dans le temps, affirmons plus que jamais que cet état, pour être son état naturel, doit être nécessairement celui dans lequel la Loi, le Devoir, le Droit, et l'Inviolabilité humaine, rencontreront toutes les conditions de leur existence, de leur exercice et de leur développement. Ceci est grave ; que l'on s'y appesantisse.

Mais, puisque l'homme a reçu la raison pour savoir ce qu'il doit faire, la causalité pour le pouvoir, et la responsabilité pour en retirer les fruits : dans quel lieu, maintenant, et sur quel terrain a-t-il été placé hors de l'absolu pour réaliser son œuvre ? Nous verrons plus loin quelle est cette œuvre, et si ses propriétés correspondent à toutes les facultés de la nature humaine. Mais cherchons de suite quel est le lieu où l'on retrouve l'homme, déporté par la création hors de la Réalité infinie ; le lieu dans lequel il a été placé pour y trouver son état naturel pendant le temps, et y réaliser cette œuvre importante.

Sommaire. — Il serait inutile d'avoir donné à la créature spirituelle 1° une raison qui l'éclaire sur ses fins, 2° la puissance de se porter vers ces mêmes fins, si cette créature n'avait pas une œuvre à faire ici-bas, et un terrain pour y réaliser cette œuvre. — Il faut bien remarquer que si la liberté a le pouvoir de faire le mal comme le bien, elle n'en a pas le droit : elle n'a la facilité du mal que pour avoir le mérite du bien. — La liberté, c'est le devoir d'accomplir le bien, quand on a le pouvoir de faire le mal. Le bien, c'est la réalisation de notre loi, le mal en est la violation. — Or, comme la réalisation de sa loi est pour un être la cause de sa conservation et de son développement, et que sa violation cause au contraire sa destruction, on conçoit que Dieu n'aurait pas donné la liberté à ses créatures pour le plaisir de les voir se détruire elles-mêmes. — Ainsi, la loi de l'homme lui est proposée par la raison, au lieu de lui être imposée comme aux brutes. La loi de celles-ci a pour caractère la *force*, l'irrésistibilité, qui est la puissance sur les corps ; la loi de celui-là a pour caractère l'*obligation*, qui est la puissance sur les esprits. — La puissance de la loi des êtres bruts, où il n'y a point de liberté à respecter et de mérite à ménager, est dans la *contrainte* ; la puissance de la loi des êtres spirituels, où il y a une liberté à respecter et des mérites à ménager, est dans la *conviction*. — De sorte qu'il serait aussi absurde de soutenir que les lois, dans le Monde moral, ne sont pas obligatoires, que de soutenir que les lois, dans le monde physique, ne sont pas irrésistibles. — Une loi étant ce qui régit un être pour sa conservation et ses fins, doit nécessairement avoir une action sur lui : ou elle est irrésistible si c'est un être brut, ou elle est obligatoire si c'est un être spirituel, l'obligation n'étant que l'irrésistibilité spirituelle. — Dire que la puissance physique qui régit les corps n'est pas irrésistible, ou que la puissance morale qui régit les esprits n'est pas obligatoire, ce serait soutenir qu'une loi n'est pas loi. — L'*ob-ligation* est l'effet que la *loi* produit sur nous, c'est-à-dire de nous *lier* ; l'idée d'obligation est ce qu'on appelle aussi communément l'idée du devoir. — L'accomplissement de sa loi, pour un être, lui est tellement avantageux, c'est-à-dire, qu'entre un être et son bien, il y a un tel rapport, que l'on n'a pas trouvé d'expression plus sublime pour qualifier les bonnes actions de l'être moral que de les désigner par son propre nom. — Ainsi, on appelle les actions qui sont conformes à notre loi, des *actions morales*; et l'on n'a pas trouvé d'expression plus avilissante pour stigmatiser celles qui sont une violation de la loi, que de les nommer des *actions immorales*. — Que la loi soit *proposée* à l'être spirituel, tandis qu'elle est *imposée* aux êtres physiques, cela veut tout simplement dire que la première est offerte comme il convient qu'elle le soit pour ne pas violer la liberté, tandis que la seconde est fatale et irrésistible ; — car, moralement, notre loi nous est tout aussi sévèrement imposée ; même, nous devons prendre, d'après le caractère si rigoureux de nécessité de la loi qui régit les êtres physiques, une idée de ce que doit être pour nous l'obligation, qui est la puissance spirituelle de notre loi. — Nous devons donc regarder l'obligation comme une nécessité spirituelle ; c'est ce qu'on retrouve, par exemple, dans cette phrase de Burlamaqui : « Considérant les actions prescrites « comme des actions *nécessaires*, etc. », et dans celle-ci de M. Noirot : « Cette *nécessité morale* pour la volonté de se

« conformer à sa loi, constitue *l'obligation* ». — Il n'y aurait point d'obligation pour l'homme, c'est-à-dire de nécessité d'obéir à une règle, si cette règle ne lui était donnée par celui qui l'a créé : l'idée d'obligation implique donc d'abord que la règle ne vient point de l'homme. — Or, effectivement, si c'est par nos facultés personnelles que nous vient l'idée de l'*utile* et du *nuisible*, c'est dans notre faculté impersonnelle que nous trouvons la notion du *juste* et de l'*injuste*, du bien et du mal, avec l'obligation de faire le premier et d'éviter le second. — La raison étant le tabernacle auquel Dieu a confié notre loi, elle doit avoir un moyen de certifier de la fidélité de son dépôt. — Ce moyen est l'universalité de ses prescriptions; car, au fond, la raison dans l'humanité entière n'a pas plus d'autorité que la raison dans l'individu; mais tous les hommes ne pouvant la fausser sur un même point, l'universalité de ses prescriptions renferme toutes les probabilités de la pureté de la loi qu'elle prescrit. — Cette raison législatrice ne tire donc pas plus son autorité réelle de l'humanité entière que de l'individu; elle la tire de Dieu : ce qu'elle tire de l'humanité, c'est de la certitude. — La raison est aussi impersonnelle par rapport à la personne de l'humanité qu'elle l'est par rapport à la personne de l'individu, parce qu'elle ne vient pas plus de l'une que de l'autre; et c'est ce qui fait qu'elle a une autorité obligatoire sur l'humanité comme sur l'individu. — L'homme n'est pas lui-même son propre souverain; qui pourrait l'être? Peut-il donner ou peut-on prendre sur lui un droit qu'il n'a pas? — Un être ne doit obéir qu'aux conditions de son existence; conséquemment, qu'à la loi qui les renferme; conséquemment, qu'à Dieu qui lui donne cette loi en lui donnant l'existence. — L'homme n'obéit à la raison que parce qu'elle est la voix de Dieu, sur la terre; sans elle il n'y aurait pas de pouvoir au monde qui pût avoir d'autorité sur la volonté humaine. — Comme tous les êtres de la création, l'homme ne doit obéir qu'à Dieu. Aussi, quand l'homme obéit sur la terre, ce n'est jamais qu'au nom de Dieu. — De sorte que, sans la raison, l'homme ne serait pas libre ; et que sans la garantie d'impersonnalité et d'universalité que lui donne le genre humain, l'homme ne pourrait la reconnaître comme révélatrice de sa loi. — Notre loi, étant prescrite par la raison, et pouvant ainsi montrer ses titres de Divinité, devient donc rigoureusement obligatoire à la volonté humaine. — Ainsi, l'homme qui obéit à sa raison, garantie impersonnelle par l'humanité, n'obéit exactement qu'à Dieu ; l'obéissance est l'acte le plus pur de liberté. — Si l'obligation que la loi impose a la même étendue 1° que le droit de celui qui l'impose, 2° que le besoin qu'a de sa loi celui à qui on impose l'obligation, comme l'être qui nous l'impose est absolu, et que par cette loi nous arriverons à la possession des biens absolus, l'étendue de l'obligation que la loi nous impose est donc *Absolue*. — Le *Droit* de l'homme est le pouvoir qu'il a de se servir de sa liberté pour réaliser sa loi ; le *Devoir* est l'obligation qu'il a d'employer cette liberté à réaliser sa loi : le droit et le devoir s'impliquent réciproquement. — Cette corrélativité reparaît en dehors de l'homme, parmi ses semblables, où les uns se trouvent dans le cas de représenter le devoir et les autres, le droit. — Ainsi, comment un père userait-il de son *droit* de diriger l'éducation de son enfant, si celui-ci n'avait pas le *devoir* de se soumettre à cette direction ? — Mais de ce que le devoir et le droit s'impliquent réciproquement, il ne s'ensuit pas que si mon semblable n'accomplit pas ses devoirs envers moi, je ne doive pas accomplir les miens envers lui : le devoir est personnel, chaque individu doit l'accomplir, c'est là sa loi, son obligation absolue. — Dieu nous a créés pour que nous jouissions un jour de la vie absolue, et la loi qu'il nous a donnée étant le moyen d'arriver ainsi au bonheur, l'obligation que nous impose la loi, n'a pas d'autre but que l'accomplissement de la fin de l'homme, ce qui est la réalisation de la volonté de Dieu. — Maintenant : de ce que l'homme possède, par la raison, la connaissance de sa loi obligatoire, et de ce qu'il possède, par la liberté, le pouvoir de réaliser cette loi, il est imputable ; de ce qu'il est imputable, il a la responsabilité de ses actes devant Dieu ; de ce qu'il est responsable de ses actes devant Dieu, personne ici-bas n'a le droit d'intervenir dans sa volonté ; et si personne n'a le droit d'intervenir dans sa volonté, l'homme est INVIOLABLE ; — voilà ce que deviennent la raison et la volonté déportées, par la création, hors de la Réalité absolue : la raison devient la loi, le devoir, et l'obligation de l'homme ; la liberté devient son droit, son pouvoir et son inviolabilité. — Quel que soit l'état naturel de l'homme, affirmons plus que jamais, que ce ne peut être que celui dans lequel la loi, le devoir, le droit, et l'inviolabilité humaine, rencontreront toutes les conditions de leur exercice et de leur développement. — Puisque l'homme a reçu la raison pour savoir ce qu'il doit faire ; la causalité pour le pouvoir ; la responsabilité pour en retirer les fruits ; cherchons dans quels lieux, et sur quel terrain il a été placé, hors de l'absolu, pour réaliser son œuvre.

X.

La Matière n'est-elle pas le lieu où l'on retrouve l'homme, déporté par la création hors de la Réalité absolue ?

Nous venons de reconnaître quels sont les éléments indispensables de l'existence d'une créature libre et raisonnable, telle que l'homme :

1° Une causalité, ou l'existence propre, distincte de l'existence infinie ; 2° la rationalité, ou la racine que cette existence non essentielle, non nécessaire, mais conditionnelle, tient enfoncée dans la substance essentielle et nécessaire, pour s'en nourrir ; c'est-à-dire, pour amener en soi les conditions de l'existence.

Telles sont les deux notions indispensables de la conception de l'existence de l'homme dans la réalité : mais l'homme où existe-t-il ?... Nous avons bien l'idée de son existence absolue, et de son existence dans le temps ; mais ce que nous connaissons de lui jusqu'à présent, ne nous indique point dans quelles sphères créées cet être doit se trouver ; quelle est la place qu'il occupe dans l'espace et le temps, qui renferment l'œuvre de Dieu.

Dieu, se voyant seul dans l'éternité avec sa toute-puissance, résolut de faire, par la création, des êtres qui soient par la félicité de le comprendre ; des êtres qui, sortant de son sein, conservent enfermée en eux-mêmes, l'essence de l'infini et de la perfection, pour qu'ils puissent la retrouver en lui et partager son bonheur.

Mais une partie de l'être, ainsi séparée de l'essence infinie, n'aurait pu en jouir : l'identité se serait continuée pendant l'éternité. Car l'être créé rentrant dans le sein panthéistique de l'être incréé, où il aurait aussitôt perdu le sentiment de sa personnalité et conséquemment de son propre bonheur, Dieu serait resté comme il était auparavant ; aucun autre être que lui n'aurait joui de sa félicité. Or, Dieu voulait que cet être lui-même fut heureux.

Alors Dieu vit que la créature, pour former sa personnalité et pour apprécier l'existence infinie, devait en être pendant un temps éloignée ; que pour lui faire apprécier la plénitude de l'être, il fallait la mettre dans le vide, en lui ôtant passé et avenir, et en lui donnant pour vie le contraire de la vie absolue, c'est-à-dire le fini et la souffrance.

Dieu fit donc l'homme ; il donna le nom d'âme à l'essence qu'il avait abstraite de lui-même, et le nom de corps au fini et à la souffrance. Puis, ayant fait la *Matière*, qui est le supplice de ce qu'il a séparé de lui, il appela toutes ces âmes, abîmées à la fois dans la douleur, l'humanité...

Dieu d'abord, comme nous l'apprend la tradition, *Creavit hominem masculum et feminam*; mais il pensa que ces âmes, ainsi exilées, briseraient trop tôt leurs liens et retourneraient en lui, ne sachant, ainsi que la colombe de l'arche, où se poser sur la terre. Alors, d'une âme il en fit deux; il laissa la première partie à l'homme et enchaîna pareillement la seconde dans un corps; et, continue le livre des traditions, « celle-ci « s'appellera d'un nom pris du nom de l'homme, parce « qu'elle a été tirée de l'homme; c'est pourquoi l'homme « quittera pour elle son père et sa mère : et ils seront « deux dans une même chair. »[1]

Mais Dieu tira de cette division un autre avantage. Comme nous venons d'en comprendre le motif, Dieu ne pouvait plus reparaître dans le lieu où il avait confiné l'homme : cette vue aurait rompu l'équilibre de la volonté; et non-seulement l'homme eût perdu le mérite qu'il retire de sa foi, mais il n'eût plus recueilli de mérite d'une liberté sans cesse exaltée par la vue de l'être infini. Pour ne pas reparaître à chaque instant ici-bas, il donna donc à ce couple le pouvoir merveilleux de se reproduire : nous verrons, plus tard, tout le parti que Dieu a tiré de ce fait pour la Société, comme pour le développement individuel de l'homme. Dieu, par le même motif, avait pris de semblables précautions dans

---

[1] *Genèse*, chapitre 2, v. 23 et 24.

le reste de la nature. Tout aussi y avait été organisé de manière à ce que le créateur pût tout conserver et régir d'une main invisible.

Ainsi, nous voyons que Dieu en créant l'homme l'a détaché de l'absolu, qui est l'Ordre de l'existence essentielle, pour le mettre dans le fini, dans le conditionnel, qui est l'ordre de l'existence créaturelle. Par conséquent, l'homme a passé de l'éternité dans le temps, de l'infini dans l'espace ; en un mot, de l'esprit dans la matière. — La *Matière* est donc la nouvelle sphère où l'homme est appelé à vivre momentanément, par suite de la création.

Or, par la raison, nous avons bien l'idée de l'éternité, puisqu'elle est la durée essentielle, et qu'on ne peut avoir une idée du temps, qui est une portion prise dans la durée, sans concevoir la durée dans laquelle il a été pris. — Nous avons bien aussi l'idée de l'être essentiel, c'est-à-dire, d'un être qui ne dépend que de lui-même ; car s'il est l'être absolu, le propre de sa nature est d'exister par lui-même. — Par la raison nous avons bien aussi l'idée de l'infini ; car, puisque l'infini renferme toute l'existence, qu'il est ce à quoi rien ne manque, rien ne peut exister hors de son sein. — Nous avons bien aussi l'idée de l'immensité, puisqu'elle est le domaine de l'être qui n'a point de limite ; l'immensité est l'espace sans limite de l'être infini : car, qui le limiterait ? —Nous avons bien aussi l'idée de la toute perfection, c'est-à-dire, de la plénitude de l'être ; car, si l'être infini n'avait pas toutes les perfections, il lui manquerait des attributs de l'être ; or, s'il n'avait pas ces attributs de l'être : qui les aurait en dehors de l'être infini ? — Nous avons bien aussi l'idée de l'esprit, c'est-à-dire, de l'activité de la substance [1], car la substance infinie est la cause infinie; or, si l'être un, infini, essentiel, n'était pas la cause de son être comme des êtres créés : qui le serait ? — Enfin, nous avons bien aussi l'idée de l'immutabilité de l'existence essentielle : car elle n'est que la nécessité d'être éternellement ce qu'elle est;

Mais maintenant la difficulté consiste à concevoir le fini, qui est le contraire de l'infini; à concevoir le conditionnel, qui est le contraire de l'essentiel; à concevoir le contingent, qui est le contraire de l'immuable [2]; à concevoir le temps, qui a commencement et fin, et qui est le contraire de l'éternité; à concevoir la matière, qui est inerte [3] et impénétrable, contrairement à l'esprit, qui est spontané et pénétrable; la matière, qui est divisible à l'infini [4], contrairement à l'esprit qui est indivisible :

---

[1] *Spiritus, procul dubio, motus fons est.* — Nul doute que l'esprit ne soit la source du mouvement spontané.
BACON, *De augmentis scientiarum*, liber IV, caput 3, opp. liv. VIII, p. 238.

[2] « Vous changez le ciel et la terre, comme on retourne un vêtement, mais vous êtes toujours le même, rien ne change en vous. » DAVID, *Psaumes.*

[3] « Dans tous les phénomènes de la nature, les molécules matérielles se comportent comme autant de masses absolument inertes, c'est-à-dire, dépourvues de toute espèce de spontanéité. Elles peuvent être mues, déplacées, arrêtées par des causes extérieures, étrangères à elles-mêmes; mais jamais nous n'y pouvons découvrir aucune trace d'une volonté propre et libre. La matière ne peut donc par elle-même se donner ni s'ôter le mouvement ou le repos; une fois dans l'un ou l'autre de ces états, elle y persévère perpétuellement si aucune cause étrangère ne vient agir sur elle; cette indifférence, ce défaut de spontanéité, a reçu le nom d'*inertie*. Aussi, nous sommes forcés de concevoir la volonté des êtres animés, comme l'acte d'un principe interne, immatériel, étranger à l'essence de la matière; toutes les lois générales de l'équilibre et du mouvement se déduisent mathématiquement de la seule propriété de l'*inertie*.
M. BIOT, *Principes élémentaires de physique.*

[4] L'esprit, c'est ce que l'on conçoit d'indivisible; la matière, ce que l'on conçoit de divisible à l'infini.

oui, voilà en quoi consiste la difficulté. Car si la Réalité essentielle a pour propriétés indispensables l'aséité, la nécessité, l'absoluité, l'éternité, l'infini, la spiritualité ou la causalité, l'unité et l'identité, la raison ne conçoit guère comment il se peut que quelque chose qui a précisément les propriétés contraires de celles de l'être essentiel, ne soit pas le néant..... Tel est cependant ce qui reste à la matière des conditions de l'existence pour être regardée comme un être réel ! La Réalité essentielle a toutes les qualités positives, et la matière toutes les qualités négatives de l'existence.

C'est pourquoi la réalité de la matière, qui semble d'abord si évidente dans l'enfance, alors que l'homme ne s'est pas encore développé au delà de la vie des sens, devient si obscure et si incertaine lorsque la raison apparaît en nous, et qu'elle réforme nos pensées à l'aide des conceptions absolues et des idées de réalité qu'elle nous apporte. En effet, le moyen de se former une idée satisfaisante d'une existence qui a pour propriété générale le fini, l'inertie, la relativité, l'impénétrabilité, la divisibilité, le contingent, le non-essentiel ! c'est-à-dire, d'un être qui a pour condition d'existence la privation de toutes les conditions de l'existence !

Serait-ce parce que la raison, faite pour comprendre la Réalité infinie, ne doit point garder en elle l'idée mensongère d'une chose qui n'existera plus au delà du temps ? Mais si la raison renferme les notions de ce qui compose l'existence, il n'y a pas de risque qu'elle prenne pour une réalité ce qui lui apparaît composé précisément des conditions contraires aux conditions de l'existence !

Aussi, tous ceux qui font la science de cet ensemble de phénomènes que nous appelons du nom général de Matière, s'empressent-ils, en commençant leur physique, de déclarer, pour éloigner de toute idée fausse sur cet objet, que : « La physique est la science des modifi-
« cations passagères que subissent les corps. On entend
« par *corps* tout ce qui est susceptible de produire sur
« nos organes un certain nombre de sensations. Ainsi,
« par physique, on entend l'étude *des phénomènes* et non
« *de la cause*, ou *de la matière* en elle-même, quelle
« qu'elle soit [1]. »

---

[1] M. Biot commence ainsi son *Traité de physique* : « Les métaphysiciens ont donné des définitions très diverses de la matière ; quelques-uns même ont douté que nous puissions avoir la certitude morale de son existence. Mais le physicien, s'appuyant uniquement sur l'expérience, appelle corps tout ce qui produit ou peut produire sur nos organes un certain ensemble de sensations déterminées ; et la faculté d'exciter ces diverses sensations, constitue pour lui autant de propriétés par lesquelles il reconnaît la présence des corps. J'avance mon bras, il rencontre un obstacle qui l'empêche de s'étendre ; ma main promenée sur cet obstacle trouve qu'il est limité, et qu'autour de lui l'espace est libre, j'en conclus que cet obstacle existe ou paraît exister hors de moi ; d'après cela, je l'appelle un corps, etc. »

« Dans l'origine on regardait la substance saisissable, comme l'unique élément de la nature, et c'est ce qu'on appelait *Matière*. Le mot s'étendit ensuite avec les découvertes, et il désigne aujourd'hui la cause ignorée de tous les effets connus. »

Des hautes théories physiques, Marche suivie dans l'étude de la nature.

« La physique a pour objet *la connaissance des phénomènes* de la nature. » Haüy, *Traité de physique*, page 1.

Quand il s'agit d'expliquer en eux-mêmes quelques-uns des agents de la nature, tels que l'attraction, l'électricité, le calorique, c'est toujours le même langage : « Nous nommons calorique le
« principe *inconnu* qui produit la cha-
« leur. »

« Les deux lois du mouvement, dit De la Place, savoir : la loi d'inertie et celle de la force proportionnelle à la vitesse, sont les plus naturelles et les plus simples que l'on puisse imaginer, et sans doute elles dérivent de la nature même de la matière ; mais cette nature étant *inconnue*, ces lois ne sont pour nous que des faits observés. » — Et plus loin : « Le principe de l'attraction universelle est-il une loi primordiale ? n'est-il qu'un effet général d'une cause inconnue ? Ici, l'ignorance où nous sommes des propriétés intimes de la matière, nous arrête et nous ôte tout espoir de répondre d'une manière satisfaisante à ces questions. »

« De simples effets qui n'ont rien de fixe et d'arrêté, deviennent souvent des *êtres* à nos yeux. En bonne logique,

DE LA NATURE DE L'HOMME. 297

Si Dieu est, comme on le dit, l'être le plus incompréhensible, il est bien aussi l'être le plus conceptible, ou en d'autres termes : si l'idée de Dieu échappe à l'intelligence, c'est bien l'idée que possède le plus nécessairement et le plus certainement la raison. Il est tout simple que la Réalité absolue soit incompréhensible : *Comprehendere* signifie *comprendre, contenir au dedans de soi*; si Dieu est infini, comment la pensée humaine pourrait-elle le contenir, à moins d'être elle-même infinie ? Dieu est donc alors nécessairement *in-compréhensible*. Il ne peut pas plus être entouré, compris et couvert par la pensée de l'homme, que l'œil du corps ne peut embrasser du rivage les limites de l'Océan.

est-il permis de faire usage de cette dénomination quand il s'agit du monde matériel ? Les sujets qu'il nous offre sont variables, multiples, mixtes, soumis à l'action des éléments extérieurs et intérieurs, au milieu desquels ils sont jetés ; leurs mutations servent de mesure au temps. Rien de permanent chez eux, par conséquent point d'identité. Dès-lors, où trouver l'*être*, où le saisir ? on ne voit rien qui ne soit composé ; on ne découvre rien de stable ou de fixe dans la matière ; on n'oserait dire où sont ses éléments : l'existence y voyage sous mille formes empruntées, sans s'arrêter nulle part. »

De l'Être proprement dit, Inductions philosophiques.

Buffon, qui toute sa vie a étudié la nature, commence ainsi son traité sur elle : « La nature n'est pas une chose, car cette chose serait tout ; la nature n'est point un être, car cet être serait Dieu. Mais on peut la considérer comme une puissance vive, immense, qui embrasse tout, qui anime tout et qui, subordonnée à celle du premier être, n'a commencé d'agir que par son ordre, et n'agit encore que par son concours. Cette puissance est de la puissance divine la partie qui se manifeste, etc. »

Et plus loin :

« L'existence de notre corps et des autres objets extérieurs, est douteuse pour quiconque raisonne sans préjugé : car cette étendue ou longueur, largeur et profondeur, que nous appelons notre corps et qui semble nous appartenir de si près, qu'est-elle autre chose, sinon un rapport de nos sens ? Les organes matériels de nos sens que sont-ils eux-mêmes, sinon des convenances avec ce qui les affecte ? Y a-t-il rien, dans les sensations de lumière et de son, qui ressemble à la matière ténue de la lumière ou bien au trémoussement que le son produit ou l'air ? Ce sont les organes, qui ont avec ces matières toutes les convenances nécessaires, mais la sensation que nous éprouvons n'a rien de semblable.

« Nous sommes donc assurés que la

LIV. II. — DES ÉLÉMENTS

Mais si Dieu est ainsi tout ce qu'il y a de plus incompréhensible, il est, en revanche, tout ce qu'il y a de plus conceptible à la raison humaine. En effet, la conception de Dieu est celle de l'existence essentielle : car exister, pour nous, c'est sentir Dieu, parce que c'est sentir l'existence; concevoir, pour nous, c'est voir Dieu : car la vérité est le phénomène par lequel la substance divine se manifeste à la raison; aimer, pour nous, c'est jouir de la vie de Dieu : car l'amour est la vie que Dieu envoie à notre cœur; agir, pour nous, c'est faire comme Dieu : car c'est produire des actes par notre propre causalité. Et, non-seulement l'homme, par cela qu'il existe, ne peut pas ne pas avoir la conception de l'existence essentielle, ou de Dieu; mais, ce qu'il y a de plus impossible pour lui, c'est de concevoir Dieu autrement qu'il

sensation interne est toute différente de ce qui peut la causer, et nous voyons déjà que s'il existe des choses hors de nous, elles sont en elles-mêmes tout-à-fait différentes de ce que nous les jugeons, puisque la sensation ne ressemble en aucune façon à ce qui peut les causer ; toutes ces propriétés, cette impénétrabilité, cette étendue, etc., pourraient bien ne pas exister, puisque notre sensation intérieure n'a rien de commun avec l'étendue, l'impénétrabilité, etc.;

« Maintenant si l'on fait attention que notre âme est souvent, pendant le sommeil et l'absence des objets, affectée de sensations ; que ces sensations sont même différentes de celles qu'elle a éprouvées pendant la présence de ces mêmes objets, ne viendra-t-on pas à penser que ces objets n'étant pas nécessaires à l'existence de ces sensations, nous pouvons exister tout seuls, indé-

pendamment de ces objets ? car dans le sommeil notre corps existe, il a même tout le genre d'existence qu'il avait auparavant ; cependant l'âme ne s'aperçoit plus de l'existence du corps, il a cessé d'être pour nous ; or, je demande si cette chose qui peut être, et ensuite n'être plus, peut être quelque chose d'assez réel pour que nous ne puissions pas douter de son existence.

« Cependant nous pouvons croire qu'il y a quelque chose hors de nous, mais nous n'en sommes pas sûrs comme de l'existence de notre âme, puisque cette existence est nous ; au lieu que celle de notre corps paraît douteuse, dès qu'on vient à penser que la matière pourrait bien n'être qu'un mode de notre âme, une de ses façons de voir. Mais admettons cette existence de la matière, prêtons-nous aux idées ordinaires, et disons qu'elle existe. »

Buffox, *De la nature de l'homme.*

est. Effectivement, si, par la pensée, nous lui ôtons une partie de son être, nous ne savons où la placer; si nous lui enlevons une de ses perfections, nous ne pouvons expliquer pourquoi, lui source de l'être, il ne se la serait pas donnée.

On ne peut concevoir Dieu autrement qu'il est, parce que sa manière d'être est la plus simple et la plus complète : on sent bien qu'un être qui renferme, et ne peut pas ne pas renfermer toutes les conditions de l'existence, existe nécessairement. Tandis qu'aussitôt que l'on veut concevoir le mode d'existence de la matière, on entre certainement dans une erreur, puisque l'on est obligé de prêter à ce qui n'est que contingent, l'idée de l'être qu'on vient d'emprunter à la Réalité essentielle.

La matière, qui se présente à nous comme finie et limitée, peut être comprise, contenue par notre pensée; elle est pour nous compréhensible; mais aussi est-elle complètement inconceptible. Quand nous voulons définir Dieu, nous n'avons qu'à dire : *L'être, Celui qui est*; il est vrai que nous ne pouvons comprendre l'être, mais nous sommes nécessairement obligés de concevoir que l'être est. Maintenant, comment définirons-nous la matière?... Nous la comprenons, nous l'observons, nous l'analysons, ce que nous ne pouvons faire pour Dieu; cependant les chimistes et les physiciens n'ont jamais essayé de définir la matière en elle-même.

En effet, si Dieu est celui qui est, comme la matière n'est pas Dieu, faudra-t-il donc la définir *ce qui n'est pas?* Alors peut-être serions-nous moins éloignés du vrai que nous ne pensons; non que les manifestations de la matière, éprouvées par nos sens, ne soient réelles, mais parce que l'être à qui nous les attribuons ne sait pas même qu'il a des manifestations et qu'il nous les envoie. Un être qui ne sait pas qu'il existe, est-il réellement un être, dans toute l'acception que l'on doit donner à ce mot? Il existe, oui; mais ce n'est pas lui qui existe, c'est celui qui le fait exister, qui existe réellement pour lui.

Quand nous voulons qualifier Dieu, nous n'avons qu'à chercher toutes les dénominations essentiellement positives, celles qui servent à énoncer, par exemple, qu'il est exempt de toutes les bornes de la matière. Ainsi, la matière étant finie, nous disons qu'il est infini; la matière étant dépendante, nous disons qu'il est indépendant; la matière ayant eu un commencement, nous disons qu'il est éternel; la matière ayant été créée, nous disons qu'il est incréé; la matière étant conditionnelle, nous disons qu'il est inconditionnel, nécessaire; c'est-à-dire, en un mot, qu'il réunit toutes les propriétés essentielles de l'être, dont nous voyons que la matière est privée.

Ayant donné à Dieu les dénominations les plus positives, en ce qu'elles sont précisément celles qui expriment qu'il est exempt des conditions de la matière, quand nous voulons qualifier celle-ci, nous n'avons donc qu'à chercher les dénominations négatives, c'est-à-dire, celles qui servent à énoncer des propriétés contraires à celles de Dieu; et de là nous disons de la matière qu'elle est finie, dépendante, créée, conditionnelle, inerte, etc. — C'est ainsi que la matière, que nous pouvons comprendre par l'intelligence, est tout ce qu'il y a de plus inconcevable à la raison; et que Dieu, que nous ne pouvons comprendre par l'intelligence, est la conception la plus nécessaire et la plus simple de notre raison.

Que la matérialité, en elle-même, soit une illusion momentanée soutenue par la volonté de Dieu, ou tout autre phénomène de ce genre, il y a un fait certain :
C'est que Dieu étant infini, c'est-à-dire, remplissant toutes les régions de l'être (et ce qui est en dehors ne pouvant être conçu que comme une négation de l'être, que l'on exprime par le mot *néant*), il est clair que si l'homme existe, il repose absolument quelque part dans l'être infini; puisque supposer qu'il est hors de l'être, ou de Dieu, ce serait supposer qu'il est au néant, et nous ne supposons pas que l'homme soit au néant, puisque nous savons qu'il existe. Or, d'après les desseins de Dieu dans sa création, l'homme est livré à ses œuvres; Dieu a confié à sa liberté sa propre élaboration, et il l'a fait cause. De ce que Dieu et l'homme existent simultanément, il est un point où Dieu retient son être et sa puissance, et où l'être et la puissance de l'homme commencent; ce point de solution où Dieu s'arrête, et je demande pardon d'employer une locution qui, à cause de l'imperfection de notre langage, suppose une limite à la substance infinie; ce point de solution où Dieu s'arrête, et où l'homme commence, est la liberté. Dieu pose donc d'abord ainsi une limite, une séparation entre sa propre causalité et la causalité de l'homme?

Mais il ne suffisait pas de placer une séparation entre la Causalité divine et la causalité humaine : le plus important était de la mettre entre la rationalité et Dieu; car par la rationalité l'homme eût conservé la vision complète et ineffable de Dieu. Dieu alors a enfermé l'homme sur lui-même, en interceptant le torrent des rayons de sa substance qui se seraient versés sur lui; et ce, afin que la liberté de l'homme ne soit point irrésistiblement emportée par la vision des biens infinis, et qu'il puisse mériter lui-même ces biens, en se rendant propre, par le développement de ses efforts et de son amour, à en goûter la possession. Dieu a placé cet intermédiaire entre son être et celui de l'homme, pour que celui-ci, perdant la vision de Dieu et ne se sentant plus en lui, s'en croie totalement séparé, et qu'il sache retrouver en soi-même le besoin qu'il éprouve, et reconnaître le bien qui lui manque. C'est alors que l'homme peut donner des preuves de la violence de son désir, et chercher à se pourvoir de lui-même des biens qui y correspondent, jusqu'à ce qu'il possède, par l'assimilation de la substance de ce bien, l'affinité nécessaire pour être repris par l'existence infinie, où il recevra la plénitude de l'être; afin que ce bien, choisi et péniblement acquis par lui-même, soit réellement son bien, son bonheur, sa félicité.

De sorte que Dieu, pour fermer à l'homme cette vue sur lui-même, qui eût influencé ses déterminations au point de rompre sa liberté, a dû nécessairement placer entre lui et l'homme un intermédiaire, quelque chose d'opaque, d'intranslucide, si l'on peut parler ainsi, qui interceptât la lumière des rayons intelligibles, en laissant, toutefois, pénétrer jusqu'à nous le trait de la lumière rationnelle. Or, c'est précisément l'idée de la préparation d'une substance interceptant les rayons de la substance divine, d'une substance dont la contexture doit être nécessairement dans un ordre inverse de celle de la substance divine ; c'est précisément une telle idée qui fait toute la difficulté de concevoir cette nouvelle substance, l'inverse de la substance essentielle.

Ce quelque chose d'intermédiaire qui intercepte les rayons intelligibles de l'être infini, dans lequel nous sommes, est ce que nous appelons la *Matière*; voilà pourquoi nous trouvons que nos sens, qui en sont formés, ferment la vue à notre esprit et posent les limites de ses perceptions; celui-là seul qui peut y échapper, et remonter sur les ailes de la raison jusqu'à son origine, sait dire : *Non longe est ab uno quoque nostrum, in ipso enim vivimus, movemur et sumus!* [1]

Quoique Dieu ait en même temps donné la nature comme un emblème magnifique, derrière lequel il s'est retiré, les grandes âmes ne s'y méprennent pas ; elles ne savent que trop qu'il ne lui a laissé que son symbole, et l'amour s'écrie dans sa soif : « Pourquoi cette nature « entre Dieu et moi !... » Aussi, l'âme cherche-t-elle par l'extase, comme l'indique l'étymologie de ce mot (*ex stare*), à traverser la matière pour se saisir de Dieu. L'extase est un pas qu'elle hasarde de l'autre côté de ce monde.

Quelle que soit notre incompétence à concevoir la matérialité, nous sommes obligés d'admettre que quelque chose qui n'est ni l'être incréé, ni la créature spirituelle

---

[1] S.-Paulus : *Actus apostolorum*, caput 17, v. 28.

existe entre Dieu et nous, puisqu'il y a de sa part des impressions produites sur nos sens, et que ces impressions éveillent des sensations dans notre âme. Aussi, quelque inconceptible que soit la matière, elle serait toujours pour nous un ensemble de phénomènes dont les apparitions se pressent autour de l'âme et l'assurent de leur réalité, lors même que ces phénomènes ne laissent pas saisir leur substance. [1]

Or, c'est dans le tourbillon de ces phénomènes passagers que se trouve placé l'être libre et raisonnable, l'être distingué de Dieu par la création; c'est au milieu de la matière qu'il doit commencer la rude carrière de son élaboration, endurer l'épreuve du fini ou de la souffrance, et prendre lui-même le chemin de sa destination. La matière est donc le lieu où, par suite de la création, l'homme se trouve déporté en dehors de l'absolu; la sphère qui lui a été assignée dans le temps pour y trouver son état naturel ici-bas, et y réaliser son œuvre. La matière est le champ de bataille de la liberté.

Comme l'on croit invinciblement à l'existence des phénomènes matériels, il est inutile de la démontrer; voici cependant comment on le pourrait :

Des sensations existent dans le moi, elles sont, il est vrai, ses propres modifications; cependant elles ne viennent pas de notre moi, puisqu'elles ont des

---

[1] « Selon la doctrine des Védas, la matière, ou substance de l'univers, est nommée encore *le grand phénomène* (*mahabhouta*). » Creuzer, *des Religions de l'antiquité, religion de l'Inde*, livre I, chapitre 5, page 269.

caractères tout opposés aux modifications qui résultent des actes du moi ; si le moi avoue lui-même qu'elles ne viennent point de lui, mais qu'il les a formées à l'occasion d'un contact étranger, il y a donc quelque chose d'extérieur à nous, ne fût-ce que des phénomènes. Ces phénomènes existent puisqu'ils agissent sur nous; or, dans une des conceptions de notre raison, il y a cette notion : que tout phénomène annonce une substance, que tout paraître implique un être ; il est donc une substance, un être, qui se manifeste par les phénomènes que nous appelons du nom de matière ?

Mais maintenant, qu'est-ce que cette matière en elle-même ? C'est ce que l'intelligence n'a jamais pu savoir, parce qu'à mesure qu'elle veut pénétrer, elle avance dans le phénomène, et que le phénomène n'est qu'une manifestation de l'être [1]. Seulement elle comprend qu'il y aurait une contradiction à concevoir comme un être réel, c'est-à-dire à attribuer le don de cause à ce qui présente l'inertie pour propriété fondamentale ; la nature de la matière nous éloigne de toute supposition de ce genre.

Au surplus, quelle que soit la substance de la matière, ce n'est pas ce qui nous intéresse ; nous n'avons de relation qu'avec les phénomènes, il suffit que nous croyions à la certitude de leur existence, et par le sentiment naturel que nous en avons, et par la preuve que la raison nous en donne. Ceux qui ont pris la matière pour un être réel, en lui assignant un mode d'existence

---

[1] « Dans tous les temps on a cherché à savoir ce que c'est que la MATIÈRE, et on n'a pu la concevoir encore. Il y a même des langues très savantes qui n'ont point de mots pour l'exprimer. »

Tableau naturel des rapports entre Dieu, l'homme et l'univers, chap. 1.

substantielle, se sont perdus dans des vraisemblances contradictoires au fond, telle que l'hypothèse ou du plein ou du vide, à l'une desquelles on ne peut échapper quand on suppose la matière une substance réelle. Or, ces hypothèses entraînent toutes deux, comme on l'a prouvé, l'impossibilité d'admettre la matière [1] : ce qui a fait qu'elle a été niée par les idéalistes. On sait également que lorsque nous nous servons, dans les sciences qui ont pour objet la connaissance des phénomènes physiques, des mots de *molécules*, *d'atomes*, etc., c'est une manière de parler pour s'entendre ; personne n'a vu de molécules, ce sont là des abstractions explicatives dont il ne faut point faire des entités. [2]

Après tout, ce qu'il y a de certain dans la notion que nous avons sur ce point, c'est qu'il est impossible à la raison de ne pas concevoir la matière divisible à l'infini ; or, une chose divisible à l'infini, arrive de toute nécessité au néant. C'est ainsi, quand nous voulons approfondir la pensée de la matérialité, qu'elle nous conduit nécessairement à ce point où elle devient insaisissable, et se dissipe dans le vide. La matière est comme une sorte de *néant phénoménique*. Au reste, il sera toujours plus simple de croire que Dieu a seulement donné le phénomène au néant, c'est-à-dire qu'il a donné le phénomène à ce qui n'existe pas, que de croire qu'il a

---

[1] Voyez, par exemple, Bâcon traduit par M. Lasalle.

[2] « Il est remarquable que les matérialistes, qui se prétendent exclusivement positifs, bâtissent cependant leur système sur un mot qui n'est qu'une étiquette attachée à l'ignorance des principes premiers : car la matière, c'est ce que personne ne connaît ; c'est un nom qu'on applique à tout, et qui ne spécifie rien. »

Traité de Physiologie psychologique.

donné l'être, 1° à ce qui n'est pas doué de causalité, 2° à ce qui ignore s'il est, 3° à ce qui doit disparaître un jour.

Quoi qu'il en soit, la matière, par toutes ses propriétés, sert merveilleusement le dessein de Dieu, qui est de le cacher à l'homme enfermé dans le temps; et elle ne l'a malheureusement que trop bien servi! En effet, comme nous savons que l'ordre est ce qui renferme pour tout être les conditions de son existence, et que la beauté est la forme de l'ordre, créée et formée par Dieu pour être son emblème, la matière était belle. Or, comme la beauté, qui est la splendeur de Dieu, ou de celui qui est par excellence, était répandue sur la terre, ainsi que sur toutes les choses de la terre, les hommes aimèrent les choses de la terre, qui étaient belles et bonnes; ils les aimèrent à ce point qu'ils oublièrent Dieu, se contentant des jouissances que ces choses matérielles produisaient sur leurs corps, et les prenant pour le bonheur que Dieu réservait à leur âme.

Observez qu'il fallait non-seulement que la matière tînt Dieu caché à la créature, mais aussi qu'elle eût, quoique à un degré fini, quelques-uns des charmes de Dieu; c'est-à-dire, qu'elle fût assez belle et assez bonne pour que la volonté de l'homme, tenue par là dans un certain *équi-libre*, eût alors, de part et d'autre, ses motifs de choix; en sorte que ce fut complètement par elle-même et par sa libre et méritoire option que la volonté se portât vers les biens spirituels. Car 1° si la matière n'eût pas offert ses moyens d'épreuve et d'exercice, la causalité humaine ne s'y fût pas développée, et son passage sur la terre eût été inutile ; 2° si la matière n'eût pas eu ses voluptés, et que dans tout ce qui est du corps, l'homme n'eût éprouvé que des peines, des tristesses et des humiliations, la volonté n'ayant pas deux chemins à prendre, se fut fatalement dirigée vers Dieu, et notre passage sur la terre n'eût point, non plus, rempli les desseins de la création. Il fallait que la causalité, qui est le pouvoir de produire des actes par soi-même, fût dans un état parfait de liberté, c'est-à-dire qu'elle eût, de part et d'autre, des motifs également pressants, pour que le choix de l'homme eût une valeur formelle ; qu'il y eût de sa part une volonté positive et un goût décidé : Dieu valait bien la peine d'une préférence !

La terre et les choses de la terre ainsi établies, n'eurent que trop le double effet que Dieu en attendait pour l'épreuve et la préparation de sa créature spirituelle ! Les hommes oublièrent tellement Dieu derrière la matière, et se prirent de tant d'amour pour elle, qu'il est dit dans le livre des traditions du genre humain que « Voyant « que la malice des hommes était si grande sur la terre, « et que toutes les pensées de leurs cœurs étaient conti- « nuellement tournées au mal, Dieu fut touché de douleur « en lui-même ; et il se repentit de ce qu'il avait mis « l'homme *sur la terre.* » [1]

Remarquez bien que Dieu ne se plaint pas d'avoir créé l'homme, car il vient de dire précédemment, après avoir fait son œuvre : Qu'elle était bonne ; *Vidit Deus quod esset bonum.* Mais il se repent de l'avoir mis sur la terre ;

---

[1] Genèse, chapitre 6, versets 5 et 6.

comme le dit le texte : *Penituit Deum quod hominem fecessisset in terra* [1] ; c'est-à-dire, qu'il eut du chagrin d'être obligé d'exposer sa créature sur la terre. Cependant il le fallait, comme nous le prouve la notion de la liberté ! Dieu vivait seul dans son éternité, son amour l'a conduit à vouloir faire partager sa félicité ; il fallait pour cela que d'autres êtres que lui fussent créés; pour qu'ils fussent autres que lui, qu'ils fussent libres ; et la liberté les expose à faire le mal comme le bien : c'était là l'inconvénient de la création. Mais celui qui aime ne connaît point d'inconvénient ; la mère ne se repent jamais d'avoir donné la vie à un fils, seulement elle souffre lorsqu'elle voit cette vie exposée.

Puisque sans la raison et sans la causalité, l'homme n'existerait pas dans la réalité absolue; puisqu'en arrivant dans la création, la rationalité y prend le caractère de loi et la causalité celui d'inviolabilité ; puisque l'homme se trouve ainsi avec des devoirs et des droits : devoirs qu'il doit réaliser, droits qu'il doit faire respecter ; puisque par la réalisation de ses devoirs et le respect de ses droits il est appelé à construire une œuvre dans la création, en se plaçant dans son état naturel pendant le temps, c'est-à-dire, dans l'état où toutes les facultés de son être rencontreront les conditions de leur existence, de leur exercice et de leur développement ; et puisqu'enfin la matière est le lieu et le terrain sur lequel il a été placé, hors de la Réalité infinie, pour la réalisation de cette

---

[1] *Liber genesis*, caput. 6, v. 6.

œuvre : Quels sont des instruments qui peuvent mettre en communication cette causalité et cette rationalité, toutes spirituelles, avec la sphère matérielle qui doit servir de théâtre à leur exercice et à leur fonction ?

En un mot, puisque l'homme a reçu la raison pour savoir l'œuvre qu'il doit faire, la liberté pour le pouvoir, la responsabilité pour en retirer les fruits, la matière pour être le terrain sur lequel il doit la construire, le lieu où il peut déposer les actes qui la réaliseront : comme la raison et la volonté, toutes spirituelles, ne peuvent avoir d'actions réelles que dans un monde également spirituel, cherchons de suite quels sont les instruments qui ont été ajoutés à la raison et à la volonté pour que ces deux facultés puissent positivement réaliser des actes dans la sphère matérielle que leur offre la création. Commençons par la question la plus facile : Quel est l'instrument qui a été mis à la disposition de la causalité spirituelle, pour qu'elle puisse réaliser ses actes dans la nouvelle sphère où elle a été déportée par la création ?

Sommaire. — Lorsque Dieu résolut de faire des êtres qui pussent partager sa félicité, s'il s'était contenté de les créer, c'est-à-dire, de séparer l'être fini de l'être infini, de manière à ce qu'ils restassent en présence, la créature serait de suite allée s'abîmer dans le sein panthéistique de Dieu, où elle aurait perdu le sentiment de sa personnalité. — Il fallait, pour que la créature appréciât la vie absolue et qu'elle pût former sa personnalité, que pendant un temps elle eut pour vie le contraire de la vie absolue, c'est-à-dire le fini et la souffrance; — alors Dieu forma la matière; et, pour nous y enfermer, il en fit le vêtement de l'âme. Puis il divisa l'âme humaine en deux parties, laissa la première à l'*homme*, enchaîna la seconde dans un corps, et lui donna le nom de *femme*. — Dieu ne pouvant plus reparaître dans le lieu où il avait déposé l'homme, sans rompre l'équilibre de sa liberté, et lui ôter tout mérite, il donna à ce couple le don merveilleux de se reproduire; et tout dans la nature fut organisé de telle sorte que le Créateur pût tout conserver et régir invisiblement. — Par la raison, nous nous faisons bien l'idée de l'éternité, puisqu'elle est la durée essentielle; nous nous faisons bien l'idée de l'infini, puisqu'il est l'existence à laquelle rien ne manque; l'idée de la perfection, puisqu'elle n'est que la plénitude de l'être; l'idée de l'esprit, puisqu'il est l'activité de la substance; l'idée de l'immutabilité, puisqu'elle n'est pour Dieu que la nécessité d'être éternellement ce qu'il est; — mais la difficulté, maintenant, est de concevoir que le fini, qui est le contraire de l'infini; le temporel, qui est le contraire de l'éternel; l'imparfait, qui est le contraire du parfait; le conditionnel, qui est le contraire de l'essentiel; l'inerte, le divisible, le pénétrable, qui sont le contraire de l'esprit; qu'en un mot, la matière, qui a précisément les propriétés contraires de celles de l'être essentiel, ne soit pas le néant, et puisse être considérée comme un être réel. — Aussi, tous ceux qui se sont occupés de sciences physiques, n'ont jamais prétendu que la matière fût réellement une substance, un être; ils ont toujours dit qu'elle était ce qui est susceptible de produire sur nos organes un certain nombre de sensations; ils ne l'ont définie que dans ses phénomènes. — Si Dieu est, comme on le dit, l'être le plus incompréhensible, puisqu'il ne peut se laisser comprendre et contenir par l'intelligence, il est bien, en revanche, tout ce qu'il y a de plus concevable à la raison humaine, puisqu'il n'est que la conception de l'existence essentielle ; — tandis que la matière, que nous comprenons, que nous étudions, que nous analysons, est bien la substance la plus inconcevable ; une preuve, c'est que les chimistes, ni les physiciens n'ont jamais réussi à la définir en elle-même. — Quand nous voulons qualifier Dieu, nous choisissons toutes les dénominations positives, celles, par exemple, qui énoncent qu'il est exempt de toutes les bornes de la matière : ainsi, qu'il est infini, indépendant, éternel, incréé, inconditionnel, etc. ; — quand nous voulons qualifier la matière, nous choisissons toutes les dénominations négatives, celles, par exemple, qui énoncent les propriétés contraires à celles de Dieu : ainsi, qu'elle est finie, dépendante, temporelle, créée, conditionnelle, etc. — Quelle que soit au reste la matérialité, voilà le fait : Dieu, d'après ses desseins, a livré l'homme à ses propres œuvres ; or, de ce que ces deux êtres, ces deux causes existent simultanément, il y a un point où Dieu retient et arrête sa puissance, et où la puissance de l'homme commence : ce point de solution est la liberté ; Dieu posa donc un intermédiaire entre sa causalité et celle de l'homme ; — mais maintenant il fallait en placer un entre Dieu et la rationalité ; car, la rationalité eût conservé la vision divine, et la liberté, au lieu de mériter et de se développer par ses propres efforts, eût été irrésistiblement entraînée par la vue des biens infinis. — De sorte que Dieu, pour fermer cette vue qui eût influencé nos déterminations et rompu notre liberté, dût nécessairement tenir entre lui et l'homme un intermédiaire, quelque chose d'opaque, d'intranslucide : et c'est pourquoi nous avons trouvé la nature de la matière dans un ordre inverse de celle de l'être essentiel. — Dieu, en se retirant derrière la matière, l'a cependant organisée dans sa forme, de manière à ce qu'elle lui servît d'emblême. Mais l'homme s'en aperçoit bien, par l'extase il la traverse, et va hasarder quelques pas de l'autre côté de la matière. — Or, c'est au milieu de la matière que l'homme commence la carrière de son élaboration, c'est là qu'il rencontre l'épreuve du fini et de la souffrance. La matière est le lieu où l'on retrouve l'homme, déporté par la création hors de la Réalité absolue. — Démonstration qu'on peut donner de l'existence de la matière; mais elle ne saurait nous conduire à savoir quelle est sa nature; seulement on ne peut la concevoir comme un être réel, puisque ce serait attribuer le don de cause à ce qui a l'inertie pour propriété fondamentale. — La matière est une sorte de néant phénoménique; car, il sera toujours plus simple de croire que Dieu a donné le phénomène au néant, que de croire qu'il lui a donné l'être. — La matière n'a que trop bien servi les desseins de Dieu : créée belle par Dieu, ainsi que toutes les choses qu'elle renferme, les hommes se mirent à aimer ces choses au point d'en oublier Dieu, et ils changèrent les plaisirs du corps contre les joies que Dieu réservait à l'âme. — Il est vrai que si la matière n'eût pas eu ses voluptés, pour devenir un motif de choix et placer la volonté entre elle et Dieu dans un état d'équilibre, ce n'eût pas été par sa libre et méritoire option que l'homme se fût porté vers les biens spirituels. Dieu valait bien une préférence ! — Toutefois, les hommes oublièrent tellement Dieu, derrière la matière, que le livre des traditions nous rapporte que : *Dieu touché de douleur en lui-même, se repentit,* (non pas de ce qu'il avait créé l'homme, mais) *de ce qu'il avait créé l'homme sur la terre.* — Puisque l'homme est doué de raison pour savoir l'œuvre qu'il doit faire, de liberté pour le pouvoir, de responsabilité pour en retirer les fruits, enfin puisqu'il est en possession de la matière, qui est le terrain sur lequel il doit construire cette œuvre; comme la volonté, toute spirituelle, ne peut avoir d'action que dans une sphère également spirituelle, il faut chercher : — quel est l'instrument qui peut mettre en communication cette causalité toute spirituelle, avec la sphère matérielle où elle doit déposer les actes qu'elle réalisera ?

www.ingramcontent.com/pod-product-compliance
Lightning Source LLC
Chambersburg PA
CBHW060504230426
43665CB00013B/1380